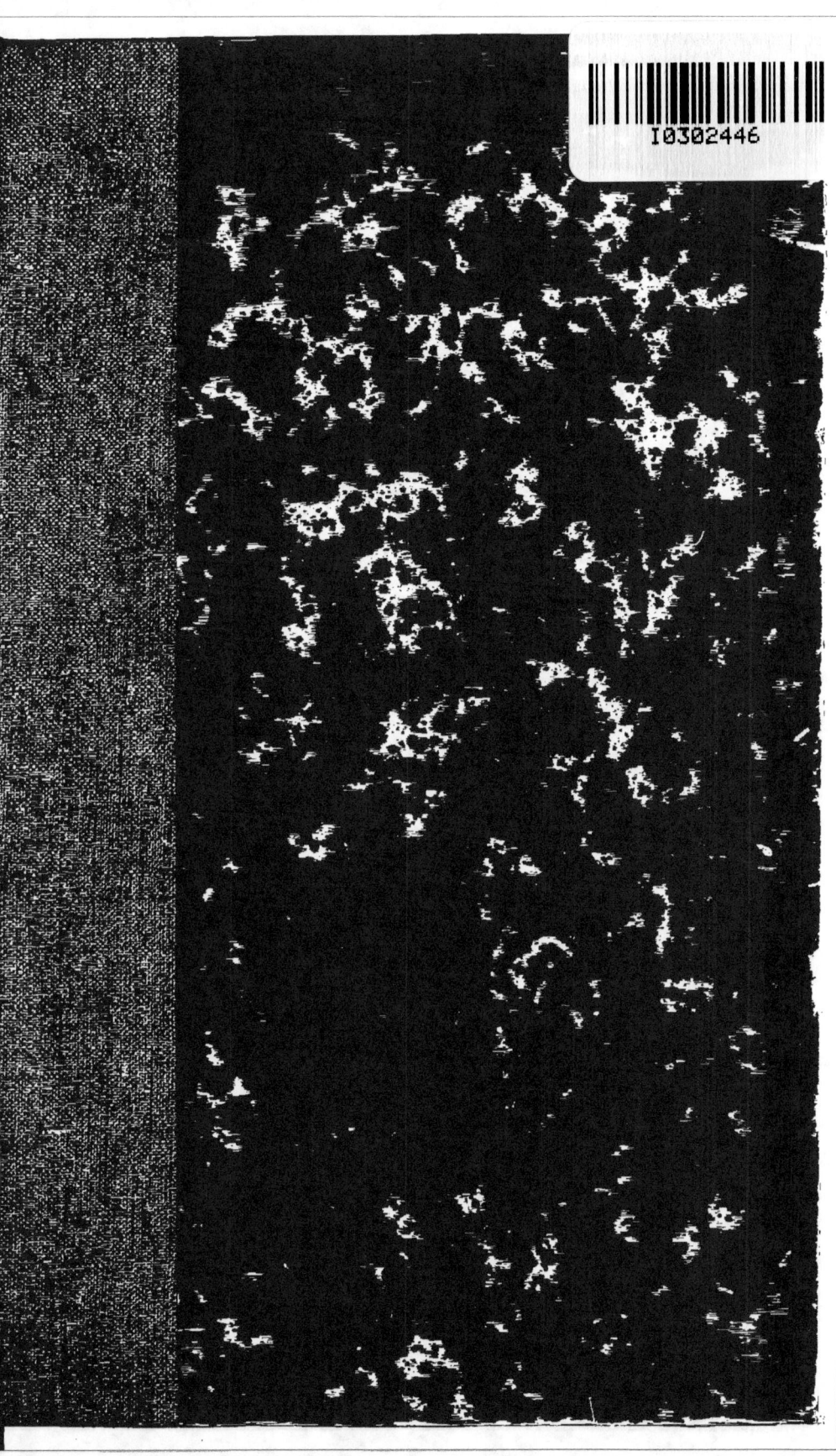

AUTHENTICITÉ
DU
GRAND TESTAMENT
DE SAINT REMI

Par l'Abbé DESSAILLY

Membre de l'Académie de Reims

PARIS
J.-B. DUMOULIN, Libraire-Éditeur
13, Quai des Grands-Augustins, 13
1878
Charleville. — Imp. A. Pouillard.

AUTHENTICITÉ

DU

GRAND TESTAMENT

DE SAINT REMI

AUTHENTICITÉ

DU

GRAND TESTAMENT

DE SAINT REMI

Par l'Abbé DESSAILLY

Membre de l'Académie de Reims

PARIS

J.-B. DUMOULIN, Libraire-Éditeur

13, Quai des Grands-Augustins, 13

PRÉFACE

Le testament de saint Remi, depuis bientôt cent cinquante ans, est relégué dans l'oubli par les sévérités d'une critique impitoyable. Or nous nous sommes demandé si ce verdict n'était que sévère, ou s'il n'était pas plutôt souverainement injuste. C'est donc un procès en révision que nous avons entrepris en faveur d'un document d'une très-réelle importance, non-seulement pour l'histoire du diocèse de Reims, mais pour notre histoire nationale.

D'abord l'Église de Reims se plaît à le conserver comme une relique précieuse, à côté de ces autres reliques si vénérables, les ossements de son grand Pontife.

Qu'est-ce en effet que ce testament si magistral, si princier, si beau de courage apostolique, sinon l'éclatante démonstration de l'immense influence de son saint archevêque, du rôle particulièrement providentiel qu'il joua pendant les soixante-quatorze ans de son fécond épiscopat; sinon encore l'irrécusable témoignage de sa générosité pour une Église qui depuis n'a cessé de resplendir de l'éclat de son nom?

Au point de vue national, ce testament a aussi une sérieuse valeur, car il est le fondement de plusieurs traditions françaises chères à tous ceux qui ne font pas dater la Patrie de ces années qui s'appellent 1789, 1848 ou 1875, mais qui chérissent la vieille France avec sa foi, ses illustrations, sa glorieuse mission dans le passé.

Au point de vue doctrinal, le testament de saint Remi est aussi un document digne d'attention. En nous montrant l'action prépondérante de l'épiscopat, dans la fondation de la monarchie française, en nous faisant entendre les menaces du Pontife contre cette royauté à laquelle il s'était tant dévoué, mais dont il entrevoyait les attentats, derniers vestiges d'une barbarie que le Christianisme n'avait pas encore complètement subjuguée, on comprend que la conduite de l'Église a toujours été invariable. Dans tous les temps, même au sortir des catacombes, alors qu'elle n'avait pu encore se faire usurpatrice, comme affectent tant de le redire ses adversaires; même à l'époque où elle se trouvait comme refoulée par deux courants contraires : le courant de la civilisation romaine, qui allait à la corruption, le courant de barbarie des hommes de la conquête, qui accumulaient des ruines partout sur leur passage, elle a émis la prétention d'être la règle vivante des actes humains même pour les gouvernants; non pas qu'elle touche au côté politique des faits, qui n'est pas de son domaine, mais elle les juge par le côté qui confine à la loi morale, dont elle est l'interprète.

Enfin, dans un ordre d'idées plus modestes, au simple point de vue géographique, le testament de saint Remi est encore un document plein d'intérêt. Rien de plus difficile que la question de l'étymologie de nos villages. La latinité du moyen âge en a complètement défiguré la racine. Pour la saisir sûrement, il faut avoir recours aux monuments de la période gallo-romaine, qui malheureusement sont fort rares. Or le testament date de cette époque et il contient la mention vraiment considérable de cinquante-deux villages. En rétablissant leur identité, la science étymologique y trouve donc de nombreuses indications, pour l'aider à déterminer les règles, du reste si peu précises, de la transformation des noms.

Au surplus, nous ne pouvons mieux établir l'importance qu'on attacha de tout temps au testament du saint, qu'en rappelant les attaques dont il a été l'objet depuis deux cents ans.

Ces attaques ont été tellement violentes, qu'aujourd'hui un savant qui tient à son renom d'esprit judicieux et éclairé n'ose plus même soutenir l'authenticité de ce document. Pourquoi donc cet acharnement contre le testament du glorieux Pontife? Actuellement encore nous en possédons plusieurs autres émanés d'évêques, ses contemporains; nous avons ceux de saint Perpétue de Tours, de 475; de saint Césaire d'Arles, de 538, quand celui de saint Remi n'est certainement pas antérieur à 530; de saint Bertramn et de saint Halduin, évêques du Mans, de 515 et 642. Pourquoi la critique si sévère de l'école gallicane ne s'en est-elle jamais préoccupée? C'est qu'ils ne renferment que des dispositions sans importance pour l'histoire. Au contraire, depuis le règne de Louis XIV, toute une ligue de savants s'est formée pour ruiner l'autorité des dernières volontés de saint Remi, parce que l'expression de ces volontés suprêmes portait plus loin que les dispositions qu'elles contenaient ; elles affirmaient des faits et des doctrines que l'esprit du temps s'était donné pour mission de combattre et de ruiner.

Pour nous, nous n'avons plus ces passions, nous n'avons plus que celle de la vérité historique pure et simple. Nous exposerons donc avec une entière bonne foi le résultat de nos recherches. Si elles exercent sur nos lecteurs la même influence que sur nous-mêmes, ils arriveront à la conviction pleine et entière que le testament du grand Pontife de Reims doit reprendre sa place d'honneur dans la série de nos sources d'histoire nationale, parce qu'il est peu de documents qui s'appuient sur une authenticité plus éclatante et plus indiscutable.

Nous diviserons notre travail en trois parties.

Dans la première, nous donnerons le texte même du testament, que nous réformerons en plusieurs endroits et que nous éclairerons de diverses notes historiques et géographiques.

La seconde partie contiendra l'exposé des preuves de l'authenticité du grand testament, sans embarrasser notre marche par les objections qui ont été faites, et que nous réfuterons dans une troisième partie.

PREMIÈRE PARTIE

TEXTE DU TESTAMENT

CHAPITRE PREMIER

SAINT REMI A FAIT UN TESTAMENT. — LE PETIT ET LE GRAND TESTAMENT. — REPRODUCTION INTÉGRALE DES DEUX TEXTES. — NOTES GÉOGRAPHIQUES ET EXPLICATIVES. — TABLEAUX DES LEGS ET LÉGATAIRES DU TESTAMENT.

Saint Remi monta sur le siége de Reims à l'âge de vingt-deux ans, et, selon les dates les plus probables, il l'occupa de l'année 459 à l'année 533. Il fut donc archevêque pendant soixante-quatorze ans : c'est le plus long épiscopat que l'on connaisse.

Il est certain qu'avant de mourir il rédigea des dispositions testamentaires que posséda longtemps l'Église de Reims.

Hincmar, dans la vie du saint pontife, et Flodoard, dans son *Histoire de l'Église de Reims*, ne permettent aucun doute à cet égard.

Voici le témoignage d'Hincmar :

« Après avoir fait son testament, dont nous « jugeons utile de joindre le texte à cet ouvrage,

par Hincmar, qui le fait précéder de l'indication suivante :

« Testamentum quod fecit Remigius, in quo
« lector attendat quia solidorum quantitas numero
« quadraginta denariorum computatur, sicut tunc
« solidi agebantur et in Francorum lege salicâ
« continetur, et, generaliter in solutione usque ad
« tempora Magni Caroli perduravit, velut in ejus
« Capitulis invenitur. »

« Testament qu'a fait Remi ; le lecteur doit
« faire attention qu'il faut compter le sou par
« quarante deniers, suivant la valeur du sou de
« cette époque, et celle qui est exprimée dans la
« loi salique. Cette manière de compter dura jus-
« qu'au temps de Charlemagne, comme on peut
« le voir dans ses Capitulaires. »

IN NOMINE PATRIS, ET FILII, ET SPIRITUS SANCTI.
GLORIA DEO, AMEN.

Ego Remigius, episcopus civitatis Remorum, sacerdotii compos, testamentum meum condidi jure

AU NOM DU PÈRE, DU FILS ET DU SAINT-ESPRIT.
GLOIRE A DIEU, AINSI SOIT-IL [1].

Moi, Remi, évêque de la cité de Reims, revêtu du sacerdoce, ai fait mon testament, conformément au

---

[1] Comme nous l'avons dit, page 2, note 3, les diverses copies du testament renferment des variantes qui ne portent pas sur

prætorio, atque id codicillorum vice valere præcepi, si ei juris aliquid videbitur defuisse. Quandoque ego Remigius episcopus de hac luce transiero, tu mihi hæres esto, sancta et venerabilis Ecclesia catholica urbis Remorum, et tu, fili fratris mei, Lupe episcope,

droit prétorien; j'ai voulu qu'il ait la force d'un codicile, dans le cas où il y manquerait quelque formalité. Quand moi, Remi, évêque, j'aurai quitté cette vie, je t'institue mon héritière, ô sainte et vénérable Église catholique de la ville de Reims, et toi, Loup [1],

le sens de la phrase, mais sur l'orthographe ou quelquefois sur le sens d'un mot, l'un désignant un objet différent de l'autre. Nos lecteurs, qui veulent connaître ces variantes, les trouveront indiquées dans l'édition que M. Varin a publiée du testament, au tome I des *Archives administratives de la ville de Reims*, p. 2 et suivantes.

Nous ferons remarquer que le testament, aussi bien le petit que le grand, ne porte aucune date. Or, dit le chanoine Lacourt, « ce testament est imparfait dès le commencement; la date du consul ou du prince régnant y manque. Les testaments que nous avons de ces temps l'expriment toujours ».

Le savant chanoine se trompe. On rencontre un certain nombre de testaments et de chartes anciennes qui ne portent aucune date. Cette lacune n'empêche cependant pas leur authenticité. « Quelque difficile que fut Hickes en fait d'anciens titres, il ne laisse pas de reconnaître pour légitimes et authentiques des testaments sans date, des testaments qui n'étaient autorisés que par la présence ou la signature d'un seul témoin digne de foi ». (*Nouveau traité de Diplomatique*, 2ᵉ section, ch. VII, art. 2, p. 401.)

[1] Saint Remi était fils d'Emilius, noble gallo-romain, et de sainte Cilinie, qui eurent dans leur jeunesse saint Principe, évêque de Soissons. Ils eurent de plus un troisième fils, qui fut le père de saint Loup, successeur de saint Principe sur le siége de Soissons; Hincmar nous le dit formellement : « *Beata siquidem Cilinia........ quæ in flore juventulis suæ pepererat de unico viro suo Æmilio Principium, postea Suessorum civitatis sanctum*

quem præcipuo semper amore dilexi; et tu, nepos meus Agricola presbyter, qui mihi obsequio tuo a pue-

évêque, fils de mon frère, pour qui j'ai toujours eu une affection particulière, et toi, mon neveu Agricole,

episcopum, et fratrem ejus, patrem beati Lupi episcopi, ejusdem Principii successoris ».

Outre ces trois fils, nous pensons que Emilius et Cilinie eurent aussi deux filles. Car saint Remi déclare avoir acheté Blombay à ses co-héritiers, Benoist et Hilaire. A quel titre sont-ils ses co-héritiers? S'ils avaient été ses frères, il paraît bien improbable que saint Remi ne leur eût pas donné cette qualification. La simple appellation qu'il emploie, nous fait croire qu'ils étaient les maris de deux sœurs dont l'histoire ne parle pas.

De cette façon Emilius et Cilinie auraient eu cinq enfants : Saint Principe, saint Remi, le père de saint Loup, et les deux épouses de Benoist et d'Hilaire.

Des frères de saint Remi passons aux neveux.

Le testament nous fait connaître cinq neveux du Pontife, auxquels les récits d'Hincmar et de Flodoard ajoutent une nièce qui aurait été mariée à saint Gennebaud, avant qu'il ne fût évêque de Laon. Ces cinq neveux sont saint Loup, évêque de Soissons, Agricole, prêtre, Prétextat (p. 45), Aétius (p. 47 et 52), et Agathimère (p. 47 et 52.

De qui ces neveux étaient-ils les enfants?

On s'est demandé si saint Principe fut marié avant son épiscopat et s'il eut des enfants. Mais s'il eût eu des enfants, ils eussent été ses héritiers. Or saint Remi laisse à saint Loup la part des biens que son frère Principe possédait à Cerny et dont il avait hérité. Si on dit que ces biens furent un simple don testamentaire, un souvenir de frère, laissé par l'évêque de Soissons à l'archevêque de Reims, au moins celui-ci aurait-il dû le léguer non pas à saint Loup, qui certainement n'était pas le fils de saint Principe, mais à celui ou à ceux de ses neveux qui en étaient fils. On peut donc affirmer que saint Principe, s'il fut marié avant son épiscopat, ne laissa pas d'enfants.

Saint Loup, comme le testament le déclare bien plusieurs fois, est le fils du frère de saint Remi et de saint Principe. Peut-être l'épouse de saint Gennebaud était-elle sœur de saint Loup, et fille du frère des deux saints,

ritia placuisti : in omni substantia mea, quæ mea sorte obvenit antequam moriar, præter id quod unicuique donavero, legavero, darive jussero, vel unumquemque vestrum voluero habere præcipuum.

prêtre, qui dès ton enfance m'as toujours été agréable, à cause de ta déférence pour moi; je vous laisse tous les biens qui m'appartiendront au moment de ma mort, à l'exception des dons, legs et présents que j'aurai faits, et de ce que je voudrai donner spécialement à chacun de vous.

Quant à Agricole, il paraît être le fils d'une des sœurs, le fils par conséquent de Benoist ou d'Hilaire, car il est nommé au commencement du testament, dans la même phrase que saint Loup. Saint Remi appelle celui-ci le fils de son frère et se contente d'appeler Agricole prêtre. Il semble pourtant que si les deux légataires avaient été frères, le Saint leur eût donné à tous deux la même qualification.

En revanche, nous ferions volontiers Agricole frère de Prétextat, car il est remarquable que celui-ci ne reçoit aucun domaine dans le testament, mais seulement quelques objets mobiliers. Ne serait-ce pas parce qu'il devait plus tard hériter de tous ceux laissés à Agricole, qui était prêtre et dont il aurait été le frère.

De leur côté, Aétius et Agathimère nous paraissent frères; car ils reçoivent en commun le domaine de Passy en Valois.

Si nos conjectures sont vraies, les deux sœurs de saint Remi auraient donc laissé chacune deux fils.

Outre ses frères et sœurs et ses neveux, le testament nous fait aussi connaître ses petits neveux : Ce sont Parovius (p. 45), fils de Prétextat, dont Remiette (p. 45) nous paraît être l'épouse; Prétextate (p. 52), Profuturus (p. 53), Profutura (p. 53). Comme ces trois noms sont cités aussitôt ceux d'Aétius et d'Agathimère, nous en concluons que Prétextate est fille du premier; que Profuturus et Profutura sont frère et sœur et les enfants d'Agathimère.

Ainsi le testament nous fait connaître avec détails les divers membres qui composaient la famille de saint Remi.

Tu, sancta hæres mea Remensis Ecclesia, colonos quos in Portensi habeo territorio, vel de paterna maternaque substantia, vel quos cum fratre meo sanctæ memoriæ Principio episcopo commutavi, vel donatos habeo, possidebis, Dagaredum, Profuturum, Prudentium, Temnaicum, Maurilionem, Baudoleifum, Provinciolum; Nariatenam, Lautam, Suffroniam colonas; Amorinum quoque servum, cum omnibus quos intestatos reliquero, *tuo dominio vindicabis.*

Sainte Église de Reims, mon héritière, tu possèderas les colons [1] *qui sont à moi sur le territoire du Porcien, ceux qui proviennent de l'héritage de mon père et de ma mère, ou que j'ai échangés avec mon frère de sainte mémoire, Principe, évêque, ou que j'ai reçus en dons : c'est Dagarède, Profuturus, Prudence, Temnaïc, Maurilion, Baudoleif, Provinciole; les femmes colonnes Naviatène, Lauta, Suffronia. L'esclave Amorinus* et tous ceux dont je n'aurai pas disposé par mon testament, *appartiendront*

---

[1] M. Louis Paris, dans la *Chronique de Champagne*, M. Lejeune, dans les Œuvres de Flodoard, traduisent le mot *colonam* par l'expression de laboureur. Or *colonam, colona* ne désignent pas dans le testament une profession, mais une situation sociale. Il y avait beaucoup de *colons* qui n'étaient pas laboureurs.

Le *colonat*, sous les Romains, était l'intermédiaire entre l'état des hommes libres et l'état des esclaves. Au moyen âge, il s'identifia presque entièrement avec le servage : cependant le nom subsista; il rappelait toujours une personne appartenant par sa naissance ou autrement au colonat, et non simplement un individu attaché à la culture de la terre.

Nous traduisons donc tout simplement *colonas* par colons.

Necnon villas *agrosque quos possideo in solo Portensi,* Tudiniacum scilicet, et Balatonium, sive Ple-

également à ton domaine. De plus les villages et terres que je possède sur le territoire du Porcien [1],

---

[1] Le chanoine Lacourt, M. Lejeune, dans son édition de l'Histoire de Flodoard, M. Varin, dans les *Archives administratives de la ville de Reims,* traduisent *Portensi* par les Potez. Ad. de Valois (*Not. Gall.*, p. 133), M. Guérard (*Annuaire historique de la Société de l'Histoire de France pour 1837*), le traduisent par *Porcéans.* Dom Bouquet adopte également cette traduction dans son *Recueil des Historiens de France pour l'ère mérovingienne* (tomes III, IV et V). Porcéans et Porcien sont synonymes. Plus tard ce nom servit à désigner le Perthois : *Comitatus Portensis*; (Dom Bouquet, tome VI, p. 202); *Portensis pagus, Portianus pagus* (tome VII, p. 616). Mais jamais il ne se traduisit par les Potez. Cette traduction est exclusivement propre aux érudits rémois, qui attribuent à la générosité de saint Remi le don fait à l'Église de Reims de la terre des Potez. Nous ne croyons pas que cette terre vienne du Saint. Mais quoi qu'il en soit de cette opinion, il est certain que dans son testament, il ne cite que deux villages des Potez, tandis qu'il y nomme dix villages appartenant au Porcien.

Au surplus, les Potez ne viennent nullement de *Portensi,* mais de *Potestate.* Au moyen âge ce nom de *Potestas* était très-souvent employé pour désigner une seigneurie (voir Ducange).

A l'époque de saint Remi, les Potez faisaient partie du Porcien ; la baronnie ne fut créée qu'après. Elle renfermait dix-sept villages, qui appartenaient encore comme seigneurie au Chapitre métropolitain, en 1789. Ses limites sont donc parfaitement connues : c'est donc encore une raison, pour qu'il ne puisse être ici question des Potez, puisque les quatre villages que lègue saint Remi et qui sont situés dans le *territorio Portensi,* ne font pas partie de ces dix-sept villages, mais se trouvent au contraire à l'autre extrémité du Porcien : ce sont Thugny, Balham, Ecly et Plesnoy. Il n'est donc pas douteux que le *Portensis* du testament désigne le Porcien, région située entre l'Aisne et la Meuse, la Bar et la Sormonne.

Enfin, c'est Flodoard qui nous a fourni le texte du grand

rinacum, et Vacculiacum, vel quæcumque in eodem

Thugny [1], Balham [2], soit encore Plesnoy [3] et

testament. Lui-même, dans son *Histoire* et sa *Chronique,* nous parle plusieurs fois du *Portensi* (voir *Hist. Rem. eccl.*, lib. III, cap. IX; chr. an. 926, 933, 941, 949). Or, ces mêmes érudits, qui traduisent le *Portensis* du testament par les Potez, traduisent le *Portensis* des OEuvres de Flodoard par le Porcien. Pourquoi cette distinction, que rien dans l'historien n'autorise ?

[1] **Thugny,** canton et arrondissement de Rethel (Ardennes).

[2] **Balham,** canton de Château-Porcien, arrondissement de Rethel (Ardennes).

Le chanoine Lacourt, M. Lejeune, traduisent *Balatonium* par Balham. M. Varin, M. l'abbé Bouché, dans un Mémoire lu au Congrès archéologique de France, tenu à Reims en 1861, le traduisent par Baâlons, village des Ardennes situé dans le canton de Vendresse. M. Quicherat, dans son opuscule *de la formation française des anciens noms de lieux,* page 95, à ces mots : *Balatetone* et *Balatonno,* s'exprime ainsi : Le premier de ces noms a été rendu par Ballon et le second par Ballan : c'est le contre-pied qu'il faut prendre. *Balatetone* se rapproche davantage de *Balatedine,* qui est le nom de Ballan dans Grégoire de Tours (*Hist. franc.,* l. X, c. XI), et *Balatono* de Baladon, qui est celui de Ballon dans la confirmation des biens de l'Église du Mans, en 802.

Malgré la grande autorité de M. Quicherat, nous ne pouvons partager son avis. *Balatetone* et *Balatonium* sont tous deux la transformation de *Balatedine,* l'une plus prononcée que l'autre. Au centre de la France la transformation des mots s'est produite plus lentement, parce que la population était restée presque entièrement gallo-romaine. Grégoire de Tours a donc pu employer les dénominations encore pures d'altération. Dans le Nord, dans le pays rémois en particulier, centre de l'invasion germanique, la corruption de la langue s'est faite rapidement, et dès la fin de son épiscopat, saint Remi était obligé d'employer des noms déjà en voie de formation romane. Baalan et Baalon ont donc la même origine, la désinence s'étant accentuée diversement en *an* et en *on,* suivant l'accentuation différente des diverses populations. L'étymologie nous laisse ainsi libre de choisir entre Balham et Baâlons. Nous n'hésitons pas à nous décider pour Balham, village du canton de Château-Porcien, d'abord

solo Portensi qualibet auctoritate possedi, integre *cum* omnibus campis, *pratis, pascuis, silvis, ad te testamenti hujus auctoritate revocabis.*

Ecly [1], et tout ce que j'ai possédé à quelque titre que ce soit sur le même territoire du Porcien, tu les revendiqueras en vertu de ce testament, avec tous les champs, *les prés, les pâturages et les bois.*

parce que cette désignation est traditionnelle; parce qu'ensuite un principe dont il faut tenir compte dans l'étymologie des noms de lieu du testament, c'est que des domaines, compris dans une même énumération, doivent appartenir, sauf preuves du contraire, à la même région. L'ordre des idées ne permet pas de joindre sans motifs des possessions situées à des extrémités diverses. De plus saint Remi lègue ici des biens de famille. Il est encore de principe qu'une famille tienne à grouper ses possessions, dans l'intérêt même de leur administration. Saint Remi joignant ici *Balatonium* à Thugny, nous pensons qu'il s'agit de Balham, qui en est rapproché, et non de Baâlons, dont l'éloignement est considérable, et qui aurait été son unique propriété dans cette région.

[5] **Plesnoy**, hameau, commune de Proviseux, canton de Neufchâtel, arrondissement de Laon (Aisne).

M. l'abbé Bouché, au Congrès archéologique de Reims de 1861, a soutenu que *Plerinacum* était Pargny. Mais en dehors de toute indication historique, nous sommes obligés de nous en tenir aux règles strictes de l'étymologie, Or, en étymologie, il ne faut pas confondre la désinence *iacum* avec la désinence *acum*; elles viennent d'un radical celtique tout différent. Dans la région du nord *iacum* fait *y*, et *acum*, *ay*, *ey*, *é*; *Sparnacum*, Epernay, *Plerinacum* doit donc faire Plerinay ou Plerinoy. Puis la syllabe *ri* a disparu, comme la syllabe *di* dans *Tudiniacum*, Tugny; d'où il est resté Plenoy. La situation du hameau de Plesnoy, sur la limite de l'Aisne et des Ardennes, à sept kilomètres d'Asfeld, concorde parfaitement avec celle des autres villages légués dans cette partie du testament.

[1] **Ecly,** canton de Château-Porcien, arrondissement de Rethel (Ardennes).

Le chanoine Lacourt, M. Lejeune et M. Louis Paris traduisent *Vacculiacum* par Vacculiac; mais ce n'est pas une désignation,

— 12 —

Simili modo, sanctissima hæres mea, quæcumque tibi a propinquis et amicis meis, in quocumque solo et territorio collata sunt, sicuti disposuero in potchiis, cœnobiis, martyriis, diaconiis, xenodochiis, omnibusque matriculis sub tua ditione degentibus, ordi-

Semblablement, ô ma très-sainte héritière, quant aux biens qui t'ont été légués par mes parents et par mes amis, dans quelque pays, en quelque lieu qu'ils soient situés, et que j'aurai répartis entre les hospices d'infirmes [1], les monastères, les églises, les diaconies, les hospices de voyageurs, et toutes

puisque ce nom n'existe pas ; et puis *Vacculiacum* doit faire forcément Vacculy. M. Bouché le désigne par Frailloué, section de la commune des Hautes-Rivières, à l'extrémité des Ardennes. Mais cette dénomination est fausse au point de vue étymologique, et fantaisiste au point de vue géographique, *Vacculiacum* se trouvant cité avec les villages de Thugny, Balham et Plesnoy. D'autres veulent que ce soit Vailly ; mais impossible encore, Vailly dans l'Aisne n'appartenant nullement au Porcien, dont il est fort distant. Il faut en effet que ce domaine soit dans le Porcien, et selon le principe posé plus haut, dans la région de Thugny, Balham et Plesnoy, auxquels il est joint. Pour nous, nous proposons Ecly, qui remplit cette double condition. Au point de vue étymologique, nous pensons aussi qu'il peut être la contraction de *Vacculiacum*. *Liacum* a fait forcément *ly*, d'où il est résulté Vacculy. *Cu* a disparu ; car rien n'est plus commun que la disparition d'une syllabe et même de plusieurs syllabes dans le corps des mots. Il est resté Vacly. *A* s'est changé en *é* ; changement également très-fréquent. Enfin *V* initial a disparu. Nous n'avons, à l'appui de cette extinction du *V*, aucun exemple à invoquer, mais nous avons des exemples de la disparition d'une syllabe initiale : *Octasiacum*, Thoisy (Côte-d'Or) ; *Nirbanium*, Bayne (Seine-et-Oise). Nous nous croyons donc autorisés à faire Ecly de *Vacculiacum*.

[1] *Ptochiis*, hospice où l'on nourrissait les pauvres et les infirmes. — *Xenodochiis*; hospice destiné à recevoir les pèlerins et les passants. — *Martyriis*, églises dédiées en l'honneur des martyrs ou pour conserver leur mémoire, ou parce que leurs corps

nationem meam futuri successores mei, ordinis sui memores, sicut ego præcedessorum meorum, ita quoque inconvulse et absque ulla refragatione servabunt.

Ex quibus Celtus, quam per manum meam Celsa

les matricules de ta juridiction ; que mes successeurs, par respect pour la dignité épiscopale, en observent la distribution inviolablement et sans aucune opposition, comme moi j'ai respecté les dispositions de mes prédécesseurs.

Au nombre de ces biens se trouve Sault-S¹-Remi [1],

y reposaient. — *Diaconiis,* hôpitaux administrés par un diacre, qui y distribuait les aumônes. — *Matriculis,* chaque paroisse avait sa matricule, c'est-à-dire une maison de charité pour les pauvres. Dans les premiers temps on appelait aussi matricule le rôle où les noms des clercs étaient inscrits, et qui leur donnait droit de participer aux biens de l'Eglise. Enfin l'hospice pour les malades s'appelait *nosocomia.* (Voir pour plus de renseignements les notes de Lacourt, dans la *Chronique de Champagne,* 1re année, t. II. p. 335).

[1] **Sault-Saint-Remi,** canton d'Asfeld, arrondisement de Rethel (Ardennes).

Chesneau, dans sa traduction de Flodoard, prétend que c'est Cernay-les-Reims ; M. l'abbé Darras le suppose également dans sa grande histoire de l'Eglise, tome XIII, p. 375. Nous avons une raison péremptoire pour écarter cette interprétation ; c'est que *Celtus,* dans ce cas devrait faire *Celtacus,* sans parler des autres impossibilités étymologiques. Il existe dans le département des Ardennes, Sault-Saint-Remi et Sault-les-Rethel. Quelques-uns pensent que le *Celtus* du testament est Sault-Saint-Remi, la plupart que c'est Sault-les-Rethel. Ces derniers s'appuyent sur une bulle d'Innocent IV, de l'an 1128, où il confirme à l'abbaye de Saint-Nicaise l'autel de Sault-les-Rethel, *altare de Celto super fluvium axonam,* que l'archevêque Regnault lui avait donné. De plus, au moyen âge, Sault-Saint-Remi s'écrit toujours *Salix de S. Remigio.*

sobrina mea tibi tradidit, et Huldriciaca villa, quam

que ma cousine Celsa te donne par mes mains,

Cette double raison nous paraît peu convaincante. Sault-Saint-Remi n'a pas une autre racine que Sault-les-Rethel. Quand on essaie d'étudier la science des étymologies, on se rend bien vite compte que la désignation latine des noms de lieu, au moyen âge, est presque toujours erronée. Le mot roman ou mot vulgaire, à peu près tel que nous le prononçons aujourd'hui, s'est formé entre le VIe et le IXe siècle. Quand les latinistes du moyen âge, qui employaient quelquefois le nom vulgaire, voulaient lui substituer une désignation latine, ce n'est pas le radical de la période gallo-romaine qu'ils employaient; ils l'ignoraient la plupart du temps; ils se contentaient d'habiller d'une forme latine le nom roman, et y introduisaient souvent une étymologie de fantaisie. S'en rapporter à cette étymologie serait donc tomber dans les plus graves erreurs. Aussi nous ne craignons pas d'affirmer que *Celtus* est la racine commune de Sault-Saint-Remi et de Sault-les-Rethel. Mais alors lequel des deux est désigné au testament? Flodoard se charge de nous le dire.

Il nous raconte (*Hist. Rém. eccles.* lib. I, cap. XII), un miracle que saint Remi accomplit chez sa cousine Celsa, dans une visite qu'il lui fit au village de Sault. Puis au testament, saint Remi nous dit que cette cousine lui a laissé le village de Sault. Enfin Flodoard (*ibid.* cap. XVII) nous apprend, que dans un temps de famine il fit des amas de grains au village de Sault. Evidemment ce village de Sault est le domaine que Celsa lui a laissé : celle-ci était morte; ce qui n'a rien d'étonnant, puisque lui-même était sur la fin de sa vie : car les habitants de *Celtus*, par mépris, l'appelaient le vieux jubilaire. Or, continue Flodoard, un jour que les habitants de *Celtus* étaient ivres, ils mirent le feu aux approvisionnements qu'avait faits le Pontife. Quand celui-ci apprit la nouvelle de l'incendie, il se trouvait dans un village voisin, à Bazancourt : *Quod cum beato præsuli nuntiatum fuisset, in propinquá villá, quam Basilicæ cortem vocant, tunc forte consistenti.* Ce détail est capital. Il nous suffit, après cela, pour connaître le vrai *Celtus*, de savoir quel est celui qui est voisin de Bazancourt. Sault-les-Rethel en est distant de vingt-deux kilomètres environ, Sault-Saint-Remi de six seulement. Sault-les-Rethel ne peut donc être celui où le Saint arrive en toute hâte, et le *Celtus* du testament est donc bien Sault-Saint-Remi.

Huldericus comes, ei loco ubi ossa mea sancti fratres et coepiscopi diœceseos tuæ ponenda elegerint, in tegumentis deserviant. Sitque locus ille successoribus meis Remorum episcopis peculiariter proprius, et in alimoniis ibidem Deo militantium, Vicus ex

et Heutrégiville [1], don du comte Huldéric. Que leurs revenus servent à la couverture du lieu que mes saints frères, les évêques de la province, auront choisi pour ma sépulture. Ce lieu appartiendra spécialement à mes successeurs sur le siége épiscopal de Reims. Je laisse pour la nourriture de ceux qui se consacrent au service de Dieu, Vieux [2],

---

[1] **Heutrégiville,** canton de Bourgogne, arrondissement de Reims (Marne). Heutrégiville et Sault-Saint-Remi sont des villages situés dans la même région. Cette règle suivie par saint Remi est invariable. Si les interprètes du testament l'avaient remarquée, ils se seraient gardés de chercher à des distances très-grandes, sous prétexte de la ressemblance du nom, des villages qu'ils devaient chercher dans le voisinage de ceux dont ils constataient sûrement l'identité.

[2] Appelé depuis **Viel-Saint-Remi,** canton de Novion-Porcien, arrondissement de Rethel (Ardennes).
Tous les érudits qui se sont occupés du testament de saint Remi s'accordent à traduire *vicus* par village. Malgré cette unamité, nous nous permettons d'ouvrir un avis différent. Tous reconnaissent que nécessairement saint Remi a dû désigner nommément le village qu'il léguait, sous peine de faire un legs sans valeur, mais que son nom a disparu sous la plume du copiste. Mais selon nous, il n'est nullement nécessaire de supposer cette disparition.
Pourquoi, en effet, traduire *vicus* par village, quand dans tout le cours du testament saint Remi n'emploie jamais cette expression? celle dont il se sert est invariablement *villa,* et même souvent il se contente de nommer directement le nom de lieu, sans la qualification de village. A notre avis, le *vicus* du testament est le nom même du village cherché, et nous l'appelons Vieux ou Viel. Vieux s'est formé par la disparition

proprio, in Portensi, et Villaris quoque ex epis-

provenant de mon patrimoine du Porcien, et

du *c* et de l'*s* finale : on a eu Viu, qui tout naturellement s'est prononcé Vieu et s'est écrit ensuite comme il se prononçait.

Rien de plus certain que cette étymologie. En 843 Vic-sur-Aisne faisait *vicus*; Viel-Arcy, en 1297, se nommait *Vicus-Arsus*. A la même époque, Vieux-les-Asfeld et Viel-Saint-Remi (Ardennes) étaient désignés sous le nom de *Vicus prope Ercreium, Vicus St Remigii*.

Au contraire, un siècle plus tard, dans le cartulaire E du chapitre de Reims, f° 139, Vieil-Arcy s'écrivait *Vetus Arseium*. Pourquoi ? Parce que le langage roman ou vulgaire du VIIe, VIIIe et IXe siècle avait converti *Vicus* en Vieux et Vieil, et que les latinistes, qui ne voulaient pas se servir du roman et qui en ignoraient la vraie racine, le traduisirent dans le même sens étymologique que le mot Vieux, synonyme d'Ancien. Ce qui est arrivé pour une infinité de noms de lieux, s'est fait pour Vieux : *Vetus* en est devenu la traduction au XIVe siècle, mais n'en est nullement la racine.

Il est donc absolument certain que tous les villages qui portent le nom de Vic, Vieux, Viel, tirent leur nom du radical latin *Vicus*, et qu'ici le testament n'exprime pas le nom de village en général, mais du village particulier qui s'appelle Vieux.

Or, nous avons dans le Porcien, Vieux-les-Asfeld et Viel-Saint-Remy, tous deux situés dans l'arrondissement de Rethel. Lequel des deux est celui du testament ? Nous n'hésitons pas à désigner Viel-Saint-Remi, qui de tout temps a fait partie des domaines de l'abbaye, à l'exclusion de tout autre village de même nom.

En effet, d'après le *Polyptique de saint Remi*, cette abbaye possédait au IXe siècle deux *Vicus*, le *Vicus St Remigii*; c'est le bourg Saint-Denis de Reims, qui n'est pas évidemment celui du testament, puisque ce dernier est situé dans le Porcien. Nous pouvons donc raisonnablement supposer que le second *Vicus* du *Polyptique* est identique à celui du testament. Or, M. Guérard, éditeur du *Polyptique*, n'a pas cru pouvoir déterminer le village désigné par ce *Vicus*. Mais une lecture attentive nous fournit cette désignation. A la page 67 de ce fief, il est dit que l'abbaye possède un manse dominical ou seigneurial sur le territoire de Villers, *in Villare*, dans la partie qui touche à *Vicus, ad Vicum aspiciente*. Mais justement, les deux territoires actuels de Villers-le-Tourneur et de Faissault n'en faisaient

copio in Remensi deserviant. Blandibaccius villa

Villers [1], appartenant à l'évêché, et situé sur le

qu'un autrefois, et ils confinent à celui de Viel-Saint-Remi. Le rapprochement de *Villare* et de *Vicus* prouve donc que le *Vicus* du *Polyptique* désigne Viel-Saint-Remi, qui de cette façon devient également le *Vicus* du testament.

Enfin toutes les éditions portent cette phrase :

Vicus ex proprio in Portensi, et........ Villaris quoque ex episcopio in Remensi. Toutes supposent donc une lacune après *et*. Au contraire il n'y a place pour aucune lacune, dès lors que, comme nous l'avons fait, on traduit *Vicus* par Vieil-Saint-Remy; aussi l'avons-nous supprimée. Mais dans le cas où l'on n'accepterait pas notre traduction, la lacune ne devrait pas être, comme le veulent les manuscrits, après *et*, mais après *Vicus*; autrement il en faudrait reconnaître deux, l'une après *Vicus*, à la place du nom même de ce *Vicus*, l'autre après *et*, désignant un autre village. Nous le répétons; toutes ces lacunes n'existent pas, elles proviennent de l'erreur d'un premier copiste qui n'aura pas compris le sens de *Vicus*. La seule interprétation raisonnable de ce mot nous permet donc de restituer à la phrase un sens très-intelligible et très-correct.

[1] **Ville-en-Selve.** Nous sommes surpris que l'auteur des *Annales Ardennaises* lise avec certains manuscrits *Villanis* au lieu de *Villaris*, et désigne Villaine dans les Ardennes. M. l'abbé Bouché semble, faute de mieux, se rallier à cette opinion; mais la rédaction même du testament se charge de la réfuter. Elle dit expressément que *Villaris* est situé dans le Rémois, *in Remensi*; Villaine est dans le Porcien. La difficulté se circonscrit donc aux Villers du pays de Reims, qui sont au nombre de cinq : Ville-en-Selve, *Villare in Sylva*, Villers-Allerand, Villers-Marmery, Villers-Franqueux, Villers-sous-Châtillon. Mais les trois derniers de ces villages n'ont jamais appartenu à l'abbaye à aucune époque; nous n'avons donc plus qu'à choisir entre Ville-en-Selve et Villers-Allerand. Tous deux faisaient partie de son domaine dès 949. Mais cent ans plus tôt, époque de la rédaction du *Polyptique de saint Remi*, elle ne possédait qu'un seul *Villare*, qui est nécessairement celui du testament. Or nous pensons que ce *Villare* désigne Ville-en-Selve, de préférence à Villers-Allerand. Car, d'après le *Polyptique*, le curé de *Villare* avait sous sa juridiction Louvois, *Lupi via*, qui est moitié plus rapproché de Ville-en-Selve que de Villers-Allerand. Il est vrai que le *Polyptique* accuse une quantité considérable de vignes à *Villare*,

— 18 —

in Portensi, quam a cohæredibus meis Benedicto et Hilario, datis pretiis emi de thesauro Ecclesiæ, et Albiniacus ex episcopio, in alimoniis clericorum Remensis Ecclesiæ communiter deputentur.

Quibus etiam Berna ex episcopio, quæ peculiaris prædecessoribus meis esse solebat, cum duabus

territoire de Reims. Le village de Blombay [1] situé dans le Porcien, que j'ai acheté à mes cohéritiers Benoist et Hilaire et que j'ai payé des deniers de l'Église, sera, avec le village d'Aubigny [2], qui dépend de l'évêché, employé à la nourriture des clercs de l'Église de Reims.

Berne qui dépend de l'évêché et qui appartenait plus spécialement à mes prédécesseurs [3], les deux

particularité qui conviendrait mieux à Villers-Allerand. Mais au IXe siècle, la vigne existait partout, même dans les Ardennes. Ville-en-Selve a donc pu posséder alors des vignes, qui depuis ont été envahies par les bois.

[1] **Blombay**, canton et arrondissement de Rocroi (Ardennes).

[2] **Aubigny**, canton de Rumigny, arrondissement de Rocroi (Ardennes).

[3] Nous faisons ici une rectification au texte et une rectification à la traduction donnée par M. Lejeune. Il place une lacune après ces mots :

Quæ peculiaris prædecessoribus meis esse solebat,...... cum duabus villis, etc.

Le sens de la phrase n'en réclame aucune, et nous ne la trouvons dans aucune des éditions du testament données par Brisson, M. Varin, le chanoine Lacourt, dans la *Chronique de Champagne,* et les *Actes de la province de Reims.* Nous la supprimons donc nous-même.

M. Lejeune donnant à *sive* un sens explicatif, confond avec la plupart des érudits Cosle et Glen avec les deux villages donnés par Clovis à saint Remi. Mais *sive* et *vel* dans le testament sont le plus souvent conjonctifs, et doivent se rendre par *soit encore, soit enfin.* Cette rédaction, *sive cum Coslo et Gleni vel*

villis, quas Ludovicus a me sacro baptimastis fonte susceptus, amore nominis mei, Piscofesheim sua lingua vocatis, mihi tradidit, sive cum Coslo et Gleni, vel omnibus silvis, pratis, pascuis, quæcumque per diversos ministros in Vosago, infra, circum et extra, tam ultra quam citra Rhenum, pretio dato comparavi, picem annuatim ministret, cunctisque locis regularibus, tam a me, quam ab antecessoribus meis ordinatis, sive in futuro ab episcopis successoribus meis ordinandis, pro necessitate locorum, ad vascula vinaria componenda annuatim distribuat.

villages que Clovis m'a donnés comme gage de son affection, après avoir reçu de moi le baptême, et qu'on appelle dans sa langue Maison de l'Évêque, de plus Cosle et Glen, avec les bois, les prés, les pâturages que j'ai acquis par l'entremise de diverses personnes dans les Vosges et aux environs, en deçà ou au delà du Rhin, fourniront chaque année aux clercs de Reims et à tous les monastères fondés tant par moi que par mes prédécesseurs, et même à ceux que mes successeurs fonderont à l'avenir, la poix qui sera nécessaire, suivant les lieux, pour enduire les tonneaux à mettre le vin [1].

omnibus silvis est la même que cette autre que nous avons rencontrée plus haut : *sive Plerinacum et Vacculiacum vel quœcumque*. Ce n'est donc pas trois villages seulement que lègue saint Remi, mais cinq : Berne, les deux villages de Clovis, puis Cosle et Glen.

Toutes ces possessions étaient situées dans les Vosges, et faisaient partie du diocèse de Mayence. Les religieux de saint Remi firent plus tard bâtir un prieuré à Cosle, qui prit le nom de prieuré du Mont-Saint-Remi. (Voir Flodoard, *Hist. Rem. eccl.*, lib. I, cap. XX ; lib. IV, cap. II.)

[1] Voir Flodoard, *Hist. Rem. eccl.*, lib. I, cap. XX, et lib. IV, cap. II.

Crusciniacum Vero et Faram, sive villas quas sanctissima virgo Christi Genofeva, a rege Christianissimo Ludovico pro compendio itineris sui, quum Remensem ecclesiam sæpissime visitare soleret,

Quant à Crugny [1], à Fère-en-Tardenois [2] et à quelques autres villages que le roi très-chrétien Clovis avait donnés à Geneviève, très-sainte Vierge de Jésus-Christ, pour fournir aux frais des voyages

[1] **Crugny,** canton de Fismes, arrondiss. de Reims (Marne).
Au Congrès archéologique tenu à Reims en 1861, quelques membres ont soutenu que *Crusciniacum* était Crécy-sur-Serre. Mais tous les Crécy de l'Aisne, depuis 1107, se sont invariablement écrits *Creci* ou *Crissi*. Or une règle invariable, dans la formation des mots, est la contraction d'*iniacum* en *iny*, mais surtout en *gny*, règle dont l'application ne se retrouve nullement dans Crécy, mais bien dans Crugny. Quant à la disparition de *sc*, c'est un accident qui se rencontre très-communément. Mais voici une preuve historique péremptoire. Sous saint Rieul, archevêque de Reims, Vivat, personnage illustre, donna aux églises de Notre-Dame et de Saint-Remi plusieurs villages situés dans le Tardenois : l'un était *Montem Crusciniacum*, le Mont de Crugny (Flod., *Hist. Rem. eccl.*, lib. II, cap. X), car Crécy n'est pas dans le Tardenois. — De son côté, Tilpin obtenait de Carloman, frère de Charlemagne, une charte en faveur des soldats résidants à Crugny, dans le Tardenois; *in Crusciniaco, Curba Villa, vel in omni pago Tardonensi.* (*It. ibid.*, cap. XVII.)

[2] **Fère-en-Tardenois,** chef-lieu de canton de l'arrondissement de Château-Thierry (Aisne).
Au même Congrès on a soutenu également que *Faram* était La Fère, mais sans preuve à l'appui. Il n'est pas douteux qu'il ne s'agisse de Fère-en-Tardenois, parce que ce Fère est peu distant de Crugny et sur le chemin de Paris à Reims. Or, nous avons montré que nous devions toujours nous décider de préférence pour les villages les plus rapprochés les uns des autres, quand, dans le testament, ils font partie du même groupe. De plus il est naturel que Clovis, voulant pourvoir aux frais des voyages de sainte Geneviève à Reims, lui ait assigné des domaines qu'elle rencontrerait sur son passage, comme le sont Fère-en-Tardenois et Crugny.

adipisci promeruit, alimoniisque ibidem Deo famulantium deputavit, sicut ab ea ordinatum est, ita confirmo, ut Crusciniacus futuri episcopi successoris mei obsequiis, et sartatectis principalis ecclesiæ deputetur. Faram vero eidem episcopo, et sartatectis ecclesiæ ubi jacuero, perpetualiter servire jubeo.

Sparnacus villa, quam datis quinque millia libris argenti ab Eulogio comparavi, tua, sanctissima hæres mea, non extraneorum hæredum meorum esse cernitur, eo quod quum criminis accusatione regiæ majestatis idem teneretur obnoxius et se minime purgare posset, non solum ne occideretur, dato jam dicto pretio de thesauris tuis, sed ne

qu'elle faisait très-souvent à Reims, dont elle venait visiter l'église, et qu'elle a assignés à la nourriture de ceux qui y servent Dieu, je confirme ses dispositions, et j'ordonne que Crugny soit assigné au service du futur évêque, mon successeur, et aux réparations de l'église cathédrale; que les revenus de Fère soient employés à perpétuité au service du même évêque, et aux réparations de l'église où reposera mon corps.

Le village d'Epernay [1], que j'ai acheté à Euloge cinq mille livres d'argent, t'appartient, ô ma très-sainte héritière, et non à des héritiers étrangers; car c'est avec l'argent de ton trésor que j'ai payé, lorsque ce seigneur, accusé du crime de lèse-majesté, ne pouvait se justifier, et que, de concert avec toi, j'ai obtenu pour lui grâce non-seulement

---

[1] **Epernay,** chef-lieu d'arrondissement (Marne).

pecunia ejus publicaretur, una tecum obtinui : et ideo ut præfata Sparnacus perpetualiter tibi ad restituendum thesaurum, stipendiisque tui pontificis deserviat, liberali sanctione firmavi.

Duodeciacus vero, sicut a Clodovaldo nobilissimæ indolis puero confirmatum est, tibi, hæres mea, perpetualiter famuletur.

Villas quas mihi domnus illustrique memoriæ Ludovicus Rex, quem de sacro baptismastis fonte suscepi, quum adhuc paganus Deum ignoraret, ad proprium tradidit, locis pauperioribus deputavi : ne forte, quum esset infidelis, cupidum terrenarum

de la mort, mais encore de la confiscation. J'ordonne en conséquence que ledit village d'Epernay soit, pour indemniser ton trésor, affecté perpétuellement à ton entretien et aux besoins de ton évêque.

Que Douzy [1], conformément aux volontés de Clodoald, jeune seigneur [2] du plus noble caractère, soit à tout jamais votre propriété, ô mon héritière.

A l'égard des villages que mon seigneur d'illustre mémoire, le roi Clovis, que j'ai tenu sur les saints fonts du baptême, m'a donnés en propre, lorsque, païen encore, il ne connaissait pas le vrai Dieu, je les ai consacrés aux lieux les plus pauvres, de peur qu'il ne crût, infidèle qu'il était, que je fusse trop

[1] **Douzy**, canton de Mouzon, arrondiss. de Sedan (Ardennes).

[2] Nous traduisons *pueri* par jeune seigneur, car évidemment ce jeune homme, possesseur de domaines, et donateur de celui de Douzy, appartenait à une riche famille. Nous montrons plus loin que *pueri* pourrait encore être traduit par guerrier, selon le sens que lui donne plusieurs fois Grégoire de Tours dans sa *Chronique*.

rerum me arbitrari posset, et non potius suæ salutem animæ, quam exteriora ab ipso bona requirere. Quod et admiratus, intercedere me pro quibuscumque necessitatem patientibus, et fidelis, et ante fidem, benigne liberaliterque concessit.

Et quia ex omnibus episcopis Galliarum, pro fide et convocatione Francorum potissimum me laborare cognovit, dedit mihi Deus tantam gratiam in conspectu ejus, virtusque divina, quæ per Spiritum Sanctum me peccatorem plurima signa ad salutem præfatæ gentis Francorum operari fecit, ut non solum ablata omnibus Ecclesiis regni Francorum restitueret, sed etiam de proprio gratuita bonitate, plurimas ditaret Ecclesias. Neque prius de regno ejus, quantum passus est pedis, Ecclesiæ Remorum

attaché aux choses de ce monde et moins occupé de son salut que des biens temporels. Il a admiré ma conduite, et a consenti avec bonté et générosité, tant avant qu'après son baptême, que j'intercédasse en faveur de tous ceux qui souffraient.

Comme il a reconnu que de tous les évêques de la Gaule c'est moi qui ai le plus travaillé à la conversion des Francs, Dieu m'a donné tant de crédit auprès de lui, et la vertu divine, par la grâce du Saint-Esprit, a fait opérer par moi, pauvre pécheur, tant de miracles pour le salut des Francs, que le roi a non-seulement restitué à toutes les Églises du royaume tout ce qu'on leur avait enlevé, mais encore en a enrichi beaucoup d'autres de son bien propre, par un effet gratuit de sa libéralité. Pour moi, je n'ai voulu accepter pour l'Église de Reims

jungere volui, donec, ut hoc omnibus Ecclesiis adimpleret, obtinui.

Sed neque post ejus baptismum, nisi Codiciacum et Juliacum, super quibus jam dictus puer sanctissimus et unanimus mihi Clodovaldus, et incolæ loci illius multiplicibus xeniis gravati, obnixe deprecantes, quod Regi debebant Ecclesiæ meæ solvendum, me petere compulerunt. Quod idem piissimus rex et gratanter accipiens, promptissima voluntate largitus est, usibusque tuis, sanctissima hæres mea,

pas même un pied de terre, jusqu'à ce qu'il eût accompli cette restitution à toutes les Églises.

Depuis son baptême, je n'ai voulu recevoir que Coucy [1] et Leuilly [2]. Les habitants de ces lieux, surchargés de redevances [3], étaient venus avec Clodoald, ce pieux jeune homme qui n'a qu'un cœur avec moi, me supplier qu'il leur fût permis de payer à mon Église ce qu'ils devaient au roi; le pieux roi accueillit ma demande avec plaisir et l'exauça sur-le-champ. Conformément à la volonté du pieux do-

---

[1] **Coucy-le-Château**, chef-lieu de canton de l'arrondissement de Laon.

Aucun doute ne peut exister sur l'identité de Coucy-le-Château avec le *Codiciacum* du testament; il n'est pas un domaine qui, jusqu'au XIIe siècle, soit plus intimement lié à l'histoire de l'Église de Reims, que celui de Coucy. (V. Flod., *Hist. Rem. eccl.*, lib. I, cap. XIV, cap. XX; lib. IV, cap. XIII, cap. XXIII; *Chron. an.* 930, 949, 950, 958, 964.) Puis Coucy et Leuilly sont, par le contexte même du testament, deux villages voisins. Or Coucy-le-Château et Leuilly se touchent en effet.

[2] **Leuilly**, canton de Coucy, arrondissement de Laon (Aisne).

[3] Les *Xenia* étaient des prestations ou transports, sorte de don gratuit dans l'origine, et qui fut changé par l'usage en un droit onéreux et annuel. (V. Ducange.)

juxta ejusdem piissimi datoris præceptum, episcopali auctoritate firmavi.

Res etiam quas sæpe dictus rex, piissimusque princeps, tibi in Septimania et Aquitania concessit, et eas quas in Provincia Benedictus quidam, cujus filiam mihi ab Alarico missam, gratia Sancti Spi-

nateur, et en vertu de mon autorité épiscopale, j'assigne ces villages à tes besoins, ô ma très-sainte héritière.

Je veux que les biens qui t'ont été donnés dans la Septimanie [1] et l'Aquitaine [2], et dans la Provence par Benoit, dont la fille me fut envoyée par Alaric [3], et fut, par la grâce du Saint-Esprit, non-seu-

---

[1] La Septimanie répondait en partie à la Narbonaise première, qui comprenait le Languedoc et le Roussillon. Elle était donc formée des départements actuels de l'Aude, de l'Hérault, de l'Ardèche, du Gard, et d'une partie de ceux de la Haute-Garonne, du Tarn, de la Lozère et de la Haute-Loire.

[2] L'Aquitaine gauloise était formée des anciennes provinces d'Aunis et de Saintonge, d'Angoumois, de la Marche, du Limousin, de l'Auvergne, de la Guienne, du Béarn, du Poitou, du Berri, du Bourbonnais, et d'une partie du Languedoc. Sous Clovis et dans les premiers siècles de la monarchie, elle s'accrut de la province tout entière du Languedoc.

[3] Quoique les biens donnés à saint Remi fussent en Provence, Benoît était Aquitain, riche seigneur sans doute, puisque Alaric, roi des Visigoths de Toulouse, adresse lui-même sa fille à saint Remi. Depuis ce miracle, le grand Pontife fut très-honoré à Toulouse. Voici ce que publiait la *Semaine catholique* de cette ville, dans le n° 12 de sa XIV° année, p. 285 :

« L'oratoire de saint Remi était très-ancien. L'historien Catel (mort en 1626), auteur des *Mémoires du Languedoc*, rapporte que « saint Remy, évêque de Reims, fit hommage à saint Germier, évêque de Toulouse, d'une mitre, d'une paire de gants et d'un anneau, et qu'après la mort de saint Remy, Germier fit construire un oratoire à Toulouse en son honneur (sous le vocable de la

ritus, per impositionem manus meæ peccatricis, non solum a diabolicæ fraudis vinculo, sed ab inferis revocavit, ad usum luminis tui et loci ubi corpus meum jacuerit, continuatim deservire præcipio, villasque in Austria sive Toringa.

Futuro episcopo successori meo amphibalum album paschalem relinquo, stragula columbina duo, vela tria,

lement délivrée des liens du démon, mais encore rappelée à la vie par l'imposition de ma main pécheresse, je veux, dis-je, que ces biens et les villages d'Austrasie[1] et de Thuringe[2] soient employés à perpétuité à l'entretien de ton luminaire et de celui de l'église où reposera mon corps.

Je laisse au futur évêque, mon successeur, un mantel blanc pour l'office de Pâques, deux tentures bleues

---

Sainte-Vierge), dans la rue qui porte le nom de Saint-Remésy ou Remy. » (Extrait du *Bulletin du Diocèse de Reims*, n° du 28 juillet 1877.)

Flodoard raconte au long ce miracle, *Hist. Rem. eccl.*, lib. I, cap. XII. Enfin, dans une charte donnée par Eugène III à l'abbaye de Saint-Remi, en 1143, le pape confirme les biens qu'elle possède dans les diocèses d'Arras, de Thérouanne, d'*Avignon*, de Liége, d'*Aix*, de Mayence.

[1] L'Austrasie, ou France orientale, s'étendait entre la Meuse et le Rhin.

D'après le *Polyptique de Saint-Remi*, des tenanciers devaient encore, au milieu du IXe siècle, faire des transports d'Aix-la-Chapelle à cette abbaye, sans doute pour en ramener les produits des biens d'Austrasie, laissés ici par le testament.

[2] D'après les notes de Lacourt, « la Thuringe tenait le milieu où sont les comtés de Mons, de Lothier, le pays de Liége, etc. Ces biens existaient encore sous Hincmar. Car Flodoard (*Hist. Rem. Eccl.*, lib. III, cap. XXIV), nous fait connaître une lettre de ce prélat à Brunwart, abbé du monastère d'Hirzchfelden (Haut-Rhin), pour les biens de saint Remi et les colons de l'Église de Reims établis en Thuringe. »

quæ sunt ad ostia diebus festis triclinii, cellæ et culinæ.

Vas argenteum triginta, et aliud *decem et octo librarum inter te, hæres mea, et diœcesim tuam Ecclesiam Laudunensem, factis patenis atque calicibus ad ministerium sacrosanctum, pro ut volui, Deo annuente, distribui.*

Illud quoque vas aureum decem librarum, quod mihi sæpe nominatus *domnus illustrisque memoriæ Ludovicus rex, quem,* ut prædixi, *de sacro baptismatis fonte suscepi, donare dignatus est, ut de eo face-*

et trois voiles qu'on suspend, les jours de fête, aux portes de la salle à manger, du cellier et de la cuisine.

D'après la volonté de Dieu, j'ai partagé entre toi, mon héritière, et l'Église de Laon qui appartient à la province, un vase d'argent de trente livres [1] *et un autre de dix-huit livres, dont on a fait, sur mon ordre, des patènes et des calices pour le saint ministère.*

Le roi Clovis, d'illustre mémoire, dont j'ai parlé souvent, et que j'ai tenu sur les fonts de baptême, comme je l'ai dit plus haut, a daigné me donner un vase d'or [2] *de dix livres, pour en faire ce que je juge-*

---

[1] Cette phrase est ainsi modifiée dans le petit testament : *Aliud argenteum vas, quod.* Ce retranchement du poids du vase et ce changement du métal d'or en celui d'argent montrent bien que le petit testament s'applique à atténuer tout ce qui peut paraître extraordinaire dans la fortune de saint Remi.

[2] On a prétendu que ce vase d'or fut donné par Clovis à saint Remi en place du vase de Soissons, brisé par l'insolence du soldat. Nous ne pouvons partager cette opinion ; car le vase de Soissons appartenait à l'église de Reims. Si saint Remi avait reçu le vase d'or en échange de celui de Soissons, l'équité aurait

rem quod ipse voluissem, tibi, hæredi meæ Ecclesiæ supra memoratæ, jubeo turriculum et imaginatum calicem fabricari, et epigrammata, quæ Lauduni in argenteo ipse dictavi, in hoc quoque conscribi volo.

rais à propos. J'ordonne qu'on en fasse pour toi, ô mon héritière, un ciborium en forme de tour et un calice orné de figures, et je veux qu'on y place l'inscription que j'ai fait mettre sur un calice d'argent de l'Église de Laon; *ce que je ferai moi-même,*

exigé que saint Remi ne l'employât pas à son usage propre, mais qu'il le consacrât au service de l'église.

Avec ce vase d'or on fit donc un calice et un *ciborium* en forme de tour.

Le calice, d'après l'ordre de saint Remi, reçut l'inscription suivante, gravée sur le calice de Laon, et que rapporte Flodoard :

> Hauriat hinc populus vitam de sanguine sacro;
> Injecto æternus quem fudit vulnere Christus.
> Remigius reddit Domino sua vota sacerdos.

« Que le peuple puise ici la vie dans le sang précieux que le Christ éternel a versé de sa blessure. Remi, prêtre, offre ses vœux au Seigneur. »

Flodoard ajoute : « Ce vase a existé jusqu'à ces derniers temps, où il a été fondu et donné aux Normands pour la rançon des Chrétiens. »

Mais qu'est devenu le *ciborium?* Il devait être bien cher à l'église de Reims, bien plus cher encore depuis qu'elle avait été obligée de livrer le calice. Elle a dû nécessairement veiller sur cette précieuse relique avec un grand soin. Aussi croyons-nous que le *ciborium* a été transformé dans le calice, dit de Saint-Remi, que possède encore le trésor de la cathédrale de Reims, et qui porte cette inscription sur le pied :

> Quicumque hunc calicem invadiaverit, vel ab hac ecclesia Remensi aliquo modo alienaverit, anathema sit. Fiat. Amen.

> Quiconque s'emparera de ce calice ou en dépouillera d'une façon quelconque cette église de Reims, qu'il soit anathème. Qu'il en soit ainsi. Amen.

Une tradition rapporte que l'archevêque Manassès, n'ayant pas d'argent pour payer les soldats qu'il employait, fit briser le *ciborium* pour en distribuer les morceaux en solde à ses troupes. Le Chapitre métropolitain l'ayant appris, somma l'ar-

Quod faciam per me, si habuero spatium vitæ; si autem clausero ultimum diem, tu, fili fratris mei, Lupe episcope, species ante dictas, tui ordinis memor, efficias.

Compresbyteris meis et diaconibus qui sunt Remis, viginti quinque solidos æqualiter dividendos in commune dimitto. Vitis plantam super vineam meam ad suburbanum positam, simili modo communiter possidebunt, cum Melanio vinitore, quem do in loco ecclesiastici

si je vis assez longtemps ; et si je viens à mourir, c'est vous, ô Loup, évêque, fils de mon frère, qui par respect pour la dignité épiscopale vous chargerez de ce soin.

Je laisse aux prêtres, mes confrères, et aux diacres de Reims vingt-cinq sous à partager également entre eux. Ils auront aussi en commun la propriété d'un plant de vigne situé au-dessus de ma vigne du faubourg [1]. *Je leur donne le vigneron Mélanius en place*

chevêque de restituer le vase brisé, et en fit fondre le calice sur lequel il fit graver l'inscription que nous venons de rapporter. Ce récit de la transformation du *ciborium* fût-il faux, que nous regarderions néanmoins le calice de Saint-Remi comme fondu avec l'or de ce *ciborium*; car l'église de Reims possédait encore ce vase au IXe siècle, sous Flodoard. Il est donc impossible qu'elle n'ait pas depuis cette époque conservé le souvenir de sa disparition. Il n'a donc pas disparu ; il a été simplement transformé en un calice qui est un double souvenir : un souvenir national, puisque le vase dont il provient provient lui-même de Clovis ; un souvenir religieux, puisque ce vase est un don de saint Remi à son église.

[1] D'après M. l'abbé Bouché, cette vigne existait encore au XIIIe siècle et appartenait au chapitre de la cathédrale. Il paraît certain qu'elle était située vers le mont d'Arène, sur le penchant méridional de la petite colline au sommet de laquelle a été bâtie de nos jours l'église Saint-Thomas.

hominis Albovichi, ut Albovichus libertate plenissima perfruatur. Subdiaconibus solidos duodecim, lectoribus, ostiariis et junioribus solidos octo jubeo dari.

Pauperibus duodecim *in matricula positis, ante*

d'Albaut, homme de l'Église, qui jouira d'une entière liberté. Je veux qu'on donne aux sous-diacres douze sous [1], *et aux lecteurs, aux portiers et aux plus jeunes clercs huit sous.*

Aux douze *pauvres inscrits sur la matricule* [2] *qui*

---

[1] M. Lejeune, en s'appuyant sur les chiffres de M. de Saulcy, évalue le sou d'or à 15 fr. 30 cent. de notre monnaie, M. Guérard à 90 fr. Or nous pensons que M. Guérard, dans son beau travail sur la valeur comparative des monnaies mérovingiennes et des monnaies actuelles, est arrivé à des résultats tout-à-fait certains pour l'appréciation de la valeur des monnaies de la première et de la deuxième race. A cette époque, celles qui avaient cours étaient le denier, qui était toujours d'argent, le sou et la livre, qui étaient d'argent ou d'or. Le denier valait sous les Mérovingiens 2 fr. 25. Il fallait douze deniers pour le sou d'argent et quarante pour le sou d'or. Par conséquent le sou d'argent valait 27 fr. et le sou d'or 90 fr. A son tour, la livre d'argent valait 675 fr. et la livre d'or 7,841 fr. — Dans le testament, il n'est question que de la monnaie d'or, d'abord parce que le préambule dont Hincmar fait précéder le petit testament l'indique clairement (p. 4); en second lieu, sous les Mérovingiens, la livre d'or, la livre d'argent et le sou d'argent étaient seulement des monnaies de compte; le sou d'or, le tiers du sou d'or et le denier étaient des monnaies réelles; enfin beaucoup de dons eussent été d'une insignifiance inadmissible, s'il ne s'agissait que du sou d'argent. — Cette insignifiance serait dérisoire dans la plupart des cas, si nous admettions en outre la valeur donnée aux monnaies de cette époque par M. de Saulcy. Les dispositions du testament confirment donc pleinement les appréciations de M. Guérard.

[2] A la page 12, note 1, nous avons dit que la matricule était une maison de charité que chaque paroisse possédait et où elle nourrissait ses pauvres. Ici *matricula* se prend pour le registre des pauvres; il y en avait douze inscrits dans la matricule de la cathédrale, au temps de saint Remi. (Note de Lacourt.)

fores ecclesiæ exspectantibus stipem, duo solidi unde se reficiant, inferentur, quibus Corcellum villam dudum deservire præcepi. Aliis pauperibus tribus, ubi fratres quotidie pedes lavare debent, quod

attendent l'aumône devant les portes de l'église, on donnera deux sous pour leur nourriture. J'ai déjà affecté le village de Courcelles [1] à cette destination. Je laisse aussi un sou aux trois pauvres qui demeurent au lieu où les frères doivent chaque jour laver les pieds, lieu qui s'appelle Hospice des Pélerins [2].

[1] **Courcelles,** canton et arrondissement de Reims (Marne).

[2] Nous avons modifié le texte de ce passage tel qu'il est donné dans toutes les éditions. Toutes portent cette rédaction : *Aliis pauperibus tribus, ubi fratres quotidie pedes lavare debent, quibus etiam Balatoforum, quod dicitur Xenodochion, ad hoc ministerium statui, solidus unus dabitur.* En voici la traduction : « Aux trois autres pauvres demeurant à l'endroit où les frères doivent chaque jour laver les pieds, on donnera un sou. J'ai assigné pour ce service Balatofore, autrement dit *Xenodochion* ou l'hospice. » Or, tous reconnaissent que ce passage est obscur et altéré. Pour nous, nous disons qu'il est obscur parce qu'il est altéré. Voilà pourquoi nous l'avons réformé. L'altération consiste en ce que le copiste, ne comprenant pas ce que signifiait *Balatoforum*, a interverti deux phrases incidentes, en voulant faire de l'une la qualification de l'autre : *quod dicetur Xenodochium* ne qualifie nullement *Balatoforum*, mais complète cette phrase *ubi fratres*. *Balatoforum*, en tant qu'établissement public, ne se trouve que dans le grand testament. Aussi Ducange lui-même en ignore-t-il la nature. Comment aurait-il pu la connaître, puisque *Balatoforum* n'est pas un établissement de charité, mais le nom d'un village. La phrase telle que nous la rétablissons dans le texte a un sens très-clair et très-naturel; notre rectification se justifie d'autant mieux que cette rédaction est exactement calquée sur la rédaction de la donation précédente : *quibus Corcellum villam dudum deservire præcepi.* — Maintenant, à qui les frères doivent-ils laver les pieds? Est-ce aux trois pauvres? Ceci paraît bien excessif. Est-ce à eux-mêmes? La chose ne serait pas moins extraordinaire. Ne serait-ce pas plutôt aux pélerins et aux

dicitur Xenodochium, quibus etiam Balatoforum ad hoc ministerium statui, solidus unus dabitur.

Pour l'accomplissement de cette fonction, j'ai de plus attribué le domaine de Bééffort [1].

étrangers, et cette fonction de laver les pieds ne serait-elle pas le signe indicatif par excellence de l'hospitalité que les pélerins et les étrangers étaient appelés à recevoir dans le *Xenodochium,* hospice des pélerins? — Quant au mot *fratres,* nous ne pensons pas que saint Remi parle des prêtres, ses frères, mais des frères ou religieux qui se dévouaient aux soins des hospices.

[1] **Bééffort.** Quel est ce village? D'abord nous devons le chercher dans le Rémois. Car le legs de *Balatoforum* est placé entre celui de Courcelle et celui des dîmes de Taissy, Chaumuzy, la Neuville-aux-Larris et Heutrégiville. D'après le principe posé plus haut, les villages faisant partie d'une même énumération sont généralement rapprochés les uns des autres. De plus saint Remi, comme tout donateur sensé, a dû choisir ses legs de telle sorte qu'ils fussent à la convenance des légataires. On comprend donc que dans l'intérêt des hospices de Reims, il leur ait donné de préférence des domaines situés aux environs de cette ville. Toutefois, en cherchant dans tout l'arrondissement et même dans les trois départements de la Marne, des Ardennes et de l'Aisne, où le saint avait des propriétés, nous ne trouvons aucun nom que nous puissions faire venir légitimement de *Balatoforum.* Ce village a donc disparu ; nous le croyons en effet, et nous pensons qu'il s'agit de l'ancienne seigneurie de Bééffort, réunie aujourd'hui au territoire de l'Écaille (canton d'Asfeld, arrondissement de Rethel). La ressemblance des noms et la position du domaine à deux pas de Sault-Saint-Remi, de Saint-Étienne, d'Heutrégiville, nous paraissent mettre la chose hors de doute. Cette seigneurie, sortie des mains de l'Église de Reims nous ne saurions dire à quelle époque, pour appartenir aux seigneurs d'Ecry ou d'Asfeld, fit retour à la même Église par un contrat d'acquisition de l'année 1190. (Voir sur Bééffort, *Arch. de l'Hôt. de Ville de Reims, Invent. de l'Arch.,* par Lemoine; — *le cart. A de Saint-Remi,* dans Varin, *arch. lég.,* tome II, IIe partie, p. 175, et *le Procès-Verbal de la Réformation des Coutumes de Vermandois,* ibid., 1re partie, p. 904 et 905.)

Viduis quadraginta in porticu ecclesiæ alimoniam præstolantibus, quibus de decimis villarum Calmisciaco, Tessiaco, Novavilla stipendia

Je veux que l'on donne aux quarante veuves[1] qui demandent leur vie sous le portique de l'église, trois sous quatre deniers; une partie des dîmes de Chaumuzy[2], de Taissy[3] et La Neu-

---

[1] D'après Lacourt, ces quarante veuves sont celles dont il est fait mention au chap. XXIV du 1er livre de Flodoard, en ces termes : « On rapporte que ce fut par le conseil de saint Thierry que saint Remi chassa une foule de prostituées qui jusqu'alors avaient eu leur maison aux portes de la ville. Après la destruction de ce lieu de débauches, il établit à leur place une congrégation de quarante veuves; il assigna les fonds nécessaires à leur subsistance journalière, et arrêta que ce nombre demeurerait à perpétuité, comme il existe encore aujourd'hui. »

[2] **Chaumuzy**, canton de Ville-en-Tardenois, arrondissement de Reims (Marne).
Nous sommes surpris que plusieurs érudits, et particulièrement le sagace M. Varin, traduisent *Calmisciaco* par Cormicy. Il est de règle invariable que *ca* fasse *ca*, *cha* ou *chau*; puis la présence de l'*r* s'explique peu, et le son adouci de *sc* se rapproche bien plus de celui du *z* que de celui du *c*. Enfin Flodoard nous fournit une preuve certaine que *Calmisciacum* exprime Chaumuzy. Il en est question sept fois dans son *Histoire* et dans sa *Chronique*. Une seule fois, dans l'Ordonnance de Charles-le-Chauve, il est écrit *Culmiciacum*. Or, au liv. I de son *Histoire*, ch. XXI, il raconte qu'Hincmar transporta à Epernay d'abord, à l'abbaye d'Orbais ensuite, le corps de saint Remi, pour le soustraire aux dangers qu'il courait à Reims de la part des Normands. Hincmar étant mort et le danger ayant disparu, Foulques, son successeur, résolut de ramener à Reims le corps du saint Pontife. Le cortége se mit en route dès l'aube du jour, et arriva le soir à *Calmisciacum*. Mais ce *Calmisciacum* est évidemment Chaumuzy, qui est en ligne droite sur le chemin d'Orbais à Reims. Jamais, au grand jamais, ce ne pourrait être Cormicy.

[3] **Taissy**, canton et arrondissement de Reims (Marne). L'archevêque Adalbéron, en 970, le joignit aux domaines de l'abbaye de Saint-Remi.

ministrabantur, superaddo de villa Huldriciaca superius memorata, eis in perpetuum stipendia inferri, et tres solidos et denarios quatuor dari jubeo.

ville [1], a été affectée jusqu'ici à leur nourriture ; je veux qu'on y ajoute encore à perpétuité une partie du revenu d'Heutrégiville, dont j'ai parlé plus haut [2].

[1] **La Neuville-aux-Larris.** Nous pensons que c'est la Neuville-aux-Larris, dépendance de Chaumuzy. Nous ne connaissons pas d'autre la Neuville dans le Rémois à cette époque, et il paraît fort naturel que donnant les dîmes de Chaumuzy, saint Remi y joignit celles de la Neuville-aux-Larris, qui en dépendait.

[2] M. Lejeune traduit ainsi ce passage :

« Je veux que l'on donne aux quarante veuves qui demandent leur vie sous le portique de l'église, trois sous quatre deniers que l'on prendra sur les dîmes de Chaumuzy, de Taissy et de la Neuville, et j'y ajoute à perpétuité les revenus d'Heutrégiville. »

Cette traduction présente un triple contre-sens. Elle suppose que saint Remi fait une disposition spéciale des dîmes de Chaumuzy, Taissy et la Neuville, tandis qu'il ne fait que rappeler la destination qu'elles ont reçue depuis longtemps ; elle fait prendre les trois sous quatre deniers sur ces dîmes, tandis que le texte latin n'en dit pas un mot ; enfin elle affecte tout le domaine d'Heutrégiville à l'entretien des quarante veuves, ce qui est encore faux. Plus haut (p. 13 et 15), saint Remi a donné à l'Église de Reims, Sault et Heutrégiville. On doit prendre sur leurs revenus pour l'entretien de l'église où le Pontife sera inhumé. Ici il fait la même disposition : on ne prendra pas *le revenu*, on prendra *sur le revenu* d'Heutrégiville pour l'entretien des quarante veuves : *superaddo de villa Huldriciaca.* — Si nous relevons cette inexactitude, c'est qu'elle nous a trompé tout d'abord. Nous en prenions occasion de soulever une objection contre l'authenticité du testament, saint Remi, d'après le traducteur, destinant le même revenu à deux usages tout-à-fait différents.

Ecclesiæ Sancti Victoris ad portam Suessonicam solidos duos; ecclesiæ Sancti Martini ad portam Collatitiam solidos duos; ecclesiæ Sancti Hilarii ad portam Martis solidos duos; ecclesiæ Sanctorum Crispini et Crispiniani ad portam Trevericam, solidos duos; ecclesiæ Sancti Petri infra urbem, quæ curtis Dominica dicitur, solidos duos; ecclesiæ quam in honore omnium Martyrum supra cryptam Remorum ædificavi, quum per auxilium virtutis Dei, ab igne

Je laisse à l'église de Saint-Victor[1], près de la porte de Soissons, deux sous; à l'église de Saint-Martin, près de la porte Collatrice, deux sous; à l'église de Saint-Hilaire, près de la porte de Mars, deux sous; à l'église des Saints-Crépin-et-Crépinien, près de la porte de Trèves, deux sous; à l'église de Saint-Pierre, dans cette partie de la ville qui s'appelle la Cour du Seigneur, deux sous; à l'église des Saints-Martyrs, que j'ai fait bâtir sur les cryptes de Reims[2], lorsque, avec le secours de la puissance divine, j'ai arraché la ville presque tout entière à

---

[1] Plusieurs érudits ayant traité à fond l'historique de ces églises et de ces portes de la ville de Reims, nous renvoyons à leurs travaux. (Voir les notes dont M. Lejeune accompagne la traduction du testament, dans les OEuvres de Flodoard, éditée par l'Académie de Reims, tome I, pages 122 et suivantes; mais surtout voir des fragments des Mémoires de Bidet, *Arch. adm. de la ville de Reims,* par M. Varin, tome I, p. 10).

[2] L'usage des catacombes existait dans tous les grands centres chrétiens. Rome n'avait pas seule ces lieux de retraite pour les fidèles persécutés. Beaucoup d'autres villes avaient aussi des cachettes semblables. C'est à celles de Reims que saint Remi fait allusion, quand il dit qu'il bâtit sur ses cryptes ou sur ses catacombes une église en l'honneur des Saints-Martyrs.

dæmonis pene jam totam urbem concrematam eripui, solidos duos; ecclesiæ, quam pro eodem signo virtutis Dei, in honore Sancti Martini et omnium Confessorum infra urbem ædificavi, solidos duos; diaconiæ infra urbem, quæ dicitur ad Apostolos, solidos duos; titulo sancti Mauritii, in via Cæsarea, solidos duos; ecclesiæ Jovinianæ, tituli beati Agricolæ, ubi ipse vir christianissimus Jovinus, et sanctus martyr Nicasius, cum plurimis societatis suæ Christi martyribus, requiescunt; ubi etiam quinque confessores proximi antecessores domni Nicasii, cum sanctissima virgine et martyre Eutropia conditi sunt, solidos tres; eidem quoque

l'incendie allumé par le démon, deux sous; à l'église que j'ai fait construire dans la ville en l'honneur de saint Martin et de tous les confesseurs, en mémoire de ce signe de la puissance de Dieu, deux sous; à la diaconie qui est dans la ville et qui est dédiée aux Apôtres, deux sous; au titre de Saint-Maurice, sur la voie Césarée, deux sous; à l'église du titre de Saint-Agricole, bâtie par Jovin[1], et où repose Jovin lui-même, homme très-chrétien, saint Nicaise, martyr, et un grand nombre de ses compagnons morts avec lui pour Jésus-Christ, où sont inhumés aussi les cinq confesseurs qui ont immédiatement précédé saint Nicaise, avec sainte Eutropie, vierge et martyre, trois sous. J'y ai ajouté, en faveur de

[1] Jovin, illustre Rémois, suivit Julien dans ses guerres contre les Perses, et commanda la cavalerie de l'empire dans les Gaules. Il fut même consul de Rome, sous l'empereur Valentinien. (Voir Marlot, *Hist. de la Ville de Reims*, tome I, p. 524.)

ecclesiæ proprium quod fuerat Jovini in solo Suessonico, cum ecclesia beati Michaelis, rebus prioribus superaddidi. Ecclesiæ sanctorum martyrum Thimothei et Apollinaris, ubi etiam, Domino dante, si fratribus ac filiis meis episcopis diœceseos nostræ visum fuerit, ossa mea ponere disposui, solidos quatuor; ecclesiæ sancti Johannis, ubi virtus Christi, me orante, filiam Benedicti suscitavit, solidos duos; ecclesiæ Sancti Sixti, ubi cum tribus successoribus

la même église, ce qui a appartenu à Jovin sur le territoire de Soissons, avec l'église de St-Michel [1]. A l'église des saints martyrs Timothée et Apollinaire, où, s'il plaît à Dieu, et si mes frères et mes fils les évêques de notre province y consentent, j'ai dessein d'être inhumé, quatre sous; à l'église de Saint-Jean, où la puissance de Jésus-Christ a ressuscité, à ma prière, la fille de Benoist, deux sous; à l'église de Saint-Sixte, où cet évêque repose avec trois de ses successeurs, trois sous; et j'y ajoute de mon propre domaine le village de Plivot-sur-Marne [2];

[1] Nous ne trouvons dans le Soissonnais qu'une dépendance de la Ferté-Milon (canton de Neuilly-Saint-Front, arrondissement de Château-Thierry), qui porte le nom de Saint-Michel. Encore cette dépendance n'est-elle plus qu'un hôpital de cette petite ville. Du reste saint Remi possédait près de la Ferté la ferme de Passy et Sablonnières-sur-Marne.

[2] **Plivot-sur-Marne**, canton d'Avize, arr. d'Epernay (Marne). Les uns traduisent par Pliny-sur-Marne, les autres par Plivot. Nous n'hésitons pas à nous déterminer pour Plivot. Car le *b* se change bien plus naturellement en *v* qu'en *n*. Le premier *e* s'est changé en *i*, le second en *o*, ias a subi une syncope, comme il arrive souvent à la syllabe finale. De plus saint Remi avait plusieurs domaines dans les environs de Plivot : Epernay, Jaalons, Fagnières.

suis requiescit, solidos tres, cui etiam de proprio meo Plebeias supra Matronam adjunxi; ecclesiæ Sancti Martini in eodem solo sanctæ Remensis ecclesiæ positæ, solidos duos; ecclesiæ Sancti Christophori, solidos duos; ecclesiæ Sancti Germani, quam ipse in solo Remensi ædificavi, solidos duos; ecclesiæ sanctorum martyrum Cosmæ et Damiani, in præfatæ matris solo positæ, solidos duos; matriculæ Sanctæ Mariæ, quæ dicitur Xenodochion, ubi

à l'église de Saint-Martin, bâtie sur le terrain de la sainte Église de Reims, deux sous; à l'église de Saint-Christophe, deux sous; à l'église de Saint-Germain [2], que j'ai fait construire sur le territoire de Reims, deux sous; à l'église des saints martyrs Cosme et Damien, bâtie sur le terrain de la métropole, deux sous; à la matricule de Notre-Dame appelée Hospice des Pèlerins, où douze pauvres

---

[2] L'église de Saint-Germain existait encore en 875. Voici ce que nous lisons dans l'ouvrage intitulé : *Des Miracles de Saint-Germain d'Auxerre*, par Héric, qui écrivait en cette année : « Saint Remi...... construisit en l'honneur du bienheureux Germain. .... une basilique aussi célèbre par son antiquité que par l'éclat persistant des miracles que ne cesse d'y accomplir saint Germain. » (Voir Héric, *in Libris miraculorum S. Germ.*, lib. I, cap. VI, dans les Bol., t. I, oct., p. 106, 1re col. B.) — De son côté, Mabillon écrit ceci dans les *Annales Bénédictines*, t. I, p. 61 : « Le monastère de Saint-Remi était autrefois situé dans un faubourg, mais qui depuis longtemps est enfermé dans la ville. Il y existait anciennement un oratoire de Saint-Christophe. Devant son portail, *ad cujus atrium*, saint Remi avait élevé en l'honneur de saint Germain d'Auxerre une basilique dans laquelle il avait résolu d'être enterré. » Il est à remarquer que Mabillon appelle l'église de Saint-Germain une basilique et celle de Saint-Christophe un simple oratoire, *oratorium*; *sacellum*, dit-il ailleurs, une chapelle.

duodecim pauperes stipem exspectant, solidus dabitur. Quam denique matriculam loco ubicumque fratribus meis et filiis ossa mea ponere placuerit, perseverare præcipio, et ut diu noctuque pro peccatis atque criminibus meis Dominum deprecentur, de proprio hæreditatis meæ jure, rebus quas antecessores mei in eorum stipendiis Domino dederunt, superaddo etiam villam Scladronam, et villam Sancti

demandent l'aumône, on donnera un sou. Je veux que cette matricule soit entretenue au lieu où il plaira à mes frères et à mes fils de faire reposer mes os; et afin que jour et nuit, ils prient le Seigneur pour mes fautes et mes péchés, j'ajoute de mes biens patrimoniaux aux legs que leur ont fait mes prédécesseurs pour leur subsistance les villages d'Echarson[1] et de Saint-

[1] **Echarson**, écart de la commune de Vrizy, canton et arrondissement de Vouziers (Ardennes).
M. Lejeune propose Eclaron ou Esclaires. Plutôt qu'Esclaire nous proposerions Escarde, qui se rapprocherait plus de la racine. Mais ce n'est ni Eclaron, ni Esclaire, ni Escarde. La raison en est que nous ne devons pas séparer ce que le saint a uni. Il lègue Hermonville. Ce village, dont l'identité avec le *villa Herimundi* du testament est incontestable, nous en savons la région. Donc le Saint-Etienne qui accompagne le legs d'Hermonville est Saint-Etienne-sur-Suippes, parce qu'il n'en est que peu distant. Donc le village de *Scladronam*, donné avec Hermonville et Saint-Etienne, ne peut être à de grandes distances de ces deux villages. Or Esclaires et Escadres sont à l'autre extrémité de la Marne, et appartiennent au diocèse de Châlons, et Eclaron se trouve dans la Haute-Marne. Nous écartons donc toutes ces suppositions invraisemblables, parce qu'elles sont contraires aux règles de donation suivies invariablement par le saint. Echarson, au contraire, satisfait à toutes les exigences; aux exigences étymologiques : *Ech* est la contraction naturelle de *sc*; *l* a disparu; *d* s'est transporté après l'*r* et s'est

— 40 —

Stephani, et quidquid in villa Herimundi mihi per successionem evenit. Quod vero pretio ibidem comparavi, ecclesiæ Sancti Quintini martyris jamdiu delegavi.

De jam dicto *Vacculiaco, Fruminium, Dagaleifum, Dagaredum, Ductionem, Baudovicum, Udulfum, Vinofeifam, liberos esse præcipio. Tennaredus, qui de ingenua nascitur matre, statu libertatis utatur.*

Tu vero, fili fratris mei, Lupe episcope, tuo dominio vindicabis Nifastem, et matrem suam Mutam, vineam

Etienne [1], et tout ce qui m'est échu par succession à Hermonville [2]. Quant aux acquisitions que j'ai faites dans ce village, il y a longtemps que je les ai léguées à l'Église de Saint-Quentin [3].

Je donne la liberté à Fruminius, Dagaleife, Dagarède, Baudovic, Udulfe et Vinofeife, qui sont du village d'Ecly, nommé ci-dessus. *Tennarède, née d'une mère libre, jouira de la liberté.*

Quant à vous, Loup, évêque, fils de mon frère, vous aurez pour vous Nifaste et Muta, sa mère; vous

---

changé en *s* par euphonie, double accident que l'on rencontre souvent dans la contraction des mots; aux exigences topographiques : Echarson est près Vouziers, communiquant avec Reims par la grande voie romaine de cette ville à Trèves; aux exigences historiques : aussi loin qu'on remonte, on ne cesse de rencontrer la prévôté d'Echarson parmi les domaines de l'Eglise de Reims.

[1] **Saint-Etienne-sur-Suippes,** canton de Bourgogne, arrondissement de Reims (Marne).

[2] **Hermonville,** canton de Fismes, arrondissement de Reims (Marne).

[3] Il s'agit de Saint-Quentin en Vermandois (Aisne).

quoque quam Æneas vinitor colit. Æneam et Monulfum ejus filium juniorem jubeo libertate perfungi. Melloficum porcarium et Paschasidem conjugem suam, Vervinianum cum filiis suis, excepto Widragasio, cui tribui libertatem, tuo juri deputabis. Servum meum de Cesurnico tuum esse præcipio. Agrorum partem

posséderez la vigne cultivée par Enée, le vigneron. Je veux qu'Enée et Monulfe, son jeune fils, jouissent de la liberté. Mellofic, le porcher, et Pascharède, sa femme, Vervinien avec ses fils, à l'exception de Widragase que j'ai affranchi, passeront à votre service. L'esclave que j'ai à Cerny[1] vous appartiendra. La

---

[1] **Cerny**, canton de Craonne, arrondissement de Laon (Aisne).

Ce passage, très-clair pour les légataires de saint Remi, ne l'est plus autant pour nous. Dans le paragraphe précédent, l'affranchissement porte sur les serfs d'Ecly. Mais à quel domaine appartiennent ceux dont il est question au commencement de ce paragraphe et la vigne cultivée par Enée ? il est difficile de le dire. Est-ce encore à Ecly? Est-ce à *Cesurnicum* ? comme le veut M. l'abbé Bouché. Ce n'est pas probable, puisque *Cesurnicum* n'a pas encore été nommé. Mais ce qui est certain, c'est que toutes les propriétés désignées après la mention de ce village faisaient partie de son territoire. Il en résulterait que le domaine de *Cesurnicum* appartenait à Æmilius et à Cilinie. A leur mort, il fut partagé en plusieurs parts : l'une fut attribuée à saint Principe, une autre à saint Remi. Quand saint Principe mourut, saint Remi hérita de la part de son frère. A son tour, il le lègue à son neveu saint Loup, qui pourtant n'était pas fils de saint Principe, comme nous l'avons dit, tandis que plus loin, il transmet sa part personnelle à Aétius, un autre de ses neveux.

Aussi *Cesurnicum* ne peut-il désigner Cernay-les-Reims, comme le veut M. l'abbé Bouché. *Ay* final vient ordinairement de *acum* et non de *icum*. Puis à Cernay-les-Reims, il n'y a ni bois, ni prés, ni pâturages ; toutes ces choses existent au contraire à Cerny, canton de Craonne. Puis encore toutes les donations faites à la suite de celle de *Cesurnicum* sont dans le

ad te, quam frater meus Principius episcopus tenuit, cum silvis, pratis, pascuis, revocabis. Servum meum quem Mellovicus tenuit, Viteredum tibi derelinquo. Teneursolum, Capalinum, et uxorem suam Theodorosenam tuo juri dominioque transcribo. Theodonima quoque ex mea præceptione sit libera. Edoveifam, quæ homini tuo sociata fuit, et ejus cognationem retinebis. Uxorem Aregildi et cognationem suam ingenuos esse jubeo. Partem meam de prato quod Lauduni juxta vos habeo, ad imitatem montinum posito, et quæ Jovia sunt pratella quæ tenui, ad te revocabis. Labrinacum

portion de terre qu'a possédée mon frère, l'évêque Principe, ainsi que les bois, les prés, les pâturages, reviendra à votre propriété. Je vous laisse mon esclave Viterède qui a appartenu à Mellovic. Je vous lègue Téneursol, Capalin, et sa femme Théodorosène. Je veux que Théodonime soit libre. Vous retiendrez avec ses enfants Edovéife qui a été mariée à l'un de vos hommes. La femme d'Arégilde et sa famille seront mises en liberté. La portion de prés que je possède près des vôtres, au pied de la montagne de Laon, et ceux que j'ai possédés à Jouy [1] *vous reviendront.*

Laonnais; ce sont les prés de Laon, ceux de Jouy, c'est le domaine de Lavergny. Or Laon, Lavergny, Cerny et Jouy forment un triangle dont le sommet est Laon et dont les deux angles de la base sont Jouy et Cerny. Enfin une tradition constante fait naître saint Remi à Cerny.

[1] **Jouy,** canton de Vailly, arrondissement de Laon (Aisne). Le chanoine Lacourt dans ses notes et M. Varin donnent ce passage comme obscur et corrompu. M. L. Paris, dans la *Chronique de Champagne*, passe par dessus *Jovia* sans le traduire, et M. Lejeune traduit par les prés Joviens. Commençons par dire

tibi, ubi ossa genitricis meæ posui, cum præfixis terminis deputavi.

Tibi autem, nepos meus, Agricola presbyter, qui

Lavergny [1], où j'ai fait déposer les restes de ma mère, vous appartiendra avec ses dépendances.

Et vous, mon neveu Agricole, prêtre, qui avez

qu'il y a dans la phrase un certain désordre de construction, qui ne doit pas sortir de la plume de saint Remi, mais de celle des copistes déroutés par un sens qui leur échappait. Aussi, volontiers nous proposerions de la rétablir dans ce que nous croyons pouvoir appeler sa forme primitive : ..... *et pratella quæ tenui, quæ Jovia sunt, ad te revocabis.*

Nous dirons ensuite que la traduction de M. Lejeune est inadmissible ; elle ne serait vraie que s'il y avait *dicuntur, nominantur, vocantur* : mais *quæ sunt Jovia pratella* ne peut que se traduire ainsi : les prés qui sont Joviens. Or ceci n'a aucun sens. Il faut donc admettre que *Jovia* n'est pas un qualificatif de *pratella*, mais qu'il désigne le lieu même où ces prés sont situés. La phrase ainsi rectifiée et interprétée ne présente plus ni obscurité ni altération, mais elle devient très-intelligible : *les prés que j'ai possédés, lesquels sont situés à Jovia.*

Maintenant quelle localité est désignée par ce nom ? A notre sens, c'est Jouy, canton de Vailly, à douze kilomètres du pied de la montagne de Laon. En effet ce village s'écrivait *Joi*, dans une charte de l'abbaye de Saint-Ived, de Braisne, en 1147 ; *Joy*, dans le cartulaire de l'abbaye de Saint-Crépind-le-Grand de Soissons, en 1322. *Jovia* a produit *Joi* par la suppression du *v* d'abord, *joia*, puis de l'*a* ensuite, et par le changement de l'*o* en sa diphtongue *ou*. Ainsi la concordance du nom de Jouy avec la racine *Jovia*, et le peu de distance de Laon à Jouy nous sont une certitude qu'il s'agit du village de Jouy, dépendant actuellement du canton de Vailly.

[1] **Lavergny** n'est plus qu'une ferme située à six kilomètres de Laon, et à cinq kilomètres de Coucy-les-Eppes, station de la ligne du chemin de fer de Reims à Laon. Elle dépend de la commune de Parfondru.

intra domesticos parietes meos exegisti pueritiam tuam, trado atque transcribo Merumvastem servum, et uxorem suam Meratenam, et eorum filium nomine Marcovicum. Ejus fratrem Medovicum jubeo esse liberum. Amantium et uxorem suam tibimet derelinquo. Eorum filiam esse præcipio liberam Dasoundam. Alaricum servum tuæ deputo portioni, cujus uxorem, quam redemi et manumisi, commendo ingenuam defendendam. Bebrimodum et uxorem suam Moriam tuo dominio vindicabis. Eorum filius Monacharius gratulabitur beneficio libertatis. Mellaricum et uxorem suam Placidiam ad tuum dominium revocabis; Medaridus eorum filius sit libertus. Vineam quam Mellaricus Lauduni facit, tibi dono; Britobaudem

passé votre enfance dans ma propre maison, je vous lègue et transmets l'esclave Mérovaste, sa femme Mératène et leur fils Marcovic. Je donne la liberté à Médovic, son frère. Je vous laisse Amantius et sa femme; leur fille Dasounda sera mise en liberté. Je mets dans votre part l'esclave Alaric; quant à sa femme, que j'ai rachetée et affranchie, je recommande que la liberté lui soit assurée. Vous réclamerez comme votre propriété Bébrimode et sa femme Moria. Monachaire sera gratifié du bienfait de la liberté. Mellaric et sa femme Placidie appartiendront à votre domaine; leur fils Médarid sera affranchi. Je vous donne la vigne que Mellaric[1] *cultive à Laon avec Britobaude,*

---

[1] On voit que tous les serfs cités dans ce paragraphe font partie du domaine de Laon. Car après avoir donné Mellaric à Agricole, saint Remi dit que ce serf cultive à Laon une vigne qu'il laisse à Agricole.

servum meum, *necnon etiam Gibericum. Vineam quam Bebrimodus facit, tibi eatenus derelinquo, ut, diebus festis et omnibus* diebus *Dominicis, sacris altaribus mea* inde *offeratur oblatio, atque annua convivia Remensibus presbyteris et diaconibus præbeantur.*

Delegoque nepoti meo Prætextato Moderatum, Totticionem, Marcovicum, Innocentium servum, quem accepi a Profuturo originario meo, cochlearia quatuor de majoribus, acetabulum, lacernam, quam mihi tribunus Friaredus dedit, et argenteam cabutam figuratam. Filiolo illius Parovio, acetabulum, et tria cochlearia, et casulam cujus fimbrias commutavi. Remigiæ cochlearia tria, quæ meo sunt nomine titulata, mantile ipsius quod habeo feriale, transcribo :

mon serf, ainsi que Giberic. Je vous laisse la vigne cultivée par Bébrimode, à condition qu'on en tirera le vin qui sera offert en mon nom sur les saints autels les dimanches et jours de fête, et celui qui sera donné dans les repas annuels servis aux prêtres et aux diacres de Reims.

A Prétextat, mon petit neveu, je lègue Modératus, Totticion, Marcovic, l'esclave Innocent que j'ai reçu de Profuturus, mon compatriote, quatre cuillères venant de mes ancêtres, un vinaigrier, un manteau que m'a donné le tribun Friarède, et une crosse d'argent enrichie de figures. A Parovius, son jeune fils, une burette à vinaigre, trois cuillères et une chasuble dont j'ai renouvelé les franges. A Remiette, trois cuillères marquées à mon nom, la nappe dont je me sers les jours de fête et qui me vient d'elle.

hichinaculum quoque dono illi, de quo Gondebaudo dixi.

Delegoque benedictæ filiæ meæ Hilariæ diaconæ ancillam nomine Nocam, et vitium pedaturam, quæ suæ jungitur vineæ, quam Catusio facit, dono ; et

Je lui donne encore le vase dont j'ai parlé à Gondebaud [1].

Je laisse à ma chère fille Hilaire, diaconesse, la servante nommée Noca, avec une pièce de vigne attenant à la sienne, que cultive Contusion [2] *; et je lui donne ma part dans les biens du Petit-Saint-Remi* [3],

[1] Nous avons dit (p. 7) qu'à notre avis, Remiette est l'épouse de Prétextat et la mère de Parovius. Nous avons ajouté qu'il paraît étrange que Prétextat soit le seul neveu à qui saint Remi ne laisse pas de domaine, sans doute parce que, frère du prêtre Agricole, second légataire universel, il devait plus tard hériter des biens de celui-ci.

[2] Il est probable que cette vigne est celle dont saint Remi parle à la page 29, et qui était située au-dessous du plant de vigne laissé par lui aux clercs de l'église de Reims. Ce plant de vigne, avons-nous dit, se trouvait sur l'emplacement du mont d'Arène, au sud-ouest de l'église actuelle de Saint-Thomas.

[3] **Le Petit-Saint-Remi**, canton d'Asfeld, arrondissement de Rethel (Ardennes). Nous ne pouvons douter que ce domaine n'ait été situé dans les environs de Reims, le Pontife voulant obliger Hilaire, et ne pouvant lui donner un bien dont l'éloignement aurait rendu l'administration difficile. M. l'abbé Bouché propose Bouzy, mais *Talpussiacum* aurait subi dans ce cas une transformation que ne paraissent pas suffisamment justifier les règles de l'étymologie. D'un autre côté nous ne rencontrons aucune autre désignation que nous puissions faire venir davantage de *Talpussiacum*. Il faut donc croire que le village a disparu ou qu'il a changé de nom, pour prendre peut-être celui même du saint. Nous pensons en effet que la plupart des localités qui ont changé leur nom pour le remplacer par celui de Saint-Remi, ont été des domaines ayant appartenu au Pontife.

partem meam de Talpusciaco transcribo, pro obsequiis quæ mihi indesinenter impendit.

Aetio nepoti meo partem de Cesurnico, quæ mihi sorte divisionis obvenit, cum omni jure quod tenui atque possedi. Ambrosium quoque puerum ad jus illius dominiumque transmitto.

Vitalem colonum liberum esse jubeo, et familiam suam ad nepotem meum Agathimerum pertinere : cui

en reconnaissance des services qu'elle me rend tous les jours.

Je donne à mon neveu Aétius la part qui m'est échue dans le domaine de Cerny [1], *avec les droits dont j'ai joui. Je lui donne encore le jeune Ambroise en toute propriété.*

Je veux que le colon Vital soit libre, et que sa famille appartienne à mon neveu Agathimère. Je donne à celui-ci la vigne que j'ai fait planter à

C'est ainsi que nous prenons le village de Saint-Remi, dans les Bouches-du-Rhône, dont le nom s'est substitué à celui de *Glanum*, comme le domaine de Provence, donné au saint par Benoist, en reconnaissance de la guérison de sa fille. Nous croirions donc volontiers que le Petit-Saint-Remi est le *Talpussiacum* du testament, à cause de son nom et de sa situation. Non-seulement il est peu distant de Reims, mais il confine à d'autres domaines du saint. Nous avons dit que *Celtus* est Sault-Saint-Remi, sur la Retourne. En remontant cette petite rivière, nous rencontrons Roisy, qui, selon la tradition, n'était autrefois qu'un faubourg de Sault-Saint-Remi, localité considérable qui a porté le nom de cité. Toujours en remontant la Retourne, nous rencontrons Bééffort, autre propriété du saint, et en suivant la même direction, nous touchons au Petit-Saint-Remi, domaine secondaire qui aura pris ce nom en opposition du grand domaine de Sault-Saint-Remi.

[1] Voir page 41 ce que nous avons dit de ce domaine.

vineam dono quam posui Vindonissæ et meo labore constitui, sub ea conditione, ut a partibus suis, omnibus diebus festis ac Dominicis pro commemoratione

Vendresse [1], *et qui est prospère, à condition que tous les dimanches et jours de fête il sera fait une offrande en mon nom sur les saints autels, et que chaque année*

---

[1] **Vendresse**, canton de Craonne, arrondiss. de Laon (Aisne).
On ne peut douter que *Vindonissa* ne fasse Vendresse, bien que M. Lejeune prétende que c'est ou Vandières ou Vandeuil, et M. Varin que c'est Vadenay. Vadenay, à cause de sa terminaison *ay*, suppose au radical *acum* comme syllabe finale; Vandières faisait Vanderam, même du temps de saint Remi. (Flod., *Hist. Rem. eccl.*, lib. I, cap. XXIV.) Vandeuil ne s'écarte pas moins de la racine. Au contraire, il est bon nombre de Vendresse en France qui ont tous *Vindonissa* pour radical. Il y a eu d'abord mutation de voyelles : *Vendenesse*; puis changement de l'*n* en *r*, d'où est résulté Venderesse.

M. Quicherat (*De la formation française des anciens noms de lieux*, p. 130), suppose, ainsi que M. l'abbé Bouché, que le *Vindonissa* du testament est Vendresse, situé dans les Ardennes, au canton d'Omont. Cette opinion nous paraît tout-à-fait inadmissible, et il nous semble évident qu'il s'agit de Vendresse, canton de Craonne, arrondissement de Laon. Faisons attention à ce que saint Remi lègue à son neveu Agathimère : il lui laisse la vigne « qu'il a fait planter à Vindonissa et qu'il a mise en bon « état, à condition..... que chaque année que Dieu donnera, un « repas sera servi aux prêtres et aux diacres de l'église de « Laon. » Or, si *Vindonissa* est Vendresse dans les Ardennes, on ne comprend guère que saint Remi, qui n'avait absolument aucune propriété dans cette portion du Porcien, y ait possédé, soit par héritage, soit par acquisition, un terrain assez vaste, et qu'il l'*ait planté lui-même de vigne*, quand le pays est si peu propre à cette culture. On ne comprend pas davantage que possesseur de vignobles tout rapprochés de Laon, il ait choisi de préférence celui de Vendresse, dans les Ardennes, sans communications faciles avec Laon, produisant certainement un vin tout-à-fait inférieur, pour qu'une partie de ce vin fût transporté dans cette ville et y fût servi dans les repas annuels offerts aux prêtres et aux diacres de cette église.

Tout s'explique au contraire s'il s'agit de Vendresse, canton

mea sacris altaribus offeratur oblatio, et Laudunensibus presbyteris atque diaconibus annua convivia, concedente Domino, præbeantur.

Dono Ecclesiæ Laudunensi ex villis quas mihi sanctæ recordationis præfatus rex Ludovicus dedit, Duas,

que Dieu donnera, un repas sera servi aux prêtres et aux diacres de l'église de Laon.

Je donne à l'église de Laon, parmi les villages que m'a donnés le roi Clovis de sainte mémoire, Dhuizel [1],

de Craonne. Ce village est à seize kilomètres de Laon et produit un vin aujourd'hui encore estimé. Son territoire est contigu à celui de Cerny. Saint Remi vient de donner à son neveu Loup, de Soissons, la part du domaine de Cerny qui lui venait de son frère, saint Principe ; à son neveu Aétius la part de ce domaine qui lui appartenait en propre ; il donne donc à un troisième neveu une magnifique propriété en vignes qui confine à ce domaine. A un quatrième neveu, Agricole, il avait donné sa vigne de Laon. Quoi de plus naturel que tous ces arrangements, et comment au contraire, sans preuve aucune, y introduire la confusion, et vouloir que saint Remi, propriétaire de Cerny, n'ait rien possédé à Vendresse, si rapproché, parce qu'on veut que *Vindonissa* soit Vendresse dans les Ardennes, pays bas et marécageux, où la culture de la vigne n'a jamais probablement existé.

[1] **Dhuizel,** canton de Braisne, arrondissement de Soissons (Aisne).
Aucun des éditeurs du grand testament ne fait d'observation sur ce passage, que pour notre compte nous ne pouvons accepter avec son interprétation ordinaire. Cette interprétation consiste à dire que saint Remi laisse à l'église de Laon deux des villages que lui a donnés le roi Clovis, puis il ne cite qu'Anisy. Il y a évidemment là ou une lacune que les copistes cependant n'ont pas indiquée, ou une fausse traduction du mot *duas*. Au lieu d'être l'adjectif numéral, *duo, duæ, duo, duas,* ne serait-il pas un nom de village ? Nous le croyons, et nous pensons que ce village est Dhuizel, canton de Braisne ; de cette façon la phrase devient très-claire : « Je donne à l'église de Laon, parmi les villages que m'a donnés le roi Clovis, de sainte mémoire, Dhuizel,

Anisiacum, *solidosque decem et octo, quos presbyteri et diaconi inter se æquali divisione distribuant. Partem meam de Secio ex integro ad se revocet Ecclesia Laudunensis,* et Lauscitam, quam mihi carissima

Anisy [1], et *dix-huit sous d'or que se partageront également entre eux les prêtres et les diacres. Elle possèdera entièrement la part qui me revient dans le domaine de Sery* [2], *et le village de Loisy* [3] que m'a

Anisy, et dix-huit sous d'or..... » Si notre traduction change le sens du texte, elle n'en change pas la construction matérielle ; nous nous contentons de remplacer par une majuscule la minuscule de *duas*, que les copistes auront introduite, parce qu'ils auront pris *Duas* pour l'adjectif de ce nom.

Dhuizel, en 1146, s'écrivait Dusel, dans le *Cartulaire B de l'abbaye de Saint-Remi de Reims*. L's de *Duas* se sera transportée au milieu des deux voyelles, l'*a* final se sera converti en *e* selon l'usage, *l* s'y sera jointe par euphonie ; de là est résulté Dusel, puis Dhuizel. — Dhuizel est à huit kilomètres de Vendresse et de Cerny, lieu de naissance du saint, et à vingt kilomètres d'Anisy, donné en même temps à l'église de Laon.

[1] **Anisy-le-Château,** chef-lieu de canton de l'arrondissement de Laon, à treize kilomètres de cette ville.

[2] **Sery,** canton de Novion-Porcien, arrondissement de Rethel (Ardennes).

Il est admis unanimement qu'il s'agit de Sery, village situé dans la partie du Porcien où saint Remi avait de nombreuses possessions.

[3] **Loisy** est aujourd'hui une ferme située à deux kilomètres et demi de Laon et dépendant de la commune de Besny. Un membre du Congrès archéologique de Reims, tenu en 1861, a proposé Loisy comme traduction de *Lauscita*. Nous partageons cette opinion sans aucune restriction. Car *Lauscita* doit être peu distant de Laon, d'abord parce que ce legs fait partie d'un ensemble de donations de biens territoriaux qui tous, à part Sery qui en est à douze lieues, appartiennent au Laonnais ; puis, de même que Fère-en-Tardenois et Crugny avaient été donnés à sainte Geneviève pour subvenir aux frais de ses voyages à

filia, et soror mea virgoque, ut credo, Christi sanctissima Genovefa, in usibus pauperum Christi tibi dandam ad integrum delegavit.

Commendo sanctitati tuæ, fili fratris mei Lupe episcope, ex præfatis villis, quos libertos esse præcipio, Catusionem, et Auliatenam conjugem suam, Nonnionem qui meam vineam facit, Sumnoveifam, quam captivam redemi, bonis parentibus natam, et

remis, pour le consacrer aux pauvres de Jésus-Christ, ma très-chère fille et sœur Geneviève, que je regarde comme la plus sainte vierge de Jésus-Christ.

Je recommande à votre sainteté, ô Loup, évêque, fils de mon frère, les serfs des villages sus-nommés, auxquels je veux qu'on donne l'affranchissement : Catusion et Auliatène, sa femme, Nonnion qui cultive mes vignes, Somnoveife, née de bonne famille, que j'ai rachetée de captivité, son fils Leutibérède,

---

Reims, de même *Lauscita* lui fut donné pour subvenir aux frais de ses voyages à Laon, voyages attestés par les documents dont les Bollandistes accompagnent leur vie de sainte Geneviève. *Lauscita* doit donc se trouver dans un circuit assez rapproché de Laon. Or, aucun nom de ce circuit n'est plus en rapport avec *Lauscita* que celui de Loisy. En 1125, il s'écrivait *Loziacus*. Contrairement à ce qu'affirment plusieurs étymologistes que nous pourrions réfuter par de très-nombreux exemples, la désinence *iacum* dans *les noms du moyen âge* est bien plus souvent la traduction faite par les latinistes de cette époque de la désinence *i* et *y* des noms de lieux romans, que la racine même d'où viendrait cette désinence. Nous pouvons donc affirmer en toute assurance que dans le roman ou langage vulgaire de 1125, Loisy s'écrivait et se prononçait Losi et Loisi. Or Losi découle en ligne directe de *Lauscita*, par la disparition très-ordinaire de la finale *ta* et l'adoucissement de *sc*.

ejus filium Leutiberedum, Mellaridum, et Mellatenam, Vasantem, Cocum, Cæsariam, Dagarasevam, et Baudorosevam Leonis neptem, et Marcoleifum filium Totnonis : hos totos, fili fratris mei Lupe episcope, sacerdotali auctoritate liberos defensabis.

Tibi autem, hæredi Ecclesiæ meæ, Flavianum et uxorem suam Sparagildem dono. Eorum filiolam parvulam Flavarasenam liberam esse constitui. Fedamiam uxorem Melani et eorum parvulam Remenses. presbyteri et diaconi possidebunt. Cispiciolum colonum liberum esse præcipio, et ad nepotem meum Aetium ejus familiam pertinere; ad utrumque, id est, ad Aetium et Agathimerum pervenire colonicam Passia-

Mellarid et Mellatène, Vasant, Cocus, Césarie, Dagarasève et Baudorosève, nièce de Léon, Marcoleife, fils de Totnon. O Loup, évêque, fils de mon frère, vous emploierez l'autorité sacerdotale pour leur conserver à tous la liberté.

A mon héritière, l'Église de Reims, je donne Flavien et sa femme Sparagilde. J'ai donné la liberté à leur jeune fille Flavarasène. Fédamie, femme de Mélan, et leur jeune fille appartiendront aux prêtres et aux diacres de Reims. Je veux que Cispiciol, le colon, soit libre, et que sa famille appartienne à mon neveu Aétius. A lui et à Agathimère appartiendra en commun le village de Passy [1]. *A ma petite nièce Prétextate*

---

[1] Il y a Passy-en-Valois, canton de Neuilly-sur-Front, Passy, canton de Condé, et Passy-Grigny, dans le canton de Châtillon-sur-Marne, à dix kilomètres du précédent. Lequel des trois est le Passy du testament, il serait assez difficile de le dire. Cependant nous nous déciderions plutôt pour Passy-en-Valois,

cum. Pronepti meæ Prætextatæ dono Modorosevam. Profuturo Leudocharium puerum trado. Profuturæ dari jubeo Leudoveram.

Laudunensibus subdiaconibus, lectoribus, ostiariis et junioribus quatuor solidos derelinquo. Pauperibus in matricula positis solidus dabitur ad eorum refectionem.

Delegoque, ex dato præfati principis, Salvonarias supra Moram, et decem *solidos Ecclesiæ Suesso-*

je donne Modorosève; à Profuturus, le jeune Ladochaire. Je veux qu'on donne à Profutura, Leudovère.

Je laisse quatre sous aux sous-diacres, aux lecteurs, aux portiers et aux jeunes clercs de l'église de Laon. On donnera aux pauvres inscrits sur la matricule un sou pour leur nourriture.

Je lègue à l'église de Soissons Sablonnières-sur-More[1], que m'a donné le roi Clovis, et *dix sous*

parce qu'il n'est qu'à quinze kilomètres de Sablonnières-sur-Marne, dont nous allons parler, et à six kilomètres de Saint-Michel, de la Ferté-Milon, dont saint Remi possédait l'église, tandis que Passy, canton de Condé, en est à vingt-sept kilomètres, et Passy-Grigny à trente-sept. — Nous avons traduit *colonicam* par village; car *colonica* signifie quelquefois un manse occupé par des gens de condition servile. Mais souvent aussi « la *colonica,* dit M. Guérard, se confond entièrement avec la *villa* pour représenter, comme celle-ci, soit une terre comprenant plusieurs manses, soit un village ou un hameau : c'est ce qui arrive surtout lorsque la *colonica* porte un nom qui lui est propre. Ainsi dans le testament de saint Remy, *colonicam Passiacum*..... le mot *colonica* paraît signifier une terre, un village, un lieu ayant une certaine étendue et renfermant une certaine population non libre. » (Polypt. d'Irminon, tome I, IIe partie, page 625).

[1] **Sablonnières-sur-Petit-Morin** est situé dans le canton de Rebais, arrondissement de Coulommiers (Seine-et-Marne).

— 54 —

nicæ pro commemoratione nominis mei : nam Sablonarias supra Matronam hæredibus meis deputavi. *Catalaunensi Ecclesiæ,* ex dato sæpe dicti filii mei, Gellonos supra Matronam, et solidos decem; ecclesiæ Sancti Memmii, Fascinarias ex donis præscripti principis, et *solidos octo* [1] ; *Mosomagensi,* solidos

pour qu'elle fasse commémoration de mon nom; quant à Sablonnières-sur-Marne [2], je l'ai légué à mes héritiers. A *l'église de Châlons,* Jalons-sur-Marne [3], que je tiens de mon fils le prince sus-nommé, et de plus dix sous; à l'église de Saint-Memmie, Fagnières [4], qui m'a été donné par le susdit prince, et de plus *huit sous; à l'église de Mouzon* [5], cinq

---

[1] Le petit testament porte *solidos sex*.

[2] **Sablonnières-sur-Marne** n'est pas précisément sur la Marne, mais à quatre kilomètres de ce fleuve. Seulement saint Remi le surnomme ainsi à cause de son voisinage de la Marne, et pour le distinguer de Sablonnières-sur-More ou Morin. Sablonnières-sur-Marne est un hameau du département de l'Aisne, dépendant de la commune de Montreuil-aux-Lions, canton de Charly, arrondissement de Château-Thierry. Il est à dix-neuf kilomètres de Sablonnières-sur-Petit-Morin, et comme nous l'avons dit, à quinze kilomètres de Passy-en-Valois. On peut même supposer que Sablonnières-sur-Petit-Morin ne fut donné par Clovis à saint Remi qu'à raison du voisinage de Sablonnières-sur-Marne et de Passy, que possédait en propre le Pontife.

[3] **Jalons-sur-Marne,** canton d'Ecury, arrondissement de Châlons, à seize kilomètres de cette ville (Marne).

[4] **Fagnières,** canton et arrondissement de Châlons, à cinq kilomètres de Saint-Memmie (Marne).

[5] **Mouzon,** chef-lieu de canton de l'arrondissement de Sedan (Ardennes).

quinque; Vongensi, agrum apud officinam molinarum quæ ibi est constitua; Cartarigensi ecclesiæ solidos

sous; à l'église de Voncq [1]*, le champ près du moulin bâti en ce lieu; à l'église de Chéry* [2]*, quatre sous, et*

---

[1] **Voncq**, canton d'Attigny, arrondiss. de Vouziers (Ardennes). Voncq était alors une localité importante. Elle figure dans l'itinéraire d'Antonin comme la première station après Reims, sur la voie romaine de Reims à Trèves.

[2] **Chéry**, canton de Sedan-Sud, arrondissement de Sedan (Ardennes).

M. Lejeune, qui, dans sa traduction des OEuvres de Flodoard, veut que le Vendresse du testament soit dans les Ardennes, prétend cette fois que *Cartarigensi* appartient à l'Aisne et que c'est Chéry-Chartreuve. M. Quicherat, qui semble ne connaître que Chéry-Chartreuve, doute même qu'il s'agisse de Chéry, parce que Chartreuve, qu'il prend pour synonyme de Chéry, fait *Cartobram* dans Flodoard et non *Cartarigensis*. Or le savant directeur de l'école des chartes nous paraît identifier à tort Chéry et Chartreuve, qui étaient autrefois des domaines distincts et ne furent confondus que plus tard. De même donc que ces deux localités ont été différentes, de même leur nom n'a rien d'identique. Chéry, Chéhéry, vient de *Cartarigensi* et Chartreuve de *Cartobram*. Mais le *Cartarigensis* du testament n'a aucune relation avec Chéry-Chartreuve, qui appartint, c'est vrai, à l'Église de Reims, mais en vertu d'une acquisition faite par saint Rigobert une centaine d'années après saint Remi. (Flod., *Hist. Rem. eccl.*, lib. II, cap. XI.) Au contraire il est tout naturel qu'il s'agisse de Chéry, dans les Ardennes. Le saint a fait des dons à toutes les églises de sa ville épiscopale; il vient d'en faire aux églises de Laon, de Soissons, de Châlons; il va en faire à celle d'Arras. N'y aura-t-il que les églises de son diocèse qu'il aura méconnues? Non; il pense aux principales; il se recommande à leurs prières, c'est Voncq, Mouzon, Chéry, le Port. Comprendrait-on que Chéry, figurant ainsi entre les églises du diocèse de Reims, soit Chéry-Chartreuve, près Soissons, et ne soit pas le Chéry des Ardennes, précisément situé entre Mouzon, Voncq et le Porcien? Qu'on n'objecte pas que Chéry n'est qu'un village de deux cents habitants. Les villes passent comme les empires. Les lieux importants des Ardennes n'étaient pas Sedan, Mézières, Rethel, Vouziers, mais Voncq, Mouzon, Chéry. Sedan

quatuor; totidemque Portensi, pro commemoratione mei nominis inferentur.

autant à celle de Port [1], pour qu'elles fassent mémoire de mon nom.

ne devait voir le jour qu'au XIIe siècle. Chéry était donc un centre important à cette limite extrême des Ardennes. On y retrouve encore de nombreux débris gallo-romains ; un tronçon de voie romaine, reliant entre eux les deux grands chemins de Reims à Trèves et à Cologne, y passait, partant de Tannay, pour aboutir à Warcq, près Mézières. (Voir *Rech. Arch. sur le dép. des Ard.*, par M. Mialaret ; *Rev. Hist. des Ard.*, année 1864, IIe livraison.)

[1] **Port,** et peut-être **Novion-Porcien** (Ardennes).

Les uns veulent que *Portensis* soit Aubigny-les-Pottez, les autres que ce soit Château-Porcien, d'autres que ce soit Perthes-les-Rethel.

Il n'y a pas même à s'occuper de la première opinion ; car saint Remi désigne Aubigny dans le testament même par le nom d'*Albiniacus*. Quant à Perthes, il n'a jamais fait *Portensi*, sa position dans une plaine sans eau ne permettant pas de lui donner le sens qu'on doit attribuer à cette dénomination, comme nous le dirons plus loin.

Nous ne nous occuperions pas davantage de celle qui en fait dériver Château-Porcien, si M. l'abbé Bouché, qui la soutient, ne l'appuyait sur une donnée en apparence scientifique. Invoquant la *Carte de Peutinger* ou *Tables Théodosiennes*, il rappelle qu'une route partait de Reims pour aboutir à Cologne, en passant par *Noviomagum* et en traversant la Meuse à *Mosa*. Or il veut que le *Portensis* du testament désigne la capitale du Porcien ; que cette capitale soit *Noviomagum*, parce qu'il est la seule localité relatée par la carte, et que ce *Noviomagum* soit Château-Porcien, parce qu'aujourd'hui encore on constate que la route passait dans son voisinage.

Mais ce sont là de pures suppositions, nous dirons même des suppositions erronées. Car : 1° rien dans la carte n'indique que *Noviomagum* soit la capitale du Porcien ; 2° il est absolument certain que *Noviomagum* ne peut se traduire par Château, mais bien par Novion, qui se trouve également sur la route indiquée par la carte ; 3° il est certain encore, d'après cette carte, que *Noviomagum* est à vingt-six kilomètres et demi de

Ecclesiæ Atrabatensi, cui, Domino annuente,
Vedastum fratrem *meum carissimum episcopum*

A l'église d'Arras, à laquelle, avec la grâce de
Dieu, j'ai donné pour évêque Wast, mon très-cher

Reims et cinquante-cinq et demi de *Mosa*, tandis que Château
est à trente-cinq kilomètres de Reims et à quarante-six de la
Meuse. La carte se charge donc elle-même de réfuter l'opinion
de M. l'abbé Bouché! Au contraire, Novion-Porcien est à
cinquante-cinq kilomètres et demi de Reims et à vingt-six et
demi de la Meuse, c'est-à-dire à la distance inverse de celle
indiquée par les *Tables*. Qui ne voit que la carte contient une
erreur facile à expliquer, puisqu'il s'agit d'une simple interversion de chiffres, et que la détermination des distances aussi
bien que la synonymie des noms prouvent que Novion-Porcien,
et non Château-Porcien, est le *Noviomagum* de la carte. Et,
toutefois, nous n'osons soutenir que Novion soit le *Portensis* du
testament. Car il ne s'est jamais appelé Porcien simplement :
il n'a pris ce qualificatif, comme Château, comme Chaumont,
que pour se distinguer des autres Novion, des autres Château
et des autres Chaumont, si communs en France.

Quel est donc le lieu désigné par ce nom de *Portensis* ?

Nous devons rechercher d'abord quelle en est l'étymologie.
Cet adjectif, dans nos vieux annalistes, est invariablement
l'adjectif du substantif *Portus*. Ainsi dans la vie de sainte
Austreberge, le monastère du Port, dans le Ponthieu, s'appelle
monasterium Portense. (Dom Bouquet, tome III, p. 550, E). Dans
la vie de saint Ogile, Port-sur-Saône se nomme *Portus ad Ararim*, et le pays d'alentour, *territorium Portense*. (Ibid., p. 511, C).
Il y a plus. Le Perthois, et par conséquent le Porcien, n'ont
pas une autre étymologie. Dans les *Annales de saint Bertin*,
le Perthois s'appelle *Portensis pagus*, et Dom Bouquet ajoute en
note : « *Portense seu pagus Portensis vel Pertensis*, le Perthois,
*ab oppido ejusdem nominis adjacente flumini Matronæ appellationem
traxit.* » (Tome VII, p. 111.) Les mêmes *Annales* désignent encore
le Perthois par *Portensis comitatus*. (Tome VI, p. 202 et 461.)

De ces données historiques découlent les conséquences suivantes :

1° Le Porcien, le Perthois, le Ponthieu, nommé *Portensis, Pertensis, Pontensis*, tirent leur origine d'une ville capitale, qui
s'appelait Portus ou Port. C'est du reste l'opinion du savant
M. Quicherat.

consecravi, ex dono jam dicti principis villas duas in alimoniis clericorum deputavi, Orcos videlicet et

frère, je laisse pour la nourriture des clercs les villages qui m'ont été donnés par le susdit prince,

2° Cette ville capitale devait se trouver sur un cours d'eau quelconque. Car le mot *portus* ici ne signifie pas port, abri. Quelquefois comme nom de lieu, il signifie limite : *portus, claustra montium,* disent Tacite et Ducange, mais habituellement il veut dire passage d'une rivière. *Portus,* dit encore Ducange, *navigium ad transvehendos itinerantes.* Et encore : *Portura, navis quæ ad trajectus fluminum pontis vices præbet.* Capitulare Pipini, cap. ix : ...... *ut vias et Porturas vel pontes infra regnum nostrum in omnibus pleniter emendatas esse debeant.*

De plus on compte soixante-onze localités en France qui s'appellent Port, Portes, Portet, Portel, Perthuis, ou qui, au nom de Port, joignent un nom spécial qui les détermine. Nous en avons vérifié un grand nombre au hasard, sur la carte des divers départements. Tous sont situés sur une rivière, et prennent ainsi leur nom du bac, pont ou passage qu'ils offraient pour traverser le cours d'eau. Nous ajouterons que ces villages de Port sont quelquefois situés sur les plus faibles rivières, comme le Port dans la Gironde, Portel dans l'Aude, Portes dans l'Ariège.

3° Les futurs historiens du Porcien et du Perthois ont donc à rechercher où pourrait être située leur capitale. Dom Bouquet affirme que pour le Perthois elle était située sur la Marne. Dans le Porcien, il n'est pas nécessaire d'en placer le siége sur l'Aisne, mais il pourrait être sur l'un de ses faibles affluents, ou encore sur la Meuse, la Bar ou la Sormonne. Enfin cette capitale existait-elle encore du temps de saint Remi? Dans ce cas rien de plus naturel que d'en considérer l'église comme celle à laquelle le saint Pontife fait un legs. Mais il est tout-à-fait improbable qu'une ville de cette importance existât encore à cette époque, et n'ait laissé aucune trace de ses ruines et de son nom.

4° Nous pensons plutôt que *Portensis* pourrait se traduire par l'église du Porcien, en entendant par là l'église chef-lieu. La ville primitive ayant été détruite, une autre ville, mais non plus du nom de *Portensis,* lui aura été substituée comme capitale, et ce serait elle que désignerait le *Portensis* du testament. Cette fois, nous la prendrions volontiers pour

Sabucetum : quibus etiam pro memoria nominis mei solidos viginti dari jubeo.

Ursi archidiaconi familiaribus usus obsequiis, dono ei domitextilis casulam subtilem, et aliam pleniorem,

Ourton [1] et Souchez [2]. Je veux qu'on leur donne vingt sous pour qu'ils fassent mémoire de moi.

En reconnaissance des soins particuliers que j'ai reçus de l'archidiacre Ursus, je lui laisse un manteau de fin tissu, un autre plus fort, deux habits d'étoffe

---

Novion-Porcien, vieux village gaulois, puisqu'il était la première station de la route de Reims à Cologne, construite avant celle de Trèves, qui le fut douze ans avant l'ère chrétienne. La vieille cité aura été dépossédée de ce titre au moyen âge par Château-Porcien, qui paraît n'être qu'un établissement féodal.

Cette note et les précédentes étaient imprimées, quand nous avons eu connaissance de l'ouvrage de M. Longnon, sur les *pagi* du diocèse de Reims. Nous sommes heureux de nous être rencontrés avec ce savant dans le changement que nous donnons de *Plerinacum* en Plesnoy et de *Vicus* en Viel-Saint-Remi.

Nous ne pouvons partager son avis, quand il réforme l'orthographe de *Cartarigensi* et veut qu'on le lise *Castricensi,* afin d'en faire le chef-lieu du *pagi* de Castrice.

A moins de supprimer la certitude historique qui nous vient des textes, on ne peut les réformer sans de graves raisons. Ici rien n'oblige de changer l'orthographe de *Cartarigensi* pour le lire *Castricensi.* Aucune édition ne porte de variantes sur ce mot. Puis Chéhéry vient très-bien de *Cartarigensi,* et ce village des Ardennes, situé près de Saint-Aignan, à la limite du Porcien, du Mouzonnais et du comté de Castrice, est dans une position topographique en parfaite harmonie avec la place qu'il occupe au testament entre les églises de Mouzon et du Porcien.

[1] **Ourton,** canton d'Houdain, arrondissement de Béthune (Pas-de-Calais).

[2] **Souchez,** canton de Vimy, arrondissement d'Arras (Pas-de-Calais).

duo saga delicata, tapete quod habeo in lecto, et tunicam quam tempore transitus mei reliquero meliorem.

Hæredes mei, Lupe episcope et Agricola presbyter, porcos meos inter vos æqualiter dividetis. Friaredus, quem, ne occideretur, quatuordecim solidis comparavi, duos concessos habeat, duodecim det ad basilicæ domnorum martyrum Timothei et Apollinaris cameram faciendam. Hæc ita do, ita lego, ita testor. Cæteri omnes exhæredes estote, suntote.

Huic autem testamento meo dolus malus abest, aberitque in quo si qua litura, vel caraxatura fuerit inventa, facta est me præsente, dum a me relegitur et

fine, la couverture de mon lit, et la meilleure tunique que j'aurai au moment de mon trépas.

Loup, évêque, et Agricole, prêtre, mes héritiers, vous partagerez mes porcs également entre vous. Friarède, que j'ai acheté quatorze sous pour le sauver de la mort, en retiendra deux que je lui cède, et en donnera douze pour faire une voûte à l'église des saints martyrs Timothée et Apollinaire. Tels sont mes dons, mes legs et mon testament : que tous ceux qui n'y sont pas compris, soient exclus de mon héritage.

J'ai fait ce testament sans mauvaise intention, ni quant à présent ni pour l'avenir. Si l'on y trouve quelque rature, quelque surcharge, cela a été fait en ma présence, lorsque je l'ai relu et corrigé. — [1] Les

---

[1] Ici commence la seconde partie du testament. Elle renferme les recommandations, les bénédictions et les malédictions qui découlent du cœur et de la plume du saint Pontife, comme sanction de ses dispositions testamentaires et de tout son apostolat. Cette seconde partie est entièrement supprimée dans le petit testament.

emendatur. Neque ei duo priora testamenta, primum quidem quod ante quatuordecim, et alterum quod ante septem condidi annos, obsistere, obviare, aut ullatenus nocere poterunt : eo quod quidquid in ipsis continebatur, in præsentia fratrum meorum hic inserta, et quæ deerant adjuncta, insuper et quæ Dominus mihi largiri in postmodum dignatus est, superaddita noscuntur. Sed inconvulsum et incontaminatum præsens hoc quod condidi testamentum, a fratribus meis successoribus, videlicet Remorum episcopis, conservatum : a regibus quoque Francorum, filiis silicet meis carissimis, quos per baptismum, Jesu Christi dono et gratia Spiritus Sancti cooperante, Domino consecravi, ubique defensum atque protectum contra omnia, et in omnibus, inviolabilem perpetuamque semper obtineat firmitatem.

deux testaments antérieurs que j'ai faits, le premier il y a quatorze ans, et l'autre, il y a sept ans, ne pourront déroger, contrevenir ou préjudicier en rien à celui-ci. Toutes les dispositions contenues dans les premiers ont été insérées dans celui-ci; en présence de mes frères, j'en ai ajouté plusieurs qui manquaient, et j'y ai fait entrer les biens que Dieu a eu la bonté de m'octroyer depuis. Que le présent testament, observé fidèlement et inviolablement par mes frères et successeurs les évêques de Reims, maintenu et défendu par les rois des Francs, mes très chers fils, que j'ai consacrés au Seigneur dans le baptême, par le bienfait de Jésus-Christ et la coopération de la grâce du Saint-Esprit, obtienne

Et si quis, in ordine clericali, a presbytero usque ad tonsum, contradicere aut obviare ei præsumpserit, et correptus a successore meo satisfacere neglexerit, convocatis ex vicinioribus locis Remorum diœceseos tribus episcopis, deponatur a gradu.

Si vero, quod non opto nec cupio, sed neque spero, successor quilibet mihi in hac sede Remorum episcopus, exsecrabili cupiditate ductus, res præfatas, sicut a me, auctore Domino meo Jesu Christo, ad illius honorem, et ejus pauperum consolationem ordinatæ sunt, aliorsum distrahere, immutare, commutare, seu quolibet obtentu in usus laicorum, beneficii gratia dare, aut a quolibet datas, favere,

de leur protection à tout jamais une force inviolable et perpétuelle dans toutes ses dispositions.

Si quelqu'un de l'ordre clérical, depuis le prêtre jusqu'au simple tonsuré, a l'audace d'y porter atteinte ; si, malgré les remontrances de mon successeur, il refuse de s'y conformer, que l'on réunisse trois évêques des siéges les plus voisins parmi ceux de la province de Reims, et qu'il soit dégradé.

S'il arrive, contre mes désirs, mes vœux et mes espérances, que quelqu'un de mes successeurs sur le siége de Reims, entraîné par une exécrable cupidité, ose distraire, changer ou dénaturer les dispositions indiquées ci-dessus, telles que je les ai établies sous l'inspiration de Notre-Seigneur Jésus-Christ, pour l'honneur de Dieu et le soulagement des pauvres, s'il ose, sous quelque prétexte que ce soit, donner quelque chose à titre de bienfait aux laïques, ou bien favoriser et approuver quelque

aut consentire præsumpserit, convocatis totius diœceseos Remorum episcopis, presbyterisque ac diaconibus, necnon et ex filiis meis carissimis Francis religiosis quam plurimis, reatus sui pœnam, privatione sui episcopatus, persolvat; et nequaquam ultra recuperationem gradus amissi in hoc sæculo promerebitur.

Quicumque vero ex laico habitu a nobis statuta parvi pendens, sibique favens, quæ pauperibus Ecclesiæ attributa sunt, abuti, aut usurpare quolibet obtentu præsumpserit, pari simul perpetuaque damnatione, alienator, petitor, dator, acceptor, pervasor, anathematis vinculo ab Ecclesia Catholica sejungantur, donec valeant, Deo miserante, condignæ satisfactionis emendatione indulgentiam pro-

donation faite par d'autres aux dépens de l'Église, que l'on convoque les évêques de toute la province de Reims, les prêtres et les diacres, et le plus que l'on pourra d'hommes religieux parmi les Francs, mes enfants chéris; qu'il expie la peine de son crime par la privation de son évêché, et que, de sa vie, il ne puisse espérer de rentrer en possession de sa dignité perdue.

Si quelque laïque, au mépris de ces dispositions, ne consultant que ses intérêts, ose détourner ou usurper, sous quelque prétexte que ce soit, les biens légués aux pauvres de l'Église, que celui qui aura aliéné, demandé, donné, accepté ou usurpé ces biens, soit, par l'anathème, séparé de l'Église catholique, jusqu'à ce que, par la miséricorde divine, une digne satisfaction lui mérite l'indulgence de

mereri. Sin autem in hoc perseverare cujuscumque donationis occasione quilibet delegerit, spes ei præsentis ac futuræ restitutionis a successore meo, Remorum scilicet episcopo, omnimodis auferatur.

[1] Generi tantummodo regio, quod ad honorem sanctæ Ecclesiæ, et defensionem pauperum, una cum fratribus meis et coepiscopis omnibus Germaniæ, Galliæ atque Neustriæ, in regiæ majestatis culmen perpetuo regnaturum statuens elegi, baptizavi, a fonte sacro suscepi, donoque septiformis Spiritus consignavi, et per ejusdem sacri chrismatis unctionem ordinato in regem, parcens, statuo, ut si aliquando genus illud regium per benedictionem meam toties Domino consecratum, mala pro bonis

l'Église. Mais si, sous prétexte d'une donation, il persévère dans sa faute, que toute espérance de réconciliation présente ou future lui soit ôtée par mon successeur, l'évêque de Reims.

Seulement, par égard pour la famille royale, que, de concert avec mes frères et coévêques de la Germanie, de la Gaule et de la Neustrie, et pour l'honneur de la Sainte Église et la défense des pauvres, j'ai choisie pour être élevée à tout jamais à la majesté royale, que j'ai baptisée, tenue sur les fonts de baptême, enrichie des sept dons du Saint-Esprit, et sacrée de l'onction du Saint-Chrême, si quelque jour cette famille, tant de fois consacrée

---

[1] Toute cette partie du testament a été violemment attaquée par la critique. Il n'est pas une seule objection que nous ne fassions connaître, et à laquelle nous ne répondions dans la troisième partie de cet ouvrage.

reddens, ecclesiarum Dei pervasor, destructor, depopulator, gravis aut contrarius existere voluerit, convocatis Remorum diœceseos episcopis, primum moneatur; et deinde Ecclesia Remensi præfata, adjuncta sibi sorore, Ecclesia scilicet Treverensi, iterum conveniatur. Tertio vero, archiepiscopis tantummodo Galliarum tribus aut quatuor convocatis, princeps ille, quicumque fuerit, moneatur : ita ut usque ad septimam monitionem, si prius satisfacere renuerit, paternæ pietatis longanimitate differatur. Tandemque, si, postpositis omnibus præfatis benedictionibus, incorrigibilis contumaciæ spiritum non deposuerit, et, se per omnia Deo subdi nolens, benedictionibus Ecclesiæ participare noluerit, elo-

au Seigneur par mes bénédictions, rendant le mal pour le bien, usurpe, ravage ou détruit les églises de Dieu, et s'en déclare l'ennemie ou la persécutrice, j'ordonne que les évêques de la province de Reims soient convoqués et lui fassent d'abord des remontrances; qu'ensuite l'Église de Reims, s'adjoignant sa sœur, l'Église de Trèves, aille une seconde fois trouver le roi. La troisième fois, que trois ou quatre archevêques des Gaules seulement soient convoqués et fassent des remontrances au prince, quel qu'il soit, en sorte que la longanimité de la tendresse paternelle diffère jusqu'au septième avertissement, si les premiers n'obtiennent aucun succès. Enfin, si au mépris de toutes les remontrances, il ne dépose pas cet esprit d'obstination incorrigible, s'il refuse de se soumettre à Dieu et de participer aux bénédictions de l'Église, que tous prononcent

gium segregationis a corpore Christi ab omnibus ei porrigatur, quod per prophetam et regem David longe ante, eodem qui in episcopis est, dictante Spiritu Sancto, noscitur decantatum : « Quia persecutus est, inquit, hominem inopem, et mendicum, et compunctum corde, et non est recordatus facere misericordiam, et dilexit maledictionem, et veniet ei ; et noluit benedictionem, et elongabitur ab eo. » Totumque ei quod in persona Judæ traditoris Domini Nostri Jesu Christi, et malignorum episcoporum. Ecclesia decantare solet, per singulas ei decantetur ecclesias : quia Dominus dixit : « Quamdiu fecistis uni ex minimis meis, mihi fecistis ; et quamdiu

contre lui la sentence prononcée il y a longtemps par le roi prophète David, sous l'inspiration du même Esprit-Saint qui anime aujourd'hui les évêques : « Parce qu'il a persécuté, dit-il, le pauvre, « l'indigent, et l'homme au cœur navré de dou- « leurs, parce qu'il n'a pas songé à la miséricorde, « et qu'il a aimé la malédiction, la malédiction « retombera sur lui ; parce qu'il a rejeté la béné- « diction, la bénédiction lui sera refusée [1]. » Que dans chaque église on prononce contre lui toutes les malédictions que l'Église prononce contre la personne de Judas qui a trahi Notre-Seigneur Jésus-Christ, et contre les mauvais évêques ; car Notre-Seigneur a dit : « Toutes les fois que vous « avez agi en faveur du plus petit de mes frères, « c'est en ma faveur que vous avez agi ; toutes les

[1] Ps. 108, v. 13, 14 et 15.

his non fecistis, nec mihi fecistis. » Et ideo quod probatur in capite, in membris intelligendum esse non dubitetur. Unum tantummodo ibi verbum per interpositionem commutetur : « Fiant dies ejus pauci, et principatum ejus accipiat alter. »

Quod utique si successores mei, Remorum scilicet archiepiscopi, operari, sicut a me ordinatum est, neglexerint, in se quidquid in principibus resecandum fuerat, maledictionibus depravati reperiant : « Ut fiant dies eorum pauci, episcopatum eorum accipiat alter. »

Si vero Dominus meus Jesus Christus vocem orationis meæ, quam quotidie pro genere illo in conspectu divinæ majestatis specialiter fundo, audire dignatus fuerit, ut, sicut a me accepit, ita in dispo-

» fois que vous ne l'avez pas fait, c'est à moi que « vous avez refusé de le faire. » Il ne faut pas douter que ce qui est vrai pour le chef ne soit aussi vrai pour les membres. Il ne faut changer qu'un seul mot par interposition : « Que ses jours soient « abrégés, et qu'un autre reçoive l'autorité royale. »

Si mes successeurs les archevêques de Reims négligent d'accomplir ce que j'ai ordonné, qu'ils soient frappés de malédictions et qu'ils subissent les peines portées contre les princes : « Que leurs « jours soient abrégés, et qu'un autre reçoive leur « évêché. »

Mais si Notre-Seigneur Jésus-Christ daigne entendre les prières que je fais spécialement, en présence de la majesté divine, pour cette race royale, afin que, fidèle aux instructions qu'elle a reçues de

sitione regni, et ordinatione sanctæ Dei Ecclesiæ perseveret, benedictionibus quas Spiritus Sanctus per manum meam peccatricem super caput ejus infudit, plurimæ super caput illius per eumdem Spiritum Sanctum superaddantur; et ex ipso reges et imperatores procedant, qui in præsenti et in futuro, juxta voluntatem Domini, ad augmentum sanctæ suæ Ecclesiæ, virtute ejusdem in judicio et justitia confirmati et corroborati, regnum obtinere atque augere quotidie valeant; et in domo David, hoc est in cœlesti Hierusalem, cum Domino in æternum regnaturi, siblimari mereantur. Amen.

Peractum Remis, die et consule supradicto, intercedentibus et mediis signatoribus :

moi, elle persévère dans la sage administration de l'État et la protection de la sainte Église de Dieu, qu'aux bénédictions que le Saint-Esprit a versées par ma main pécheresse sur la tête de son chef, le même Esprit-Saint joigne d'autres bénédictions plus abondantes ; que de lui sortent des rois, des empereurs. qui, pour le temps présent et pour l'avenir, suivant la volonté de Dieu et l'accroissement de sa sainte Église, soient fortifiés par sa grâce et affermis dans la justice et l'équité ; puissent-ils conserver le royaume et en reculer chaque jour les limites; puissent-ils être élevés aussi sur le trône dans la maison de David, c'est-à-dire dans la Jérusalem céleste, pour y régner éternellement avec le Seigneur. Ainsi soit-il.

Fait à Reims, même jour que dessus, et sous le

† Ego *Remigius episcopus testamentum meum relegi, signavi, subscripsi, et in nomine Patris, et Filii, et Spiritus Sancti, Deo adjuvante, complevi.*

† Vedastus, episcopus : Cui pater meus Remigius maledixit, maledixi, et cui benedixit, benedixi : interfui quoque atque subscripsi.

† Genebaudus, episcopus : Cui pater, etc.

† Medardus, episcopus : Cui pater, etc.

consul sus-nommé, *en présence et avec la participation des soussignés :*

† Moi, *Remi, évêque, j'ai relu, signé, scellé et fermé ce testament, avec la grâce de Dieu, au nom du Père, du Fils et du Saint-Esprit.*

† Wast, évêque : Je maudis celui que Remi, mon père, a maudit; je bénis celui qu'il a béni : j'ai assisté et ai signé [1].

† Génébaud, évêque : Je maudis, etc. [2].

† Médard, évêque : Je maudis, etc. [3].

---

[1] Saint Wast naquit vers la fin du Ve siècle. Il habitait Toul, quand Clovis y passa, en revenant de la bataille de Tolbiac. Devenu le catéchiste du roi, il l'accompagna à Reims, où il se fixa. Mais peu après, saint Remi le fit évêque d'Arras, et il administra simultanément les deux évêchés d'Arras et de Cambrai. Il mourut en 540.

[2] Saint Génébaud fut créé par saint Remi premier évêque de Laon, vers la fin du Ve siècle ou le commencement du VIe. D'après Hincmar et Flodoard, il aurait été marié avant son épiscopat, à une nièce de saint Remi.

[3] Saint Médard fut sacré évêque de Vermand par saint Remi. Il transporta son siége à Noyon, et du consentement de son glorieux métropolitain, il réunit bientôt à ce siége celui de Tournay. Il mourut en 545 selon les uns, plus tard selon les autres.

† Lupus, episcopus : Cui pater, etc.
† Benedictus, episcopus : Cui pater, etc.

† Loup, évêque : Je maudis, etc. ¹.
† Benoist, évêque : Je maudis, etc. ².

¹ M. Lejeune prend cet évêque pour saint Loup, neveu de saint Remi et évêque de Soissons, de même que plus bas, le prêtre Agricole serait un autre neveu du Saint. Mais il nous paraît au contraire que ces deux personnages ne sont pas les neveux de saint Remi, justement parce que dans son testament il les établit ses deux principaux légataires. Car d'après le droit français (art. 975 du code), aucun légataire ne peut être pris comme témoin, sous peine de nullité du testament. Les jurisconsultes en donnent pour raison qu'on craint l'influence du légataire et les surprises qui lui serait trop facile de pratiquer. Aussi cette raison générale à toutes les législations avait introduit la même disposition dans le droit romain. (Voir B. *Brissonii de formulis et solemnibus populi Romani verbis*, lib. VII, p. 653 et 655.)

Saint Remi, qui déclare en tête du testament, qu'il le rédige en conformité du droit prétorien, n'aurait pas voulu s'exposer à ce qu'il fut annulé, en faisant intervenir ses légataires parmi les témoins signataires.

Une seconde raison qui nous fait repousser ici l'évêque de Soissons, c'est que les évêques signent au testament comme dans toutes les réunions conciliaires, dans l'ordre même de leur promotion à l'épiscopat. Or, l'évêque Loup vient ici après saint Médard, consacré vers 530. Au contraire, saint Loup de Soissons fut évêque bien avant cette date, puisque il signa en cette qualité les actes du Concile d'Orléans de 511.

Enfin, à l'époque du testament, l'évêque de Châlons, comme l'évêque de Soissons, portait le nom de Loup. On trouve au Concile d'Auvergne de 535 la signature de Loup de Châlons.

Nous croyons donc que le signataire du testament est le même Loup, qui figure sous le nom de Loup Ier dans la liste des évêques de Châlons. Sa présence est d'autant plus naturelle, qu'il avait à ratifier les libéralités de saint Remi aux Eglises de Châlons et de Saint-Memmie.

² A ce moment le siége d'Amiens était occupé par Béat, Beatus. Nous pensons que sa signature aura été mal lue par les copistes, qui auront fait Benedictus de Beatus.

† Eulogius, episcopus : Cui pater, etc.

† Euloge, évêque : Je maudis, etc.[1].

[1] Tous les érudits déclarent inconnu le siége de cet évêque. Mais peut-être n'est-il pas impossible de le déterminer. Les évêques qui ont signé jusqu'à présent le testament, sont des suffragants de l'Eglise de Reims ; ce sont l'évêque d'Arras et de Cambrai, celui de Laon, celui de Noyon et de Tournay, celui de Châlons et celui d'Amiens ; l'évêque de Soissons est présent, mais il ne signe pas, parce qu'il est principal légataire. Or, n'est-il pas rationnel de supposer que le dernier évêque signataire, le seul dont le siége soit inconnu, est aussi un suffragant de la métropole ? Car, outre ceux que nous venons de nommer, l'Église métropolitaine possédait encore quatre diocèses suffragants : ceux de Beauvais, de Senlis, de Boulogne et de Térouanne. Les auteurs de la *Gallia Christiana* n'admettent pas que l'évêché de Boulogne fut déjà créé, et les Bollandistes contestent également qu'il y eut des évêques de Térouanne à la même époque. Au surplus, quand on admettrait l'opinion contraire de Marlot pour cette dernière église, son évêque serait saint Aumont ou Athalbert et non Eulogius. Nous devons donc écarter Boulogne et Térouanne. Restent Senlis et Beauvais. On a la liste des évêques de Senlis du VIe siècle : ce sont Levangius, 511, Passerus, 513, Nonulus, de 519 à 547. Ce ne pourrait être Nonulus qu'autant que la signature originale mal écrite, eût été mal lue par les copistes. La chose est peu probable. Si donc la signature est bien interprétée, il faut admettre comme conséquence, que l'Eulogius du testament est l'évêque de Beauvais, Nonulus, évêque de Senlis, ayant, pour une raison que nous ne pouvons dire, manqué à la convocation de saint Remi.

L'histoire à peu près inconnue des évêques de Beauvais se prête à cette supposition. Jusqu'à Dodo, qui paraît avoir existé sous Chilpéric Ier, on ne compte que douze évêques : encore ignore-t-on totalement et leurs actes et le temps où ils vécurent. Cependant il est absolument certain que ce siége était occupé sous l'épiscopat de saint Remi. Pourquoi Amiens, Senlis, Soissons, Arras et Laon auraient-ils eu des évêques, et pourquoi Beauvais en aurait-il été privé ? Pourquoi Remi, qui relevait les siéges tombés, en créait de nouveaux dans son propre diocèse, aurait-il pu souffrir que celui de Beauvais restât inoccupé ? Nous croyons donc être dans la vérité, en faisant d'Eulogius l'évêque de Beauvais, contemporain de la rédaction du testament. Cette rédaction provoqua donc un Concile provincial, qui signa le solennel document et le rendit plus important encore.

† Agricola, presbyter : Cui pater, etc.
† Theodericus, presbyter : Cui pater, etc.
† Celsinus, presbyter : Cui pater, etc.
V. C. Papolus : Interfui et subscripsi.
V. C. Eulodius : Interfui et subscripsi.
V. C. Eusebius : Interfui et subscripsi.
V. C. Rusticolus : Interfui et subscripsi.
V. C. Eutropius : Interfui et subscripsi.
V. C. Dauveus : Interfui et subscripsi.

† Agricole, prêtre : Je maudis, etc.
† Théodoric, prêtre : Je maudis, etc.
† Celsin, prêtre : Je maudis, etc.
Papole : J'ai assisté et j'ai signé [1].
Eulode : J'ai assisté et j'ai signé.
Eusèbe : J'ai assisté et j'ai signé.
Rusticole : J'ai assisté et j'ai signé.
Eutrope : J'ai assisté et j'ai signé.
Dauvé : J'ai assisté et j'ai signé.

Après que mon testament a été clos et scellé, il m'est venu à la pensée de léguer à l'église des saints martyrs Timothée et Apollinaire un bassin d'argent [2]

---

[1] Tous ces personnages prennent le nom de *viri consulares*. — Consulares, dit Ducange, appellati Provinciarum Rectores, quorum dignitatem et munus primus invexisse videtur Hadrianus imperator, etc... A *Consularibus* etiam urbes præcipuas gubernatas auctor est Constantinus Porphyrog. Anastasius in Adriano P. P. : tradidit Paulum Consulari Ravennatium urbis. Infra : accersito consulari Ravennatium urbis, præcepit ei ipsum interficiendum Paulum.

[2] D'après Ducange, ce vase d'argent appelé *missorium,* est un plat servant à recevoir les mets d'un festin. Papias : Ferculum dicitur mensa seu discus edentium, alias vasculum missorium in quo epulæ feruntur. Missorium, mensorium dicitur a mensa, vas scilicet parvulum, quod in mensa ponitur.
Joan. de Janua : missorium, concha modica ubi aliquid liquoris immittitur et dicitur a mitto, etc.

Post conditum testamentum, imo signatum, occurrit sensibus meis ut basilicæ domnorum martyrum Timothei et Apollinaris missorium argenteum sex librarum ibi deputem, ut ex eo sedes futura meorum ossium componatur.

du poids de six livres, pour que le prix en soit employé à la construction du monument qui doit renfermer mes restes.

TABLEAU DE TOUS LES LEGS
ET DES LÉGATAIRES DU TESTAMENT.

DÉSIGNATION DES LEGS.	NOMS DES LÉGATAIRES.
Thugny, Balham, Ecly, Plesnoy, Viel-Saint-Remi, *Ville*-en-Selve, Blombay, *Aubigny* [1], *Berne*, *Cosle*, *Glen*, Piscofesheim ou Maison de l'évêque, Crugny, Fère-en-Tardenois, Épernay, Douzy, Coucy, Leuilly, biens de Septimanie, d'Aquitaine, de Thuringe, d'Austrasie. Vase d'argent de trente livres, vase d'argent de dix-huit livres, vase d'or de dix livres et quatorze serfs	Église de Reims.

[1] Les noms en italique indiquent les villages qui appartenaient à l'Église de Reims avant l'épiscopat de saint Remi.

DÉSIGNATION DES LEGS.	NOMS DES LÉGATAIRES.
Un plan de vigne, vingt-cinq sous, trois serfs...	Prêtres et diacres de cette Église.
Douze sous..........	Sous-diacres de cette Église.
Huit sous..........	Clercs de cette Église.
Sault-Saint-Remi, une part d'Heutrégiville et de Fère-en-Tardenois, les biens de Septimanie, d'Aquitaine, de Thuringe et d'Austrasie, conjointement avec l'Église de Reims....	Église de Saint-Remi [1].
Courcelles, Echarson, St-Étienne, les biens d'Hermonville, deux sous d'une part et un sou de l'autre.	Matricule de N.-D., qui par ordre du Saint, fut attachée à l'Église où devait reposer son corps.
Deux sous...........	Église St-Victor.
Id.	Église St-Martin-Collatice.
Id.	Église St-Hilaire.
Id.	Église St-Crépin-et-St-Crépinien.
Id.	Église St-Pierre.
Id.	Église des Sts-Martyrs.
Id.	Église St-Martin et de tous les Confesseurs.
Id.	La Diaconie.
Id.	Titre Saint Maurice.
Quatre sous, les biens de Jovin, église St-Michel..	Église St-Agricole
Quatre sous d'une part, et douze sous dus par Friarède............	Église Sts-Timothée-et-Apollin^{re}.
Deux sous...........	Église St-Jean.
Trois sous et Plivot-sur-Marne............	Église Sts-Sixte-et-Sinice.
Deux sous...........	Église St-Martin (dans les murs).
Id.	Église St-Christophe.
Id.	Église St-Germain.
Id.	Église Sts-Cosme-et-Damien.
Un sou et Bééffort.....	Hospice des Pèlerins.

[1] Nous désignons ainsi les legs que saint Remi a fait à l'église où devait reposer son corps.

DÉSIGNATION DES LEGS.	NOMS DES LÉGATAIRES.
Trois sous quatre deniers, et une partie d'Heutrégiville et des dîmes de Chaumuzy, Taissy et la Neuville-aux-Larris...	Monastère des Quarante Veuves.
Cinq sous..........	Église de Mouzon.
Champ près du moulin, à Voncq...........	Église de Voncq.
Quatre sous.........	Église de Chéry.
Id.	Église de Port.
Dhuizel, Anisy, une portion de Sery, Loisy. Vases d'argent de trente livres et de dix-huit livres, en commun avec l'Église de Reims.........	Église de Laon.
Dix-huit sous.........	Prêtres et diacres de Laon.
Quatre sous.........	Sous-diacres et clers de Laon.
Un sou	Matricule de cette église.
Dix sous et Sablonnières-sur-More	Église de Soissons.
Dix sous et Jalons-sur-Marne...........	Église de Châlons.
Huit sous et Fagnières...	Église de St-Memmie.
Vingt sous et Ourton et Souchez..........	Église d'Arras.
Vigne cultivée par Enée, la part de saint Principe, à Cerny, près de Laon et de Jouy, Lavergny, onze serfs, une partie des porcs de saint Remi	Saint Loup.
Vigne de Laon, cultivée par Mellaric, vigne cultivée par Bébrimode, douze serfs, une partie des porcs	Agricole.
Part personnelle de Cerny, Ambroise et la famille de Cispiciol, la moitié de la ferme de Passy-en-Valois	Aétius.

DÉSIGNATION DES LEGS.	NOMS DES LÉGATAIRES.
Vigne de Vendresse, la famille de Vital, la moitié du village de Passy...	Agathimère.
Quatre serfs, quatre cuillères, un vinaigrier, un manteau, une crosse d'argent............	Prétextat.
Burette à vinaigre, trois cuillères, une chasuble.	Parovius, fils de Prétextat.
Trois cuillères, une nappe, un vase..........	Remiette, épouse de Prétextat.
La servante Modorève...	Prétextate.
Le serf Leudochaire....	Profuturus.
La servante Leudovère...	Profutura.
Sablonnières-sur-Marne..	Ses héritiers.
Mantel blanc, deux tentures bleues, trois voiles ou rideaux de portes.....	Successeur de saint Remi.
Pièce de vigne, Petit-Saint-Remi, servante Noca...	Diaconesse Hilarie.
Manteau de fin tissu, un autre plus fort, deux habits, couverture de lit, la meilleure tunique....	Ursus, archidiacre.
Deux sous..........	Friarède.
Affranchissement de trente-trois serfs.	

CHAPITRE II

EXPOSÉ DE LA CONTROVERSE. — CARACTÈRES DES DIFFÉRENCES QUI SE REMARQUENT ENTRE LES DEUX TESTAMENTS. — LE PETIT N'EST QUE L'ABRÉGÉ DU GRAND.

Nous avons dit et nous le montrerons plus loin, quand nous ferons l'historique des manuscrits, que les deux testaments se rencontrent également dans les monuments les plus anciens. Leur co-existence, à ces dates lointaines, constitue donc une difficulté très-réelle de déterminer lequel des deux est le vrai.

Aussi deux opinions se sont formées [1].

La tradition nationale a été unanime, jusqu'au milieu du dix-septième siècle, à soutenir l'authenticité du grand testament.

A partir de cette époque, plusieurs érudits de l'école gallicane en ont, au contraire, nié la valeur, l'ont prétendu supposé, et n'ont admis que la réalité du petit. Ce sentiment a tellement prévalu, qu'aujourd'hui on a cessé d'étudier la question et

---

[1] Nous ne parlerons pas de celle émise par Dom Rivet de la Grange, dans l'*Histoire littéraire de la France*, t. III, p. 160. Il nie qu'on eût encore aujourd'hui le testament authentique du Saint. Comme il daigne à peine justifier cette opinion, nous nous y arrêterons d'autant moins qu'à chaque page de cet écrit, elle sera réfutée par les documents historiques que nous ferons connaître.

qu'on la regarde comme résolue dans un sens contraire à nos anciennes traditions.

Du reste, les défenseurs du grand testament n'ont pas su échapper à une erreur, trompés, croyons-nous, par ce passage qu'il contient :

« J'ai fait ce testament sans mauvaise intention, « ni quant à présent, ni pour l'avenir... Les deux « testaments antérieurs que j'ai faits, le premier il « y a quatorze ans et l'autre il y a sept ans, ne « pourront déroger, contrevenir ou préjudicier en « rien à celui-ci [1]. »

Ils ont donc dit : les deux testaments sont de saint Remi, seulement l'un est antérieur à l'autre.

Nous ne partageons pas cette opinion, et nous sommes surpris qu'il ne soit venu à l'esprit d'aucun savant de comparer les deux textes et de rechercher si vraiment ils sont différents, ou si plutôt ils ne sont pas identiques, l'un n'étant que l'abrégé de l'autre. On comprend que si, après examen, notre supposition se changeait en certitude, la question serait bien simplifiée : nous ne serions plus en présence que d'un seul testament, dont l'authenticité est le fait historique le moins discutable.

Faisons donc cet examen et commençons par dire que le grand testament se divise en deux parties très-distinctes : la partie des donations et la partie des sanctions et des menaces.

Or voici les différences caractéristiques qui existent entre le petit et le grand testament :

1° Le petit testament ne renferme aucunes dispo-

[1] Voir le grand testament, p. 60.

sitions qui ne se retrouvent exactement les mêmes dans le grand testament, en sorte que des ciseaux pourraient parfaitement opérer sur le grand testament et arriver à produire le petit. Quand les suppressions forcent à faire quelques changements dans les parties identiques, on les accomplit avec un tel scrupule, qu'on ne modifie la phrase que dans la mesure du strict nécessaire. Il est évident que par le respect scrupuleux de la phrase et du mot, l'auteur a voulu pouvoir donner son œuvre comme celle même rédigée par le saint.

2° La seconde partie du grand testament renfermant des menaces et des malédictions contre les usurpateurs des biens de l'Église, est totalement supprimée dans le petit.

3° Cinq évêques, trois clercs et six laïques signent le grand testament, tandis que le petit n'est signé que par les six laïques.

4° La règle qui a présidé aux coupures dans la première partie du grand testament, est invariable. Suppression absolue de toutes les donations de domaines, appelés plus tard seigneuries, et conservation non moins rigoureuse de tous les dons mobiliers [1].

Pour rendre cette règle saisissante aux yeux des lecteurs, nous allons dresser un tableau des parties conservées et des parties supprimées dans le petit testament. Nous suivrons dans ce tableau l'ordre des coupures qui sont au nombre de trois.

---

[1] Il n'y a que deux exceptions à cette conservation des legs mobiliers. Nous allons les indiquer plus loin.

PREMIER PASSAGE IDENTIQUE ET PREMIÈRE COUPURE.

Le premier passage identique, qui est le début des deux testaments, donne à l'Église de Reims les laboureurs et les fermes que saint Remi possédait dans le Porcien, et se termine ainsi :

PETIT TESTAMENT.	GRAND TESTAMENT.
Je te laisse les biens, *agros*, que je possède sur le territoire du Porcien, avec les prés, les pâturages, les forêts.	Je te laisse les villages et les biens, *villas et agros*, que je possède sur le territoire du Porcien, c'est-à-dire Thugny, Balham, soit encore Plesnoy et Ecly, et tout ce que j'ai possédé à quelque titre que ce soit sur ce territoire du Porcien.

Puis vient, dans le grand testament, la confirmation de toutes les donations que lui et les siens ont pu faire à l'Église de Reims et à ses divers établissements. Ces donations sont celles des villages de Sault-Saint-Remi, d'Heutrégiville, de Ville-en-Selve, de Blombay, de Berne et autres domaines situés dans les Vosges, de Crugny, de Fère-en-Tardenois, d'Épernay, de Douzy, de Coucy, de Leuilly, des domaines situés en Septimanie, en Aquitaine, en Provence, en Austrasie, en Thuringe.

SECOND PASSAGE IDENTIQUE ET SECONDE COUPURE.

Quand les deux testaments viennent de nouveau à se rencontrer, leurs passages communs ne renferment plus que des dons mobiliers ou des legs de quelques pièces de vigne et de terre. Dans le corps même du passage, il y a une légère suppression.

PETIT TESTAMENT.	GRAND TESTAMENT.
... J'ordonne qu'on en fasse pour toi, ô mon héritière, un *ciborium* en forme de tour et un calice orné de figures.	... J'ordonne qu'on en fasse pour toi, ô mon héritière, un *ciborium* en forme de tour et un calice orné de figures, et je veux que l'on y place l'inscription que j'ai fait mettre sur un calice d'argent de l'église de Laon.

Ce second passage commun finit ainsi :

Aux douze pauvres inscrits sur la matricule, qui attendent l'aumône devant la porte de l'église, on donnera deux sous pour leur nourriture.	Aux douze pauvres inscrits sur la matricule, qui attendent l'aumône devant la porte de l'église, on donnera deux sous pour leur nourriture. J'ai déjà affecté le village de Courcelle à cette destination.

Puis viennent, dans le grand testament, des dons en argent à d'autres hospices et à toutes les églises de Reims. C'est la principale et presque unique suppression de dons mobiliers.

TROISIÈME PASSAGE IDENTIQUE ET TROISIÈME COUPURE.

Quand, pour la troisième fois, les deux testaments redeviennent communs, les libéralités qu'ils stipulent portent sur des serfs rendus à la liberté, sur des dons mobiliers et des legs de quelques biens fonds. L'intention de faire disparaître les donations de villages est tellement manifeste, que dans toute l'étendue du passage identique, on rencontre encore les suppressions que nous allons indiquer.

PETIT TESTAMENT.	GRAND TESTAMENT.
La portion de prés que je possède près des vôtres, au pied de la montagne de Laon, et les prés que j'ai possédés à Jouy vous reviendront.	La portion de prés que je possède près des vôtres, au pied de la montagne de Laon, et les prés que j'ai possédés à Jouy vous reviendront. Lavergny, où j'ai fait déposer les restes de ma mère, vous appartiendra avec ses dépendances.
Je donne à l'Église de Laon dix-huit sous d'or que se partageront également les prêtres et les diacres.	Je donne à l'Église de Laon, parmi les villages que m'a donnés le roi Clovis, de sainte mémoire, Dhuizel et Anisy, et dix-huit sous d'or que se partageront également les prêtres et les diacres.
Elle possédera entièrement la part qui me revient dans le domaine de Sery.	Elle possédera entièrement la part qui me revient dans le domaine de Sery, et le village de Loisy, que m'a remis, pour le consacrer aux pauvres de Jésus-Christ, ma très-chère fille et sœur Geneviève, que je regarde comme la plus sainte vierge de Jésus-Christ.
Je donne à l'Église de Soissons dix sous, pour qu'elle fasse commémoration de mon nom.	Je donne à l'Église de Soissons Sablonnières-sur-More, que m'a donné le roi Clovis, et dix sous pour qu'elle fasse commémoration de mon nom. Quant à Sablonnières-sur-Marne, je l'ai laissé à mes héritiers.

PETIT TESTAMENT.	GRAND TESTAMENT.
A l'Église de Châlons, dix sous.	A l'Église de Châlons, Jâlons-sur-Marne, que je tiens de mon fils le prince susnommé, et de plus dix sous. A l'Église de St-Memmie, Fagnières, qui m'a été donné par le susdit prince, et de plus huit sous.

Ici l'auteur des suppressions a craint sans doute que son jeu ne soit trop manifeste. Il a supprimé tout don fait à Saint-Memmie, aussi bien le don de huit sous que celui du domaine de Fagnières.

Enfin, il reste encore jusqu'à la fin des donations, des legs identiques, parce qu'ils sont tous pécuniaires, mais avec cette dernière coupure, parce qu'elle renferme la donation de plusieurs domaines.

> A l'Église d'Arras, à laquelle avec la grâce de Dieu, j'ai donné pour évêque Wast, mon très-cher frère, je laisse pour la nourriture des clercs les villages qui m'ont été donnés par le susdit prince, Ourton et Souchez. Je veux qu'on leur donne vingt sous, pour qu'ils fassent mémoire de moi.

De cette comparaison entre les deux testaments, nous pouvons, ce me semble, déduire les conséquences suivantes :

Il est inadmissible que le petit testament émane de saint Remi, directement et sous cette forme et qu'il soit l'un des deux composés par lui, sept ans et quatorze ans avant son testament définitif. Car il ne renferme aucune donation que nous puissions appeler domaniale. Il faudrait donc admettre qu'il fut un temps où le saint Pontife, si généreux, si désintéressé, qui avait créé avec ses ressources personnelles les deux évêchés de Laon et d'Arras, eut l'intention de ne laisser à son Église aucun domaine, c'est-à-dire aucune propriété importante. Le Pontife avait été richement doté par les largesses de Clovis et des fidèles [1], et il était résolu d'enrichir sa famille de ces dons de la piété et de la générosité chrétienne. Cette supposition est une injure trop grave à la mémoire de l'apôtre et du thaumaturge pour qu'on s'y arrête un instant. Le petit testament ne peut donc être regardé comme venant de saint Remi, antérieurement au grand, et les défenseurs de ce dernier n'ont pas à s'embarrasser de la co-existence des deux testaments; mais, identifiant les deux textes, ils doivent regarder l'un comme l'abrégé de l'autre.

Quant aux adversaires du grand testament, ils ne peuvent échapper non plus à la conséquence que nous venons de signaler, à moins de recourir à une supposition toute gratuite : c'est que le riche Pontife n'avait à léguer aucun domaine, parce qu'il les avait tous abandonnés à son Église par donation. C'est là nier un document historique pour une bien faible raison; mais enfin, comme la supposition n'est pas absolument improbable, nous allons, dans la seconde partie de cet ouvrage, lui opposer les démentis de l'histoire.

[1] Rex igitur Francorumque potentes plurima beato Remigio possessiones per diversas contulere provincias, ex quibus ille, tam Remensem, quam reliquas nonnullas Franciæ ditavit Ecclesias. (Flod., *Hist. Rem. eccl.*, lib. I, cap. XIV, p. 87.)

DEUXIÈME PARTIE

PREUVES HISTORIQUES

DE

L'AUTHENTICITÉ DU GRAND TESTAMENT

CHAPITRE PREMIER

HINCMAR ET LE GRAND TESTAMENT

L'ORDONNANCE DE CHARLES-LE-CHAUVE. — LA CORRESPONDANCE D'HINCMAR. — LE TÉMOIGNAGE DE SAINT HÉRIC.

La clarté que nous voulons établir dans notre démonstration nous fait négliger l'ordre chronologique des faits que nous avons à produire, et nous franchissons d'un bond l'espace de 308 ans, qui sépare la mort de saint Remi de l'avènement d'Hincmar, peut-être de tous ses successeurs le plus illustre.

Ce grand homme, écrivain, canoniste, habile politique, mais par dessus tout provocateur ardent du bien dans l'Église et dans l'État, qui n'eut qu'un tort dans le cours de sa vie, celui d'exagérer son autorité, non par ambition, mais pour opérer le bien avec plus de succès, est un des témoignages historiques les plus autorisés qu'on puisse invoquer.

Il était monté, en 845, sur le siége de Reims, vacant depuis dix ans par la déposition d'Ebbon. Cet interrègne avait été, pour l'Église métropolitaine, l'occasion de graves désordres. La féodalité naissante en avait profité pour envahir ses domaines qui devinrent, autant et plus que dans les siècles précédents, la proie de spoliations sacriléges. Le roi Charles-le-Chauve se rendit coupable lui-même de ces usurpations, comme il en fait l'aveu en ces termes : « A ces causes, savoir faisons à tous les « fidèles serviteurs de Dieu et aux nôtres que les « biens de l'Église de Reims, que dans une néces- « sité extrême et malgré nous, nous avions confiés « temporairement à nos fidèles, pendant l'absence « du pasteur, pour les récompenser momentanément « de leurs services, nous les rendons et restituons, « maintenant que par la grâce du Saint-Esprit, par « la volonté de Dieu et la nôtre, l'archevêque Hinc- « mar a été établi sur ce saint siége [1]. »

Hincmar fut élevé à l'épiscopat l'année qui précéda cette ordonnance. Le premier soin du nouvel évêque, moine de Saint-Denis de Paris, étranger au diocèse de Reims, ignorant ses possessions, ses droits, ses archives, fut de les étudier, pour réclamer les biens spoliés. Moins de dix-huit mois après son élection, il était en mesure d'opérer ses revendications, et il obtenait de Charles-le-Chauve l'or-

---

[1] ..... Proinde noverit omnium fidelium Dei ac nostrorum solertia quia res ex episcopatu Remensi, quas magna necessitate, et per omnia inviti, dum a pastore sedes illa sancta vacaret, fidelibus nostris, ad tempus, unde quoddam temporale solatium in nostro haberent servitio, commendavimus, electo et ordinato munere sancti spiritus, per Dei et nostram dispositionem in eadem sancta sede Hincmaro archiepiscopo, hoc nostræ auctoritatis præcepto, cum integritate quidquid ex inde nos fidelibus nostris beneficiavimus, præsentaliter restituimus (Voir cette ordonnance, Flod., *Hist. Rem. eccl.*, lib. III, cap. IV.)

Baronius, t. X, p. 35, la publie avec des variantes notables de rédaction. Mais les biens restitués sont exactement ceux de l'exemplaire dont nous nous servons.

donnance dont nous venons de citer le préambule. Elle décrétait en ces termes la restitution de tous les biens que réclamait le nouvel archevêque :

« Par cet édit de notre autorité royale, nous ren-
« dons intégralement tout ce dont nous avons gra-
« tifié nos fidèles : Epernay et Leuilly, ce que te-
« naient dans cet évêché Richuin et le comte Odon,
« le village de Chaumuzy et la chapelle possédée
« par le prêtre Raban..... enfin toutes les proprié-
« tés possédées tant par les clercs que par les
« laïques qui ont été quelque temps sous notre auto-
« rité et que nous avons remises aux mains de
« l'archevêque. Enfin pour tout dire en un mot,
« après avoir pris connaissance du testament de
« saint Remi, en présence de nos fidèles tant de
« l'ordre ecclésiastique que de l'ordre laïque, nous
« rendons et restituons dans son intégrité, par cet
« acte de notre autorité, à l'Église de Notre-Dame,
« à celle de Saint-Remi et à l'archevêque Hincmar,
« tout bénéfice appartenant à cet évêché et par
« nous accordé à nos fidèles, lorsque nous l'avons
« reçu des mains de Foulques..... [1] »

[1] ..... præsentaliter restituimus : tum Sparnacum et Julia-cum, vel quidquid ex eodem episcopatu, Richuinus habuit, vel quidquid exinde Odo comes habuit ; quam et villam Culmisciacum, cum capella quam Rabanus presbyter habuit ; ..... sive etiam illa omnia, quæ tam clerici quam laïci, qui in nostra dominatione, aliquamdiu fuerant, quosque jam dicto episcopo commendavimus, habebant. Et ut in calce omnia concludamus, quidquid ex eodem episcopatu, quando de manu Fulconis illum recepimus, alicui præstito beneficio concessimus, per hanc nostræ confirmationis auctoritatem, inspecto coram cœtu fidelium nostrorum, tam ecclesiastici quam laïcalis ordinis, testamento sancti Remigii, præsentaliter casæ sanctæ Mariæ et sancti Remigii, atque Hincmaro archiepiscopo, cum omni integritate, reddimus, restituimus.... *(Item, ibidem.)*

Comme on le voit, nous sommes ici en présence d'un document historique capital pour notre thèse. L'authenticité du testament de saint Remi a été solennellement et officiellement constatée en 846. Et qui a décidé de cette authenticité? Ce n'est pas seulement Hincmar, l'un des évêques les plus éclairés du siége de Reims ; c'est de plus Charles-le-Chauve et les juges de sa cour, « ses fidèles tant de l'ordre ecclésiastique que de l'ordre laïque. » Et, dans cette circonstance, le roi et ses fidèles ne sont pas seulement juges, ils sont parties contre le testament. Ils sont les auteurs et ils bénéficient de la spoliation ; leur intérêt les prédispose à contester la valeur des documents allégués. Mais, loin de les rejeter, ils les acceptent, ils en reconnaissent la vérité.

Peut-il se trouver un témoignage plus sûr et plus convaincant que celui-là?

Pour l'infirmer, il faut objecter que Charles-le-Chauve et ses fidèles vivaient en un siècle de barbarie, que lui et eux étaient plongés dans l'ignorance, qu'ils n'étaient pas capables de discerner les signes les moins équivoques d'interpolation[1] ; il faut ajouter que le sagace Hincmar, si habile dans l'interprétation et la discussion des textes du droit

---

[1] Si l'ignorance a régné dans quelques siècles, il n'y en a jamais eu aucun où les hommes n'aient été zélés pour leurs propres intérêts. Il n'est donc pas possible d'assigner un temps précis, où il ait été plus facile, qu'il ne l'est à présent, d'usurper des biens et des honneurs, à la faveur de faux titres. Si l'intérêt en a souvent supposé, le même motif a rendu les hommes toujours assez clairvoyants pour en découvrir la supposition. (*Nouveau traité de Diplomatique*, VIIe partie, t. VI, p. 3. — In-4° Paris, chez Guillaume Deprés. 1765.)

canonique, participait à la même ignorance, ou bien que ce grand et noble caractère, intègre jusqu'à la rigueur, n'a été vis-à-vis de Charles-le-Chauve et de ses fidèles qu'un vil faussaire, qui les a indignement trompés. Dans cette voie des suppositions et des accusations, on peut tout oser ; seulement on a contre soi l'opinion, la raison et la vérité.

Mais l'importance principale de l'ordonnance, c'est qu'elle tranche la question d'authenticité entre le petit et le grand testament.

Le testament de saint Remi n'était pas l'unique titre de propriété de l'Église de Reims. Plusieurs de ses évêques avaient fait en sa faveur des dispositions testamentaires, bien des fidèles lui avaient fait des donations [1]. Pourquoi donc le roi ne cite-t-il, parmi tous ces contrats, que le testament de saint Remi? Évidemment pour deux raisons. La première, c'est que de tous les contrats de l'Église de Reims, le testament était le plus considérable par l'importance des libéralités qu'il contenait; la deuxième raison, c'est que les propriétés en litige provenaient du testament.

Or, quelles sont ces propriétés?

Ce sont Épernay, Leuilly et Chaumuzy. Le vrai testament de saint Remi, celui qu'a produit Hincmar et qui a provoqué les restitutions de Charles-le-Chauve, sera donc celui qui renferme la mention de ces donations.

Mais nous l'avons montré, le petit testament ne lègue aux diverses Églises aucune propriété doma-

---

[1] Voir la première partie de l'Histoire de Flodoard, t. I.

niale. Aussi garde-t-il un silence absolu sur les possessions restituées par l'ordonnance et que nous venons de citer.

Nous lisons, au contraire, dans le grand testament :

« Le village d'Epernay, que j'ai acheté à Euloge
« cinq mille livres d'argent, t'appartient, ô ma très-
« sainte héritière, et non à des héritiers étrangers :
« car c'est avec l'argent de ton trésor que j'ai payé,
« lorsque ce seigneur accusé du crime de lèse-
« majesté ne pouvait se justifier, et que de concert
« avec toi, j'ai obtenu pour lui grâce non-seulement
« de la mort, mais encore de la confiscation. J'or-
« donne, en conséquence, que ledit village d'Éper-
« nay soit, pour indemniser ton trésor, affecté per-
« pétuellement à ton entretien et aux besoins de
« ton évêque[1]. »

Quant à Leuilly, voici ce que porte le grand testament :

« Depuis son baptême (le baptême de Clovis), je
« n'ai voulu recevoir que Coucy et Leuilly[2]. Les
« habitants de ces lieux surchargés de redevances
« étaient venus avec Clodoald, ce pieux jeune
« homme qui n'a qu'un cœur avec moi, me supplier
« d'obtenir qu'il leur fût permis de payer à mon

---

[1] Voir le testament, p. 21.

[2] Flodoard (*Hist. Rem. eccl.*, lib. I, cap. xx) confirme le récit de l'ordonnance et du testament. Charles-le-Chauve avait donné Leuilly à Ricuin. Berthe, femme de ce seigneur, s'obstina à demeurer à Leuilly, malgré deux avertissements de saint Remi. Le saint lui apparut une troisième fois, et, en punition de sa résistance, la frappa d'une maladie mortelle.

« Église ce qu'ils devaient au roi ; le pieux roi ac-
« cueillit ma demande avec plaisir et l'exauça sur-
« le-champ. Conformément à la volonté du pieux
« donateur et en vertu de mon autorité épiscopale,
« j'assigne ces villages à tes besoins, ô ma très-
« sainte héritière [1]. »

Ainsi le grand testament seul, à l'exclusion du petit, renferme la donation de plusieurs des domaines cités dans l'ordonnance royale, et comme l'ordonnance décide la restitution de ces domaines en vertu du testament, le grand testament est celui qu'a produit Hincmar à Charles-le-Chauve et à sa cour, celui dont ils ont publiquement reconnu et accepté l'authenticité.

Ce que fit Hincmar, au début de son épiscopat, il continua de le faire pendant les longues années qu'il occupa le siége de Reims. Il faut n'avoir jamais ouvert sa volumineuse correspondance, analysée par Flodoard dans son histoire, pour ignorer que l'illustre archevêque n'a cessé de s'appuyer sur l'autorité du grand testament, dans la gestion du temporel de son Église.

Diverses de ces lettres nous montrent la sollicitude du zélé Pontife pour la défense des biens de

---

[1] Grand testament, p. 24. — Flodoard (*ibid.*, cap. xiv) affirme positivement que de son temps, l'Église de Reims possédait encore Coucy et Leuilly ; qu'elle les avait reçus de saint Remi, qui lui-même les tenait de la générosité de Clovis. — Quant à Chaumuzy, il n'est pas restitué en vertu du testament. Il est vrai qu'il y figure, mais c'est seulement quant à la destination des dîmes de son territoire : le domaine même ne fut donné à l'Église de Reims par Grimoald que sous le pontificat de saint Nivard (655-664) (*Item, ibid.,* lib. ii, cap. vii).

ce temporel situés dans les Vosges et en Alsace [1]. Dans toutes, ou il réclame la possession de ces biens, ou il déclare qu'il ne peut les aliéner, qu'il ne peut pas même en distraire un seul serf. Si, dans toutes, il ne rappelle pas le testament de saint Remi, ou du moins si l'analyse qu'en donne Flodoard ne le mentionne pas, il est bien évident que, dans toutes, c'est sur le grand testament qu'il entend s'appuyer. Car dans sa dernière, adressée à un nommé Erluin, il lui dit « que tous les rois de la terre ne pourraient obtenir de lui qu'il consentît à ce que quelqu'un possédât ces biens, à cause des empêchements qu'y met saint Remi dans son testament [2]. »

Or, quel testament renferme cette donation des biens d'Alsace et des Vosges? Est-ce le petit, est-ce le grand? C'est exclusivement le grand testament.

Dans une autre lettre à Erluin [3], Hincmar le

---

[1] Flodoard, *Hist. Rem. eccl.*, lib. III, cap. XVIII, p. 187, dans l'édition de l'Acad. de Reims; — cap. XXVI, p. 208, Luitberto Noguntino, pro rebus.....; — cap. XXVI, p. 336, Nantario amico suo fideli, pro rebus.....; — *ibid.*, p. 357, Maingundo cuidam amico suo.....; — *ibid.*, p. 358, Erluino amico etiam suo..... et les suivantes.

[2] ..... Quod per omnia dicit esse mendacium, nec obtinere posse apud se omnes reges qui sub cœlo sunt, ut illas res unquam ab aliquo teneri consentiat, propter alligationes quas sanctus Remigius in testamento suo disposuit. (*Ibid.*, p. 359.)

[3] Item gratiarum referens actiones pro auxilio quod impendebat prœmissis rebus et mancipiis, precans ut quod bene cæpit perficiat, et ut monasteria servorum Dei picem de præfatis rebus habere possint, adjutorium præbeat...... (*Ibid.*, p. 358.)

prie de continuer ses efforts pour la restitution des biens de l'Église de Reims en Alsace, afin que de ces biens « les monastères des serviteurs de Dieu puissent tirer la poix dont ils ont besoin. »

Dans quel testament trouvons-nous encore cette disposition ? Est-ce dans le petit ou dans le grand ? C'est uniquement dans le grand ; voici ce qu'il porte :

« Berne, qui dépend de l'évêché et qui apparte-
« nait plus spécialement à mes prédécesseurs....,
« les deux villages que Clovis m'a donnés comme
« gage de son affection, après avoir reçu de moi
« le baptême, c'est-à-dire Cosle et Glen, qu'on ap-
« pelle dans sa langue Piscofesheim, avec les bois,
« les prés, les pâturages que j'ai acquis par l'en-
« tremise de diverses personnes dans les Vosges et
« aux environs, en deçà et au delà du Rhin, four-
« niront chaque année aux clercs de Reims et à tous
« les monastères fondés tant par moi que par mes
« prédécesseurs et même que mes successeurs fon-
« deront à l'avenir, la poix qui sera nécessaire sui-
« vant les lieux, pour enduire les tonneaux à mettre
« le vin [1]. »

Qui ne voit de nouveau la parfaite conformité du grand testament avec la correspondance d'Hincmar, et comment pourrait-on soutenir encore l'autorité du petit ? Car enfin il contient une lacune qui en prouve la fausseté. Le témoignage d'Hincmar est formel. Saint Remi a donné *par*

---

[1] Testament, p. 18.

testament à son Église de grands biens en Alsace. Le vrai testament du saint doit donc en faire mention. Le grand testament contient cette mention; le petit la passe complétement sous silence : le petit testament est donc apocryphe, et le grand authentique.

Mais continuons de citer la correspondance d'Hincmar.

Il avait écrit à Erluin « que tous les rois de la terre ne pourraient obtenir de lui qu'il consentît à ce que quelqu'un possédât les biens (d'Alsace), à cause des empêchements qu'y met saint Remi dans son testament [1]. »

On lui faisait certaines demandes d'échanges par rapport aux biens situés dans le pays de Worms. Il écrit à Nantaire qu'il n'a jamais consenti et qu'il ne consentira jamais à l'une et à l'autre de ces demandes, que ses prédécesseurs n'avaient point osé accorder, parce que saint Remi l'a défendu avec menaces et malédictions [2]. »

A Gérard, comte de Bourges, à propos des biens d'Aquitaine, il lui déclare « qu'il n'oserait donner ces biens à titre de bénéfice, parce que saint Remi

---

[1] Voir page 94 de cet ouvrage.

[2] Nantario amico suo fideli, pro rebus sancti Remigii disponendis in Wormacensi pago, inferens quod quidam homines eum petierent, ut prestaret illis colonas earum rerum ad diversas operas, et quidam ut venatores illorum in ipsis rebus per aliquod tempus manere concederet : quod neutrum se concessisse, vel concessurum esse fatetur, quoniam sui antecessores hoc facere non ausi sunt, quia sanctus Remigius cum grandi maledictione vel interminatione hoc fieri vetuerit..... (*Ibid.*, p. 336.)

l'a défendu en termes menaçants dans son testament[1]. »

Enfin il refuse à son parent Bernard, comte de Toulouse, à titre de précaire, ces mêmes biens d'Aquitaine, « parce qu'il n'ose pas faire ce que défend expressément le testament de saint Remi[2]. »

Mais toutes ces défenses, ces menaces, ces malédictions du testament, où se trouvent-elles? Est-ce dans le grand, est-ce dans le petit?

Le petit testament n'en renferme aucune. Aussitôt le dernier legs, il se termine par la formule ordinaire du droit et la signature des témoins.

Au contraire, ces mêmes clauses sont suivies dans le grand testament, suivant l'usage du temps, comme nous le ferons voir, de diverses recommandations et particulièrement de menaces contre les laïques, les clercs et les archevêques de Reims qui porteraient une atteinte quelconque à ces dispositions. Voici celles qui s'adressent aux successeurs de saint Remi et auxquelles Hincmar fait allusion dans les lettres que nous avons citées.

« S'il arrive contre mes désirs, mes vœux et mes

---

[1] Item pro præfatis rebus sancti Remigii, de quibus idem Gerardus huic archiepiscopo litteris significaverat, se condolere, quia devastabantur à multis, et plures eorumdem devastores dicerent quod per concessionem regis Karoli et hujus domni Hincmari easdem res occuparent. Unde notificat eidem Gerardo... ipsas autem res nulli homini suo vel alterius in beneficium dare auderet, quia sanctus Remigius hoc in suo testamento terribiliter contradixit..... (*Ibid.*, p. 339.)

[2] Bernardo comiti Tolosano, pro pinquo suo, pro rebus Remensis Ecclesiæ in Aquitania conjacentibus, quas ille in præstatariam sibi concedi petebat, quod idem præsul se facturum negat, quia non audeat propter testamentum santi Remigii, quod id omnino fieri prohibuerit. (*Ibid.*, p. 351.)

« espérances, que quelqu'un de mes successeurs sur
« le siége de Reims, entraîné par une exécrable
« cupidité, ose distraire, changer ou dénaturer les
« dispositions indiquées ci-dessus, telles que je les
« ai établies sous l'inspiration de Notre Seigneur
« Jésus-Christ, pour l'honneur de Dieu et le soula-
« gement des pauvres, s'il ose, sous quelque pré-
« texte que ce soit, donner quelque chose à titre de
« bienfait aux laïques, ou bien favoriser et approu-
« ver quelque donation faite par d'autres aux dé-
« pens de l'Église, que l'on convoque tous les évêques
« de la province de Reims, les prêtres et les diacres
« et le plus d'hommes que l'on pourra parmi les
« Francs, mes enfants chéris ; qu'il expie la peine
« de son crime par la privation de son évêché, et
« que de sa vie, il ne puisse espérer de rentrer en
« possession de sa dignité perdue[1]. »

Grâce à ce passage du grand testament, on comprend le langage d'Hincmar dans sa correspondance. Placez-le, au contraire, en présence du petit testament seulement, le seul connu, le seul vrai, le seul accepté, que deviennent ses lettres? De pures impostures, mais qu'on le remarque, des impostures impossibles, puisqu'elles auraient eu pour but de faire mentir un document d'une notoriété universelle.

Mais de plus, dans cette même correspondance où il invoque les menaces du testament de saint Remi, il défend auprès des comtes de Toulouse et de Bourges, les biens de son Église situés en Aquitaine et provenant du testament. Tout à l'heure il s'agissait des biens de l'Alsace et des Vosges.

---

[1] Voir le testament, p. 62.

En ce moment il s'agit de ceux légués par le grand Pontife en Aquitaine. Il est donc de toute nécessité que le vrai testament renferme la donation de ces biens. De nouveau nous cherchons ce legs dans le petit testament, et nous ne l'y trouvons pas. Il contient donc une nouvelle lacune considérable et inexplicable, ou plutôt ces omissions perpétuelles sont une preuve irréfutable de sa fausseté.

Au contraire, le grand testament est de nouveau en parfaite conformité de la correspondance d'Hincmar et de ses réclamations; il y est dit :

« Je veux que les biens qui t'ont été donnés dans
« la Septimanie et dans l'Aquitaine [1], par le pieux
« roi Clovis, et dans la Provence [2], par Benoist, dont
« la fille me fut envoyée par Alaric et fut, par la
« grâce du Saint-Esprit, non-seulement délivrée des
« liens du démon, mais encore rappelée à la vie
« par l'imposition de ma main pécheresse, je veux,
« dis-je, que ces biens et les villages d'Austrasie et
« de Thuringe [3] soient employés à perpétuité à
« l'entretien de ton luminaire et de celui de l'église
« où reposera mon corps [4]. »

---

[1] Nous trouvons, dans la correspondance d'Hincmar, de nombreuses lettres pour la défense des biens de Septimanie et d'Aquitaine. (Flod., *Hist. Rem. eccl.*, lib. III, cap. XX, p. 207; — cap. XXIV, p. 321; — cap. XXVI, p. 337, 351 et suivantes; — cap. XXVIII, p. 400.)

[2] La même correspondance nous fournit les suivantes pour la gestion des biens de Provence : cap. XIX, p. 181; — cap. XXVI, p. 337, 339, 367, 368; — cap. XXVIII, p. 401.

[3] Nous trouvons également, par rapport aux biens de Thuringe et d'Austrasie, les lettres suivantes : cap. XX, p. 188, 189 et 190; — cap. XXIV, p. 314, 316, 317; — c. XXVIII, p. 401.

[4] Testament, p. 25.

Ainsi Hincmar ne se lasse pas d'invoquer, de citer le testament de saint Remi ; mais le testament qu'il invoque, qu'il cite dans ses lettres, qu'il produit devant tous, devant Charles-le-Chauve et sa cour, devant les agents de l'Église de Reims, devant les comtes et les seigneurs qui convoitent ses possessions, c'est le grand testament, uniquement, exclusivement ; et le grand testament est si bien reconnu au IX° siècle comme le vrai testament du grand Pontife, qu'il suffit à Hincmar d'y faire allusion pour mettre un terme, sinon à toutes les convoitises, du moins à toutes les contestations.

Avant de quitter la correspondance de cet illustre prélat, nous ne pouvons nous défendre de rappeler trois lettres qu'il écrivit pour la défense du domaine de Douzy.

Les deux premières sont adressées à Lothaire, roi de Lorraine, entre les années 856 et 868. Dans la seconde de ces lettres, il fait connaître au roi que saint Cloud a donné ce village à saint Remi, et l'engage à ne rien faire à ce sujet qui puisse lui attirer la damnation[1].

De 876 à 882, il rappelait à Louis-le-Jeune, roi de la Germanie orientale, l'origine des redevances qu'il devait à l'Église de Reims, à l'occasion du

---

[1] Item Lothario regi, filio imperatoris Lotharii, pro villa Duodeciaco, quam pater ejus reddiderat Ecclesiæ Remensi....
Item pro ejusdem villæ male tractata dispositione et censu quem cum periculo animæ eum retinere fatetur, intimans quod sanctus Clodoaldus eamdem sancto Remigio dederit, admonens ne hoc inde ageret, unde condemnationem animæ adquireret. (Flod., *Hist. Rem. eccl.*, lib. III, cap. XX, p. 201.)

précaire de Douzy, domaine donné par saint Cloud à saint Remi [1].

Saint Cloud [2] ou du moins un personnage du nom de Clodoald, a donc donné Douzy à saint Remi, qui, à son tour, l'a légué à son Église. Aussi, pendant que le petit testament demeure muet sur cette nouvelle libéralité, le grand testament contient cette disposition : « Que Douzy, conformé- « ment aux volontés de Clodoald, jeune seigneur « du plus noble caractère, soit à tout jamais votre « propriété, ô mon héritière [3]. »

Dira-t-on qu'Hincmar, dans les passages cités, ne donne pas Douzy comme provenant du testament de saint Remi? Nous nous empressons de le reconnaître. Mais il faut aussi reconnaître qu'il le donne comme venant de la libéralité du saint. Or, toutes les fois qu'il s'agit de biens donnés par saint Remi à l'Église de Reims, Hincmar en fait honneur au testament. C'est donc aux adversaires du grand testament à prouver que le saint Pontife a fait une exception pour Douzy, qu'il ne l'a pas légué à son Église, mais qu'il lui en a fait une donation de son

---

[1] Ad filium quoque ipsiu, æquivocum ejus, scribit pro villa Duodeciaco, significans qualiter sanctus Clodoaldus eam sancto Remigio dederit, et quomodo Karolus Pippini regis filius eamdem villam aput Tilpinum archiepiscopum obtinuerit in præstariam, ea conditione, ut capellas ad eam pertinentes, cum nonis et decimis, episcopus Remorum retineret, et rex duodecim libras argenti in luminaribus ecclesiæ daret... (*Ibid.*, cap. xx, p. 198.)

[2] Nous dirons plus loin si le Clodoald du testament doit se prendre pour saint Cloud, comme l'ont fait Hincmar et Flodoard. Pour le moment nous n'agitons pas cette question, mais seulement celle de la donation de Douzy à l'Église de Reims.

[3] Testament, p. 22.

vivant. Tant qu'ils ne fourniront pas cette preuve, nous sommes en droit d'affirmer que ce domaine vient de saint Remi, qu'il l'a donné par testament à l'Église de Reims ; que le petit testament, ne portant pas cette donation, est faux ; que le grand, qui la contient, est le seul admissible, le seul vrai, le seul authentique.

Tel est le témoignage rendu par Hincmar en faveur du grand testament. Et c'était justice que ce grand homme, le plus zélé et le plus intrépide continuateur de l'apostolat religieux et national du glorieux Pontife, qui avait entouré d'honneur sa mémoire, en recueillant de toutes parts les traditions relatives à sa personne, eût le privilége de fournir à l'histoire les documents les plus irréfragables, qui servissent à la défense du grand testament, de ce dernier acte d'amour de l'apôtre des Francs pour son Église et sa patrie naissante.

Mais il est remarquable que les écrits d'Hincmar, suffisant à eux seuls pour trancher la question qui nous occupe, ne sont pas les seules preuves que nous fournisse le IX° siècle, pour établir l'authenticité du grand testament. Le témoignage si explicite de l'archevêque de Reims se trouve clairement confirmé par l'un de ses contemporains.

En 875 ou 876, saint Héric dédiait à Charles-le-Chauve ses livres des miracles de saint Germain d'Auxerre [1].

[1] Les Bollandistes ont publié cet ouvrage dans leur vie de saint Germain d'Auxerre, au 31 juillet.
Voici sur saint Héric, ce que nous lisons dans l'*Histoire littéraire de France*, t. v, p. 535 et 536 :
« Héric ou Heric sçut joindre à un scavoir peu commun une

Nous y lisons le passage suivant sur saint Remi :

« Le très-saint et très-illustre en toutes choses Remi, incomparable archevêque de Reims, avait élevé de sa propre main, *propriâ manu,* une basilique en l'honneur du bienheureux Germain, dans le lieu même où il avait décidé d'être enterré, à peu près à un mille de la ville de Reims. Nous le savons par l'antique autorité de son testament, *ut vetustissima testamenti ejus pandit auctoritas.* Bien que très-ancienne, cette église subsiste encore aujourd'hui et continue de briller par la splendeur des miracles (*de saint Germain*)[1]. »

L'ouvrage d'Héric dut être d'une certaine notoriété quand il parut : car il est dédié à Charles-le-Chauve. Nous pouvons donc nous y fier, quand il

---

« grande piété, qui lui a mérité une place dans plusieurs calendriers entre les saints confesseurs... »

Après avoir parlé de ses études dans différents monastères, elle continue :

« Il donna quelque application à la langue grecque et acquit tant d'autres belles connaissances que la postérité l'a honoré du titre de théologien, et l'a regardé comme l'un des meilleurs poëtes de son temps, un écrivain poli, un orateur qui avait un talent singulier pour la chaire... On y voit aussi qu'il ne possédait pas moins parfaitement la philosophie que les sciences. Il poussa en effet ses réflexions sur cette faculté de littérature jusqu'à découvrir le doute méthodique de M. des Cartes, qu'il explique fort clairement... »

De retour à Auxerre, il eut l'honneur de donner des leçons au prince Lothaire, fils de Charles-le-Chauve, et dès lors abbé de Saint-Germain.

[1] Sanctissimus et optimis quibusque præclarus Remigius Remorum pontifex pretiosus, honore Germani beatissimi, in loco, in quo sepulcri decreverat, quique ab urbe Remensi milliario firme distat, propriâ manu, ut vetustissima testamenti ejus pandit auctoritas, extruxit basilicam. Hœc ut antiquitate longœva, ita quoque miraculorum (S¹ *Germani*), perstat splendore clarissima..., (Lib. I, cap. VI.)

atteste que Reims possédait, en 875, à un mille de ses murs, une église dédiée à saint Germain.

Mais qui l'avait construite? C'était saint Remi lui-même, nous dit le chroniqueur, et il l'affirme sans hésitation ; car il en trouve l'attestation dans le testament du saint. Ainsi Héric, écrivain de l'Église d'Auxerre, sur la fin du IXe siècle, connaissait le testament de saint Remi. Du reste, les lettres d'Hincmar, adressées à tous les points de la France, lui avaient donné une publicité vraiment nationale. L'historien d'Auxerre invoque donc son témoignage. Mais ce témoignage, il ne peut l'emprunter au petit testament qui ne fait aucune mention d'une église de la ville de Reims dédiée à saint Germain. Nous lisons, au contraire, ces paroles dans le grand testament :

« Je laisse deux sous à l'église de St-Germain, « que j'ai moi-même construite sur le sol rémois : « *ecclesiæ sancti Germani, quam ipse in solo remensi* « *ædificavi solidos duos.* »

Ainsi le IXe siècle, le siècle de Charlemagne, le restaurateur des lettres, le siècle d'Hincmar, le plus éclairé des prélats de son temps, dépose avec une remarquable netteté en faveur du grand testament, et toutefois nous avons hâte de répondre à une objection que le lecteur a pu se faire déjà. Qu'était donc devenu ce testament avant Hincmar? Pourquoi l'histoire garda-t-elle le silence sur ce monument pendant trois cent huit ans à partir de la mort de saint Remi, pour le rompre tout-à-coup par la bouche de son dix-septième successeur?

CHAPITRE II

LE GRAND TESTAMENT AVANT HINCMAR

LA GRANDE VIE DE SAINT REMI. — IMPORTANCE DES TITRES DE PROPRIÉTÉ. — LUTTE DES ARCHEVÊQUES DE REIMS POUR LA DÉFENSE DES BIENS DE LEUR ÉGLISE. — CONSÉQUENCES EN FAVEUR DU GRAND TESTAMENT.

Plein de vénération pour saint Remi, Hincmar, pendant plusieurs années, se plut à rechercher de tous côtés[1] et à recueillir tous les documents qui pouvaient faire revivre pour la postérité les actes et les vertus de son glorieux prédécesseur. Or, dans l'histoire du saint qu'il écrivit à cet effet, il nous rapporte un fait d'une très-haute importance pour toutes les traditions qui concernent la vie du Pontife. Comme plusieurs de ces traditions se confondent

---

[1] Parmi les lettres d'Hincmar, nous trouvons celle-ci :

« A Adon, archevêque de Vienne. Entr'autres choses, il lui parle de la lettre de saint Avit à saint Remi, lettre qu'un moine nommé Rotfrid disait avoir lue chez Adon. S'il trouve quelque chose qui concerne saint Remi, il le prie de le lui envoyer ; il en fera plus de cas que de l'or et des pierres précieuses. » (Flod., *Hist. Rem. eccl.*, lib. III, cap. XXI.)

avec quelques-unes de nos traditions nationales, on nous permettra d'insister sur ce fait plus peut-être que ne l'exige notre sujet.

« Des vieillards, déjà moines dès le temps de Tilpin [1], ont raconté à Hincmar [2] dès le commencement de son épiscopat, qu'eux-mêmes avaient connu dans leur jeunesse des vieillards, qui avaient vu un livre d'une grande dimension, d'une écriture fort ancienne, où était racontée la vie du bienheureux Remi [3].

Ainsi la vie du saint fut écrite aussitôt sa mort par un contemporain, sous les yeux des contemporains du Grand-Pontife. Comme le raconte Hincmar, d'après le témoignage des vieillards qu'il a entretenus, cette vie était d'une longueur démesurée, la reproduction en était fort coûteuse, la lecture fastidieuse. Egedius ou Gille, son troisième successeur, voulut profiter de la présence à Reims de Fortunat, le célèbre poète et écrivain, pour lui demander de composer un abrégé de ce livre que tout le monde pût lire agréablement. Fortunat consentit à le rédiger. Nous l'avons encore au-

---

[1] Archev. de Reims de l'an 764-812.

[2] Archev. de 845-883.

[3] .... Sicut a senibus, etiam ætatis provectæ, viris religiosis, qui de tempore Tilpini hujus urbis præsulis adhuc vivebant quando in servitium istius sanctæ ecclesiæ, auctore Deo, fui electus atque provectus, et postea per aliquot annos vixerunt, fideli relatione didici, a suis majoribus audierant narrari eos vidisse librum maximæ quantitatis, manu antiquiaria scriptum, de ortu ac vita et virtutibus atque obitu beati Remigii, sanctissimi patroni nostri.

Vita sancti Remigii, auctore Hincmaro. Bolland. Acta sanctorum octobris. T. I, p. 131, 2ᵉ col. nº 1.

jourd'hui [1] ; il est peu digne du renom de son auteur.

Quant à la grande vie, elle disparut sous Charles-Martel, pour les deux causes qu'indique encore Hincmar. C'est qu'on délaissa généralement la lecture de l'ouvrage primitif pour l'abrégé de Fortunat, moins long à copier et à lire, et tout naturellement les exemplaires cessèrent de se multiplier. Puis survint l'état déplorable dans lequel tomba l'Église de Reims sous Charles-Martel. Ses biens lui furent enlevés, les églises et les monastères furent ravagés, plusieurs furent détruits. Le peu de clercs qui restaient, obligés, pour vivre, de se livrer au négoce, se servaient des chartes, des parchemins et des feuillets des livres pour serrer leur argent [2]. Il arriva donc, nous dit textuellement Hincmar, que le livre dont il est question, pourri par les eaux, perforé par les insectes, privé d'un grand nombre de ses pages, fut tellement amoindri qu'on ne retrouva que des feuillets peu nombreux et épars çà et là [3].

---

[1] Les Bollandistes le reproduisent à la page 128 du tome I d'octobre.

[2] Illi quoque pauci, qui erant residui clerici, negotio victum quœrebant, et donarios, quos mercimonio conquirebant, incartis et librorum foliis interdum ligabant. (*Bolland.*, tome I. Octobre, p. 131, 2ᵉ col., nº 3.)
Nous pensons avec les Bollandistes qu'Hincmar charge ici le tableau. Car nous montrerons quelle quantité de chartes et de diplômes subsistaient de son temps et à l'époque de Flodoard.

[3] Sicque præfatus liber cum aliis partim stillicidio putrefactus, partim a foricibus corrosus, partim foliorum abscisione divisus, in tantum deperiit, ut pauca et dispersa inde folia vix reperta fuerint. (*Ibid.*, p. 132, 1ʳᵉ col., 4.)

L'existence prolongée de cette grande vie de saint Remi nous est un précieux témoignage en faveur de nos traditions nationales et particulièrement du testament, objet de nos recherches. Comment supposer que cet acte important du grand Pontife n'ait pas été conservé dans le livre qui racontait en une prolixe longueur le récit de toute sa vie, et comment encore ne pas admettre la facilité pour Hincmar de connaître sûrement un document subsistant certainement à une époque peu reculée de celle où il vivait.

En effet il était monté sur le siège de Reims en 845 et Charles Martel était mort en 741. Cet espace de cent quatre ans fut facilement rempli par deux générations de vieillards, si on attribue à chaque génération une durée de quatre-vingts ans.

Les vieillards de la première génération avaient trente ans quand mourut Charles Martel. A cet âge, l'homme a toute son intelligence pour interroger, observer, recueillir les souvenirs et les graver dans sa mémoire. Ils purent donc connaître la grande vie de saint Remi, les faits principaux qu'elle contenait, le testament du saint et ses diverses dispositions.

Quand ils moururent en 791, les moines de la seconde génération avaient vingt-six ans, et ce furent eux qui, à l'âge de quatre-vingts, firent à Hincmar, en 845, les récits qu'ils avaient reçus de leurs prédécesseurs.

Ainsi, pendant les deux cent huit ans qui s'écoulèrent de la mort de saint Remi à celle de Charles Martel, le testament du premier se conserva intégralement dans l'ouvrage qui contenait le récit de sa vie. A partir de Charles Martel, durant le gouvernement de qui cet ouvrage disparut à peu près [1], il s'écoula cent quatre ans, pendant lesquels la tradition n'eut à passer que par deux générations de moines, pour arriver jusqu'à Hincmar.

Or, quelle ne fut pas cette époque, qui commence à l'an 740, pour expirer un siècle plus tard? Elle est tout entière remplie par les règnes de Pepin-le-Bref et de Charlemagne. C'est le temps d'arrêt de la décadence des lettres, produite moins par l'invasion mérovingienne, que par le nouveau flot de barbares qui se répandit à la suite des triomphes de l'Austrasie sur la Neustrie. Alors commence le relèvement de l'esprit humain qui, trois siècles plus tard, va s'épanouir en une luxuriante fécondité sous le souffle religieux des plus beaux génies. Depuis le grand homme, providentiellement suscité pour l'enfantement du monde moderne, jusqu'au dernier des comtes et des moines, il y a une émulation universelle d'étude, de savoir et d'érudition. Pendant que l'Empereur suscite partout des écoles, écrit lui-même des vers, compose le *Veni Creator*, rédige des ouvrages de polémique religieuse et corrige de sa main les fautes des manuscrits, les monastères deviennent de véritables ruches de copistes, de scholiastes, de poètes et d'annalistes.

Assurément une tradition écrite d'une incontestable authenticité, qui expire au seuil d'une pareille

---

[1] In tantum deperiit, ut pauca et dispersa inde folia vix reperta fuerint. (Note précédente).

époque, pour se confier à la tradition orale et redevenir bientôt la tradition écrite sous une plume comme celle d'Hincmar, offre toutes les garanties de certitude et de vérité, ou alors il faut contester toutes les traditions, rayer l'histoire du catalogue des sciences et ne plus admettre que ce dont on a été soi-même le témoin.

Toutefois nous ne prétendons pas que le testament ait pu se transmettre intégralement dans tous ses détails[1] par cette voie de la tradition. Source de certitude pour les faits importants et leurs circonstances principales, elle devient insuffisante pour la transmission des faits secondaires et des circonstances accessoires. Mais nous devions néanmoins faire connaître cette existence d'un grand ouvrage sur la vie de saint Remi et la présence du testament dans ce livre pour présenter un exposé complet de l'historique que nous devons en faire.

Parallèlement à la grande vie de saint Remi, son testament a existé dans les archives de l'Église de Reims et s'y est conservé comme un document d'une haute importance et d'une notoriété universelle.

Nous avons fait voir, en citant l'ordonnance de Charles-le-Chauve[2] sous le pontificat d'Hincmar, qu'alors il était le principal titre de propriété de cette Église. Mais si, plus de quatre cents ans après sa rédaction, il avait conservé cette importance,

---

[1] Cette observation s'applique du reste aussi bien au petit testament qu'au grand.

[2] Page 89.

malgré les nouvelles donations qui étaient venues s'ajouter aux libéralités du grand Pontife, à plus forte raison, aussitôt sa mort et dans les deux ou trois premiers siècles qui la suivirent, il dut être pour le siége de Reims d'une importance capitale, nous allions dire unique.

Qui ne sait, en effet, quelle sollicitude s'est toujours attachée à la garde des titres de propriété ?

D'abord les lois ecclésiastiques étaient formelles. Elles exigeaient des évêques une vigilance active sur tous les diplômes et les actes de donations faites aux églises. Nous pourrions citer, à partir du IV° siècle surtout, de nombreuses prescriptions canoniques à cet égard. Qu'y a-t-il d'étonnant ? L'Église ne pouvait subsister que par les biens dont on la dotait. Il y avait donc une obligation en conscience pour tous les clercs, de défendre la propriété ecclésiastique. Ces dispositions de la législation, unies aux nécessités les plus impérieuses des églises, nous expliquent un fait nouveau peut-être pour ceux qui n'ont jamais étudié ce côté spécial de l'histoire ; c'est, à ces époques reculées, la multiplicité des archives, et le nombre considérable de chartes, de diplômes [1], de testa-

---

[1] On peut en voir un curieux énoncé dans le nouveau *Traité de Diplomatique*, t. vi, table générale ; art. Diplôme, p. 558 et suivantes.

Voici ceux que nous-mêmes nous avons relevés dans l'*Histoire générale de l'Eglise*, par M. l'abbé Darras, et qui tous appartiennent à la période mérovingienne.

Dipl. de fondation des monastères de Malmondier et de Stavelo, par S. Sigebert, roi d'Austrasie. t. xvi, p. 163 ; — Dipl.

ments[1] datant des premiers siècles et que nous possédons encore aujourd'hui.

Du reste, quand on a étudié un peu attentivement la condition de la propriété ecclésiastique sous les deux premières races de nos rois, on ne peut s'étonner de la transmission, pendant de longs siècles, des titres qui en attestaient l'origine et la légitimité.

Rien de plus précaire alors que cette propriété. Le radicalisme contemporain, qui pour tuer la religion, voudrait tuer l'Église en enlevant au clergé son minime traitement, était à cette époque remplacé par la violence et l'avidité des rois et des seigneurs. Nous n'apprendrons rien à nos lecteurs, si nous leur disons que Charles Martel avait fait don à ses soldats victorieux de la plupart des propriétés de l'Église de Reims. A ce moment, dit Hincmar, la pauvreté des clercs était telle, que

de donation, par Clovis II, à l'abbaye de Saint-Denis, p. 165; — Dipl. de donation de sainte Bathilde à l'abbaye de Corbie, p. 175; — quatre Dipl. de Dagobert II au monastère de Wissembourg, à l'abbaye de femmes de Sainte-Marie d'OEren, à l'église de Trèves, aux monastères de Stavelo et de Malmondier, p. 215; — Dipl. de Thiery IV, dit de Chelles, en faveur de l'abbaye de Saint-Denis, p. 588; — Dipl. en faveur de l'abbaye d'Epternach, t. XVII, p. 56; — Dipl. de Pepin-d'Héristal et de Plectrude, donnant Norroy, près Metz, à l'abbaye de Saint-Arnoul, p. 57. — dipl. de saint Chrodegand, pour la fondation de l'abbaye de Gorre, p. 195, etc., etc.

[1] Parmi les testaments appartenant à l'histoire générale de l'Eglise, nous citerons ceux de saint Grégoire de Nazianze, de saint Ephrem, de saint Perpétue de Tours, de saint Césaire d'Arles, de l'abbé Saint-Iriès, de sainte Radegonde, de Dagobert Ier, de saint Bertramn et de saint Halduin du Mans, de saint Ansbert d'Autun, de saint Amand de Maestrich, de sainte Irmine, de saint Léger, etc., etc.

les curés, pour vivre, étaient obligés de se livrer au négoce [1].

Les règnes de Pepin et de Charlemagne furent des règnes réparateurs. Mais sous leurs successeurs, les violences recommencèrent, en sorte que Tilpin, après Charles Martel, Hincmar, Foulques et Hérivé, après Charlemagne, durent dépenser une partie de leur zèle et de leur énergie à lutter contre les usurpateurs, pour rentrer en possession des biens spoliés. A tous les instants, comme nous allons le raconter, ils se voyaient obligés de justifier de leurs droits de possession, de produire, par conséquent, leurs titres et d'en démontrer l'autorité. Il y avait donc nécessité pour eux de veiller sur ces titres avec le plus grand soin. Aussi, à chaque épiscopat, l'une des premières préoccupations du nouvel évêque était de faire ratifier leur validité [2] par le roi et quelquefois même par le souverain Pontife [3].

Cette quantité d'actes de revendications, de confirmations, de priviléges et d'exemptions, multipliait les archives, entourait les titres de propriété d'une certitude absolue, et rendait impossibles leur disparition ou leur altération. Le grand testament, principal titre de propriété de l'Église de Reims,

---

[1] Illi quoque pauci, qui erant residui clerici, negocio victum quærebant.... *Vita sancti Remigii, auctore Hincmaro.* Bolland., t. I, Octob., p. 131, 2ᵉ col. 3.

[2] Voir Flodoard, *Hist. Rem. eccl.*, lib. II, cap. II; — cap. VII; — cap. XI; — cap. XVII; — cap. XVIII; — cap. XIX.
Hincmar ne fait jamais une acquisition ou un échange sans les faire confirmer par le roi. (Voir *passim.*, lib. III, cap. I; — cap. XI).

[3] Voir *ibid.*, lib. II, cap. XVII et lib. IV, cap. I et cap. XVIII.

eut donc en sa faveur toutes les sauvegardes que nous venons d'indiquer, et sa transmission intégrale jusqu'à l'époque d'Hincmar est bien moins surprenante que ne le serait sa disparition.

Si de ces considérations générales, nous passons au détail des luttes particulières des archevêques de Reims pour la défense des biens de leur Église, nous verrons plus nettement encore le rôle important que joua nécessairement le testament de saint Remi pendant les trois siècles qui suivirent sa mort, et la sollicitude dont ils l'entourèrent.

Le premier trouble connu, éprouvé par l'Église de Reims dans ses possessions, remonte à l'épiscopat de Romulfe, vers l'an 597. « Par les soins de « son archidiacre Sonnace, nous dit Flodoard, il « réclama auprès du roi [1] quelques biens qui avaient « été usurpés, et l'on conserve encore les édits « royaux rendus à l'occasion de ces réclamations [2]. »

Soixante ans plus tard, l'archevêque Anglebert soutint devant les tribunaux un procès qu'il gagna contre Gallus, évêque de Clermont, qui prétendait jouir des biens de l'Église de Reims situés au-delà de la Loire [3].

---

[1] Childebert, fils de Sigebert, roi d'Austrasie.

[2] .... Quasdam quoque res a quibusdam pervasas, apud regiam majestatem, agente præfato Sonnatio archidiocano, evindicasse reperitur, regiæ auctoritatis super his evindicationibus adhuc manentibus instrumentis. (Flod., *Hist. Rem. eccl.*, lib. II, cap. IV.)

[3] Sed et ea quæ trans Ligerim Remensis habuerat ecclesia, et Felix abbas quidam ecclesiæ sancti Juliani martyris, indebite retinebat apud majestatem regiam legibus evindicata recepit (Lando); pro quibus jam antea prædecessor ejus Anglebertus episcopus cum Gallo Arvernensi episcopo, coram rege controversiam habuisse reperitur. (*Ibid.*, cap. VI.)

Ce procès ne fut pas plus tôt terminé, que Landon, successeur d'Anglebert, se vit forcé d'entamer une lutte semblable à propos des mêmes biens. Cette fois, l'usurpateur était un nommé Félix, abbé de Saint-Julien.

Dans cette double circonstance, les archevêques furent évidemment obligés de faire la preuve de la légitimité de leurs possessions ; ils durent forcément produire le grand testament, qui contient le legs de l'ensemble des domaines possédés par l'Église de Reims au-delà de la Loire [1].

Saint Rigobert, archevêque de Reims, de 696 à 733, obtint du roi Dagobert III une charte d'immunité pour son Église « en représentant au roi que
« sous les princes ses prédécesseurs, et du temps
« de saint Remi et de Clovis, cette Église avait tou-
« jours été exempte de toute charge publique. Le
« roi, sur l'avis des grands, résolut de confirmer
« et d'étendre ce privilége, en ordonnant que tous
« les biens de la sainte Église de Dieu situés en
« Champagne, soit dans la ville, soit au dehors, en
« Austrasie, en Neustrie, en Bourgogne, dans le
« pays de Marseille, de Rennes, de Gévaudan,
« de l'Auvergne, de Tours, de Poitiers, de Li-
« moges et toutes les possessions et les serfs de
« l'Église de Reims et de l'Église de saint Remi
« dans toute l'étendue de ses États, puissent jouir

---

[1] Saint Rieul eut aussi des luttes à soutenir. Flodoard s'exprime ainsi : Nous voyons que par l'ordre de saint Nivart, il (saint Rieul) « avait plaidé devant le roi pour l'Église et ses colons, et qu'il obtint justice ». (*Hist. Rem. eccl.*, lib. II, cap. x).

« perpétuellement de toute immunité..... » Puis l'historien, rapportant d'autres diplômes royaux, ajoute : « Ces actes de l'autorité royale sont con-
« servés dans les archives de la sainte Église de
« Reims [1] ».

Ici nous sommes en face d'une preuve qui atteste directement l'existence du grand testament sous l'épiscopat de saint Rigobert. La charte y fait une allusion évidente. En supprimant ce testament de l'histoire de Flodoard, on est obligé de se demander à quelle époque et de qui l'Église de Reims a pu recevoir ces diverses et ces nombreuses possessions situées en Austrasie, en Neustrie, en Bourgogne, dans le pays de Marseille, de Rennes, de Gévaudan, etc. On ne peut admettre que le plus grand nombre soit antérieur à l'invasion franque : la mention des biens d'Austrasie et de Neustrie prouve qu'il s'agit ici de biens acquis depuis cet évènement. Comme d'autre part l'historien signale sous chaque

---

[1] A Dagoberto denique rege præceptum immunitatis suæ obtinuit ecclesiæ, suggerens eidem regi, qualiter ipsa Ecclesia, sub præcedentibus Francorum regibus, a tempore domni Remigii et Clodovei regis, quem ipse baptizavit, ab omni functionum publicarum jugo liberrima semper extiterit. Qui præfatus rex hoc beneficium confirmare vel innovare disponens, cum consilio procerum suorum statuit, ad prædecessorum formam regum, præcipiens ut omnes ipsius sanctæ Dei Ecclesiæ res, tam in Campania et infra urbem vel suburbanis, quam in Austrasia, seu Neustria, vel Burgundia, seu partibus Massiliæ, in Rodonico, etiam, Gavalitano, Arvernico, Turonico, Pictavico, Lemovicino, vel ubicumque infra regna ejus ipsa Remensis ecclesia, vel basilica beatissimi Remigii villas aut homines habere videbatur, sub integra immunitate omni tempore possent manere... Quarum adhuc regalium monimenta præceptionum in archivo sanctæ hujus Remensis conservantur ecclesiæ. (*Ibid.*, cap. XI).

épiscopat, la plupart des acquisitions faites par l'Église de Reims, à partir de saint Remi, que ces acquisitions ne sont situées dans aucun des pays cités, sinon au-delà de la Loire et dans le pays de Poitiers [1], force nous est de dire que l'ordonnance vise des possessions dont l'ensemble appartient à la donation testamentaire de saint Remi, et qu'ainsi saint Rigobert, cent cinquante ans avant Hincmar, possédait le grand testament et le produisit au roi dans cette circonstance.

A la protection des princes mérovingiens succédèrent, pour saint Rigobert, les violences, les usurpations et la persécution de Charles Martel. Charles Martel, qui aspirait à la royauté, rencontrait dans les évêques une double résistance : celle que leur commandait leur attachement à la dy-

---

[1] Voici le relevé très-exact de toutes les acquisitions de l'Église de Reims depuis la mort de saint Remi jusqu'au pontificat de saint Rigobert. — Sous Mapinius, une partie du domaine de Verzy et quelques autres domaines dont le nom n'est pas cité. — Sous Egidius, plusieurs terres données par la reine Teudelchide, quelques biens sur la Retourne et une ferme dans les Vosges. — Sous Romulfe, de nombreux domaines au-delà de la Loire et dans le pays de Poitiers, Marsilly et Ardeuil. — Sous Sonnace, quelques terres : ce fut l'Église de saint Remi qui fut sa principale héritière. Il n'est fait mention d'aucun domaine, ni pour la cathédrale ni pour saint Remi. — Sous Leudégisèle, acquisition de quelques bois, prés et terres. — Sous Landon, « possesseur de nombreuses propriétés, plusieurs « furent réunies à celles de l'Église et d'autres distribuées à « ses parents ». — Sous saint Nivart, legs d'une partie de la fortune de cet évêque, mais rien n'est spécifié. Saint Rieul achète une partie du domaine de Dizy, de Monthelon, (Marne), de Rosoi et de Plessi (Aisne), et Varat, sous son épiscopat, donna à la cathédrale et à saint Remi le Mont de Crugny, Courville avec Aougny, dans le Tardenois. (Flod., *Hist. Rem. eccl.*, lib. II. cap. I. — XI).

nastie de Clovis et celle que leur imposait leur répugnance pour un prince issu d'une naissance illégitime. Il se fit donc persécuteur de l'Église, non parce qu'il était libre penseur, comme voudraient l'insinuer certains écrivains modernes, non par un reste de barbarie ou d'esprit païen, mais uniquement parce qu'elle ne se montrait pas assez souple pour ses projets ambitieux. Obligé de se donner des créatures et des appuis dans les officiers de son armée, dans les comtes et les seigneurs, il leur prodigua les biens de l'Église, qu'il n'entendait pas ménager. Saint Rigobert eut particulièrement à souffrir de ces violences, et l'Église métropolitaine fut complètement dépossédée de ses domaines [1].

Carloman et Pepin, fils de Charles Martel, recueillant l'héritage de gloire que leur père leur avait acquis par ses constants exploits, n'eurent plus contre l'Église la même hostilité, sans doute parce que l'hostilité de l'Église elle-même avait disparu. Dès les premières années de leur administration, ils prirent une série de mesures pour faire rentrer le clergé en possession de ses biens [2]. Ceux de l'Église de Reims avaient été donnés à un nommé Milon, puissant seigneur des environs de

---

[1] Flod., *Hist. Rem. eccl.*, lib. II, cap. XII. — Hincm., *Auct. vit. sancti Remigii, apud. Bolland., act. sanct.* T. I, oct., p. 131, 2ᵉ col., nᵒˢ 3 et 4.

[2] Ces mesures furent décrétées au premier Concile germanique, en 742; au Concile de Leptine, en 743, et au Concile de Soissons, en 744. Le pape Adrien fait allusion à ces restitutions dans sa lettre à Tilpin, que cite Flodoard. (*Hist. Rem. eccl.*, lib. II, cap. XVII).

Trèves, qui s'était simplement fait tonsurer et était devenu archevêque de Reims et de Trèves [1]. L'influence et la puissance de ce personnage étaient assurément très-grandes ; car, malgré la bonne volonté de Pepin, il conserva les domaines des deux évêchés jusqu'à sa mort, en 756, et ne cessa de persécuter saint Rigobert [2] et son successeur saint Abel, qui ne purent résider sur leur siége.

Le désordre était tel, que la mort de Milon ne changea guère la situation. Dans une lettre à Tilpin, le pape Adrien écrit ceci : « .... Il n'a pas été « permis à Abel de rester sur son siége épiscopal, « il en fut chassé contrairement à la volonté de « Dieu. Pendant longtemps l'Église de Reims est « restée sans évêque. Les biens qui lui apparte- « naient ont été enlevés et partagés entre des laï- « ques, ainsi qu'il est arrivé en d'autres évêchés, « mais principalement dans la ville métropolitaine « de Reims [3]. »

Enfin, Tilpin devint archevêque, en 764, selon la date la plus probable [4]. Il s'employa personnelle-

---

[1] *Ibid.*, cap. XII.

[2] *Ibid.*, *ibid.*

[3] .... Sed ibi permanere permissus non fuit (Abel) sed magis contra Deum ejectus est, et Remensis ecclesia per multa tempora et per multos annos sine episcopo fuit, et res ecclesiæ de illo episcopatu ablatæ sunt, et per laïcos divisæ sunt, sicut et de aliis episcopatibus, maxime autem de Remensi metropolitana civitate. (*Ibid.*, cap. XVI).

[4] Évidemment la date de 773 donnée par M. Lejeune, éditeur et traducteur des OEuvres de Flodoard, comme celle de l'avènement de Tilpin au siége de Reims, est fausse. Car Pépin

ment et employa de nombreux agents à la revendication en justice des biens de l'Église : ce sont les propres paroles de l'historien, qui ajoute : « Il
« obtint du roi Carloman, fils de Pepin, dès la pre-
« mière année de son règne [1], une charte d'immu-
« nité en faveur de l'Église de Reims, à l'exemple
« des priviléges accordés à cette Église par ses
« prédécesseurs et *dont il eut soin de lui montrer les*
« *titres.* »

Enfin il obtint encore de Carloman une dernière ordonnance relative à des chartes qui avaient été brûlées dans un incendie arrivé par imprudence. « Elle portait que les possessions et les biens ac-
« tuels de l'Église lui étaient confirmés par l'auto-
« rité royale, sans aucune diminution. » Nous tenons à ajouter que le même archevêque, après la mort de Carloman, fit ratifier par Charlemagne les diverses ordonnances et les priviléges que lui avait accordés son frère [2].

---

est mort en 768, et, dès l'année suivante, Tilpin, qui était déjà archevêque, obtenait de Carloman la charte dont nous parlons.

[1] Immunitatis denique præceptum a Kalormanno rege filio Pippini, primo mox regni ejusdem anno, ecclesiæ Remensi obtinuit, ad exemplar immunitatum quas ipsius prædecessores reges huic contulerant ecclesiæ, *quarum ostendere quoque curavit ei monumenta*... (Flod. *Hist. eccl. Rem.*, lib. II, cap. XVII).

[2] Item de chartis concrematis, quarum tunc temporis per negligentiam acciderat exustio: ut res et facultates ecclesiæ, quas eo tempore possidebat, ita permanerent absque diminutione confirmatæ ipsi ecclesiæ per regiam ejus auctoritatem.... Immunitatis quoque præceptum ab hoc etiam rege (Karolo imperatore) juxta præcedentium exemplaria regum Remensi ecclesiæ idem præsul impetravit. (*Ibid.*, cap. XVII).

Puisque saint Rigobert, puisque saint Abel s'étaient vus dépouillés de leurs biens, puisque Tilpin, et devant les tribunaux « *diversos apud judices,* » et devant les rois, avait dû produire ses titres de propriété, il est incontestable que le testament de saint Remi, le plus important de tous, figura parmi ces diverses pièces. Un regard vigilant, à cette année 769, s'arrêta donc de nouveau sur ce document : le regard de l'archevêque et de ses agents, pour le justifier; le regard des détenteurs des biens de l'Église, pour l'incriminer; le regard impartial de la justice pour en déterminer la valeur. Il y eut à ce moment, pour cette pièce comme pour toutes les autres, une attestation juridique de son véritable texte et de son authenticité.

L'ère de Charlemagne était commencée; elle s'écoula paisible pour l'Église de Reims. Mais le grand homme ne fut pas plus tôt couché dans son caveau d'Aix-la-Chapelle, que les propriétés des Églises furent de nouveau menacées. Il faudrait bien peu connaître, en effet, l'histoire intime de l'Église, pour croire qu'elle ait jamais régné sur les sociétés durant de longues périodes dans la paix et la sécurité. Les luttes du présent seront celles de l'avenir, parce qu'elles ont été celles du passé.

Wulfaire donc, qui devint archevêque de Reims, après la mort de Tilpin, en 812, dut réclamer plusieurs des biens de cette Église, et, comme tous ses prédécesseurs et ses successeurs, il demanda au roi la confirmation des chartes et des priviléges précédemment obtenus [1].

Ebbon, qui lui succéda en 822, eut, lui aussi, des revendications à faire, et sans doute qu'alors les archives se multipliaient assez pour qu'il songeât à construire un local qui leur fût exclusivement affecté [2]. Ainsi, sous Ebbon, l'Église de Reims eut son bâtiment spécial des archives : ce fait indique surabondamment le soin qu'on prenait à leur conservation.

Lui-même eut bien des pièces nouvelles à y introduire, particulièrement « une charte d'exemp-« tion conforme à celles des anciens rois, » nous dit Flodoard, et il ajoute : « une autre concernant « les chartes brûlées et conforme à l'édit de l'em-« pereur Charles; et de Pepin, roi d'Aquitaine, « un édit d'exemption pour les biens de l'Église de « Reims situés en Auvergne. Quant au village « d'Épernay, il fut l'objet d'un édit particulier de « l'empereur Louis, et d'un autre postérieur de « Lothaire, son fils [3]. »

---

[1] Archivum ecclesiæ tutissimis ædificiis, cum crypta in honore sancti Petri, omniumque apostolorum, martyrum, confessorum ac virginum dedicata, ubi Deo propitio deservire videmur, opere decenti construxit. (*Ibid.*, cap. xix).

[2] Residens igitur vir illustris Wulfarius..... res quasdam Remensi ecclesiæ, sed et mancipia nonnulla vel colonos reimpetrasse, ac legibus per ecclesiæ advocatos evendicasse reperitur....... Immunitatis quoque præceptum ab imperatore Ludovico, secundum præceptionem Karoli Augusti patris ipsius, ecclesiæ Remensi monasterioque sancti Remigii obtinuit. (*Ibid.*, cap. xviii).

[3] Obtinuit etiam idem præsul ab eodem imperatore Ludovico Remensi ecclesiæ, secundum antiqua exemplaria priscorum

La désignation d'Epernay doit ici attirer notre attention.

Ebbon, en réclamant cette possession, ne reçut pas entière satisfaction. La restitution du domaine ne fut mise à exécution qu'à la suite de l'ordonnance de Charles-le-Chauve, obtenue sur les instances de son successeur, et que nous avons fait connaître dans le chapitre précédent[1]. Or, l'ordonnance, comme nous l'avons fait voir, ne restitue la propriété en litige que sur la foi du grand testament. Hincmar s'était appuyé sur ce document auprès du roi Charles-le-Chauve, qui en avait reconnu l'authenticité. C'est donc incontestablement la même pièce que dut invoquer Ebbon, pour opérer la même revendication auprès des rois Louis et Lothaire.

Nous voilà de nouveau en présence de ce précieux document; Ebbon l'eut entre les mains comme nous l'avons rencontré entre celles d'Hincmar. Tous deux le reçurent de leurs prédécesseurs, comme ils le transmirent à leurs successeurs.

Ainsi, pendant les trois cents ans qui s'écoulèrent de la mort de saint Remi à l'épiscopat d'Hincmar, le grand testament se révèle à nous, quelquefois à

---

regum, immunitatis præceptum; ...... item aliud de chartis concrematis, secundum auctoritatem imperatoris Karoli; item a Pippino Aquitanorum rege, præceptum immunitatis de rebus Remensis ecclesiæ in pago Avernico sitis; de villa vero Sparnaco semotim quoque præceptum Ludovici, atque separatim postea præceptum Lotharii filii ejus reperitur accepisse. (*Ibid.*, cap. XIX).

[1] Page 92.

visage découvert, comme sous saint Rigobert et sous Ebbon, et dans les autres circonstances, sous un voile assez transparent pour que la critique de bonne foi puisse le reconnaître. Les traces qu'il laisse dans cette période trois fois séculaire nous expliquent surabondamment l'autorité dont il jouissait sous Hincmar, qu'il conserva sous ses successeurs et dont il était encore en posssession au temps où vivait Flodoard, comme nous allons le raconter.

CHAPITRE III

LE GRAND TESTAMENT APRÈS HINCMAR. — FLODOARD

RESCRIT DE FORMOSE. — AUTORITÉ DE FLODOARD. — L'AUTHENTICITÉ DU GRAND TESTAMENT RESSORT : — DE TOUTE SON HISTOIRE, — DE LA PUBLICATION QU'IL A FAITE DU TEXTE DU TESTAMENT ET DE LA CORRESPONDANCE D'HINCMAR.

Hincmar eut pour successeur, sur le siége de Reims, Foulques, un homme supérieur par les rares qualités de son caractère, et à qui l'histoire a décerné le titre de grand en même temps que celui de vénérable. En présence des violences de la féodalité naissante et de la faiblesse des Carlovingiens, ce fut moins aux rois impuissants que voulut recourir le nouvel archevêque qu'aux souverains pontifes eux-mêmes. Il obtint donc du pape Formose deux rescrits, dont nous extrayons les passages suivants :

Le Pape, « en vertu de l'autorité apostolique, con« firme la restitution à l'Église de Reims du village « de Berne, qui lui avait été injustement soustrait, « de Douzy » et autres propriétés. « Il défend que

« personne ose ravir ou usurper soit ces biens, soit
« toute autre possession de cette Église. Il défend,
« en outre, par l'autorité de saint Pierre, à tout
« roi, à tout évêque, à tout chrétien, excepté l'évê-
« que de Reims, d'appliquer à son usage lors de la
« mort de l'évêque de cette ville, l'évêché ou les
« biens de l'Église.... Il ordonne que les revenus
« provenant des villages et des propriétés apparte-
« nant à l'Église et assignés par le vénérable arche-
« vêque Foulques à l'entretien des ornements de
« l'église, ou aux luminaires, aux besoins des cha-
« noines, des moines, des religieuses, des immatri-
« culés, des hôtes et des pauvres, demeureront à
« tout jamais inaliénables : et il confirme l'autorité
« de ce décret en chargeant quiconque l'aura violé
« des liens de l'anathème [1]. »

On nous pardonnera cette nouvelle citation sur la défense des biens de leur Église par les archevêques de Reims. Mais plus nous montrerons la fréquence de leurs luttes et plus nous ferons ressortir la nécessité pour eux d'une constante vigilance sur leurs titres de propriété. Aussi ne se contentaient-ils pas des anciennes minutes. A chaque instant de nouvelles chartes royales venaient confirmer l'authenticité des précédentes. Journellement les biens étaient usurpés, journellement on était forcé de les réclamer en justice. Devant la rapacité des détenteurs, il fallait justifier de la propriété, dérouler les antiques parchemins, produire les con-

---

[1] Analysée par Flodoard, *Hist. Rem. eccl.*, lib. IV, cap. V, p. 429 et 430.

trats d'acquisitions et de donations. Impossible ou d'altérer ou d'égarer ces documents d'un usage journalier et surveillés attentivement par la convoitise de tous ces grands, si jaloux des richesses de l'Église.

Ce rescrit de Formose nous amène tout naturellement à une autre observation. Le souverain Pontife ne pouvait confirmer les diverses possessions de l'Église de Reims et en faire l'énumération sans avoir recours aux titres de propriété et en reconnaître la vérité. De même donc que Dagobert III, que l'empereur Louis et son fils Lothaire, que Charles-le-Chauve ratifièrent l'autorité du grand testament, de même le pape Formose reconnut cette autorité. Car les villages de Berne[1] et de Douzy[2] désignés dans le rescrit, sont des legs du grand testament, comme le déclare Hincmar dans sa corrrespondance. Pour en confirmer la propriété à l'Église de Reims, le Pape dut se faire délivrer d'abord une copie fidèle du testament, l'étudier et en reconnaître l'authenticité. C'est ainsi que la lumière nous arrive de tous côtés sur un document qu'une critique prévenue a cru jusqu'à ce jour enfermé dans une obscurité impénétrable.

Les successeurs de Foulques, Hérivée et Seulfe ne paraissent pas avoir été troublés dans leurs possessions. Le fait s'explique probablement par l'avèment définitif de la féodalité. Les archevêques eux-mêmes devinrent les seigneurs temporels de leurs

---

[1] Voir p. 95 de cet ouvrage.
[2] Voir également p. 100.

domaines, armés pour les défendre, et devant compter désormais sur leurs propres forces et non plus sur la protection des rois, pour en conserver l'intégrité. Mais si les actes administratifs se taisent à cette époque sur le grand testament, il apparaît alors un écrivain qui lui donne la plus entière publicité. Nous voulons parler de Flodoard, dont nous avons déjà cité le nom tant de fois dans le cours de ces recherches.

Flodoard est une des gloires de l'Église de Reims. Né en 894, à Épernay, qui appartenait alors à ce diocèse, il vécut jusqu'à l'âge de soixante-douze ans, et fut le contemporain des archevêques Foulques, Hérivée, Seulfe, Artaud et Oldaric.

Ses principaux ouvrages sont : l'*Histoire de l'Église de Reims* et sa *Chronique* [1]. Historien et poète, ou plutôt, comme la plupart des chroniqueurs, historien en prose et en vers, son style est remarquable de concision et de clarté, deux qualités assez rarement réunies. Une phrase lui suffit pour exposer un fait important, et cette phrase n'est souvent que l'analyse d'une lettre, d'une charte, d'un testament conservé aux archives métropolitaines. Vivant à une époque de foi vive au surnaturel, il se complaît dans le récit de miracles qui font sourire le naturalisme moderne, mais qui n'ont rien de contraire à la naïve et très-rationnelle confiance du croyant envers le Dieu qu'il appelle son père. Toute l'antiquité latine lui était familière. Dans son histoire de l'origine de Reims, on le prendrait pour un érudit

---

[1] Flodoardi chronicon ab anno DCCCCXIX ad annum DCCCCLXVI.

moderne, invoquant tour à tour les récits de Tite-Live, Salluste, Virgile, César, Eutrope, Ethicus, Orose, Lucain. Quand il arrive aux époques plus rapprochées, cet esprit judicieux et calme n'appuie ses récits que sur les documents les plus irréfragables. Il est vrai que peu d'écrivains ont, autant que lui, disposé de précieuses ressources pour écrire l'histoire avec certitude. Il fut pendant longtemps le conservateur de ces archives pour lesquelles l'archevêque Ebbon fit construire le bâtiment spécial dont nous avons parlé. C'est au milieu de ces richesses scripturaires qu'il composa son *Histoire de l'Église de Reims* [1]. Il la rédigea tout entière, comme il le déclare lui-même à chaque page, d'après les actes, les testaments, les titres de propriété et les chartes authentiques qu'il a sous la main [2]. Aussi la critique moderne se plaît-elle à le

---

[1] On ne peut en douter, lorsqu'on lit ce passage de son histoire, lib. II, cap. XIX : « Il (Ebbon) fit construire pour les archives de l'Église un édifice très-solide avec une crypte d'un beau travail..... Nous y offrons chaque jour le saint sacrifice au Dieu de toute bonté. » Quand il écrivait cette partie de son histoire, il desservait donc la crypte des archives.

[2] Nous allons en citer divers exemples se rapportant aux épiscopats les plus anciens.
Egidius ou Gilles assistait au Concile d'Orléans de 549, comme chanoine et député de l'Église de Reims. Il était donc probablement originaire du diocèse de Reims, et probablement aussi avait été ordonné prêtre par saint Remi.
..... Qui præsul Egidius..... invenitur..... arva scilicet et mancipia nonnulla emisse, quarum ejus emptionum adhuc quædam quoque reperiuntur instrumenta..... Childebertus etiam rex villarem quemdam situm in Vosago.... tam ipsi quam ecclesiæ suæ possidendum, instrumentis adhuc manentibus, invenitur tradidisse. (Lib. II, cap. II).
Romulf (597-599)). Quasdam quoque res a quibusdam pervasas, apud regiam majestatem..... evindicasse reperitur, regiæ

reconnaître comme l'un des historiens nationaux les plus autorisés.

Or, c'est en lui que se résument au fond tous les témoignages que nous avons apportés en faveur du grand testament.

Nous avons emprunté à son histoire toutes les circonstances qui ont signalé la lutte des archevêques de Reims pour la défense des biens de leur Eglise. C'est elle qui nous a fait connaître la charte de Dagobert III, sous saint Rigobert; de l'empereur Louis, sous Ebbon; l'ordonnance de Charles-le-Chauve, sous Hincmar; la lettre du pape Formose à Foulques, qui nous montrent si clairement le grand testament comme le titre de propriété sans cesse invoqué par l'Église de Reims pour revendiquer et protéger ses domaines.

auctoritatis super his evindicationibus adhuc manentibus instrumentis. (*Ibid.*, cap. IV).

Sonnace (600-637). Præterea res ecclesiæ præfatus præsul.... probabiliter ordinasse legitur, augens etiam episcopium, terris ac mancipiis dato pretio coemptis, quarum adhuc emptionum nonnulla reperiuntur instrumenta. (*Ibid.*, cap. v).

S. Nivard (654-664). Privilegium quoque, poscente præfato abbate Berecario, eidem contulit monasterio;... ipsi vero monachi potestatem habeant prælatum sibi regulariter eligendi, prout in descriptione ipsius privilegii continetur. (*Ibid.*, cap. VII).

S. Rieul (670-696). Unde conventiale quoque scriptum digestum apud nos adhuc reservatur, utriusque partis assignatione roboratum. (*Ibid.*, cap. x).

S. Rigobert (696-733). Quarum adhuc regalium monumenta præceptionum in archivo sanctæ hujus Remensis conservantur ecclesiæ..... Diversæ quoque personæ in locis diversis res suas, pro animarum remedio, ecclesiæ Remensi sub hoc patre beatissimo tradiderunt..... Quarum adhuc exemplaria traditionum apud nos condita reservantur. (*Ibid.*, cap. XI).

S. Abel (773-796). Sed et quædam chartæ ipsius episcopi reperiuntur nomine titulatæ. (*Ibid.*, cap. XVI).

C'est encore l'histoire de Flodoard qui nous fait connaître les lettres d'Hincmar, si embarrassantes pour les adversaires du grand testament, qu'ils feignent de les ignorer[1]. L'historien voulant raconter la vie de cet illustre prélat, semble ne pouvoir en dépeindre mieux l'immense activité, qu'en faisant connaître sa correspondance. Seulement il ne la publie pas intégralement, il se contente d'en donner une analyse succincte. Les lettres que nous avons citées plus haut et qui établissent l'authenticité du grand testament comportent donc en sa faveur un double témoignage, celui d'Hincmar qui les a écrites, celui de Flodoard, qui les a analysées. Car ce travail d'analyse, bien plus que celui du simple éditeur, a forcé l'historien à s'identifier les affaires qu'elles traitent, et à se rendre compte de la valeur des documents qu'elles invoquent.

Flodoard a fait plus encore pour affirmer l'autorité du grand testament, il en a inséré le texte même dans son *Histoire de l'Église de Reims*. Il n'est pas un seul manuscrit de cette histoire où nous ne le rencontrions formant invariablement ou le chapitre XVIII ou le chapitre XIX du premier livre. Or, les manuscrits en étaient très-nombreux au XVe et au XVIe siècle. Si, en présence de la tradition unanime des manuscrits, on pouvait nier que Flodoard eût publié le grand testament, si on osait affirmer que cette pièce a été intercalée après coup dans son

---

[1] Tous les critiques opposés au grand testament, à part les Bollandistes, passent sous silence la correspondance d'Hincmar. Plus loin nous verrons le faux-fuyant peu scientifique des Bollandistes, pour échapper à la preuve fournie par cette correspondance.

ouvrage, nous ne craignons pas de le dire, il n'y aurait plus de certitude historique, il n'y aurait plus un monument quelconque dont on ne pût supposer l'altération ou la fausseté.

Au surplus, qui peut être surpris que Flodoard ait fait cette publication? En dehors de toute autre source de connaissance, les lettres d'Hincmar lui révélaient son existence. Mais voici un autre fait très-remarquable. Il trouvait dans les archives de l'Église de Reims, c'est lui-même qui nous l'affirme, les testaments de Bennage [1], prédécesseur immédiat de saint Remi, de Romulfe [2], son cinquième successeur, en 590, de Sonnace [3], archevêque de Reims, en 596, et de Landon, qui occupa ce siége en 651. Si, du temps de Flodoard, l'Église de Reims possédait encore ou l'original ou la copie de tous ces testaments, contemporains de celui de saint Remi, pourquoi serait-il extraordinaire qu'elle eût conservé également le texte du testament de son grand Pontife, et si, dans son *Histoire*, Flodoard donne l'analyse de tous ces testaments, n'est-il pas bien naturel d'admettre qu'il ait voulu l'enrichir de

---

[1] « ...... tum Bennadius, cujus tamen Bennagius nomen in testamento suo, propria ipsius manu, velut inibi legitur, perscripto, reperitur caraxatum. » Puis vient le détail des legs. (*Hist. Rem. eccl.*, lib. II, cap. IX).

[2] « Quædam præterea donaria testamento diversis attribuit ecclesiis..... Cujus adhuc testamenti pagina in archivo Remensis ecclesiæ reservatur, cum auctoritate Childeberti regis. » (*Ibid.*, cap. IV).

[3] Flodoard ne dit pas expressément qu'il possède les testaments de Sonnace et de Landon, mais il en donne les dispositions dans le plus minutieux détail et elles sont très-nombreuses; une pareille énumération lui aurait été impossible s'il n'avait eu sous les yeux ou leur texte original ou leur copie.

la reproduction intégrale du grand testament, si important par ses libéralités, si beau par sa forme littéraire, si intéressant par ses détails historiques.

Enfin la vie qu'il a écrite du glorieux Pontife est dans un accord complet avec les parties principales du testament. Nous pouvons en dire autant de la vie du même saint par Hincmar. Car Hincmar, lui aussi, a écrit la vie de son immortel prédécesseur [1].

Le grand testament lègue le village de Sault-Saint-Remi à l'Église de Reims, et Flodoard nous raconte les circonstances dans lesquelles saint Remi en devint possesseur [2]. Le saint, dans le grand testament, nous parle de l'église qu'il bâtit en reconnaissance du pouvoir que Dieu lui accorda d'arrêter un incendie qui dévorait la ville de Reims ; Flodoard nous dépeint tout au long, dans son *Histoire*, cet incendie et l'intervention miraculeuse du Pontife [3]. Saint Remi nous dit que ses biens de Provence viennent de Benoît dont il a guéri la fille ; Flodoard, dans son récit, décrit les diverses péripéties de cet émouvant miracle [4]. Ce que le même historien nous raconte de l'acquisition faite par saint Remi des villages de Coucy [5], de Leuilly [6] et d'Épernay [7] est le développement de ce que nous

---

[1] Les Bollandistes l'ont publiée dans leur *Vie de saint Remi*, tom. I octob., p. 131.

[2] *Hist. Rem. eccl.*, lib. I, cap. XII.

[3] *Ibid., ibid.*

[4] *Ibid., ibid.*

[5] *Ibid.*, cap. XIV et XX.

[6] *Ibid.*, cap. XIV, XX, p. 95, 148 et 152 de l'édition de l'Académie de Reims.

[7] *Ibid.*, cap. XIV.

lisons au grand testament. En racontant la défense miraculeuse que saint Remi prit d'Anisy contre les envahisseurs de ce domaine, sous Charles-le-Chauve [1], Flodoard déclare que ce village fut donné par Clovis au Pontife, qui le donna à l'Église de Laon ; le grand testament fait la même déclaration. Flodoard nous donne les biens de l'Église de Reims situés dans les Vosges comme venant de saint Remi [2], le grand testament l'affirme également.

Enfin l'historien se plaît à nous dépeindre les sévérités de saint Remi, même après sa mort, contre les envahisseurs des biens de son Église [3], faisant par là une allusion manifeste aux menaces terribles que renferme contre eux le grand testament.

L'*Histoire de l'Église de Reims*, par Flodoard, est donc intimement liée à l'authenticité du grand testament. Rejetez celle-ci et vous supprimez du coup la partie la plus importante de son ouvrage : la vie de saint Remi, celle d'Hincmar, et la correspondance de ce prélat. Mais quelle confiance mériterait le reste d'une œuvre dont la portion principale serait entachée d'une fausseté manifeste. Donc, ou la critique doit accepter l'authenticité du grand testament, ou elle ne doit plus prononcer le nom de Flodoard.

---

[1] *Ibid.*, cap. xiv.
[2] *Ibid.*, cap. xiv.
[3] *Ibid.*, cap. xx, *passim*.

CHAPITRE IV

LE GRAND TESTAMENT JUSQU'EN 1638

TÉMOIGNAGES DE SILVESTRE II ; — DU CONCILE DE REIMS DE 1092 ; — DE MILON, ÉVÊQUE DE TÉROUANNE, AU XIIe SIÈCLE ; — DE LARISVILLE, MOINE DE SAINT-REMI, AU XIVe SIÈCLE ; — DE L'ÉGLISE D'ARRAS ; — DE BRISSON ; — DE CHESNEAU ; — DE HUBERT MEURIER, THÉOLOGAL DE REIMS ; — DE SIRMOND ; — DE COLVÈRE ; — DE BARONIUS ; — DE PONTANUS ; — DE LE MIRE ; — DU PÈRE DE CERIZIERS ; — DE BERGIER ; — DE JANSÉNIUS ; — DE DANIEL DE PRIEZAC.

Un nom dont l'Église de Reims ne cessera de se glorifier est celui de Gerbert.

Cette métropole, durant le Xe siècle, fut le centre politique de la monarchie carlovingienne et le foyer intellectuel de toutes les provinces françaises et allemandes, jusqu'au bord du Rhin. Son archevêque, Adalbéron, dans la dernière moitié du siècle, était le premier ministre et comme le soutien de ces descendants de Charlemagne, race illustre mais dégénérée, qui allait disparaître sous les coups de la féodalité toute puissante. Son école jetait un grand lustre, sous la direction de l'archidiacre Garamnus, qui passait pour le plus grand dialectitien de son époque.

Gerbert, déjà renommé à Rome, recherché par l'empereur Othon, fut attiré à Reims par la réputation de son écolâtre. Lui-même devint bientôt le directeur fameux de la célèbre école, puis chancelier de l'archevêque et archevêque lui-même.

Flodoard était mort en 966. Gerbert arrivait à Reims six ans plus tard, en 972. En ce moment, l'histoire du pieux et véridique annaliste était entre toutes les mains. Mieux que personne, Gerbert, l'écolâtre, le savant, mais surtout le chancelier de l'Église, dut connaître et l'ouvrage de l'ancien archiviste, et les archives mêmes de l'Église dont il avait à soutenir les intérêts. Quand donc il nous parlera du testament de saint Remi, il le fera avec une autorité que personne ne pourra contester.

Or, lorsque, après bien des vicissitudes, l'archevêque de Reims, devenu ensuite archevêque de Ravennes, monta sur le siége pontifical sous le nom de Sylvestre II, le Pontife n'oublia ni la ville, ni le siége où il avait acquis son étonnante célébrité. Ce siége était alors occupé par Arnulf, autrefois son compétiteur et qui lui avait été préféré. Le caractère et le noble cœur du Pontife étaient à la hauteur de son génie, et Sylvestre II se garda bien de se souvenir des déboires de Gerbert. Il écrivit à Arnulf une lettre pour le confirmer dans sa dignité d'archevêque, et cette lettre, si généreuse en elle-même, est pour notre thèse d'un prix inestimable, car elle rend un éclatant témoignage au testament de saint Remi :

« .... Nous défendons absolument, dit le Pape, « à quelque personne que ce puisse être, soit en

« synode, soit ailleurs, d'oser revenir sur votre ab-
« dication précédente, de vous la reprocher, d'y
« faire même allusion ; nous voulons que notre au-
« torité apostolique vous soit partout un bouclier,
« qu'elle vous défende même contre les terreurs
« de votre propre conscience. Nous vous confir-
« mons et, au besoin, vous rétablissons dans la
« possession intégrale de l'archevêché de Reims
« avec tous les évêchés suffragants, tous les mo-
« nastères, paroisses, titres et chapelles qui en
« dépendent ; tous les domaines, châteaux, villes,
« bourgades et maisons appartenant à votre Église,
« selon la teneur inviolable du testament du bien-
« heureux Remi, apôtre des Francs [1]. Si quelqu'un,
« ce qu'à Dieu ne plaise, entreprenait de violer
« notre présent décret, émané du siége apostolique
« de Rome, qu'il soit anathème [2]. »

Il est extrêmement remarquable qu'à l'extrême lisière du Xe et du XIe siècle, nous voyions le pape Sylvestre II recourir à la teneur du testament de saint Remi pour protéger les possessions de l'Église de Reims. Les richesses de cette Église ne s'étaient donc pas notablement accrues depuis le legs de son

---

[1] ..... Confirmamus insuper tibi et concedimus archiepiscopatum Remensem in integrum, cum omnibus episcopatibus sibi subjectis, seu cum omnibus monasteriis, plebibus, titulis et capellis, atque cortibus, castellis, villis, casalibus et cum omnibus rebus ad ecclesiam remensem pertinentibus, salvo et inviolabili testamento beati Remigii Francorum apostoli. (*Patrologie latine*, t. cxxxix, p. 273, Silvester papa Arnulpho remensi, anno 999).

[2] Cette traduction est empruntée à M. l'abbé Darras, t. xx de sa grande *Histoire de l'Église*, p. 351.

glorieux Pontife. Ce fait n'est-il pas la plus éloquente justification des possessions du clergé injustement convoitées et spoliées par la Révolution? Elle n'a cessé de prétendre que l'Église a profité de son influence au moyen âge pour s'enrichir. Mais l'Église jouissait au contraire de la plus grande partie de ses biens longtemps avant le moyen âge; elle les tenait avant tout de ses évêques, la plupart riches patriciens des Ve, VIe et VIIe siècles. Mgr de Talleyrand Périgord pouvait donc se présenter le front haut à la barre de l'Assemblée constituante et lui tenir ce fier et véridique langage :

« La richesse de mon siége archiépiscopal défie
« toutes les attaques. Ma fortune d'archevêque
« vient de mon illustre prédécesseur Remi, riche
« de ses biens personnels et de la reconnaissance
« du premier roi très-chrétien. Elle vient de tous
« mes autres vénérables prédécesseurs Bennage,
« Rodulphe, Sonnace, Landon, saint Rieul, saint
« Nivart, saint Rigobert. Puisant son origine dans
« les testaments inviolables et sacrés de ces au-
« gustes personnages, douze et même quinze siècles
« de possession sont venus lui ajouter la légiti-
« mité d'une prescription non moins sacrée et non
« moins inviolable. »

Nous ferons remarquer également qu'au Xe et au XIe siècle, comme sous Hincmar, le testament de saint Remi était le principal titre de propriété de l'Église de Reims. La conséquence rigoureuse qui en ressort, c'est qu'il avait au moins la même importance dans les siècles précédents, au VIe et au VIIe siècle, à ces époques qui suivirent immédiatement la mort du Pontife. Subitement enrichie par ses libéralités, c'est son testament que les archevêques devaient invoquer toutes les fois qu'ils avaient à défendre leurs possessions contre les envahisseurs. Si donc alors l'histoire de Flodoard ne nous laisse apercevoir que la trace du grand testament, sans nous en fournir toujours une vue claire et distincte, la lumière qui se fait au IX°, X° et XI° siècle rejaillit forcément sur le VI°, VII° et VIII°, pour convertir en certitude ce qui n'était qu'une présomption et une forte probabilité. Ainsi, tous les démêlés qu'eurent à subir Romulfe, Anglebert, Landon, saint Rigobert, Wulfaire et Ebbon, et que nous avons fait connaître au chapitre II de cette dissertation, se sont tranchés par la production du grand testament; de la sorte, nous n'avons jamais perdu de vue cet acte de la libéralité du grand Pontife; de siècle en siècle nous en constatons l'existence, au VI°, VII° et VIII° siècle par les démêlés des Pontifes que nous venons de nommer, au IX°, X° et XI° siècle par les lettres d'Hincmar, l'histoire de Flodoard et le rescrit de Sylvestre II.

Une critique obstinée et vaine alléguera-t-elle que les paroles du pape Sylvestre ne tranchent pas la question entre le petit et le grand testament? Mais que voudrait cette critique? Exigerait-elle que le Pape, qui écrivait en 999, ait employé le nom de grand testament, *prolixius testamentum,* expression imaginée seulement en 1650! Car autrement, ces paroles y font une allusion manifeste.

Il recourt à la teneur du testament de saint Remi pour protéger les possessions de l'Église de Reims :

Salvo et inviolabili testamento beati Remigii Francorum apostoli. La plupart de ces possessions, comme nous l'avons déjà remarqué, provenaient donc des libéralités testamentaires du saint. Or, quelle était la nature de ces possessions? C'étaient des domaines, des châteaux, constructions récentes de la féodalité qui naissait; des villes, bourgades et maisons : *Cortibus, castellis, villis, casalibus*. Tel est le double caractère du testament de saint Remi; legs de domaines seigneuriaux, *villis,* et legs assez nombreux pour former à l'Église de Reims une riche dotation : *Salvo et inviolabili beati Remigii testamento.*

A l'aide de ce double caractère formellement exprimé par les paroles du Pape, examinons les deux testaments et déterminons en faveur duquel se prononce l'ancien archevêque de Reims.

Si nous commençons par ouvrir le grand, incontinent se déroulent sous nos yeux les innombrables donations de la terre du Porcien, de Tugny, Balham, Plesnoy, Écly, Sault-Saint-Remi, Heutrégiville, Ville-en-Selve, Blombay, Aubigny, Courcelles, Berne, Cosle, Glen, Crugny, Fère-en-Tardenois, Épernay, Douzy, Coucy, Leuilly, Écharson, Saint-Étienne-sur-Suippes, Anisy, Sery, Loizy. A toutes ces possessions, il faut joindre encore la mention de biens situés en Aquitaine, en Septimanie, en Austrasie et en Thuringe.

Une pareille énumération donne évidemment au grand testament le double caractère que nous signale Sylvestre II : il contient d'abord la donation de propriétés seigneuriales, *villæ,* et, de plus, ces donations sont tellement nombreuses et considérables, qu'elles suffisent pour former un riche domaine à l'Église de Reims, qui n'a jamais rien reçu de comparable. Les dispositions du grand testament ont donc une parfaite conformité d'importance avec celles attribuées par Gerbert au vrai testament de saint Remi.

Mettons maintenant le petit testament en regard du rescrit pontifical. Il fait beaucoup de legs pécuniaires à des églises particulières; nous n'avons pas à nous en occuper. Nous ne devons retenir que ceux faits à l'Église de Reims, au domaine des archevêques, à la manse épiscopale comme on disait au moyen âge. En voici le relevé très-exact et très-complet.

Saint Remi donne à l'Église de Reims des champs ou fermes, *agros,* qu'il possède dans le Porcien, avec onze colons, dont les noms sont désignés, *colonos et colonas.* Il laisse à son successeur un mantel blanc, deux tentures bleues et trois voiles qu'on suspend les jours de fêtes aux portes de la salle à manger, du cellier et de la cuisine. Il laisse également un vase d'argent qu'il partage entre les deux églises de Reims et de Laon et un *ciborium.* Enfin il lègue à l'Église de Reims Flavien et sa femme Sparagilde, aux prêtres et aux diacres Fédamie et sa jeune fille.

Nous répétons que nous ne parlons pas ici des dons en argent faits aux diverses églises de Reims, du diocèse et de plusieurs diocèses étrangers, parce qu'ils n'étaient pas à la disposition de l'archevêque.

Or, nous le demandons au lecteur impartial. Les

legs dont nous venons de faire le relevé réunissent-ils le double caractère que nous révèlent les paroles de Sylvestre II ? Sont-ils des donations de domaines seigneuriaux, *villæ,* et sont-ils considérables ? Assurément non. Des fermes, des mantels, des serfs, des draperies, de l'argent ne sont pas des villages, *villæ,* et le nombre de ces legs est si restreint, leur importance tellement insignifiante, qu'on doit reprocher au riche apôtre des Francs d'avoir usé d'une étroite parcimonie envers le domaine de son Église. Aussi est-il impossible, qu'en 999, le Pape ait osé invoquer de pareilles dispositions testamentaires, pour la défense des domaines, des châteaux, des villes, des bourgades et des maisons de l'Église de Reims : *Cortibus, castellis, villis, casalibusque...... salvo et inviolabili testamento beati Remigii....*

Il est donc indubitable que le grand testament est celui qu'a entendu signaler le pape Sylvestre dans sa lettre à l'archevêque de Reims Arnould. Or, qui pourrait infirmer la valeur d'un pareil témoignage ? La lettre pontificale est un acte juridictionnel d'une réelle gravité. Elle prononce l'anathème contre quiconque osera violer les possessions de l'Église métropolitaine, dont la plupart proviennent des dispositions testamentaires de saint Remi. Il fallut donc que le Pontife s'assurât par des témoignages certains de la valeur du testament. Mais les investigations lui étaient faciles. N'avait-il pas vécu de longues années au milieu des archives de l'Église de Reims ? N'était-il pas, à quelques années près, le contemporain d'Hincmar et de Flodoard, très à même de connaître l'opinion de ces deux écrivains?

N'avait-il pas été pendant longtemps le célèbre écolâtre, puis le chancelier de l'Église, puis l'archevêque du siége métropolitain? Qui donc mieux que lui a pu connaître les traditions historiques de ce siége, ses possessions territoriales, leur origine, la nature et l'authenticité de tous ses titres de propriété? Assurément, n'eussions-nous que ces quelques lignes de l'illustre Pontife, elles sont tellement nettes et précises, elles partent d'une autorité tellement irrécusable, qu'elles suffiraient pour placer l'authenticité du grand testament hors des atteintes de la critique la plus exigeante.

De l'extrême limite du Xe siècle, nous passons à la fin du XIe, et à ce moment encore nous nous trouvons en face, non plus d'un acte pontifical, mais d'un acte conciliaire, qui proclame hautement la vérité du grand testament.

Aussitôt la conversion de Clovis, saint Remi se hâta de profiter des facilités que cette conversion donnait à son apostolat pour créer l'évêché de Laon et restaurer celui d'Arras : il sacra lui-même pour premier évêque de ce siége le vénérable catéchiste du roi, saint Wast, qui, des plaines de Toul, avait accompagné le monarque vainqueur jusqu'à Reims. Saint Wast fixa son siége à Arras, mais administra tout à la fois les deux diocèses d'Arras et de Cambrai : car on pense que Cambrai, lui aussi, dans le passé, avait eu son évêché distinct. Cette situation dura jusqu'à saint Geri, troisième successeur de saint Wast. Quittant la ville d'Arras, il vint s'établir à Cambrai dont il prit le titre. Le siége d'Arras disparut pour être remplacé par celui de Cambrai. Cet état de choses subsista jusqu'en 1093. L'année précédente, l'évêque Gérard était décédé; sa mort fut pour les deux églises le signal de grands troubles excités par les intrigues de Henri IV d'Allemagne, le schismatique adversaire de l'illustre saint Grégoire VII; car Cambrai appartenait à l'empire.

Le clergé d'Arras profita de ces dissensions pour réclamer la désunion des deux évêchés et le rétablissement de celui de leur Église. Urbain II, né au diocèse de Reims, très-empressé à procurer le bien religieux de la métropole, voulant de plus soustraire au joug d'un étranger persécuteur les populations françaises de l'Artois, décréta la séparation des deux siéges. Il donna des ordres en conséquence à l'archevêque de Reims Renaud Ier du Bellay, qui réunit à cette occasion dans sa ville métropolitaine un Concile provincial, pour y entendre les délégués des deux églises.

Ceux d'Arras prirent les premiers la parole, pour formuler leur demande et établir leur droit à posséder en propre un évêché. Ils débutèrent en montrant qu'Arras avait eu autrefois son siége distinct, et le prouvèrent par trois documents divers : la *Vie de saint Remi,* par Hincmar, celle de saint Wast et le testament du grand évêque de Reims.

« Dans sa *Vie de saint Remi*, disaient les délégués dont nous abrégeons le raisonnement, Hincmar observe que quand l'apôtre des Francs reçut la lettre d'Hormisdas qui l'établissait son légat, la métropole de Reims comprenait douze cités, qui avaient chacune leur évêque. Oserez-vous contester qu'Arras ne fût du nombre de ces douze cités, et

ne fût par conséquent une suffragante de Reims? Puis, prenez la vie de saint Wast, et vous y lirez que sacré par saint Remi, il fut député par ce pontife à Arras pour en être l'évêque. Ouvrez enfin le testament du grand archevêque de Reims, il vous apprendra qu'au moment de sa rédaction, Arras avait un évêque, car il y est dit en propres termes :
« *Moi, Remi, à l'Église d'Arras, à laquelle avec la
« grâce de Dieu, j'ai donné pour évêque Wast,
« mon très-cher frère, je laisse pour la nourriture
« des clercs les villages qui m'ont été donnés par
« le roi Clovis, Ourton et Souchez. Je veux encore
« qu'on leur donne vingt sous, pour faire mémoire de
« moi. Moi, Remi, évêque, j'ai relu, signé, scellé
« et fermé ce testament, avec la grâce de Dieu; au
« nom du Père, et du Fils, et du Saint-Esprit.* »

« L'excommunication ayant été prononcée contre les violateurs du testament, saint Wast intervint le premier en ces termes : *Wast, évêque, je maudis celui que Remi, mon père, a maudit, je bénis celui qu'il a béni : j'ai assisté et signé. Moi, Génébaud, évêque, j'ai assisté et signé.* Loup, évêque, Médard, évêque, Benoît, évêque, Euloge, évêque, parlèrent de la même façon [1]. »

[1] *Ego Remigius Ecclesiæ Atrebensi, cui Domino annuente, Vedastum fratrem meum charissimum, episcopum consecravi, ex dono HLudovici Regis, duas villas in alimoniis Clericorum, Orcos videlicet et Sabucetum, deputavi, quibus etiam pro memoriâ nominis mei, viginti solidos dari jubeo. Ego Remigius testamentum meum relegi, signavi, subscripsi, et in nomine Patris, et Filii, et Spiritus Sancti, Deo adjuvante, complevi. Prosecutâ autem excommunicatione in hujus testamenti violatorem primus respondit sanctus Vedastus : Cui maledixit Pater meus Remigius, maledixi : et cui benedixit, benedixi. Interfui quoque et subscripsi. Geneboldus episcopus. Lupus*

Il serait difficile de rencontrer une citation plus complète, plus significative que celle des actes du Concile de 1092. Elle est tout entière empruntée, dans ses deux parties, au grand testament [1]. Car, dans le petit, il n'est nullement question de l'Église d'Arras, qui n'y reçoit aucun legs. Il n'y est pas question davantage de la signature des évêques, puisqu'il n'est signé que par six laïques. Les délégués d'Arras entendent donc bien évidemment recourir à l'autorité du grand testament.

Or, en présence de qui invoquent-ils cette autorité? On peut le dire, en présence de toute la métropole de Reims. Les membres du Concile sont [2] Renauld du Bellay, archevêque de cette ville; Hugues, de Soissons; Elmand, de Laon; Rabbode, de Noyon; Fulco, de Beauvais; Guérin, d'Amiens; Gérard, de Térouanne; Gualtérius, primicier;

---

episcopus, Medardus episcopus, Benedictus episcopus, Eulogius episcopus, idem dixerunt.

Fereoli Locrii Paulinatis Chronicon Belgicum, ab anno CCLVIII, ad annum usque MDC, continuo perductum. Tomi tres, Atrebati, MDCXVI.

Les actes du Concile de Reims de 1093 sont aussi rapportés dans le tome II des *Actes de la Province ecclésiastique de Reims,* publiés dans cette ville en 1842. Cet ouvrage les emprunte aux *Misceallena* de Baluze, qui, les regardant comme inédits, les avait tirés du manuscrit 4841 de la bibliothèque de Colbert, dont il avait la garde. Mais en réalité ils étaient imprimés depuis 1516, dans la *Chronique de Belgique,* ouvrage posthume de Ferry de Locres, dont les diverses œuvres sont estimées.

[1] Voir p. 59 et p. 69.

[2] Porro huic synodo etiam intererant Hugo Suessionensis, Elmandus Laudunensis, Rabbodus Viromancensis, Fulco Belvacensis, Gervinus Ambianensis, Gerardus Morinensis, episcopi; Gualterus Præpositus, Joannes et Drogo, Clerici Atrebatenses; Gualcherus cameracensium archidiaconus, etc. (*Chron. Belg.,* p. 237).

Drago, prévot d'Aubigny, Jean[1], tous trois clercs et délégués de l'Église d'Arras, et enfin Gaucher, archidiacre et délégué de celle de Cambrai. Celui-ci est présent pour défendre les droits de son Église qui depuis plus de cinq cents ans exerce sa juridiction sur celle d'Arras. Il va nécessairement prendre la parole ; il va contester la valeur des documents invoqués ; il va nier particulièrement l'authenticité du grand testament ! Non : à l'argumentation, aux citations des clercs de l'Église d'Arras, il ne trouve rien à répondre, *quum silerent*, nous dit l'historien[2]. Et en effet, malgré les hésitations, on pourrait dire, les résistances de Renauld du Bellay, gêné, semble-t-il, par les circonstances politiques au milieu desquelles s'accomplissait la séparation des deux Églises, le siège d'Arras fut rétabli dans la personne de Lambert, archidiacre de Térouanne.

L'autorité du grand testament, si solennellement acceptée par l'archevêque de Reims, par tous les évêques de la province, par l'archidiacre de Cambrai lui-même, qui pourtant avait tout intérêt à la contester, est également proclamée une trentaine d'années plus tard par les deux Églises de Térouanne et de Soissons.

---

[1] L'historien ne nous fait pas connaître quel titre avait le troisième délégué de l'Église d'Arras. Mais Lambert, archidiacre de cette Église, étant devenu évêque du siège rétabli, Jean lui succéda en qualité d'archidiacre. Il remplissait cette fonction, quand, en 1099, il fut nommé à l'évêché de Térouanne, où il est honoré sous le nom de saint Jean Ier.

[2] Iis ab Atrebatibus sic graviter prolatis, quum silerent Cameracenses, Raynoldus archiepiscopus, quod ab Urbano Pontifice acceperat diploma, exhibuit. (*Chron. Belg.*, p. 236).

Nous empruntons les détails que nous allons donner aux nouveaux Bollandistes, dans leur vie de saint Principe, évêque de Soissons.

« J'ai sous les yeux, dit le P. Cléo, auteur de
« cette vie, un certain discours historique, qui est
« intitulé : Vie de saint Principe, évêque. Bollan-
« dus a noté sur la marge du discours qu'il est
« extrait d'un manuscrit de Belfort, et Papebroque
« a ajouté qu'un manuscrit de Longpont le ren-
« ferme également. Bollandus avertit de plus que
« ce discours vient originairement d'un manuscrit
« de l'Église de Soissons et que l'auteur en est
« Milon [1], évêque de Térouanne [2]. »

---

[1] Voici la notice que lui consacre Marlot, *Histoire de la ville, cité et univ. de Reims*, t. I, p. 280 : « Milon fut consacré par son métropolitain en la présence du Pape, qui tenait un Concile à Reims en février 1131, dédia son église cathédrale en 1133, assisté d'Alvisius, d'Arras, de Guarinus, d'Amiens, et de Simon, de Noyon ; réconcilia l'église de Saint-Symphorien de Reims qui avait été polluée en 1140, travailla contre Gilbert Porretan avec saint Bernard, au Concile de Reims tenu par Eugène III (1148) et mourut en 1158 ou 1159, selon Robert-le-Mont. » Chifflet fait ce Milon moine de Saint-Amand, en Belgique, et il vivait, selon Albéric, en 879 (Chifflet, *Amp. Rem.*, cap. III, p. 14). Ce devait être l'opinion première de Bollandus, de qui Chifflet tenait tous ses documents. Ses recherches subséquentes l'auront amené à une autre opinion.

[2] Habeo præ oculis sermonem quemdam historicum, qui *Vita sancti Principii episcopi Suessionnis* inscribitur. Notavit in limbo apographi Bollandus, excerptum esse ex Ms. Belfortii, adjecitque Papebrochius simile haberi Ms. Longiponti. Monet insuper Bollandus, Belfortium sermonem præfatum accepisse ex Ms. ipsius ecclesiæ Suessionensis, ejusque auctorem esse Milonem Morinensem : Belfortium autem redundantem stilum multis locis contraxisse ; quæ ex quibus documentis hauserit, nescio, uti nec unde ipsi constiterit sermonem illum esse Milonis morinensis episcopi, illius ni fallor, qui sub medium sæculum XII floruit. (*Bol., Act. sanct. die vig. quint. Sept.*, etc., p. 60, n° 1).

Or Milon, dans le cours de son discours, parle en ces termes de la sépulture de saint Principe et de la générosité de saint Remi envers l'Église de Soissons :

« Le bienheureux Remi inhuma le corps de saint
« Principe avec des honneurs dignes du défunt,
« dans la chapelle de sainte Thècle, hors des murs
« de Soissons; de même que son siége, il le com-
« bla, le pourvut et l'enrichit de dignes présents.
« Car il accorda à l'Église de Soissons plusieurs
« biens provenant de ses propres richesses, en
« partie pour la mémoire de son nom, en partie
« pour le repos de l'âme de son frère Principe.

« Voici, en effet, ce qu'on lit écrit dans son
« testament :

« Je laisse Sablonnières-sur-Morin et dix sous à
« l'Église de Soissons, pour qu'elle fasse commé-
« moration de mon nom. De même j'ai légué Sa-
« blonnières-sur-Marne à mes héritiers en faveur
« de l'âme de mon frère Principe. Quant à la cha-
« pelle de sainte Thècle, située hors des murs de
« Soissons, où j'ai déposé le bienheureux corps de
« mon frère Principe, je lui laisse quatre sous [1] ».

---

[1] Cujus corpus extra mænia urbis suessonicæ in capella sancta Theclæ condigno Beatus Remigius tumulavit honore et sedem illius debitis cumulavit, provexit, dotavitque muneribus. Nam quasdas res facultatis propriæ Suessionicæ largitus est Ecclesiæ, partim pro commemoratione nominis sui, partim pro remedio animæ fratris sui Principii. Sic enim scriptum in testamento ejus legitur :

« Delego Salvonarias super Moram et solidos decem ecclesiæ Suessionensi pro commemoratione nominis mei. Item Sablonarias super Maternam hœredibus meis pro anima fratris mei Principii delegavi. Capellulæ quoque sanctæ Theclæ extra muros urbis Suessionicæ sitæ, ubi beatissimum corpus fratris mei Principii recondidi, delego solidos quatuor. »

Nous voilà donc, au XIIe siècle, en présence d'un extrait du testament de saint Remi. Le caractère propre qu'il lui attribue est celui qui nous a été donné par tous les témoignages précédents : c'est que les donations sont principalement des legs de domaines. Mais de plus, la première partie de cet extrait est identique à un passage correspondant du grand testament.

« Je lègue à l'Église de Soissons Sablonnières-
« sur-Morin que m'a donné le roi Clovis, et dix
« sous pour qu'elle fasse commémoration de mon
« nom ; quant à Sablonnières-sur-Marne, je l'ai
« légué à mes héritiers [1]. »

Il est donc incontestable que l'évêque de Térouanne cite ici un passage du grand testament dont il affirme ainsi l'authenticité. Or ses affirmations sont d'un grand poids. Car, mieux que personne, il connaissait l'Église de Reims et ses traditions.

D'après Marlot, il fut sacré dans cette ville, y réconcilia l'église de Saint-Simphorien en 1140, et assista au Concile de 1148.

Toutefois, la citation de l'évêque de Térouanne se termine par une disposition que nous ne retrouvons ni dans le petit ni dans le grand testament.

Cette disposition attribue quatre sous à la chapelle de Sainte-Thècle, où fut enterré saint Principe.

Chifflet prend occasion de là pour conclure que saint Remi a rédigé plusieurs codiciles et que cette

[1] Voir le testament, p. 53.

citation est tirée de l'un d'entre eux[1]. Mais si l'évêque Milon n'a pas eu entre les mains le même testament que celui que nous possédons aujourd'hui, d'où vient que lui seul a connu cet autre texte ? Le petit et le grand testament que nous avons, se trouvaient reproduits au XIIe siècle et dans les siècles suivants dans de nombreux manuscrits; celui que cite Milon ne l'aurait été tout juste que dans un seul, dans celui qu'il possédait, et il aurait disparu avec lui! L'invraisemblance est trop palpable et la conclusion de Chifflet est inadmissible.

Une autre raison qui nous paraît irréfragable, c'est que Milon n'est que le second successeur de Gérard, qui assista au Concile de Reims de 1092. Gérard mourut en 1099 et eut pour successeur saint Jean, archidiacre d'Arras, qui lui-même assista au Concile comme délégué de son Église. A son tour, il mourut en 1130, et Milon lui succéda en 1131. Comment admettre que Gérard, évêque de Térouanne, que saint Jean, comme délégué d'Arras, ne connurent pas d'autre texte au Concile de 1092 que le texte actuel du grand testament, et comment supposer que Milon, leur successeur immédiat sur le siége de Térouanne, ait ignoré ce texte et n'ait eu à sa disposition qu'un exem-

---

[1] « Sed et alios codicillos sanctus Remigius videtur conscripsisse, ex quibus Milo monachus Elnonensis, qui Alberico teste clarebat anno DCCCLXXIX, isthæc verba descripsit. »

Puis vient la citation que nous avons faite plus haut et il ajoute :

« Ratio mea est, quia in priore et rite conscripto sancti viri testamento clausulæ sic conceptæ non inveniuntur. » *De ampula Remensi,* cap. III, p. 14.

plaire différent, qui aurait appartenu à une autre rédaction?

Aussi, pour nous, la disposition étrangère au grand testament que nous rencontrons dans la citation de Milon est une addition faite par une main inconnue et mal habile au discours même de l'évêque de Térouanne. Car ni saint Remi, dans un codicile quelconque, ni cet évêque n'ont pu écrire que le saint Pontife laissait Sablonnières-sur-Marne à ses héritiers pour le repos de son âme. Cette phrase ne présente aucun sens et dénote une manifeste interpolation.

Selon nous encore, cette interpolation s'est opérée dans le manuscrit de Soissons, pour réunir en un seul récit toutes les libéralités de saint Remi à cette Église. Car il a dû faire quelque don à la chapelle de Sainte-Thècle, aussitôt la sépulture de son frère Principe. Sa générosité et sa piété bien connues ne laissent guère de doute sur ce point. Un ami plus zélé qu'éclairé du Pontife de Reims et de l'Église de Soissons, aura tenu à consigner cette générosité dans le même texte, à côté de celles faites à l'église cathédrale, ne falsifiant la vérité qu'en convertissant en un legs une donation accomplie peut-être trente ou quarante ans avant le testament.

Mais quoi qu'il en soit de cette explication, le témoignage de l'évêque de Térouanne est certain; il est reproduit non pas dans un, mais dans plusieurs manuscrits. Ce qui n'est pas moins certain, c'est que ce témoignage, en partie du moins, est identique à la rédaction du grand testament. Il est donc impossible de nier que pour Milon, comme pour ses deux prédécesseurs, saint Jean et Gérard, comme pour le Concile de Reims de 1092, comme pour Sylvestre II, Flodoard et Hincmar, ou le petit testament n'existait pas, ou il était sans valeur, puisque tous n'invoquent que l'autorité du grand testament.

Ce monument historique est certainement un de ceux qui a joui de la plus grande notoriété dans tous les siècles. Nous le voyons invoqué en toutes circonstances par les églises particulières, par les historiens, par les Pontifes de Rome eux-mêmes. Les Papes en ont parlé si souvent dans leurs rescrits, qu'une recherche attentive en constaterait probablement la présence, aujourd'hui encore, dans les archives du Vatican. Maintes fois avant Gerbert, ils confirmèrent les possessions de l'Église de Reims, en s'appuyant sur le grand testament ; Sylvestre II le nomme en termes exprès dans son rescrit à Arnould de Reims ; voici qu'au milieu du XIII° siècle, Eugène II le rappelle également dans une lettre à Godescale, évêque d'Arras :

« ..... C'est pourquoi, vénérable frère en Jésus-
« Christ, évêque Godescale, nous nous empressons
« de faire droit à vos justes demandes. Ladite
« Église d'Arras, à la tête de laquelle vous êtes
« placé par la grâce de Dieu, nous la prenons sous
« la protection du bienheureux Pierre et la nôtre,
« nous la fortifions par ce privilége du Saint-Siége,
« à l'exemple de nos prédécesseurs les Pontifes
« romains d'heureuse mémoire, Urbain, Paschal,
« Gélase, Callixte et Innocent. Maintenant par
« cette lettre la dignité épiscopale de cette Église

« telle qu'elle existe aujourd'hui, nous décidons
« que tout ce que le bienheureux Remi a donné
« à cette Église, savoir : Ourton et Souchez,
« tout ce que la même Église possède justement
« et légitimement, ou pourra acquérir dans l'ave-
« nir, vous appartienne à vous et à vos succes-
« seurs [1]. »

Ainsi Eugène II fait remonter à saint Remi l'origine des domaines de Ourton et de Souchez; il
parle dans le même ordre d'idées, d'après les mêmes
documents, qui faisaient invoquer l'autorité du grand
testament par les délégués de l'église d'Arras pour
obtenir le rétablissement de ce siége.

Nous arrivons au XIV° siècle, et cette fois c'est
la ville métropolitaine, c'est l'Église pour laquelle
Remi a été si généreux, ce sont les religieux qui
veillent et prient sur sa glorieuse tombe, qui vont
apporter leur témoignage à l'authenticité de l'acte
final et si mémorable de sa vie d'apôtre et de
pontife.

A cette époque vivait, dans l'abbaye de Saint-
Remi de Reims, un moine du nom de Larisville, à

---

[1] ..... Proinde venerabilis in Christo Frater Godescalce episcope, tuis justis postulationibus clementer annuimus, et præfa-
tam Atrebatensem Ecclesiam, cui Deo authore præesse dignosce-
ris, sub B. Petri, et nostrâ protectione suscipimus, et Apostolicæ
sedis privilegio communimus, ad exemplar igitur prædecessorum
nostrorum felicis memoriæ Urbani, Paschalis, Gelasii, Calixti,
et Innocentii, Romanorum Pontificum, ejusdem Ecclesiæ Epis-
copalem dignitatem, sicut hodie est, præsentis scripti pagina
roborantes, statuimus, ut quidquid prædictæ Ecclesiæ B. Remigius contulit, videlicet *Orkos* et *Sambucetum*, quæcumque etiam
eadem Ecclesia justè et legitimè possidet, aut in futurum poterit adipisci, tibi, tuisque successoribus confirmamus. (*Chron.
Belgic.*, An. 1152, p. 310).

qui nous devons une vie de l'apôtre des Francs. La bibliothèque de cette ville possède encore le manuscrit de Larisville, l'un des plus élégants et des mieux conservés que nous connussions. Le pieux moine, dans la première partie de son ouvrage, s'est abstenu de décrire la charité et la générosité du saint, parce qu'il se réservait de faire briller ce côté si beau de son caractère, au moment où il aurait à parler du testament. Mais entre les deux textes différents, lequel choisira-t-il pour base de son travail? Ce sera uniquement, sans réserve et sans hésitation, celui du grand testament. Il ne fait pas comme Hincmar et comme Flodoard : ce n'est pas le testament lui-même qu'il publie, il se contente de produire une longue énumération des détails qu'il contient, en l'accompagnant d'éclaircissements historiques qui en sont un très-intéressant commentaire.

Voici une partie de son préambule :

« Ayant donc fait et très-sagement composé son
« testament, le même Père l'a signé de sa propre
« main, et pour le rendre plus inattaquable et le
« mettre à l'abri de toute altération, il l'a fait
« approuver et ratifier par quelques-uns de ses
« disciples, au nombre de dix-sept [1] qui alors
« étaient près de lui, qui le signèrent de leurs
« propres mains; quelques-uns y apposèrent leur

---

[1] Nous ne sachions pas qu'aucune variante du testament comporte dix-sept signatures. Nous pensons donc que Larisville a commis une erreur en donnant le chiffre de dix-sept signatures. On n'en compte que seize, y compris la signature de saint Remi.

« sceau, puis il le sanctionna de diverses cen-
« sures[1]. »

Ces paroles sont caractéristiques du grand testament. Seul il est revêtu de seize signatures, le petit n'en comporte que sept. Seul il est signé par des évêques, auxquels Larisville fait évidemment allusion, quand il parle de sceaux qui accompagnent plusieurs signatures. Seul enfin il renferme les adjurations ou censures dont parle le moine de Saint-Remi.

Nous ne suivrons pas l'historien dans l'énumération de toutes les richesses territoriales que l'Église de Reims a reçues de son généreux Pontife : ce sont les domaines du Porcien, Epernay, Douzy, Leuilly, en un mot toutes les terres relatées au grand testament et passées sous silence au petit. Nous nous contenterons de citer le passage relatif à sainte Geneviève.

« La sainte vierge du Christ avait reçu du roi
« Clovis Crugny et Fère, pour subvenir aux frais
« de ses voyages dans ses nombreuses visites à
« l'Église de Reims, et par le ministère de son
« saint père Remi, elle les avait consacrés à la
« subsistance des serviteurs de Dieu. Suivant donc
« cette destination déterminée par la sainte, le
« glorieux pasteur y faisant droit, ordonna que

---

[1] Igitur facto atque saluberrime composito testamento idem Pater propria manu sua signavit, et nomen suum suscripsit in nomine Patris, et Filii, et Spiritus sancti, et ut firmum et incorruptum permaneat, per aliquos discipulorum suorum numero septemdecim, qui tunc erant præsentes propria manuum subscriptione ac quorumlibet addito signo fecit approbare, collaudari ac diversis censuris roborari.

« Crugny serait à la disposition de son successeur
« pour être employé à la réparation de la princi-
« pale église de la ville, et que Fère appartien-
« drait également à ses successeurs, pour servir à
« perpétuité à la réparation de l'église où serait
« enseveli son précieux corps [1]. »

[1] Crusciniacum et Faram sive villas quas sanctissima Xhristi Genovefa, a rege Ludovico pro compendio itineris sui cum Remensem Ecclesiam *sæpissime* visitaret adipisci promeruit (per ministerium sui sanctissimi Patris Remigii) deputavit, sicut ab eâ ordinatum est ita idem gloriosus pastor confirmavit et ordinavit ut Crusciniacus futuri episcopi successoris sui obsequiis et sartatectis hoc est ad reparationem principalis ecclesiæ deputaretur. Faram vero eidem episcopo et sartatectis ecclesiæ ubi corpus ejus pretiosum jaceret perpetualiter servire præcepit. (Larisvilla, p. 54).

Nous avons cité à dessein ce passage de Larisville. Il prouve à n'en pouvoir douter la croyance de l'Église de Reims, dans le moyen âge, aux rapports de sainte Geneviève et de saint Remi. Elle venait très-souvent à Reims, dit Larisville, *sæpissime,* elle confia à son très-saint père Remi la disposition des biens que Clovis lui avait donnés. Mabillon, dans ses *Annales Bénédictines*, p. 62, ajoute une particularité remarquable : il prétend que quand saint Remi fut enterré dans l'église de Saint-Christophe, cette église possédait déjà un autel dédié à sainte Geneviève. L'illustre vierge était morte en 512, saint Remi mourut en 533. Saint Remi s'empressa donc de canoniser Geneviève, le thaumaturge de Reims d'honorer la thaumaturge de Paris. Cet empressement, cette vénération, ce culte religieux ne supposent-ils pas chez le Pontife, du reste si éclairé, une connaissance très-grande de la sainte, non pas seulement une connaissance de ses miracles, mais de son âme angélique, et comment aussi proposer au culte religieux de la ville de Reims les vertus d'une humble fille qui venait à peine de mourir, si ce culte ne s'était pas imposé comme un hommage que cette ville s'empressait de rendre à une mémoire vénérable et chérie? Mais cette vénération et cette affection du peuple et de l'évêque, qui aurait pu les produire, si la Vierge leur était personnellement inconnue, si elle n'est pas venue souvent à Reims, n'y a pas déployé l'éclat de ses vertus dans la visite fréquente de son Église et de son Pontife, si elle n'a pas été en un mot la fille spirituelle de son très-saint père Remi, *sui sanctissimi patris Remigii?*

Cette mention que nous trouvons dans Larisville du legs de sainte Geneviève à saint Remi est identique, quant au sens, aux paroles du grand testament. Le petit, comme on peut s'en rendre compte, se tait absolument sur ces dispositions testamentaires.

Il est donc incontestable que le moine de l'abbaye de Saint-Remi, en citant l'ensemble du testament, n'a entendu s'appuyer que sur le grand testament.

Or, son témoignage est décisif quand il s'agit d'affirmer la tradition de l'Église de Reims au XIVᵉ siècle. Dans la même bibliothèque où il rencontrait le grand testament, se trouvait également un texte du petit. L'abbaye possédait alors la *Vie de Saint-Remi,* par Hincmar, dans un manuscrit brûlé lors de l'incendie qui, en 1775, dévora la bibliothèque de ce monastère. Quelques érudits prétendent même que c'était le propre manuscrit d'Hincmar. L'abbaye de Saint-Nicaise avait également un exemplaire du petit testament, qui se trouve aujourd'hui encore à la bibliothèque de l'Hôtel-de-Ville de Reims. Enfin le petit testament se rencontrait aussi dans la bibliothèque de l'abbaye de Bonnefontaine [1]. L'Église de Reims était donc, au XIVᵉ siècle, en possession du double texte qui fait l'objet de cette controverse, et pourtant le moine de Saint-Remi n'hésite pas; il ne se préoccupe pas de ce double document; sans discussion aucune, il donne le grand testament comme l'œuvre incontesté du très-excellent pontife et apôtre des Francs,

---

[1] Bol. t. I. oct. p. 106, n° 261.

præcellens Francorum pastor et apostolus, de l'auguste père dont il écrit la vie, *pater almus*[1].

L'ordre des dates nous ramène de nouveau à recueillir un dernier témoignage de l'Église d'Arras en faveur du grand testament.

Vraiment cette chère Église d'Arras a été une

---

[1] Larisville ajoute que saint Remi laissa à son Église les dix-sept villages de la terre des Potez. *Nam prout reperitur in ipsius testamento aliisque scripturis ratis ipse gloriosus Francorum pastor et apostolus eidem ecclesiæ præcelsæ Virginis Mariæ genitricis Dei villas numero septemdecim largitus est quarum caput est villa de Maubertifonte......* De ces dix-sept villages, le testament ne parle que d'Aubigny et de Blombay. Aussi, malgré l'affirmation de Larisville, nous ne pouvons admettre que la terre des Potez vienne de saint Remi. Car si Larisville le savait sûrement, Flodoard ne pouvait l'ignorer. Lui qui fait un relevé si exact et si consciencieux de tous les dons faits à l'Église de Reims, n'aurait pu omettre de mentionner une libéralité si considérable, s'il en avait eu connaissance, si elle avait été faite par saint Remi en dehors du testament. Une autre preuve péremptoire à nos yeux, c'est qu'un des caractères du testament est de régler la destination de tous les domaines de l'Église de Reims, aussi bien ceux qui viennent du saint Pontife, que ceux qu'elle possédait antérieurement. Supposé donc qu'il lui ait donné de son vivant la terre des Potez, il aurait rappelé dans son testament l'emploi qui devait en être fait, comme il l'indique pour Aubigny et pour Blombay, deux villages de cette terre. Enfin, en admettant même que la terre des Potez vienne de lui, elle n'en viendrait pas intégralement. Car, dans le testament, il déclare formellement qu'Aubigny est un domaine qui appartenait à l'Église de Reims avant son épiscopat, et qu'il a acheté Blombay à Hilaire, son cohéritier, avec les deniers de cette Église. — Toutefois, comme Blombay appartenait à un cohéritier du grand évêque, nous admettrions volontiers qu'une partie des Potez appartenait à la famille de saint Remi, et que le Chapitre dans la suite, par une voie ou par une autre, en sera devenu possesseur, ou plutôt, que les domaines soit du Porcien, soit de Thuringe, soit d'Austrasie, laissés par le saint, auront été échangés pour la plupart des villages des Potez, dont on aura attribué la donation à saint Remi, parce que cette seigneurie aura été acquise à l'aide de biens légués à son Église par sa générosité.

— 160 —

fille bien reconnaissante envers sa mère l'Église de Reims et envers le grand Pontife qui l'a relevée de ses ruines. Elle a voulu consigner l'expression de cette reconnaissance dans de nombreux manuscrits qui existaient encore au commencement du XV° siècle, quand fut rédigée la *Chronique de Belgique*. A l'année 554, nous y lisons ces très-remarquables paroles :

« Des chanoines sont attachés à l'Église d'Arras.
« Nous devons le conclure de ce qui est rapporté
« dans divers manuscrits de cette Église où nous
« lisons : *Le bienheureux Remi a fait dans son tes-*
« *tament cette mention de saint Wast :* A l'Église
« d'Arras, à laquelle avec la grâce de Dieu j'ai
« donné pour évêque Wast, mon très-cher frère,
« je laisse pour la nourriture des clercs les villa-
« ges qui m'ont été donnés par le roi Clovis, Ourton
« et Souchez. *De là il est constant que ces hommes*
« *bienheureux, par leurs efforts et leur argent, ont*
« *commencé par instituer des chanoines dans l'Église*
« *de la bienheureuse Marie d'Arras vers l'année 554.*
« Ainsi lisons-nous dans ces manuscrits[1]. »

Nous comprenons maintenant l'assurance des clercs d'Arras au Concile de Reims de 1092, et

---

[1] Anno 554. Canonici Atrebatensis Ecclesiæ aggregantur. Intelligamus ex monumentis mss ejusdem Eccles. *Sancti Vedasti mentionem B. Remigius in testamento suo sic fecisse invenitur :* Ecclesiæ Atrebatensi, cui auctore Deo, Vedastum fratrem meum charissimum, Episcopum consecravi, ex dono Ludovici Principis, villas duas in stipendia clericorum delegavi, Ortos videlicet et Sabucetum. *Ex quo constat illos beatos viros, suo labore et expensa, primò canonico in Ecclesiâ beatæ Mariæ Atrebati instituisse, circa annos Domini CCCCLIV.* Sic ibi. — *Chronic. Belgic. an. 554,* p. 40.

le silence de l'archidiacre de Cambrai. Tous les manuscrits historiques concernant l'Église d'Arras renfermaient le passage du grand testament qui a trait à cette Église; ces manuscrits étaient entre toutes les mains, non-seulement dans le diocèse d'Arras, mais dans celui de Cambrai, les deux diocèses n'en formant qu'un depuis 534 ans. La thèse historique des clercs d'Arras était irréfutable, et le délégué de Cambrai fut obligé de l'avouer au moins par son silence.

La permanence de la tradition de l'Église de Reims, de toute la métropole, et nous pouvons dire de la France entière, fut telle que pendant les deux siècles qui suivirent la découverte de l'imprimerie, on ne livra à l'impression que le grand testament, sans tenir compte du petit. Celui-ci ne serait jamais sorti de la poussière des archives, si l'esprit de parti, comme nous le montrerons dans le chapitre suivant, n'en avait eu besoin pour ruiner l'œuvre véritable de l'apôtre des Francs.

Le premier qui fit imprimer le grand testament, fut le jurisconsulte Brisson, président au parlement de Paris. Henri III avait coutume de dire de lui « qu'il n'y avait aucun prince dans le monde qui « pût se vanter d'avoir un homme aussi savant que « son Brisson [1]. » L'un des nombreux ouvrages de jurisprudence qu'il publia, est intitulé : *Des formules et des sentences solennelles du peuple romain* [2]. Le

---

[1] Biographie de Michaud.

[2] L'ouvrage est en latin : en voici le titre : *Barnabœ Brissonii regii consistorii consiliarii, amplissimique senatûs parisensis præsidis, de formulis et solemnibus populi Romani verbis*, in-f°, Parisiis, 1683.

chapitre le plus considérable de cette œuvre, qui parut en 1583, a pour objet les testaments. Il en examine les diverses formules dans l'antiquité romaine, et arrivant à la période gallo-romaine et mérovingienne, il cite à l'appui de ses assertions divers testaments dont il donne de longs fragments, ceux en particulier de saint Halduin et de saint Berthramn, évêques du Mans, et du roi Dagobert. Mais il commence ces citations par le grand testament de saint Remi, qu'il n'entend pas tronquer, mais qu'il veut publier en entier, en le faisant précéder des observations suivantes :

« Notre Gaule ne manqua pas non plus de
« formules de testaments. Car pour passer de
« ces mines d'or dans celles de métal de l'âge
« suivant, nous rencontrons le testament élégam-
« ment écrit du bienheureux Remi, archevêque de
« Reims, à qui Sidoine Appollinaire, son contem-
« porain, donna de si grandes louanges, dans la
« lettre septième du chapitre IX de ses œuvres.
« J'en ai, il y a quelque temps, fait connaître
« la substance[1] d'après les manuscrits (*scriniis*)
« d'Hincmar et de Flodoard, et les archives de
« l'Église de Reims; Chesneau l'a publié dans la
« version française qu'il a donnée de Flodoard.
« Comme j'hésitais à le joindre à mon ouvrage
« à cause de sa longueur, mes amis m'ont pressé
« de le faire en faveur des nations étrangères,

---

[1] Nous ignorons dans quel ouvrage Brisson avait précédemment parlé du testament.

« auxquelles les livres écrits en français sont moins
« accessibles [1]. »

Qui ne voit toute l'importance du témoignage de Brisson en faveur de la persistance de la tradition de l'Église de Reims ? Le jurisconsulte s'occupant de la question des testaments, sait, par l'histoire, l'existence de celui de saint Remi. A qui s'adresse-t-il pour en avoir la copie authentique ? Tout naturellement à l'Église de Reims. Il vient fouiller ses archives, les bibliothèques de ses abbayes et il y trouve un double texte. Mais il n'existe pas plus d'incertitude au XVI⁰ siècle qu'au XIV⁰. Brisson emporte le grand testament, puis l'examinant au point de vue juridique, il le trouve en parfaite conformité avec les règles du droit et la forme des testaments mérovingiens. Ce témoignage d'un jurisconsulte aussi éminent, exprimé dans un travail aussi spécial, emporte avec lui une double démonstration : celle de l'authenticité historique du grand testament, et celle de sa valeur intrinsèque. A ce dernier point de vue, il est la réfutation anticipée des objections de l'école gallicane, qui n'osant aborder le côté historique de la question, n'attaque

---

[1] Ac nec testamentorum formulis Gallia nostra caruit. Namque ut ab aureis illis in sequioris venæ seu metalli tempora præceps ruam, extat D. Remigii, Remensis archiepiscopi, qui laudum suarum præconem egregium Sidonium Appollinarem æqualem suum epist. vii, lib. ix habet, elegans testamentum a me pridem ex Hincmari et Flodoardi scriniis et ipsius remensis ecclesiæ archiis descriptum versione et nuper a Nicolao Querculo in Gallica Flodoardi editum, quod cum propter prolixitatem adiscribere gravarer, cunctantem me amici impulerunt, exteris quoque nationibus, ad quas gallici libri minus perveniunt, illius testamenti copiam facere. (Brisson, opere citato, lib. vii, p. 765.)

le testament qu'en raison de ses invraisemblances de rédaction.

Le président Brisson, qui publiait en 1583 le grand testament, avait été devancé dans ce travail, comme il nous l'apprend lui-même. Chesneau, né à Tourteron, dans les Ardennes, et chanoine de la collégiale de Saint-Symphorien de Reims, avait, dès l'année 1581, publié une traduction de l'histoire de cette Église par Flodoard. Cet ouvrage n'avait jamais été imprimé et il le fut en français avant de l'être en latin. Or, quel sera le testament que publiera Chesneau? Ce sera le grand. En vain dira-t-on qu'il y était obligé, parce que le grand testament accompagne toujours l'histoire de Flodoard. Soit, mais au moins, si ce testament était faux à ses yeux, devait-il en avertir le lecteur, et il n'en fait rien.

A la même époque où le chanoine de Saint-Symphorien traduisait l'*Histoire de l'Église de Reims* de Flodoard, le théologal de l'Église métropolitaine, Hubert Meurier, homme de grande valeur, dédiait au pape Clément VIII un ouvrage qu'il intitulait : *Des Onctions Saintes*. Son but était de traiter des diverses onctions en usage dans l'Église, mais surtout de celles du sacre. Il est donc amené à parler du sacre des rois de France, et particulièrement de celui de Clovis. A cette occasion il écrit ceci :

« Belleforest compte Childebert II parmi les rois
« qui ont reçu l'onction. On ne comprend donc pas
« pourquoi, parlant de Pepin, il le donne comme
« le premier roi qui ait été sacré. On dirait vraiment
« que Clovis ne l'a été que comme chrétien et

« non comme roi, par saint Remi. C'est en effet
« l'affirmation de certains chronologistes moder-
« nes, plus avides de nouveautés que respectueux
« du passé. Cette insinuation va contre la croyance
« universelle, et contre le testament du saint
« homme, qu'ils disent pourtant avoir lu et se trou-
« ver dans les bibliothèques royales. Car ils ont pu
« y lire ces paroles : « Seulement par égard pour
« la famille royale.... que j'ai baptisée, tenue sur
« les fonts de baptême, enrichie des sept dons de
« l'Esprit-Saint et sacrée de l'onction du Saint-
« Chrême. » Peut-on parler plus clairement et plus
« ouvertement [1] ? »

Ces paroles sont du grand testament : le livre est adressé à Clément VIII, à cette cour de Rome qui avait eu si souvent à s'occuper de ce monument de l'histoire de France : c'était donc bien son texte, et non celui du petit testament, dont l'authenticité était universellement reconnue.

Le savant théologal se plaint dans le même ouvrage de ne lire que dans les manuscrits l'histoire de l'Église de Reims de Flodoard. Le P. Sirmond comblait cette lacune en 1611, par la publication

---

[1] « Et Belleforestius Childebertum II inter reges unctos numerat, ut certe non possim satis mirari cur postea de Pepino loquens illum primum omnium Regum Francorum unctum fuisse dicat. Quasi vero Clodoveus tantum ut christianus, non etiam ut rex a B. Remigio fuerit unctus, quemadmodum novi quidam chronologi curiosi magis quam Religiosi contra publicam fidem et testamentum viri sancti, quod se legisse fatentur et in regiis thesauris haberi prædicant. Nam ibi hæc verba legere potuerunt : In regiæ majestatis, etc.... Quid his apertius dici potest. » *Hub. Mori. théol. Paris. et Ecclesiastæ Remensis de sacris unctionibus, libri tres, in quibus de sancta Ampulla et Regum Francorum consecratione diffuse tractatur. Parisiis, MDXCIII, in-8°. p. 175.*

latine qu'il fit des œuvres de l'annaliste Rémois. Tout naturellement, comme Brisson, comme Chesneau, il insère dans son édition le grand testament, mais lui aussi sans observation, parce que seul il est le testament de saint Remi.

En 1617, George Colvère [1], chancelier de l'Université de Douai, fit imprimer une nouvelle édition latine de la même histoire. Il est bon de faire connaître les circonstances de cette publication.

Le chanoine Chesneau, avant de commencer sa traduction, avait dû se composer un exemplaire latin de cette histoire. Car, nous dit-il dans sa préface, « on en trouve quelques viels exemplaires en aucunes « bibliotheques de ce royaume, et mesmement par « deça j'en ay veu et leu trois escrits de diverses « mains, toutefois depravez et corrompuz en maintz « endroits difficiles à lire pour l'incommodité de « la vieille escriture et mal aisez à remettre [2]. »

Or voici ce que devint le manuscrit latin du chanoine de Saint-Symphorien, collationné sur les trois vieux manuscrits si difficiles à déchiffrer. Nous l'apprenons d'une note marginale que nous avons trouvée dans un exemplaire de la traduction de Chesneau que possède la bibliothèque de la ville de Reims.

« Notez que Chesneau avant que translater Flo-
« doard fit escrire son seul exemplaire compilé de
« ces trois exemplaires imparfaits, lequel fut après

---

[1] M. Varin le nomme Couvier.

[2] Il nous semble que Chesneau exagère. Car la bibliothèque de l'Hôtel-de-Ville de Reims possède aujourd'hui encore le manuscrit, dit de Notre-Dame, qui faisait partie de la bibliothèque du chapitre et qui est encore très-bien conservé.

« sa mort envoye par M. Antoine de Bauchesne [1],
« chanoine de Notre-Dame, executeur de son testa-
« ment au docteur en théologie et professeur a Douay
« par les mains de Thomas Vitus, docteur en droit,
« environ l'an 1617 qu'il L'a fait imprimer a Douay
« par Jean Bogarde imprimeur et par la diligence,
« le travail et labeur du chancelier de l'université
« de Douay George Colverius, docteur en theologie
« l'an 1617. (Voyez sa préface au lecteur). »

D'après cette note, l'édition de Colvère devrait bien plutôt être attribuée à Chesneau. Mais il n'en est rien, et Colvère nous apprend dans sa préface qu'il ne publie son édition qu'après l'avoir collationnée sur sept manuscrits différents.

Voilà donc qu'en moins de quarante ans il a été fait quatre publications du grand testament, accomplies par des auteurs différents, sans qu'aucune fasse mention du petit testament, sans que personne songe à le mettre au jour. Est-il possible de rencontrer, d'une part une plus grande publicité, et d'autre part un plus grand accord dans le silence?

Ces publications avaient attiré l'attention du monde savant sur l'acte suprême du grand Pontife de Reims. Il appartenait désormais comme une source précieuse à l'histoire nationale de la France; la critique l'avait étudié et lui avait trouvé tous les caractères d'une parfaite authenticité.

De 1588 à 1607, Baronius publiait la seconde édition de ses immortelles annales. Ce savant étranger,

---

[1] Nous soupçonnons grandement que cette note vient du chanoine Bauchesne lui-même, et que l'exemplaire, où nous la lisons, lui appartenait.

ce cardinal italien, dans le tome v de son œuvre, met une complaisance marquée à décrire les commencements de la monarchie française, le baptême de Clovis, le grand rôle de saint Remi. Nous n'avons trouvé nulle part rien d'aussi complet sur la vie de l'apôtre des Francs que dans ces riches in-folios du célèbre historien, et peut-être renferment-ils en même temps les plus belles pages qui aient jamais été écrites à l'honneur de la nation très-chrétienne.

Or Baronius, dans le détail de son récit, s'en réfère constamment au grand testament. En le lisant, on sent qu'il a étudié cette pièce historique avec un soin tout particulier. Hincmar avait raconté que saint Benoist, frappé d'impuissance dans la guérison d'une fille possédée du démon, l'avait envoyée à saint Remi pour la délivrer. Baronius, avec grande raison, n'accepte pas que le Benoist impuissant à triompher du démon dans la personne de cette jeune fille de Toulouse, soit le saint fondateur de l'ordre bénédictin, et la raison qu'il en donne, c'est que cette opinion d'Hincmar « diffère évidemment du « testament écrit de saint Remi. Or, continue « Baronius, ce testament, non-seulement le savant « Brisson qui l'a édité, mais tous les érudits qui « l'examinent, en proclament la légitimité, et affir- « ment qu'il est l'œuvre propre du Pontife sans « aucun mélange ni altération [1]. »

---

[1] ..... Nobis certe nec minimum arridet, cum præsertim discrepare intelligatur a scripto testamento sancti Remigii, quod non solum doctus Brissonius, qui edidit, sed qui illud inspiciunt eruditi omnes legitimum probant atque germanum, absque fuco ullo admixto conscriptum. (An. eccl., auct. Cæs. Baron., Coloniæ, 1609, t. VI, p. 597).

Ainsi ce n'est plus la tradition de l'Église de Reims qui désormais en garantit l'authenticité. Il est tombé dans le domaine de l'histoire générale, la critique savante s'est exercée à son endroit, et tout le monde des érudits, dans la première moitié du XVIIe siècle, adhère à sa réalité. *Sed qui illud inspiciunt eruditi omnes.*

En Hollande, le savant historien Pontanus [1] l'insère intégralement dans son œuvre des origines françaises. En Belgique, Le Mire [2] l'introduit également dans son recueil de diplômes et de pièces historiques. En France, le P. René de Cériziers consacre tout le chapitre III de sa *Vie de saint Remi* à l'analyse du grand testament [3].

Un autre Rémois, le savant Bergier, dans son

---

[1] Pontanus, né à Elseneur, dans l'île de Seéland (1571-1639), après avoir terminé ses études, passa trois ans dans l'île de Hven, auprès de Tycho-Brahé. Il fut nommé, en 1604, professeur de philosophie et d'histoire au collége de Hardewich et reçut plus tard la qualité de historiographe du roi de Danemark et des États de Gueldre. Il composa, outre quelques œuvres littéraires et poétiques, de nombreux ouvrages historiques et géographiques, parmi lesquels se trouve celui intitulé : *Originum francicarum*, lib. VI, Hardewich, in-4°.

[2] Aubert Le Mire, né à Bruxelles en 1573, mort en 1640. Compilateur infatigable, Le Mire a produit de nombreux ouvrages. J.-F. Poppens publia les diverses œuvres de Le Mire relatives à l'histoire civile et ecclésiastique des Pays-Bas, sous ce titre : *A. Miræi opera diplomatica et historica*, etc.; Bruxelles, 1723-1748, 4 vol. in-fol.

[3] « Il est vrai que cette pièce est une des plus belles que l'antiquité nous ait laissée et que le docte Brisson, qui n'a pas manqué de la transcrire dans ses ouvrages, n'en a pas d'autre sentiment que celui-ci. » Puis il cite tout le passage qui a rapport aux bénédictions et aux malédictions. (*Les heureux commencements de la France chrétienne sous l'apôtre de nos Roys, saint Remi, par René de Cériziers, religieux de la Compagnie de Jésus.* Reims, in-8°, 1633).

Histoire des grands chemins de l'Empire, publiée en 1623, cite le legs que saint Remi fit au titre de saint Maurice, sur la voie de Césarée, legs qui ne se trouve que dans le grand testament [1].

Jansénius invoque son autorité dans sa lutte contre la politique de Richelieu; de Priezac, dans sa réplique à l'évêque d'Ypres, en tire les plus beaux éloges à l'adresse de la monarchie française.

Mais n'anticipons pas. Nous devons à ces deux écrivains une attention spéciale; car par la nature de la polémique à laquelle ils ont mêlé le testament, ils sont devenus les auteurs involontaires des négations qui se sont produites contre lui. Depuis la mort de saint Remi, jamais aucun doute ne s'était élevé sur la réalité de ses dernières dispositions. Mais nous arrivons à une époque où une école d'érudits va s'inscrire en faux contre son authenticité, moins au nom de la science que sous l'empire de ses préjugés et de ses complaisances pour l'omnipotence du Grand Roi.

---

[1] « Ainsi le chemin militaire qui partait de là fut nommé *via Cæsarea*, la voie de César. Ce qui nous enseigne assez clairement qu'elle fait partie de celle qu'Agrippa fit paver en France par le commandement d'Auguste; c'est le nom que saint Remi lui donne en son testament, lorsque faisant un legs à l'église de Saint-Maurice assise en ce temps là hors la ville sur ledit chemin, il dit : ***Titulo sancti Mauritii in Via Cæsarea solidos duos.*** Il ne faut pas penser que par ces mots saint Remi veuille entendre la grande rue du Barbastre sur laquelle se trouve actuellement située ladite église de Saint-Maurice, d'autant que du temps de saint Remy cette rüe n'estait point ny de plus de cinq cens ans après lui. » (Bergier, *Hist. des gr. ch. de l'Emp.*, liv. III, ch. XXXIX).

CHAPITRE V

LE GRAND TESTAMENT DEPUIS 1638 JUSQU'A NOS JOURS

FERMENTATION POLITIQUE ET RELIGIEUSE SOUS RICHELIEU. — JANSÉNIUS ET SON OUVRAGE : MARS GALLICUS. — RÉPLIQUE DE DANIEL DE PRIEZAC AU MARS GALLICUS. — ORIGINE DES NÉGATIONS CONTRE LE GRAND TESTAMENT. — ADRIEN DE VALOIS. — LES DEUX ÉTRANGERS BOLLANDUS ET CHIFFLET. — LABBE. — BRÉQUIGNY. — LECOINTE. — MARLOT. — NOËL ALEXANDRE. — DUCANGE ET TILLEMONT. — PAGI. — MABILLON. — LACOURT ET LE PÈRE DORIGNY. — SCIPION MAFFÉI. — LONGUEVAL. — L'HISTOIRE LITTÉRAIRE DE FRANCE. — LA GALLIA CHRISTIANA. — LES BOLLANDISTES ANCIENS ET MODERNES. — TERRASSON. — LE NOUVEAU TRAITÉ DE DIPLOMATIQUE. — DOM CEILLIER. — LES HISTORIENS ET LES ÉRUDITS MODERNES. — NOMBRE RELATIVEMENT RESTREINT DES SAVANTS QUI REPOUSSENT LE GRAND TESTAMENT. — LA CRITIQUE GALLICANE.

L'origine des attaques dirigées contre le grand testament nous rappelle un souvenir historique depuis longtemps oublié ; c'est, dans la première moitié du XVII° siècle, la surexcitation contre la France de tous les pays situés sur notre frontière de l'est, et qui appartenaient alors à l'Espagne.

La politique de Henri IV, si vigoureusement

poursuivie par Richelieu, avait rendu à la France un ascendant qui avait fait diminuer dans la même proportion celui de l'Espagne et de l'Autriche. La domination française tendait à se substituer partout à la domination de l'empire de Charles-Quint. Jamais notre pays n'a grandi sans exciter les plus vives jalousies de l'Europe. Cette fois, le monde savant se mit de la partie. Les écrivains des provinces espagnoles, les érudits de la Belgique et de la Franche-Comté voulurent ressaisir dans les combats de la science la gloire que leur patrie d'adoption perdait sur les champs de bataille. Au moment où ces provinces allaient être le théâtre des victoires de Louis XIV et la plupart devenir françaises, ils entreprirent une véritable croisade historique contre nos traditions les plus anciennes et particulièrement contre la grandeur de nos rois.

En France aussi, la politique de Richelieu suscitait de vives résistances. On lui reprochait ses guerres incessantes qui ruinaient le pays, et ses alliances anti-catholiques avec les Turcs et les protestants. Des pamphlets de toutes sortes se répandirent contre le tout puissant cardinal. La lutte fut des plus ardentes. Richelieu ne dédaigna pas de descendre dans l'arène, de se mêler aux combattants et de prendre la plume pour se défendre lui-même. Il poussait l'audace jusqu'à faire vendre les diatribes de ses ennemis qu'il accompagnait de notes rédigées de sa propre main. S'il avait ses adversaires, il avait ses défenseurs. L'ambition nationale avait pris sous quelques plumes d'incroyables proportions. Arroy, théologal de Lyon et docteur

en théologie, écrivait : « Du temps que les Fran-
« çois ont tenu l'empire, il contenait toutes les
« Gaules, l'Italie entière, à prendre depuis Ausbourg
« jusqu'à la Calabre inférieure, l'Allemagne, la
« Hongrie, la Pologne, la Russie, la Prussie, la
« Livonie, la Lithuanie, la Moscovie, la Sclavonie,
« la Volodie, l'Alberussie, la Valachie, etc., etc.,
« et toutes les Gaules du côté des Mons Pyrénées.
« Il possédait tous les Mons et de l'Espagne ce qui
« est deçà la rivière Ebro, où est contenu le Conté
« de Catalogne[1]. » Il ajoutait que les rois de
France y avaient droit comme héritiers de Charlemagne; que les princes ne possédaient ces provinces que pour les avoir injustement envahies pendant
les troubles, et qu'ils ne pouvaient les retenir en
conscience[2].

Un des points débattus avec le plus de vivacité
était la question des alliances françaises[3]. Les catholiques zélés, quelque amour qu'ils eussent de la
grandeur nationale, ne pouvaient admettre qu'elle
s'accomplît au détriment de la religion. Or, malgré
le soin que prenait Richelieu, dans ses traités, de
stipuler en faveur de la liberté des catholiques
vivant dans les pays protestants, sa politique avait

---

[1] *Questions décidées sur la justice des armes des rois de France et l'alliance avec les hérétiques et les infidèles, par Besian Arroy, docteur en théologie et théologal de Lyon.* (Paris, Loyson, 1634, p. 110).

[2] *Ibid.*, p. 93 et 98.

[3] Le livre d'Arroy avait été composé à l'occasion du traité de Louis XIII avec les Suédois et les Protestants d'Allemagne. Cette question suscita une multitude d'ouvrages pour et contre. Nous en avons compté trente-sept dans la *Bibliothèque historique* du P. Lelong.

pour résultat de fortifier le protestantisme en Europe. Les catholiques d'Allemagne ressentaient les mêmes scrupules que ceux de France, et l'Espagne profitait de ces dispositions pour se donner comme l'unique défenseur des intérêts catholiques. Les pamphlétaires attaquèrent donc avec violence Richelieu sur ce terrain.

A cette époque de foi profonde, les agissements de la politique n'étaient pas examinés comme de nos jours, simplement au point de vue des intérêts matériels. L'honneur et les principes chrétiens, tel était le point de départ de toutes les discussions.

On posait donc cette question : Quelles sont les causes qui rendent une guerre juste et permise ? Et Arroy, par exemple, établissait les principes suivants : Il faut que le prince qui l'entreprend ait une autorité souveraine, que sa cause soit juste et son intention droite. Or, la mineure de son raisonnement, acceptée par beaucoup d'écrivains d'alors, était vraiment curieuse : non-seulement les guerres des rois de France réunissaient cette triple condition de justice, mais aucun prince n'avait d'aussi bonnes raisons qu'eux d'entrer en campagne, parce qu'aucun n'avait une souveraineté aussi grande, une cause aussi légitime, des intentions aussi droites.

Ils justifiaient la souveraineté exceptionnelle des rois de France en célébrant toutes leurs prérogatives : leur sacre, qui s'accomplissait avec une huile apportée du ciel, le don de guérir les écrouelles, le titre de très-chrétien, les droits que leur conférait la loi salique[1], d'autres ajoutaient l'oriflamme et les lys, reçus aussi miraculeusement du ciel par Clovis. Il faut avoir lu ces divers écrits pour se représenter la haute opinion que la France concevait alors de la grandeur et de la majesté de ses rois[2]. On peut dire que ce ne sont pas les Bourbons

---

[1] Nos lecteurs nous sauront gré de reproduire ici le raisonnement que Arroy fait à propos de la loi salique. Il commence par en citer l'article *De matrimonio*. « Il ne peut passer aucune portion d'une terre salique à la femme; mais il faut que tout l'héritage et toutes les terres passent au mâle. » Par là, disait-il, il est ordonné que l'autorité royale passe aussi entière aux successeurs mâles qu'elle a été en leurs prédécesseurs, à l'exclusion de tous les étrangers, contre lesquels cette loi a été particulièrement imaginée. Puis donc Louis XIII a succédé à Charlemagne et aux autres rois ses prédécesseurs en droite ligne masculine, il a la même autorité et le même droit que lui. Or, l'autorité de Charlemagne s'étendait sur l'Allemagne, sur l'Italie, sur l'Espagne, etc. Celle de Louis XIII doit donc s'étendre jusque-là. (*Ibid.*, p. 67 et suiv.).

[2] Les écrivains rémois se sont particulièrement distingués dans l'exposé des grandeurs de la royauté française.
Dans l'ouvrage de *Sacris unctionibus*, dont nous avons parlé plus haut, le célèbre théologal de Reims, Hubert Meurier, écrit ceci (liv. II, chap. VII) :
« Tous les jurisconsultes *canonistes et civils* qui ont écrit sur les priviléges et les droits des rois de France, les placent non-seulement au-dessus de tous les rois chrétiens, mais au-dessus de tous les prélats ecclésiastiques, tels que sont les évêques, les primats et les cardinaux : la raison principale en est dans l'onction céleste que seuls ils reçoivent entre tous les hommes. »
Il dit encore au chap. IX :
« Les jurisconsultes, entre autres raisons pour lesquelles nos rois sont appelés très-chrétiens, et ne reconnaissent aucune supériorité dans les choses temporelles, donnent celle-ci : c'est que seuls parmi les princes chrétiens ils sont sacrés par l'huile céleste. »
Enfin il ajoute au liv. III, chap. IX du même ouvrage :
« La nation française a toujours vénéré ses rois et leur a presque servilement obéi. Ce qui nous y détermine et y a déterminé nos ancêtres, c'est l'onction *céleste*, avec laquelle ils sont sacrés

eux-mêmes, mais bien la France, son clergé, ses jurisconsultes, ses historiens, qui leur a donné ces grands airs, cette haute dignité, cette majesté et cette sublimité de la fierté, qui éloigne si fort d'eux une partie de la bourgeoisie moderne, affairée, mercantile, courbée aux pieds du veau d'or.

A ces exaltations de la grandeur royale, les pamphlétaires espagnols répondaient par une thèse

seuls entre tous les rois, choisis par Dieu entre tous les princes du monde pour l'honneur de son nom et le secours de son Église, devenus véritablement les Christ du Seigneur. Nous leur rendons toutes sortes de soumission, d'honneur et de révérence, moins comme à des rois qu'à des personnes saintes et consacrées à Dieu. »

Le P. René de Cérisier dans son ouvrage, le *Tacite français*, imprimé à Reims en 1643, a écrit ceci, p. 23 :

« La cité de Reims a été choisie pour le baptême de Clovis, saint Remi pour le sacrer, la sainte ampoule, avec laquelle nos rois sont sacrés, est un présent dont le ciel a voulu embellir ce jour de fête. Dieu a voulu que son fils fût reconnu par la descente de la colombe sur le Jourdain; il a voulu également qu'un semblable miracle fît reconnaître le fils aîné de son Église. »

Marlot a de semblables paroles dans son *Traité du sacre des Rois*.

Or ce langage des écrivains rémois n'était que l'écho de la tradition française.

En 1550, l'italien Paul Jove (Giovia Paolo), s'exprimait ainsi dans le livre Ier de l'*Histoire de son Temps* : « Les Français sont admirablement dévoués à leurs rois, en qui ils reconnaissent quelque chose de la puissance divine : *Divinum quemdam animi vigorem.* »

Avant lui, Mathieu Pâris, au chap. 1er, p. 8 et 9 de son histoire, avait écrit : « Au milieu siégeait le roi de France, le roi des rois terrestres, *qui terrestrium rex regum est*, tant à cause de sa céleste onction qu'à cause de sa puissance et de ses armées. » Il ajoute : « L'archevêque de Reims est le premier et le plus éminent des pairs de France, parce qu'il consacre du Chrême céleste le roi des Francs, laquelle consécration fait de ce roi le plus élevé de tous, *regum censetur dignissimus*. » Or, Mathieu Pâris n'est pas un flatteur de Louis XIV. Ce bénédictin « à la plume enragée » mourut sous saint Louis, en 1259, et il était Anglais!

tout opposée. Ils niaient la réalité du sacre, la provenance céleste de la sainte ampoule ; ils attaquaient la généalogie des Bourbons, et faisaient ressortir la conduite condamnable d'un grand nombre de rois. On ne saurait croire combien, sous le règne de Louis XIII et une partie de celui de Louis XIV, furent agitées, soit pour les attaquer, soit pour les défendre, ces questions du sacre, de la sainte ampoule, de la généalogie royale, la passion qu'on y mit, et souvent aussi la mauvaise foi.

Ajoutez à toutes ces causes de surexcitation la passion non moins grande qui s'exerçait à l'endroit de la souveraineté pontificale. Depuis longtemps, la France avait ses légistes, qui prétendaient remplacer tout autre pouvoir en face de la royauté. Ils commencèrent par la flatter, pour ensuite la dominer. Dès Philippe-le-Bel ils firent résistance à l'autorité des Papes, mais jamais au point de nier leur pouvoir vis-à-vis des princes dans le cas de schisme et d'hérésie. Survint le protestantisme : niant l'Église elle-même, il mit les couronnes protestantes très à l'aise et proclama leur indépendance absolue. Plus d'un catholique fut choqué que dans les pays catholiques l'autorité civile fût dans un état d'infériorité à la même autorité dans les pays protestants. Les légistes devinrent donc plus osés et affirmèrent plus que jamais l'indépendance absolue du pouvoir civil vis-à-vis du pouvoir religieux. Le Tiers-État de 1614, où dominait la magistrature, proposa aux États-Généraux de déclarer loi du royaume des principes analogues à ceux professés par la déclaration de 1682, mais la royauté, le clergé et la noblesse repoussèrent unanimement ces propositions hérétiques et schismatiques. Toutefois les ennemis du pouvoir de l'Église ne se tinrent pas pour battus; les écrits se multiplièrent sous Richelieu, plusieurs furent d'une violence qui motiva des plaintes de la cour de Rome et les sévérités de la censure royale [1] : le gallicanisme était en fermentation, et n'attendait que l'assemblée de 1682 pour s'affirmer comme principe de gouvernement.

Au milieu de cette effervescence des esprits, l'un des plus haineux adversaires de la France, de ses rois et de sa politique, fut le fameux Jansénius. Il se jeta dans la lutte avec cette apparente inflexibilité de logique, avec cette prétendue austérité de principes qui lui valut plus tard un grand renom. Il prit à partie l'ouvrage d'Arroy et écrivit, pour le réfuter, un livre qui eut beaucoup de succès [2].

[1] La France, en réalité, n'était pas gallicane, ni la royauté, ni le clergé, ni la nation. Les Parlements introduisirent cette doctrine par la violence, comme ils essayèrent de fausser la situation politique. Ils combattirent la puissance pontificale, pour se substituer à elle et devenir le seul pouvoir public qui fît contrepoids à la royauté. Les Parlements ont disparu ; la magistrature si honorable qui les remplace, n'a plus l'ombre de pouvoir politique. Le temps semble même venu où chacun de ses membres sera moins que le dernier des citoyens ; il ui faudra changer d'opinion personnelle aussi souvent que change le ministre dont il relève. Les Parlements ne sont plus! Mais il est toujours, au Vatican, un Pape qui ne cesse d'être le souverain spirituel du monde!

[2] Cornélius publia en latin son ouvrage sous le pseudonyme d'Armacanus. En voici le titre : *Alexandri Patricii Armacani, theologi Mars gallicus, seu de justitia armorum et fœderum regis Galliæ, libri duo.*
Il fut traduit aussitôt sous ce titre :
Le Mars François ou la guerre de France, en laquelle sont exami-

Fouillant dans tous les recoins de l'histoire pour battre son adversaire, l'une de ses armes les plus tranchantes fut précisément l'autorité du testament de saint Remi. Le dernier chapitre de son œuvre est exclusivement consacré à invectiver contre les rois de France au nom du grand testament. Malgré la longueur de ce passage, nous le citerons en entier ; le lecteur comprendra mieux ensuite toute l'autorité qui s'attachait alors à ce document, et toute la frayeur qu'il inspira dès lors aux défenseurs de la politique royale.

Le chapitre est ainsi intitulé :

[1] « Le testament de saint Remi, fait pour la « race royale, est examiné.

« Que si nous examinons les menaces que Dieu « fait aux Rois qui oppriment la Religion, nous « n'en trouverons pas de plus rigoureuses, de plus « à craindre ni de plus à fuir, que celles qui regar- « dent en particulier les Rois de France. Car, outre « qu'on demandera plus, comme dit l'Écriture, à « celui à qui on a plus donné, l'Apôtre de la France, « étant sur les approches de sa mort, légua le « soin de la Religion Catholique à la Race Royale « de France, avec une sévère menace de mort et « de malédiction, qui est portée dans son testa-

nées les raisons de la justice prétendue des armes et des alliances du roi de France, mises au jour par Alexandre Patricius Armacanus, théologien, et traduites de la troisième édition, par C. H. D. P. D. E. T. B., l'an MDCXXXVII.

D'après le P. Lelong, ces initiales désignent Charles Hersent, de Paris, docteur en théologie, bénéficier.

[1] Nous nous servons dans notre citation de la traduction d'Hersent.

« ment, contre les Rois qui manqueraient d'affec-
« tion et de fidélité à la maintenir. Ce testament
« de ce grand prélat mérite bien de voir le jour et
« d'occuper la pensée des Rois; car il est plein de
« grands mystères. Saint Remi, Apôtre de France,
« étant donc sur la fin de ses jours et soignant à
« la conservation de la Foi qu'il avait enseignée au
« Roi Clovis et à ses sujets, fit un testament très-
« glorieux pour les Rois de France, s'ils accom-
« plissent ce qu'il ordonne ; mais bien redoutable,
« s'ils le méprisent. *Favorisant,* dit-il, *à la race
« royale,* etc. »

Voir dans le testament, p. 64, tout le long passage qui a trait à la race de Clovis. Après avoir cité tout ce passage, Cornélius continue ainsi :

« Se trouvera-t-il maintenant quelque succes-
« seur de Clovis qui ne frémisse à ces menaces,
« s'il a, peut-être, envahi, s'il a détruit, s'il a ra-
« vagé les églises de Dieu, quoique indirectement?
« Si, mettant le repos et la Foi de l'Église au-des-
« sous de l'affermissement de son État, il a aban-
« donné la Religion à la puissance de l'Hérésie;
« les temples aux sacriléges des impies; les Chré-
« tiens, ses frères, aux ministres qui les ont per-
« vertis et les saints mystères de sa Foi à la rage
« et à l'infidélité des hérétiques? Il n'y a plus
« maintenant de quoi s'étonner, que l'arbre de
« Valois, qui avait poussé tant de rejettons, soit
« du tout morte. Il ne faut plus demander pourquoi
« ses jours ont été raccourcis et pourquoi sa cou-
« ronne a passé à un autre. On voit assés l'effet
« de la Prophétie de sainct Remi. Les foudres spi-

« rituels ne trouvent point d'Alpes qui les arrestent,
« ni de priviléges de l'Église Gallicane qui leur
« ôte leur force. Dieu se souvient toujours de la
« parole qu'il a mise dans la bouche d'un si grand
« sainct. L'autheur de ce Testament est mort au
« monde, mais il vit dans le ciel. Ceux qui l'ont
« signé comme témoins des anathèmes qu'il pro-
« nonce et comme vengeurs de l'iniquité qu'il
« déffend, vivent aussi par la renommée de leur
« saincteté et de leur vertu. Ils sont tous prests
« d'exécuter les malédictions et les bénédictions
« qu'il contient.

« Remi, Evesque, j'ai releu mon Testament, je
« l'ai signé, je l'ai sous-cri et je l'ai achevé avec
« l'aide de Dieu, au nom du Père, du Fils et du
« sainct Esprit.

« Vaast, Evesques, j'ai maudit celui que mon
« Père Remi a maudit et j'ai béni celui qu'il a
« béni ; je me suis aussi trouvé à son testament, et
« j'ai sous-cri.

« Génébaud, Evesque....
« Médard, Evesque....
« Leu, Evesque....
« Benoît, Evesque....
« Éloge, Evesque....
« Agricola, Prêtre...
« Théodonius, Prêtre....
« Celsinus, Prêtre....

« Combien de malédictions! combien de foudres!
« combien d'anathèmes! combien d'excommunica-
« tions! Qu'arrivera-t-il du Prince, quel qu'il soit,
« sur qui elles viendront à fondre ? *Ne se point éveil-*

« *ler au bruit de si grands tonnerres, ce n'est pas
« dormir, c'est être mort*[1]. »

Tant de zèle contre les rois de France devait valoir à Jansénius les faveurs du roi d'Espagne ; ils le récompensèrent en le nommant, en 1638, à l'évêché d'Ypres.

Veut-on maintenant se rendre compte de la bonne foi avec laquelle une certaine critique allait procéder désormais envers le grand testament comme envers bien d'autres documents historiques ? Qu'il nous soit permis de citer les procédés de l'austère, de l'incorruptible Jansénius.

Il termine la préface du *Mars François* par cette observation :

« Je ne nie pourtant pas, que je n'ai pu m'éloi-
« gner de la vérité en quelque chose. Je tiens de
« l'homme et de mon infirmité particulière. L'un et
« l'autre ne me permettent pas d'avoir aucune con-
« naissance que l'âge et l'estude ne puissent accroî-
« tre. On apprend tous les jours beaucoup de choses
« que l'on avait crû bien sçavoir. Je prie toutes fois
« le Lecteur, qui m'accusera d'abus, de ne se point
« abuser soi-même, et de prendre garde, que l'igno-
« rance de l'antiquité, de laquelle il juge possible
« à yeux clos, ne lui fasse prendre de faibles con-
« jectures pour des raisons fortes et sans réplique.
« Peut-être qu'un plus ample éclaircissement de
« mes pensées lui fera voir que la faute, qu'il trouve
« dans mon livre, est en son esprit. »

Telle est l'humilité janséniste : la tête baissée,

---

[1] Le *Mars François*, liv. II, chap. XLV, p. 451.

les yeux fermés, les mains jointes, elle proclame sa fragilité, à la condition que vous proclamerez ses incomparables mérites. Elle peut se tromper, mais gardez-vous de le croire, car ses prétendues erreurs ne seraient imputables qu'à la fêlure de votre esprit.

Eh bien! n'en déplaise à Jansénius, non-seulement il s'est trompé, mais ce qui est beaucoup plus grave, il a voulu tromper.

Voici le commencement de la citation qu'il a faite, telle qu'elle existe dans le testament :

« Seulement par égard pour la famille royale,
« que, de concert avec mes frères et coévêques de
« la Germanie, de la Gaule et de la Neustrie, et
« pour l'honneur de la sainte Église et la défense
« des pauvres, j'ai choisie pour être élevée à tout
« jamais à la majesté royale, que j'ai baptisée, tenue
« sur les fonts de baptême, enrichie des sept dons
« du Saint-Esprit et sacrée de l'onction du Saint-
« Chrême, *et per ejusdem sacri chrismatis unctionem*
« *ordinato in regem*, si quelque jour cette famille
« tant de fois consacrée au Seigneur par mes béné-
« dictions [1], etc. »

Voici, au contraire, la citation telle que Jansénius l'a faite :

« Favorisant à la race royale, j'ordonne que si
« cette même race royale, qui a été si souvent con-
« sacrée à Dieu par ma bénédiction [2], etc. »

Pourquoi cette mutilation? l'a-t-il faite simple-

---

[1] Voir le test., p. 64.

[2] Voir l'édit. lat., an. MDCXXXVII, lib. II, cap. XLV, p. 439, ou la traduction, *ibid.*, p. 431.

ment pour abréger la citation? Nullement. Il a omis ces premières lignes parce qu'elles sont la réfutation du chapitre II de son premier livre. Il consacre ce chapitre à l'examen de la question du sacre des rois de France; il y fait voir que le premier roi sacré a été non pas Clovis, mais Pepin; que l'onction donnée par saint Remi à Clovis fut l'onction du baptême et non celle du sacre, et il le prouve par le récit d'Hincmar qui, en effet, semble ne parler que de l'onction du baptême.

Mais si le récit d'Hincmar ne rapporte pas le sacre de Clovis, le testament l'affirme, *et per ejusdem sacri chrismatis unctionem ordinato in regem*. Comment Jansénius, qui combat la thèse du sacre de ce prince, va-t-il répondre à cet argument? Ne craignez rien, il ne sera pas embarrassé pour si peu. Au chapitre II, *du Sacre*, il ne parlera pas du testament, et au chapitre XLV et final, pour que la supercherie ne soit pas aperçue du lecteur, il le tronquera : il aura la double audace de taire et de faire disparaître les passages du testament favorables à la royauté, et d'invoquer ceux qui paraissent en condamner la conduite. Tel est le procédé de cet homme fameux, de cet ennemi de la France, dont les erreurs doctrinales passionnèrent cependant tant d'esprits dans notre pays.

Le livre de Cornélius avait eu trop de retentissement au dehors et au dedans du royaume [1] pour qu'il n'y fût pas répondu.

---

[1] Le *Mars François* avait paru en 1635. En 1637, il en était déjà à sa troisième édition, et c'est de cette troisième édition que Charles Hersent se servit, pour faire sa traduction, qui parut en cette même année 1637. — Du reste, Leydicker, dans son

En 1638, Daniel de Priezac, conseiller d'État et membre de l'Académie française, lui opposa son livre des Droits et Prérogatives des Rois de France [1].

De même que Jansénius avait suivi pas à pas Arroy dans son ouvrage, de même de Priezac, dans ce latin si élégant et si savant du XVIIe siècle, répondit de point en point à la thèse de Jansénius. Tout naturellement il lui rappelle le passage du testament qui atteste que Clovis a été sacré par l'apôtre des Francs [2], puis, comme l'évêque d'Ypres,

histoire du jansénisme, prétend que P. Rose, président au conseil souverain de Brabant, avait fourni les matériaux de cet ouvrage, que Jansénius n'eut qu'à mettre en œuvre. (*Bibliot. hist. de France*, t. II, art. IX, p. 856.)

[1] *Vindiciæ Gallicæ adversus Alexandrum Patricium Armachanum*, Parisiis, 1638, in-8° et in-12.
Le même livre fut traduit en français par Jean Baudoin et publié sous ce titre : *Défense des Droits et des Prérogatives des Rois de France, contre Alexandre-Patrice Armachan*. Paris, Rocolet, 1639, in-8°.

[2] « A Remigio Clodoveum chrismate quidem in sacro lavacro delibutum fateris : Sed ab eodem Sacris Regiis inauguratum, inque Regem inunctum audacter negas, imo pernegas ! Falleris tamen, et longè a scopo Veritatis oberras, ad quem te vel ipse Remigius religiosissimæ minimeque labefactatæ fidei testis perducere potuerat. Hic enim est Regiæ Inunctionis splendissimus auctor et minister, qui in supremis suis tabulis de quibus vivus adhuc et spirans loquitur, se Clodoveum eodem Chrismate, quo in purifica lustralis aquæ perfusione eum perluerat et in Regem quoque inunxisse non obscuris verbis profitetur. *Quem, inquit, elegi, baptizavi; a fonte sacro suscepi, donoque septiformis Spiritus consignavi et per ejusdem sacri Chrismatis Unctionem ordinato in Regem parcens statuo*, etc. Vide ergo quam falsam tibi persuasionem induisti, cùm hunc Regalis Unctionis morem à Pipino cæpisse, et inde ad Reges posteros dimanasse contendis. »
Nous n'avons pu nous procurer que l'édition latine du *Vindiciæ Gallicæ*, et encore dans les mélanges de Priezac. Voir donc l'ouvrage intitulé : *Miscellanorum libri duo, authore Prienzaco*, Lutetiæ, apud Petrum Rocolet, MDCLVIII, p. 260.

il termine son livre par l'examen des menaces contenues au grand testament.

Malgré sa longueur, nous traduisons et rapportons ici ce passage. L'emploi que de Priezac et que Jansénius firent du testament nous fera comprendre les attaques dont ensuite il a été l'objet :

« Assurément la France doit beaucoup au roi
« Clovis, qui l'enrichit de si vastes accroissements,
« et la porta à un grand renom et à une grande
« gloire. Mais elle doit plus à Remi, qui pénétra
« du sentiment si suave de la Religion l'orgueil et
« l'esprit belliqueux du Monarque; car sans elle,
« que sont les empires de la terre, sinon d'éclatants
« brigandages ! Mais le très-saint Pontife de Reims,
« cet apôtre de la Gaule, en faisant son testament,
« fit entendre la grande voix de la liberté dans ces
« pages suprêmes; ce Voyant des âges futurs, qui
« prophétisait pour des temps reculés, affirme formellement
« qu'il a élevé Clovis au faîte de la majesté
« royale pour régner à jamais.

« Or jusqu'à ce jour, l'assurance que donne cette
« prophétie n'a subi aucun ébranlement; sans
« doute elle n'a pas eu pour elle l'augure du vol
« d'un oiseau, ou le chant de la corneille, ou le
« présage d'un heureux butin; mais cette promesse
« de l'avenir s'appuie sur des signes beaucoup plus
« certains; elle vient d'un souffle céleste et part du
« sanctuaire de la divine sagesse. Bien que la race
« de Clovis ait cessé de lui donner des héritiers, il
« règne cependant encore dans ceux qui ont succédé
« à sa puissance; il ne cessera de régner
« dans la suite des âges, quoi qu'en veuille Arma-

« chan. Car tel est le privilége principal accordé
« aux rois de France, de préférence à tous les
« autres princes, et obtenu, comme le remarque
« l'illustre Baronnius, par les prières de saint Remi :
« c'est que jamais leur empire, à cause des fautes
« des Princes mauvais, ne doit être transféré à d'au-
« tres nations, d'après cette divine promesse : *Si
« vos fils viennent à abandonner ma loi et à ne plus
« vivre dans le respect de mes jugements, j'inspecte-
« rai leurs iniquités la verge à la main, je frapperai
« du glaive leurs péchés, mais je ne détournerai pas
« d'eux ma miséricorde.* L'Espagne a été soumise
« longtemps à des nations cruelles et indomptables.
« Les Vandales, sortis de leur retraite, y séjour-
« nèrent; de leurs mains, elle passa à celle des
« Suèves, puis des Suèves aux Goths, des Goths à
« Roderigue, sans compter les fils du roi Vitisa.
« De Roderigue elle passa aux Maures, des Maures
« aux Musulmans; de ces derniers elle passa de
« nouveau aux Maures, par un jeu étonnant de la
« fortune. Seul dans l'Univers, l'empire des Francs
« subsistant malgré son ancienneté, fortifié je ne
« sais par quel gage divin, paraît destiné à vivre
« éternellement. Car le grand Génie qui préside à
« la destinée des Francs, *non etenim magnus ille*
« *Francorum Genius,* n'a pas aspiré pour eux à
« une durée de quelques jours seulement comme
« pour les Macédoniens, ni à une prospérité de
« quelques instants, comme pour les Athéniens ;
« mais il a tellement fortifié la constitution de ce
« noble royaume dans la suite des siècles, qu'il ne
« pourrait être renversé sans provoquer la ruine

« elle-même de ceux qui l'essaieraient. Il y a plus ;
« l'ordre et la sécurité de l'Univers semblent liés
« d'un indissoluble lien avec la pérennité de ce
« royaume, selon cette parole des oracles : *Tant*
« *que les Rois de France subsisteront, la Majesté de*
« *Rome ne périra pas, parce qu'elle a son soutien*
« *dans ces rois*[1].

« Au surplus, si Remi a prédit que leur royaume
« doit durer autant de temps qu'il restera fidèle à
« la religion et à la justice, nous avons l'espoir
« assuré qu'il ne s'y accomplira jamais aucun
« crime, et que la félicité, des choses humaines la
» plus éphémère, y sera toujours fixée et y fera
« son éternelle demeure : car la Religion et la
« Justice y sont unis d'un lien si ferme et y vivent
« dans un accord si parfait, qu'on les dirait rivées
« l'une à l'autre par la Grâce elle-même.

« Comment donc, homme maladroit, osez-vous
« imaginer que le roi très-chrétien s'est mis en
« butte aux maux évoqués par saint Remi, et osez-
« vous menacer d'une ruine funeste la prospérité
« de la France. Ne savez-vous pas que ces terribles
« menaces ne concernent que les envahisseurs et
« les perturbateurs de l'Église ou que les obstinés
« dans le mal[2] ? Ne faudrait-il pas être insensé

---

[1] Auth. tract. de Antich.

[2] Hélas ! l'espoir de Priezac ne s'est pas réalisé. Les crimes ont été commis et les menaces ont reçu leur exécution ! Les héritiers de Clovis sont expulsés du trône depuis plus de quatre-vingts ans, la France est abaissée par la Révolution, foulée aux pieds par l'étranger. N'est-ce pas là le châtiment divin de la politique anti-catholique de Richelieu, du gallicanisme de Louis XIV, et de la dissolution des mœurs de Louis XV? Pour

« pour attribuer ces méfaits à un monarque qui est
« plutôt un homme divin qu'un habitant de la terre.
« L'appellerez-vous un envahisseur des Églises, ce
« Prince qui leur prête un si puissant secours, qui
« pourvoit si généreusement à leur honneur, qui a
« si fort étendu leur autorité? L'appellerez-vous un
« perturbateur, ce Prince, qui non-seulement leur
« a rendu leur ancien éclat, mais qui n'a reculé
« devant aucune difficulté, devant aucun péril, de-
« vant aucun combat pour étendre leur limite et
« leur juridiction? L'appellerez-vous un obstiné et
« un contumace, ce Prince, qui nourri de la science
« des divins préceptes, n'a cessé d'engager la lutte
« ou contre les ennemis de Dieu ou contre les
« vices?

« Voilà, Armachan, les réponses que j'ai voulu
« opposer à vos attaques : elles sont courtes, elles
« ne sont pas à la hauteur de la cause qu'elles
« entendent défendre, mais elles suffisent pour
« vous faire sentir tout ce qu'il y a de mal avisé
« dans votre esprit.... [1]. »

comble de punition, elle a tellement perdu la notion de sa mission providentielle, qu'elle repousse avec une colère persistante le dernier rejeton de ses rois, précisément parce qu'il s'offre pour réparer les fautes de ses ancêtres.

[1] Voir le texte latin, *Misc.* lib. II, p. 428. — Peut-être le lecteur nous saura-t-il gré de lui donner ici la conclusion de Daniel de Priezac ; elle lui fera de plus en plus apprécier la nature des polémiques alors engagées.

« Ne pouvant diminuer l'estime sacrée qui est due au premier de tous les rois, vous avez voulu l'incriminer, mais sa gloire est trop pure pour qu'elle puisse être ternie et souillée par les injustes reproches que vous avez répandus dans tout votre ouvrage. Illustres par l'éclat de leur renommée, placés au-dessus

Il est donc certain que le testament, en 1635 et en 1638, jouissait encore d'une autorité incontestée. Amis et ennemis l'invoquaient alors en faveur de leurs opinions adverses. Mais justement il venait d'être mêlé à une lutte, où les passions de part et d'autre étaient trop implacables, pour qu'une réaction ne se produisît pas contre « la grande voix de liberté qu'il faisait entendre, » ainsi que s'exprime de Priezac.

Jansénius avait été habile, embarrassant, nous osons dire redoutable et son adversaire ne lui avait pas répondu. Aux yeux de la Foi, le plus grand crime religieux est le schisme et l'hérésie. Les persécutions individuelles, la spoliation des églises ne sont pas une faute comparable à celle des hérésiarques ou de leurs soutiens. Si donc saint Remi

des atteintes de la rivalité, ils ont été glorieux dans tous les siècles, et ils ont excité bien plutôt l'étonnement que l'envie de la postérité : particularité et faveur singulière, que ne possèdent ni ceux qui les jalousent, ni ceux qui marchent à leur suite.

« Admirez-les donc, contemplez-les avec respect, et apprenez en même temps à ne jamais penser qu'avec honneur d'aussi grands héros. Craignez, en lançant contre eux de si véhémentes accusations, de paraître impétueux dans l'attaque, mais impuissant dans les résultats. Laissez donc là vos malédictions : cessez vos calomnies et qu'enfin la témérité fasse place à la raison, les ténèbres à la lumière, le mensonge à la vérité.

« Quant à vous, Espagnols si jaloux de la prospérité de la France, finissez-en de nous vanter vos méfaits comme des œuvres pies de religion. Laissez là les paroles, montrez-nous des actes ; dépouillez votre Gérion aux trois corps, c'est-à-dire votre orgueil, votre cupidité et votre ambition : mettez à terre ce rocher de l'empire universel que vous vous efforcez de rouler sans trêve ni merci ; cultivez l'amitié des Princes voisins, daignez condescendre à des conseils de paix. Enfin prenez pour devise de sagesse cette parole antique : Il est bon de se tenir en repos. O heureux seriez-vous, si vous vous contentiez d'être heureux chez vous ! »

a prononcé de si terribles malédictions contre les envahisseurs des biens de l'Église, Jansénius avait raison de soutenir qu'elles atteignaient bien plus directement encore les Princes fauteurs d'hérésie. La grande autorité de l'Apôtre des Francs invoquée par Jansénius semblait donc comdamner les agissements de la politique royale.

De Priezac à son tour excita par sa réponse les susceptibilités des adversaires du pouvoir de l'Église. Comment accepter que cette Église, en la personne de saint Remi, ait eu plus de part dans la fondation de la monarchie que Clovis lui-même? Comment admettre que ce Prince ne dût pas le trône à sa vaillance, mais au libre choix du Pontife de Reims? Comment reconnaître dans ce grand homme le don de prophétie, et par conséquent la souveraineté de ses menaces contre la royauté, la souveraineté des foudres de l'Église contre le pouvoir civil? Comment reconnaître toutes ces grandes choses faites par elle, toute cette prépondérance, toute cette souveraineté, au moment même où le fameux Dupuy publiait son traité : *Des droits et libertés de l'Église gallicane*.

La bonne foi n'était pas le propre des polémistes de cette époque. Jansénius nous en est une preuve. De Priezac lui-même avait forcé le sens du testament, en faisant prédire à saint Remi l'éternité de la race de Clovis et du royaume des Francs. Mais pris même dans son sens naturel, il était un argument irréfutable dont les partis avaient besoin de se débarrasser. S'en défaire en prétendant que l'Apôtre des Francs s'était trompé, qu'il avait usurpé et dépassé les limites de son pouvoir, était impossible. On aima mieux nier qu'il eût parlé ; on contesta la réalité du testament.

En 1646, Adrien de Valois publiait le premier volume de son *Histoire des Francs* [1], où il niait sans l'ombre d'hésitation et sans la moindre explication la valeur du testament de saint Remi. Mais hâtons-nous de le dire : l'historien ne distinguait pas entre le grand et le petit testament, dont il ignorait probablement l'existence : il niait en général tout testament du Pontife. Analysant le récit d'Hincmar sur les libéralités de Clovis à saint Remi et les divers actes du Saint, rappelant la couronne d'or envoyée par le premier roi très-chrétien au pape Hormisdas et les lettres de ce pape à l'Apôtre des Francs, il conclut en ces termes : « Ces lettres, nous les
« regardons comme aussi fausses et inventées que
« le testament de Remi [2]. »

---

[1] *Hadriani Valesii Gesta Francorum seu rerum Francicarum*, 3 vol. in-folio publiés de 1646 à 1648.

[2] Voici le passage intégral d'Adrien de Valois.
Hincmarus in libro de vita Remigii scribit Chlodoveum, Proceresque Francorum post acceptum baptismum omnibus Ecclesiis Regni ablata restituisse, ac præterea plurimas possessiones per varias provincias Remigio pie contulisse, quarum is partem, nimirum Luliacum, castrum Codiciacum et Bernam villam, Remensis Ecclesiæ prædiis adjunxerit; partem non modicam castro, quod Laudunum Clavatum appellant, vel basilicæ sanctæ Mariæ ibi positæ attribuerit, eique loco Genebaudum, nobillissimum hominem atque doctissimum episcopum præposuit. Eulogium quoque virum potentissimum, clarissimumque ut ex nomine intelligitur natione Gallum, cum majestatis reus in ecclesiam Beatæ Mariæ confugisset, ususque deprecatore Remigio vitam, veniamque ac rerum suarum dominium a Chlodoveo impetravisset, Sparnacum villam suam eidem dono dari voluisse, recusantique in usum Ecclesiæ Remensis argenti librarum quin-

Quelles sont les raisons de cette négation, la première qui se soit produite depuis onze cents ans?

Les lettres d'Hormisdas sont apocryphes, parce qu'elles ont été adressées à saint Remi du temps de Clovis. Or, il y avait quatre ans que Clovis était mort, quand Hormisdas monta sur le trône pontifical. Soit, voilà une raison [1], mais quelles sont

que millibus vendidisse. Præterea Hormisdam urbis Romæ episcopum, post prælium Vogladense cæsumque Alaricum, Remigio Remorum episcopo vices suas per Regnum Chlodovei commissise tradidit Hincmarus, eoque Sedem Apostolicam obtinente Chlodoveum hortatu Remigii legatos Romam misisse, qui coronam ex auro et gemmis, donum eximium, in Basilica Petri ponendam, Principique Apostolorum dicandam et consecrandam curarent. Exemplum quoque litterarum Hormisdæ ad Remigium subscribit quas non minus falsas atque confictas quam Remigii testamentum subjectum arbitror, quippe anno IV post Chlodovei obitum, nimirum Florentio et Anthemio Cons. (sicuti ait Marcellinus in Chronico) Hormisdas in loco Symmachi Romanæ Ecclesiæ episcopus est subrogatus. (*Ibid*, t. I. lib. VI, p. 270).

[1] Il est vrai que Clovis est mort en 511, et qu'Hormisdas ne monta sur le Saint-Siége qu'en 514. Il est vrai encore qu'Hincmar suppose que la lettre du Pape fut écrite du vivant de Clovis, et qu'ainsi il se trouve à cette supposition une impossibilité matérielle. Mais qu'en conclure? ou que la lettre n'a pas été écrite et qu'elle est apocryphe, ou qu'elle vient d'un autre Pape, ou qu'Hincmar s'est trompé de date.

Adrien de Valois professe la première opinion.

Au contraire, les Bollandistes, avec la plupart des critiques, ne nient pas l'existence de la lettre pontificale, mais ils l'attribuent ou à saint Anastase, mort en 498, ou à saint Symmaque, mort en 514. Car il leur semble que cette lettre n'a pu être écrite que du vivant de Clovis, à cause de ce passage : « Nous vous confions la charge de nous représenter dans toute l'étendue des États conquis par notre fils spirituel et bien aimé le roi Clovis, que vous avez naguère régénéré avec la grâce de Dieu par l'eau du baptême, en des circonstances qui ont rappelé la série des prodiges accomplis autrefois par les Apôtres. « Or, dit M. l'abbé Darras, tom. XIV, p. 200 de sa grande histoire, on a prétendu contester son authenticité parce qu'elle renfermait une erreur chronologique en parlant de Clovis, mort en 511, comme vivant encore en 514. Dans la réalité Hormisdas ne dit point que Clovis

celles pour lesquelles l'historien nie la valeur du testament de saint Remi ? Il ne prend même pas la

fût encore vivant au moment où il écrit. La juridiction spirituelle dont le Pape investit le saint évêque de Reims devant s'étendre à toute l'étendue de la monarchie franque, Hormisdas s'exprime par ces mots : *per omne regnum Ludovici*, et dès lors il n'a nullement besoin de spécifier les quatre divisions territoriales, assez vagues d'ailleurs et probablement encore peu connues à Rome, que le partage des États de Clovis entre les princes ses enfants, avaient nécessitées. »

La lettre d'Hormisdas est, du reste, solennellement attestée par Urbain II, à qui le diocèse de Reims a donné le jour. Ce témoignage se trouve dans une lettre très-glorieuse pour le siège de Reims qu'il adressa à Renauld du Bellay, titulaire de ce siège. (Voir également l'*Hist. de l'Égl.* de M. l'abbé d'Arras, t. XXIII, p. 133).

Les Bollandistes, Marlot et tous les défenseurs de la seconde opinion, repoussent la troisième parce qu'ils ne peuvent admettre que saint Remi ait été fait légat si tard, quatre ans après la mort de Clovis, quand lui-même était âgé de 78 ans. Nous pensons, au contraire, que cette délégation tardive se justifie parfaitement. L'autorité de Clovis s'étendait sur toutes les Gaules, et, par son crédit auprès du roi, Remi pouvait exercer partout son influence politique et religieuse. Avec le partage de la monarchie, cette influence se trouvait comme annulée. Trois rois échappaient à ses conseils, il n'en était même plus le sujet. Au point de vue religieux, son intervention dans des États étrangers prenait comme un caractère d'usurpation et devenait odieuse à l'épiscopat et au clergé. Cependant Clovis étant mort si jeune, la nouvelle monarchie ne pouvait tout d'un coup, sans danger, être dépouillée de l'action du roi et de celle de son grand Apôtre. Clotilde, le conseil de régence, Remi lui-même, sentirent donc la nécessité qu'il conservât toute son autorité morale sur la monarchie. Le seul moyen d'y parvenir était d'obtenir de Rome une délégation ; on l'obtint facilement. Comme légat du Saint-Siége, il eut le droit et l'obligation de se mettre en rapport avec tous les rois et toutes les églises des Gaules, et cette expression d'États de Clovis, employée dans la lettre, loin d'en infirmer la valeur, en fait ressortir au contraire l'authenticité. Il nous semble donc que ces observations expliquent pourquoi Remi ne fut pas nommé légat sous le règne de Clovis, et pourquoi il eut besoin de l'être sous celui de ses successeurs, à cause du partage même de son royaume.

peine de nous le dire. C'est se supposer bien du crédit, en face de preuves historiques si multipliées.

L'opinion d'Adrien de Valois était trop radicale, elle demeura sans écho. Les adversaires qui vont se produire contre le grand testament se citeront mutuellement pour faire nombre, mais jamais le nom d'Adrien de Valois ne reviendra sous leur plume. Car ils entendent reconnaître un testament, pour ne pas se mettre trop à dos la tradition française; seulement il leur faut un testament qui ne gêne plus leurs doctrines.

Aussi les coups ne devaient pas partir de l'historiographe de Louis XIV : ils devaient venir de l'étranger.

Nous avons dit que nos écrivains nationaux, dans tous les temps, s'étaient plu à exalter la grandeur de nos rois. Tous la faisaient découler principalement du sacre par l'onction miraculeuse de la sainte ampoule. Prenant le contre-pied des écrivains français, les étrangers niaient ces priviléges et les faits miraculeux sur lesquels on prétendait les appuyer. La lutte était intense en 1635, elle continuait encore en 1643. Cette année même, le franc-comtois Chifflet publiait une défense des droits et des prérogatives de l'Espagne[1]. On comprend par le titre même de l'ouvrage, que l'adversaire de cette France qui allait, quelques années plus tard, devenir sa patrie, s'efforce d'y abaisser la lignée de nos

---

[1] Voir la nomenclature des ouvrages de Chifflet, p. 200, not. 1.

rois, comme dans d'autres ouvrages, il combattit l'origine divine de l'oriflamme, des lys et de la sainte ampoule.

La tâche était facile pour l'oriflamme et les lys. Il n'eut qu'à citer l'ensemble des écrivains français eux-mêmes, qui, la plupart, rejettent comme dénuée de fondement la provenance miraculeuse qu'en donne Étienne Forcadel, de Bordeaux, dans son ouvrage de l'*Empire des Francs*[1]. Il réfuta donc le don divin de l'oriflamme fait à Clovis dans ses *luminibus salicis*, et celui des lys dans le premier chapitre de l'opuscule dont nous allons parler.

La réfutation du miracle de la sainte ampoule n'était pas aussi facile. Non-seulement l'opinion populaire, mais beaucoup d'historiens et d'érudits en soutenaient la réalité. Aussi fallut-il à Chifflet plus de soin, plus de recherches et plus de science pour combattre ici la tradition française que dans ses précédentes polémiques. Il publiait dans ce but à Anvers, en 1651, une importante brochure in-folio, qu'il intitulait : *Discussion nouvelle et approfondie sur l'ampoule de Reims, pour trancher la question de la préséance des rois*[2].

L'ardent franc-comtois attache à la victoire une telle importance, qu'il ne craint pas de faire cette

---

[1] *De Gallorum Imperio et Philosophia libri octo*, Stephano Forcatulo, Bitterensi, J.-C. auctore. Parisiis 1579, in-4°.

[2] *De ampulâ remensi nova et accurata disquisitio ad dirimendam litem de prærogativâ ordinis inter reges. Accessit parergon de unctione regum contra Jacobum Tenneurium fucatæ veritatis alterum vindicem*, auctore Joanne Jacobo Chifletio, equite, ac regio archiatrorum comite.

déclaration dans sa lettre dédicatoire au comte Gasparin de Braquemont :

« De toutes les questions qui se sont produites
« aujourd'hui et dans le passé devant le for ecclé-
« siastique, *in foro pontificio*, je n'en connais pas de
« plus noble par sa nature, de plus grave par son
« importance, de plus sublime par son objet ou sa
« grandeur, ou de plus utile par ses conséquences
« publiques, que celle qui est agitée depuis long-
« temps entre les Espagnols et les Français sur la
« prééminence des deux peuples. Car cette ques-
« tion de prééminence l'emporte d'autant sur toutes
« les autres, que l'honneur est de beaucoup supé-
« rieur à tous les autres avantages humains [1]. »

Nous avouons que ce fier langage ne nous déplaît pas. La vieille société française et européenne, trempée de foi chrétienne, aimait le culte de l'honneur ; elle était chevaleresque : régénérés par la libre pensée, nous préférons celui de l'argent et du plaisir. Quoi qu'il en soit, la lutte contre le testament de saint Remi s'est engagée au nom de l'honneur espagnol abaissé par la prépondérance française : c'est un petit incident, reconnaissons-le, sorti d'un grand événement.

Un des arguments de Chifflet contre le miracle de la sainte ampoule est le silence du testament de saint Remi, qui n'en fait aucune mention. Le seul testament connu de cet écrivain était le grand, le seul qui fût alors publié. S'il n'avait agité que la question de la sainte ampoule, il aurait pu accep-

[1] *De ampulâ Remensi*, etc., p. 9.

ter sans restriction le grand testament, qui garde sur ce miracle un absolu silence. Mais il entendait de plus réserver aux rois d'Espagne l'honneur du premier sacre, et malheureusement, nous le répétons, le grand testament affirme que Clovis reçut cet honneur des mains de saint Remi. Il se trouvait donc dans le même embarras que Cornélius. Celui-ci avait cru en sortir tout à la fois en dissimulant et en tronquant le testament. Mais de Priezac avait signalé la fraude et il était impossible d'y revenir. Heureusement qu'au milieu de ses perplexités, il eut la bonne fortune de rencontrer un Flamand animé contre la France de sentiments analogues aux siens, c'était Bollandus, qui, depuis longtemps, travaillait à son grand ouvrage de la vie des Saints. Bollandus fit connaître à Chifflet le petit testament dont il lui remit un manuscrit entre les mains [1].

On ne pouvait rien de plus habile que la publication du petit testament pour ruiner l'autorité du grand. Par là on se trouvait en présence de deux textes, qui, au premier abord, paraissaient totalement différents. En prenant soin d'écarter les témoignages historiques, la critique devait de suite hésiter pour se prononcer entre les deux. Puis, bientôt le petit testament lui apparaissait comme plus court, plus simple, plus naturel : il était donc le vrai. Le grand, au contraire, présentait une longueur inaccoutumée, des détails insolites, peu conformes aux

---

[1] Post Clodovei obitum, condidit testamentum sanctus Remigius, cujus exemplar mihi utendum præbuit magnus vindex Cælitum, R. P. Joannes Bollandus. *De ampula Rem.*, cap. III, page 9.

idées reçues : ce devait être une œuvre d'imagination, une interpolation.

L'habile Chifflet ne pouvait s'y méprendre. Il se hâta de produire le petit testament à la page 9 de son opuscule : c'était la première fois que ce document voyait le jour ; puis il le fit suivre d'une thèse contre le grand testament.

En vérité, pour un si rude adversaire de nos traditions nationales, les arguments qu'il met en avant ne sont pas forts, et se réduisent aux deux suivants :

Si le grand testament était vrai, saint Remi aurait manqué de modestie dans la manière dont il parle de lui-même ; puis Clovis ne dut pas la royauté à son baptême et à son sacre, comme le suppose le grand testament, mais uniquement à son droit héréditaire, à l'élection et à sa victorieuse épée.

Ces deux arguments, assez brièvement développés, forment toute la thèse du foudroyant Espagnol, qui la termine avec la même force de démonstration, en reportant l'invention du grand testament à l'époque de Charles Martel, l'usurpateur des biens de l'Église.

Telle est l'étude approfondie, *disquisitio accurata,* que fit Chifflet d'un document qui, pendant plus de onze cents ans, avait été accepté comme sorti de la plume et du cœur du grand Pontife de l'Église de Reims, et tel est le point de départ de l'opinion de plusieurs érudits.

Il faut avouer que la science a quelquefois bien des insolences envers la vérité, et qu'avant de jurer par elle, il est toujours prudent d'exiger qu'elle fournisse ses titres de créance.

Car, enfin, que fait ici Chifflet de toutes les preuves historiques que nous avons fournies dans le cours de cette étude ? Il les passe entièrement sous silence. Cependant elles valent bien, ce nous semble, une légère explication. Au fond, par qui fait-il inventer le nouveau testament ? Par saint Rigobert, le persécuté, l'exilé, qui eut néanmoins l'audace de se faire faussaire, et de réclamer à son impitoyable adversaire, non-seulement les biens de son Église injustement ravis, mais encore des possessions qui ne lui appartenaient pas. Pour la raison calme et impartiale, ce sont là des impossibilités, disons le mot, des monstruosités. Mais ces montagnes de difficultés ne sont rien pour la science, et pendant qu'elle ne semble pas même les entrevoir, elle va très-gravement se heurter à deux arguments sans portée et dont nous prouverons l'inanité.

Chifflet n'eut pas plutôt fait paraître sa thèse, sous la protection du nom de Bollandus[1], qu'un

---

[1] Nous voulons, par des preuves incontestables, justifier ce que nous disons de l'hostilité de Bollandus et de Chifflet.

Ce dernier naquit à Besançon en 1588, fut nommé médecin de cette ville en 1614. Envoyé par ses concitoyens vers l'archiduchesse Isabelle-Claire-Eugénie, gouvernante des Pays-Bas, il en devint le premier médecin. La princesse, à son tour, l'envoya en Espagne vers le roi Philippe V, qui le fit également son premier médecin. De retour en Flandre en 1633, il fut nommé premier médecin du cardinal Ferdinand, gouverneur du pays.

Ses relations et sa position officielle lui faisaient donc partager toute l'hostilité des princes espagnols contre la France.

Nous allons voir par la nomenclature de ses ouvrages, qu'il se mêla aux polémiques dont nous avons parlé, avec une ardeur et une persistance qui l'avaient rendu redoutable à la cour de France elle-même. Celle-ci donna la qualité d'historiographe du roi au protestant Blondel, successeur de Vossius à l'univer-

certain nombre d'érudits, entraînés, subjugués par l'éclat de la lumière et la profondeur des arguments, ne traitèrent plus le grand testament qu'avec dé-

sité d'Amsterdam, avec la mission de répondre aux écrits de Chifflet.

En 1643, l'ancien médecin de Philippe V écrivit son ouvrage : *Vindiciæ hispanicæ*, qu'il faisait suivre la même année du *Prælibatio de terra et lege salica*, in-8°.

Marc-Antoine Dominici lui répondit par l'ouvrage : *Assertor gallicus contra vindicias hispanicas*, etc. *Parisiis*, 1646.

Réplique de Chifflet en 1647 : *Vindiciæ Hispanicæ quibus accessere lumina nova genealogica salica, prorogativa, sive responsa ad Francorum objectiones*, etc. C'est dans cet ouvrage qu'il réfute la fable de l'oriflamme.

Les *Vindiciæ* furent suivies immédiatement du *Mentissa J.-J. Chiffletii in Sammarthanos de fabuloso stemmate Hugonis Capitis*.

Dominici ne se tint pas pour battu et lui opposa de nouveau son ouvrage : *Germanum Hugonis Capitis stemma illustratum adversus*, etc.

En 1649, l'intrépide et actif franc-comtois écrivit contre les prétentions de la France sur la Lorraine : *Chiffletii commentarius Lotharensis quo præsertim Lothariensis Ducatus imperio asseritur : jura ejus regalia Carolo III Lotharingiæ Duci vindicantur*, in-folio.

Blondel répondit à cet ouvrage.

En 1650, Chifflet avait réuni ses divers écrits sur la généalogie des rois de France en un seul corps d'ouvrage sous le titre de : *Opera politico historica*, in-folio.

En 1651 il fait paraître sa brochure de : *Ampula Remensi*, dans laquelle il insère le petit testament.

On peut donc dire que la plupart des écrits de Chifflet, qui sont très-nombreux, sont dirigés contre les gloires de la France. Il est donc impossible de rencontrer un adversaire plus infatigable et plus persévérant.

Or, c'est à ce moment qu'intervient Bollandus. Chifflet lui était bien connu, bien connue également lui était la mission que l'écrivain franc-comtois s'était attribuée. Chifflet ignorait le testament : ce n'est donc pas de lui qu'est venue l'idée de s'en servir dans sa polémique : c'est donc de Bollandus. Bollandus suivait donc la polémique, s'y intéressait, et y fournit un argument capital contre le sacre des rois de France. Nous sommes donc, preuves en main, autorisé à dire que Bollandus, flamand

dain, comme une œuvre apocryphe, interpolée et adhérèrent au petit.

Labbe publiait en 1653, l'année qui suivit l'apparition de la brochure de Chifflet, les deux premiers et uniques volumes de sa nouvelle bibliothèque par son origine, doit être rangé parmi les ennemis qui, de son temps, combattaient la prépondérance de la France, et qu'ainsi les premiers adversaires du grand testament au profit du petit furent deux étrangers, qui ont attaqué l'un et patronné l'autre, bien moins au nom de la science, que pour satisfaire à leurs haines nationales et aux nécessités d'une lutte passionnée.

Tenneure répondit en 1652 à la brochure de Chifflet sur la sainte ampoule : il y eut également des réponses de Blondel, de Dornay, chanoine de Soissons, de Lymnée, de de Saussay, de Marlot.

En 1655 Blondel faisait paraître l'ouvrage suivant :

Genealogiæ Francicæ plenior assertio. Vindiciarum hispanicarum, novorum Luminum, Lampadarum historicarum et commentatorum Libellis a J.-J. Chiffletio inscriptis ab eoque in Francici nominis injuriam editis inspersorum omnimoda eversio, auctore Davide Blondello, etc., in-folio.

Chifflet y répondit la même année : *Imago Francisci eversoris, Davidis Blondelli, ministri calvinistæ, Clypei Austriaci liber podromus, auct.*, etc.

En 1656 il publiait un complément de réponse :

Verum stemma Childebrandinum contra Davidem Blondellum, etc.

En 1659, Charles de Combault prenait la défense de Blondel, qui était mort, dans son ouvrage : *Le vrai Childebrand, ou réponse au traité injurieux de J.-J. Chifflet, contre le duc Childebrand, frère du prince Charles Martel et duquel descend la maison de Hugues Capet*, par un bon Français.

Chifflet n'était pas homme à rendre les armes. La même année il riposta par l'ouvrage suivant :

Mémoire des siècles passés contre le faux Childebrand du philosophe inconnu, ou le faux Childebrand relégué aux fables. Autrement : *Mémoires touchant les Carlos issus de saint Arnould de Metz et les Capétiens de race saxone, contre le faux Childebrand du philosophe inconnu. Opus Genealogicum Gallice et Latine de industria mixtum.* Bruxelles. In-4°.

Ce devait être la dernière œuvre de l'intrépide Chifflet. Il mourait l'année suivante à l'âge de 72 ans.

des livres manuscrits [1]. Il y insérait le petit testament. Il le tirait, dit-il, *de nova disquisitione de ampula Remensi*, de Chifflet. Seulement la publication de ce dernier laissait à désirer. Il l'a réformée à l'aide d'un manuscrit d'un texte plus exact. Du reste, il ne discute en rien l'authenticité du grand testament.

Quelle a donc été l'opinion de Labbe ? Le but de sa publication est de faire paraître les manuscrits inédits.

Le petit testament n'a jamais été imprimé. Labbe le range tout naturellement parmi les pièces qui feront partie de sa collection. Chifflet le devance de deux ans dans cette publication. Est-ce une raison pour qu'il le retire de son recueil en cours de préparation depuis longtemps ? Évidemment non. Il le conservera d'autant plus que le texte de Chifflet a besoin de correction. Quant au grand testament, publié maintes fois depuis quatre-vingts ans, il n'avait pas à entrer dans la collection des manuscrits, et son absence de la *Nouvelle bibliothèque* n'est nullement une preuve que Labbe en soit l'adversaire.

Pendant que le savant jésuite ne publiait que le petit testament, parce que, selon nous, l'impression du grand eût été contraire au but de son œuvre, Brequigny, dans son recueil des *chartes, des diplômes* [2], etc., insérait le grand et le petit testament,

---

[1] Nova bibliotheca librorum manuscriptorum, 2 vol. in-folio.

[2] Brequigny. *Table chronologique des diplômes, chartes, titres et actes imprimés concernant l'histoire de France*. T. I, p. 22.

comme étant deux documents qui, désormais, appartenaient à l'histoire. Cette publication prouve qu'il restait étranger à la polémique alors engagée et que la fausseté du grand testament ne lui était pas démontrée.

En réponse aux diverses brochures de Chifflet, du Saussay faisait paraître, en 1661, un panégyrique ou vie de saint Remi, où il consacrait un livre tout entier à l'analyse du grand testament [1].

Nous arrivons ainsi à l'année 1665, époque où Lecointe publia sa grande collection des Annales ecclésiastiques de France. Il y fit imprimer le petit testament et l'accompagna des courtes réflexions qui suivent :

« Ce testament a paru de nos jours dans la
« *Nouvelle recherche sur la sainte Ampoule de*
« *Reims,* et dans le tome Ier de la *Bibliothèque* de
« Labbe. Il existait auparavant dans l'*Histoire* de
« Flodoard, mais rempli de tant d'interpolations
« contraires à l'époque et au caractère de Remi,
« que la plupart le rejettent comme supposé [2]. »

---

[1] Id perspicere est ex ejus testamento, quod plena refert serie et verbatim recitat Flodoardus..... Ego vero, ne fastidio sim lectori, quæ ab eo dicta sunt non repetam, sed præfixo lemmati inhærens, omissa accurata verborum expensione res ipsas, quæ ritus et dogmata firmant, obiter recensebo.

De gloria sancti Remigii, proprie Francorum Apostoli et Prophetæ.... auctor Andrea du Saussay, Parisino, Episcopo et comite Tullensi. Tulli-Leucorum, MDCLXI, lib. III, cap. IV, p. 76.

[2] « Nostra ætate prodiit hoc testamentum in novâ disquisitione de ampullâ remensi, necnon tomo primo Bibliothecæ Labbeanæ. Extabat quidem prius in historia Flodoardi, sed tot auctum interpolationibus, quæ nec tempora nec genium Remigii sapiunt, ut plerisque suppositum videretur. » *Ann. eccl. Franc.,* t. 1, p. 409.

On ne pouvait être, ni plus insuffisant, ni plus tranchant. Rien ne prouve, nous l'avons fait voir, que Labbe soit défavorable au petit testament. Lecointe prend en outre son opinion pour celle de tout le monde, car jusqu'à présent nous n'avons rencontré que deux étrangers, Bollandus et Chifflet, qui combattent le grand testament; et enfin Lecointe est assez considérable pour nous contenter de son affirmation, sans exiger une démonstration de l'incompatibilité du texte du grand testament avec le caractère de saint Remi et les usages de son époque.

C'est à Lecointe que le savant et discret Mabillon reprochait un penchant très-marqué à déclarer tantôt faux, tantôt interpolés, les anciens diplômes, à les tronquer, à les corriger, selon son caprice et sur les prétextes les plus légers [1].

Mais n'importe : Lecointe restera la principale autorité contre le grand testament. Sa phrase confiante et dégagée deviendra la phrase sacramentelle que nous allons retrouver sous la plume de tous ceux qui repoussent ce document.

Au milieu de cette hostilité, qui commençait à se déclarer contre le grand testament, apparaît l'histoire de la métropole de Reims par Marlot [2]. C'était en 1666.

---

[1] Mabillon, *De re Diplomatica,* p. 626.

[2] *Metropolis remensis historia, a Flodoardo primum arctius digesta nunc demum aliunde accersitis plurimum aucta et illustrata et ad nostrum hoc sæculum fideliter deducta..... Studio et labore D. Guilelmi Marlot, doctoris theologi, S. Nicasii Remensis M. Prioris et Fiviensis cellæ prope Insulas administratoris.* 2 tom. in-folio.

Nous étonnerons plus d'un de nos lecteurs en leur disant que Marlot a soutenu, avec sa science si complète de l'histoire de Reims et une haute puissance de raison, l'authenticité du grand testament. Nous ne connaissions d'abord l'opinion de Marlot que par les Bollandistes, et nous le rangions parmi les adversaires du grand testament, hésitant peut-être, incertain, mais à coup sûr plutôt défavorable. Quand nous voulûmes étudier l'opinion du savant Rémois dans ses propres œuvres, nous eûmes recours à l'édition française [1]. Là, Marlot soutient la partie du testament qui contient les donations, mais il pense, lui aussi, que la seconde partie a des passages interpolés, et il en donne les raisons [2]. En somme, il était à nos yeux, dans une certaine mesure, l'adversaire du grand testament. Nous voulûmes donc nous fixer d'une manière certaine sur son opinion, en confrontant l'édition latine et l'édition française. Nous devons faire remarquer que l'édition latine est la seule livrée à la publicité par l'auteur, la seule par conséquent qui exprime véritablement ses opinions. Nous fûmes donc bien surpris en y lisant la thèse qu'il consacre au grand testament, et où il soutient victorieusement son authenticité.

Si cette thèse avait été purement scientifique, si la passion ne s'y était mêlée, la démonstration de

---

[1] *Histoire de la ville, cité et université de Reims, métropolitaine de la Gaule Belgique*, par Dom Guil. Marlot, manuscrit inédit, publié aux frais et par les soins de l'Académie de Reims, 4 vol. in-4°.

[2] T. II, p. 150, note 2e.

Marlot aurait mis fin à la polémique [1]. Mais, nous dit-il lui-même, la jalousie des étrangers contre la prééminence de nos rois, à cause du sacre de Clovis par l'onction céleste, *exteri quidem, ob chrismaticam inaugurationem, Clodoveum enim unctum nolunt;* la passion de nos politiques modernes, qui ont horreur de la puissance reconnue par saint Remi à ses successeurs sur les princes mauvais, *Politici vero nostrates facultatem horrent Remigii successoribus datam in improbos principes comminationis telum exercendi* [2], empêchèrent la controverse de finir, et une partie des érudits n'en continuèrent pas moins de contester la valeur du grand testament.

Nous rencontrons de nouveau un de ses adversaires en 1680, Noël Alexandre, qui publiait cette année le VIe siècle de son *Histoire ecclésiastique* [3]. Comme la plupart des critiques qui se sont gardés d'étudier le côté historique de la question, qui se sont plu à se citer et se copier mutuellement, il débute par la phrase sacramentelle de Lecointe :

[1] Nous reconnaissons cependant que cette démonstration a un point très-faible et qui ébranle dans l'esprit la conviction du lecteur. C'est l'explication invraisemblable d'abord, et fausse en réalité, que donne Marlot de la coexistence des deux testaments. Nous reviendrons sur ce sujet dans le chapitre suivant, mais nous tenions dès à présent à faire cette réserve.

[2] *Métrop. Rem. Hist.*, t. I, lib. II, cap. XII, p. 193.

[3] *Selecta historiæ ecclesiasticæ capita et in loca ejusdem insignia dissertationes historicæ, chronologicæ, criticæ, dogmaticæ authore Natali Alexandro ordinis FF. Prædic.* On sait qu'Innocent XI interdit la lecture de tous les écrits de Noël Alexandre sous peine d'excommunication *ipso facto.* Cette censure fut levée plus tard, quand Roncaglia eût accompagné une nouvelle édition des œuvres du fougueux Gallican, d'annotations qui en rectifiaient les erreurs.

« Saint Remi mourut en 533, après avoir rédigé
« un testament édité par Labbe et par le très-docte
« Lecointe dans les *Annales ecclésiastiques des*
« *Francs*. Il existait primitivement dans l'*Histoire*
« de Flodoard, mais rempli de tant d'interpo-
« lations contraires à l'époque et au caractère de
« saint Remi que la plupart le rejettent comme
« supposé[1]. »

Ce sont les paroles textuelles de Lecointe. Toute-fois Noël Alexandre, dans son style clair et nerveux, analyse la première partie de la thèse de Marlot contre l'authenticité du testament, mais n'a pas l'impartialité de produire les réponses qu'y fait le savant Rémois; il se contente d'ajouter : « Quant
« au grand testament rapporté par Flodoard ou
« plutôt qui a été joint après coup à son *Histoire*,
« Marlot essaie de le défendre et répond d'une ma-
« nière quelconque aux graves raisons que nous
« venons d'énoncer. Ceux qui ont le loisir peuvent
« le lire dans cet historien et porter ensuite leur
« jugement[2]. »

Ainsi Noël Alexandre énonce de simples néga-tions sans les justifier par aucune démonstration; Marlot répond à ces négations par des documents historiques tirés de l'époque de saint Remi; mais

[1] Sed tot autem interpolationibus quæ nec tempora nec genium Remigii sapiunt, ut plerisque suppositum videretur. *Ibid. sæc. sext.*, cap. IV, art. III, p. 132.

[2] « Prolixius tamen testamentum a Flodoardo descriptum vel ipsius historiæ, ut probabilius est, assutum, laudatus supra Marlotus tueri satagit, et hisce gravissimis rationibus utcumque respondet. Legant quibus per otium licet, deque ejus sententiâ judicium ferant. » *Ibid.* cap. VI, art. II, p. 332.

rien n'y fera : à nos graves raisons, dira l'historien, Marlot répond d'une façon quelconque : *utcunque respondit*. Et cette réponse quelconque, il se garde de la faire connaître ; il renvoie le lecteur à un ouvrage spécial que celui-ci ne se procurera pas. Le lecteur, à son tour, confiant dans le grand renom de Labbe, injustement invoqué, de Lecointe, de Noël Alexandre, se croira très au courant de la question et dédaignera l'opinion et la réplique de l'obscur Marlot.

Noël Alexandre avait pour contemporains deux hommes dont la célébrité efface assurément la sienne, et qui étaient loin d'être convaincus par les raisons qui le subjuguaient. C'étaient Tillemont[1] et Du Cange[2]. Tillemont, dans son *Histoire de l'Église*, Du Cange, dans son *Dictionnaire de la moyenne et de la basse latinité*, font à différentes reprises des citations qu'ils empruntent au grand testament. C'est même un passage mal compris de celui-ci qui a embarrassé Du Cange ; nous avons montré que le célèbre érudit a pris pour la dénomination d'un établissement charitable dont il ignore la nature, l'expression de *Belatoforum*, qui est tout simplement le nom d'un ancien village du Rémois[3].

---

[1] Tillemont naquit en 1637 et mourut en 1698. Les ouvrages qui l'ont rendu si célèbre, sont : *Histoire des empereurs et autres princes qui ont régné dans les six premiers siècles de l'Église*, etc. et *Mémoires pour servir à l'histoire ecclésiastique des six premiers siècles*, etc.

[2] Du Cange a vécu de 1610 à 1688. Il a composé plusieurs ouvrages historiques : mais celui qui lui a valu sa grande célébrité est le *Glossarium ad scriptores mediæ et infimæ latinitatis*.

[3] Voir p. 31, not. 2 de cet ouvrage.

Pendant que Marlot, que Bréquigny, que Tillemont et Du Cange adhéraient au testament, Pagi[1] se joignait à Chifflet, Lecointe et Noël Alexandre pour le combattre. Redresseur des erreurs de Baronius, il ne pouvait manquer une si belle occasion de mettre en défaut le grand annaliste. « Baronius, « nous dit-il, fait mention, au n° 24 et suivant, du « testament de saint Remi, et en cite quelques « passages. De son temps, ce testament ne se trou- « vait que dans l'*Histoire* de Flodoard. » Puis, voici venir la phrase sacramentelle : « Mais rempli « de tant d'interpolations contraires à l'époque et « au caractère de Remi, que la plupart le rejettent « avec raison comme supposé. Mais enfin le vrai « testament apparut pour la première fois dans les « *Nouvelles recherches de l'Ampoule de Reims,* dans « la *Bibliothèque* de Labbe et dans les *Annales* de « Lecointe[2]. »

Quel accord avec la critique anti-nationale de Chifflet! Qu'importe Chifflet, nous dira-t-on, s'il a

---

[1] Pagi, de 1624 à 1699, fut plusieurs fois provincial des Franciscains. Son grand ouvrage a pour titre : *Critica historico-chronologica in universas annales ecclesiasticos. Em. et Rev. Cæsaris cardinalis Baronii.* 4 vol. in-folio.

[2] « Baronius, num. xxiv et seq. meminit testamenti sancti Remigii, ex eoque aliqua loca recitat. Verum illius ætate extabat tantum in historia Flodoardi, cap. xviii, variis auctum interpolationibus, quæ cum a temporibus et genio Remigii abhorreant, plerisque suppositum jure merito visum est. Tandem genuinum hujus testamenti exemplar prodiit in nova disquisitione *de ampullá Remensi,* in T. i. Bibliothecæ Labbeanæ et in annalibus Cointii ad annum dxxxiii; num. L et seqq., apparuitque vere illud a sancto Remigio conditum. » *Crit. histor. chronol. in univ. annal. eccles. Emin. et Reverent. Card. Baron.,* tom. ii, an. 514, ix.

publié la vérité. A coup sûr, nous en convenons ; la vérité doit être acceptée, vînt-elle d'un ennemi. Mais quand cet ennemi ose le premier s'inscrire en faux contre une tradition nationale onze fois séculaire, son opinion ne peut pas passer immédiatement pour une vérité claire et indiscutable. Sa qualité d'ennemi doit mettre en défiance. Au lieu de le citer aveuglément et d'invoquer son autorité, il faudrait au moins éprouver un certain déplaisir, ressentir quelque défiance, puis se livrer à de sérieuses recherches. Mais non ; la critique gallicane dédaignait notre histoire nationale pour aduler la puissance royale, au mépris des doctrines les plus notoires de l'Église catholique, comme nos littérateurs, le grand Corneille et le grand Racine, ne savaient joindre aux flatteries pour le grand roi que des sujets empruntés à l'histoire de la Grèce et de Rome.

Pagi, à l'année 541 [1], insiste de nouveau contre le grand testament, pour prétendre que Flodoard ne l'a pas publié, qu'il a été joint subrepticement à son *Histoire* et il en donne deux raisons que nous n'exposerons même pas ici, parce que nous les réfuterons dans la seconde partie de cet ouvrage. Du reste, il les emprunte à Marlot. Car le docte historien de l'Église de Reims est le premier qui ait exposé, dans un ordre parfait et avec une grande solidité, les raisons qu'on peut faire valoir contre le testament.

Nous venons de traverser la seconde période du

---

[1] *Ibid.*, an. 541, XI. Voir ce passage cité tout au long, troisième partie, chap. III, p. 269.

XVIIᵉ siècle et nous nous trouvons dans les premières années du XVIIIᵉ. Est-ce que plus aucune voix ne se fera entendre en faveur d'un document que l'Église universelle, que celle de Reims et la France ont vénéré pendant des siècles? Rassurons-nous. Un des esprits les mieux doués, un des savants les plus sagaces et les plus honorés de la postérité, a parcouru cette époque, modeste et recueilli, se mêlant peu aux luttes de la plume et de la critique, mais déposant silencieusement le fruit de ses recherches et de ses études dans des livres, dont le témoignage devient comme l'argument décisif de celui qui les invoque. On comprend que nous voulions parler de l'illustre Mabillon, enfant et gloire du diocèse de Reims, qui vécut de l'année 1632 à l'année 1707.

Or, l'illustre bénédictin a connu la brochure de Chifflet, sa polémique contre nos antiques traditions, il émet même son opinion sur le miracle de la sainte Ampoule [1]. Il publie son traité de la *Sciences des diplômes* en 1681 ; une partie des *Annales bénédictines* sont publiées après sa mort. Pense-t-on qu'à ce moment critique pour le grand testament, il va s'en montrer l'adversaire? Non. Dans le premier de ces ouvrages [2], il fait sommairement l'histoire des diverses transmissions des seigneuries de Coucy et de Leuilly, dont il montre l'origine par le grand testament [3]. Dans le se-

---

[1] *Ann. ord. sancti Bened.*, Tome I, an. 533, nᵒ 18.

[2] *De re Diplomat.*, p. 145.

[3] Voir le grand testament, p. 24.

cond[1], il cite l'inscription que saint Remi fit mettre sur le calice qu'il donna de son vivant à l'Église de Laon. Il rappelle que le saint Pontife, faisant allusion à cette inscription, veut qu'elle soit également gravée sur le calice qu'on fera pour l'Église de Reims avec le vase d'or qu'il lui lègue dans le grand testament[2].

Or, l'autorité de Mabillon est considérable, non pas seulement à cause de son savoir. Mais ce que personne ne doit ignorer dans la question présente, c'est qu'il est le premier, qui, dans son ouvrage *De re Diplomatica,* ait traité des vraies règles de la critique et des caractères auxquels on peut reconnaître, pour chaque siècle, l'authenticité d'un document. Nous pouvons donc dire que Mabillon, pour juger de la difficulté pendante, n'est pas un savant quelconque et un savant très-judicieux; il est de plus, pour me servir d'une expression moderne, un spécialiste dans la matière. Les érudits de l'école gallicane, que nous avons cités, étaient avant tout des compilateurs, ayant trop accumulé dans leurs in-folios pour qu'ils aient eu le temps d'apprécier la valeur de tous les documents qu'ils y inséraient. Mabillon, au contraire, examinait les monuments en eux-mêmes, au point de vue des principes de la science et avec une autorité qu'on ne peut lui con-

---

[1] *Ann. Ord. sancti Bened.,* tom. I, p. 63.

[2] Grand testament, p. 27. — Du reste, on voit que le testament de saint Remi est cher à Mabillon. Il le cite encore dans deux autres endroits de ses œuvres. Seulement dans ces deux endroits, les citations appartiennent aussi bien au petit qu'au grand testament.

tester, non plus qu'on ne peut contester la justesse des règles de critique qu'il a posées dans son grand ouvrage [1].

Le XVIII° siècle nous fournit bien des noms hostiles au grand testament. Nous voulons commencer leur énumération par celui du chanoine Lacourt, dont la réputation n'a pas franchi les limites du diocèse de Reims, mais qui avait sur toutes les parties de son histoire une très-réelle érudition.

La *Chronique de Champagne* [2] a publié le grand testament et l'a accompagné de notes trouvées dans les papiers de Lacourt. Ces notes ont la prétention de relever dans le testament d'assez nombreuses interpolations. Il semble donc qu'on doive ranger le chanoine de Reims parmi les adversaires de son authenticité.

En parcourant nous-mêmes les notes de Lacourt, nous y avons trouvé [3] un projet de défense du grand testament avec une série de raisons assez solides pour qu'elles nous servent dans la troisième partie de notre travail. Ainsi, Lacourt semble adhérer au testament et le rejeter. Il n'en est rien. De son temps, les érudits rémois, si au courant de la tradi-

---

[1] « Mabillon a toute la gloire d'avoir aplani la lecture des diplômes. » (*Nouv. trait. de Diplomat.*, t. II, p. 415). « Il a dessillé les yeux aux savants, qui, avant sa Diplomatique, allaient à tâtons dans l'examen des diplômes. » (*Ibid.*, tom. III, p. x de la préface).

[2] Journal littéraire qui s'est publié à Reims, de l'année 1837 à l'année 1840, sous la direction de MM. H. Fleury et Louis Paris, t. II, p. 331 et 390, et t. III, p. 27.

[3] Ce projet se trouve dans le volume intitulé : *Archevêché de Reims, maison de Lorraine*, p. 32 et suiv.

tion locale, ne pouvaient se décider à rejeter ce document que l'Église de Reims avait toujours reçu comme historique; d'un autre côté, les attaques dont il était l'objet et leurs propres doctrines opposées à celles du testament, les indisposaient à son égard. Ils crurent donc pouvoir adopter une opinion moyenne qu'un contemporain de Lacourt, le P. Jean Dorigny, expose ainsi, dans une *Vie de Saint Remi* qu'il publia en 1714. Après avoir affirmé l'authenticité du testament, il ajoute dans sa préface : « Je « ne voudrais pas pourtant garantir qu'on n'y ait « pas inséré quelque chose comme il est arrivé « plus d'une fois à l'égard de quelques ouvrages « des saints Pères, sans que cette addition leur ait « ôté le droit de passer pour de légitimes produc- « tions de ces mêmes Pères. »

Ainsi, les attaques des adversaires du testament n'ébranlaient pas la conviction des érudits rémois : tout en faisant quelques concessions aux objections qui l'attaquaient, ils continuaient, dans la personne de Lacourt et du P. Dorigny, à croire à son authenticité.

En 1727, un illustre étranger, Scipion Afféi, l'auteur de *Mérope,* qui prit une part si considérable à la renaissance du goût en Italie, publiait son *Histoire des diplômes* [1]. Car le poète était aussi l'un des érudits les plus distingués de son époque. Or, dans le cours de son travail, si plein de recherches savantes, il se plaît comme Tillemont et du Cange, comme Mabillon, à citer à différentes reprises des

---

[1] Scipion Afféi naquit à Vérone en 1675 et mourut en 1755.

passages du grand testament, dont il trouvait toutes les formules en parfaite conformité avec les découvertes archéologiques et historiques qu'il avait faites et qu'il publiait dans son œuvre.

Mais la lutte était engagée, et pendant que l'Italie représentée au XVIe siècle par Baronius, au XVIIIe par Mafféi, ne cessait de recevoir le testament, la France et la Belgique accentuaient davantage encore leur hostilité.

On nous pardonnera de passer rapidement sur Longueval. Il se contente, dans son *Histoire de l'Église gallicane* [1], de mentionner le petit testament sans même faire allusion au grand. Nous ne parlerons pas davantage des auteurs de l'*Histoire littéraire de France* [2], qui, rejetant l'un et l'autre testament, sont les seuls, que nous sachions, à par-

---

[1] « Il (saint Remi) fit, étant encore en pleine santé, un testament que nous avons et qui passe pour une pièce authentique, selon l'édition qu'en a donnée le P. Labbe. *Hist. de l'Égl. gal.*, 2 vol., p. 392 de l'édit. in-8°, Paris, 1732.

[2] « Quelques savants voudraient nous faire regarder cette pièce (le testament) comme un monument précieux de l'antiquité ecclésiastique. Mais tous les autres n'en pensent pas de même. Ce n'est pas sans raison ; car des trois différents exemplaires qu'on a imprimés, il est visible que les deux plus amples sont supposés en ce *qu'ils contiennent des choses qui ne peuvent convenir au siècle de saint Remi*, et que le plus court, quoique le plus simple et le plus naturel, porte encore assez de marques pour le faire regarder comme suspect. » (*Hist. litt. de la Fr. par des relig. bénéd. de la cong. de saint Maur*, t. III, p. 160). — Dom Rivet de la Grange, membre de cette congrégation, né en 1683, mort en 1749, est l'auteur des huit premiers volumes de l'*Histoire littéraire*. Il prit une grande part aux querelles théologiques de son temps, se montra très-attaché à la mémoire d'Arnaut et de Quesnel, et fut un des appelants contre la bulle *unigenitus*. (Voir *Dict. univ. des sciences eccl.*, par Glaire).

tager l'opinion d'Adrien de Valois ; mais à son exemple, sans prendre la peine de la justifier par aucune raison. Nous ne ferons également que mentionner les auteurs de la *Gallia christiana,* qui empruntent évidemment à l'histoire littéraire de France son opinion sur l'existence de trois exemplaires distincts du testament; mais n'allant pas si loin qu'elle dans leurs négations, ils acceptent l'authenticité du petit testament [1].

Nous voulons insister, au contraire, sur les Bollandistes.

Nous supposons que l'autorité de Bollandus a été la principale cause qui, à partir de 1650, a jeté quelques savants dans l'opinion opposée au grand testament. Car, nous l'avons dit, c'est à Bollandus que Chifflet a dû la connaissance du petit testament; c'est sous le patronage de son nom qu'il l'a publié et qu'il a mis en quelque sorte sa polémique contre nos traditions nationales. Bollandus était Flamand; son opinion s'est formée à l'époque de cette grande irritation provoquée sur nos frontières de l'Est, par les succès et la prépondérance de la France. A ses yeux, deux textes du testament sont en présence, l'un plus simple, l'autre moins naturel, semble-t-il : l'un ne contenant rien qui pût exalter l'orgueil national, l'autre rappelant les merveilles

---

[1] « Ad testamentum sancti præsulis quod spectat, tria circumferuntur instrumenti hujus exemplaria; duo prolixiora, eademque subjectionis manifesta, antiqua tamen ; aliud contractius, et illud merito interpolationis nonnihil suspectum. » *Gall. Christ.,* tom. IX, *de provinc. rem. arch. rem. sancti Remig.,* p. 13, in-folio, 1751.

au milieu desquelles s'accomplit la fondation de la monarchie française. Sans étudier la question au point de vue historique, en ne considérant que le texte, le préjugé anti-français aidant, Bollandus prit parti contre le grand testament [1].

Son opinion une fois formée, les continuateurs de son œuvre n'ont pas cessé de la défendre. Nous allons voir que les raisons leur font défaut, mais n'importe. Nous ne nierons pas la puissance de critique de ces hommes considérables. Cependant il leur arrive quelquefois de prendre leur parti pris pour une preuve suffisante, *sic volo, sic jubeo,* dit d'eux quelque part M. l'abbé Darras. Il ne faudrait donc pas que leur grand renom fît illusion, et qu'on crût une cause nécessairement perdue parce qu'ils la condamnent.

Cent ans donc après le pamphlet de Chifflet, le P. Suysken publia la vie de saint Remi dans le tome d'octobre, imprimé à Anvers en 1755 [2]. Il s'y montre généralement sévère pour tous les documents qui se rapportent à la vie du saint, impitoya-

---

[1] Quelle différence entre le langage de l'italien Baronius et l'attitude de l'érudit belge, au xviie siècle.

« Il convenait, dit Baronius (t. vi des *Annales,* Coloniæ, 1609, p. 470), en parlant des grandes vertus et des miracles de saint Remi, que ce grand Pontife fût orné de toutes ces vertus et inspiré du souffle de l'Esprit saint, lui qui avait pour mission de retirer des ténèbres de la gentilité le noble peuple des Francs et son très-illustre roi, pour les amener à la lumière de la vérité évangélique, comme il convenait que la Providence conférât toutes ces grandeurs au roi qui, le premier, devait illustrer à tout jamais le royaume des Francs, ce royaume qui à tout jamais devait être le rempart et le propagateur de la religion chrétienne. »

[2] *Act. sanct.,* t. i, octob., *Antuerpiæ,* 1755, p. 59 à 188.

ble pour les récits d'Hincmar, et publie une dissertation de quatre pages in-folio contre l'authenticité du grand testament.

Les modernes Bollandistes, sans doute pour maintenir l'unité de ligne dans leur vaste monument historique, adhèrent à la critique de Suysken. Benjamin Bossu n'a pas d'autre raison dans sa vie de saint Loup, évêque de Soissons[1], que celle d'invoquer l'autorité de son prédécesseur, à laquelle il joint celle de Lecointe, Pagi, Noël Alexandre et Longueval. Un autre Bollandiste moderne, Ghesquerius, n'a pas une autre attitude dans les actes des saints de Belgique[2].

Nous ne nous trouvons donc en réalité qu'en présence de la thèse du P. Suysken.

Son premier argument est d'invoquer l'antiquité des manuscrits où l'on rencontre le petit testament. Cette question des manuscrits sera discutée au chapitre suivant. Mais l'argument est sans importance, puisque personne ne conteste l'ancienneté de ce document.

Pour le reste de sa thèse, le savant Bollandiste ne cesse d'emprunter à Marlot ses objections, et il le fait de telle façon que l'on supposerait celui-ci l'ennemi du grand testament, tandis que le savant Rémois a fait ce que n'a pas fait le savant Belge, ce que se sont gardés de faire les érudits auxquels il se joint. Dans son impartialité, Marlot commence par exposer les arguments de ses adversaires, et il

---

[1] *Ibid.*, tom. VIII, *Octobris* : *56 de la collection, 19 octobre.*
[2] *Acta SS. Belgii*, tom. I, p. 605.

le fait avec plus de force et de détails qu'ils ne le font eux-mêmes, parce qu'il possède mieux qu'eux l'ensemble de la question. Après avoir fait cet exposé, il reprend un à un les arguments et les réfute. Puis, quand il a terminé cette réfutation, il ouvre un dernier paragraphe, qu'il intitule : *Mon sentiment*. Il croit les deux textes vrais tous deux, prétend que la lutte n'est soutenue que par la haine des étrangers contre la grandeur de nos rois, et celle des Gallicans contre la grandeur de l'Église, et termine ainsi : « Après avoir tout
« examiné mûrement, mon opinion c'est que les
« deux testaments sont tous deux de saint Remi ;
« que tous deux doivent être acceptés sans scru-
« pule par tous les amis de l'antiquité. Il faut
« prendre garde que la postérité rejette sans rai-
« son et gratuitement un monument qui, jusqu'à
« présent, avait été tenu en haute estime par
« tous les érudits et qui avait été conservé avec
« grand soin dans toutes les bibliothèques, comme
« un gage vénérable que nous avaient laissé les
« âges d'autrefois, *ut insigne quoddam vetustatis*
« *pignus* [1]. »

Après l'argument tiré des manuscrits et diverses objections empruntées à Marlot ou qu'il forme lui-

---

[1] « Itaque omnibus rite expensis, sentio Prolixius hoc, de quo agitur, œque ac Brevius verum, ac legitimum esse Remigii testamentum, et utrumque absque scrupulo ab antiquitatis Amatoribus recipiendum, ne quod a viris eruditis hactenus summo in pretio habitum, et ut insigne quoddam vetustatis pignus in Bibliothecis haud sine cura custoditum est, gratis velut Apocryphum posteritas abjudicet. *Metrop. rem. hist.* Tom. I, lib. II, cap. XII, p. 192.

même d'après le récit de Flodoard, le P. Suysken se voit forcé de parler des revendications d'Hincmar faites au nom du grand testament. Il sent la force de ce témoignage, au point de dire : d'après ces lettres, il faudrait admettre qu'Hincmar a connu le grand testament, qu'il s'en est appuyé pour défendre les possessions de son Église, et que le petit testament n'est qu'une mutilation du grand.

Vous croyez, peut-être, qu'à ce point culminant de la difficulté, le savant Bollandiste va discuter? Pourquoi tant de contrainte? Que deviendrait le grand nom de Bollandus, si tout d'un coup un Bollandiste allait prendre des conclusions contraires aux siennes? Avec une désinvolture que la critique se croit permise, il ajoute : « Quoi qu'il « en soit, *utut tamen hæc se habeant*, les érudits « modernes trouvent dans le grand testament « beaucoup de traces d'interpolations; » puis il les énumère sans discuter les réponses qu'y fait Marlot, et termine par ces paroles vraiment incroyables : « J'omets encore d'autres détails, parce « que tout ce que j'ai dit suffit pour me forcer « de reconnaître avec les critiques que j'ai cités, « Lecointe, Pagi, Noël Alexandre, Longueval « et plusieurs autres, que le grand testament est « supposé [1]. »

---

[1] Jam vero nulla ejusmodi maledictio sive interminatio adversus eos, qui res ecclesiasticas laicis concessuri essent, nulla etiam e trebus villis a Carolo Calvo nominatim expressis, in testamento breviori legitur; leguntur autem tam hæ quam illæ in prolixiori, adeo ut omnino dicendum sit Hincmaro notum fuisse testamentum prolixius, eumdemque illo aliquando

Et bien ! s'appelât-on un Bollandiste, fût-on une grande autorité dans la science, il ne faut pourtant pas en abuser. Rien, absolument rien ne vous donne le droit de passer sans le discuter devant l'argument suivant : Hincmar, oui ou non, a-t-il invoqué le grand testament comme le principal titre de propriété de son Église ? Si non, prouvez-le, et vous aurez fait disparaître l'une des principales preuves historiques de sa valeur. Si oui, expliquez d'une manière plausible comment ce document apocryphe a pu parvenir à une telle publicité, et à remplir un semblable rôle. Mais quand, pour toute explication, vous croyez nous échapper par votre *utut hæc se habeant,* vous ne nous échappez nullement; tout obscur et tout impuissant que nous soyons, nous vous tenons d'une main qui ne vous lâchera que quand vous vous serez expliqué. Vous pouvez, si bon vous semble, vous trouver à l'aise dans la société de Lecointe, de Pagi, de Noël Alexandre et de Longueval, dont la critique moderne ne cesse

usum esse, dum necessitas postularet; vel certe brevius, quale nunc exstat, aliqua sui parte esse mutilatum; prout constat, hoc saltem non omni ex parte integrum esse ex dictis n° 263 et sequenti. Cui hæc suspicio placet, is supra observatum Hincmari et Flodoardi facile conciliabit cum locis hic in contrarium adductis.

271. Utut tamen hæc se habeant, in illo ipso prolixiori testamento non obscura suppositionis indicia eruditis neotericis merito displicuerunt, quorum hæc summa est. Puis il en fait l'énumération qu'il termine par la conclusion suivante :

274. .... Mitto plura : quia jam dicta abunde sufficiunt ut cum supra laudatis criticis, Cointio, Pagio, Natali Alexandro, Longuevallo, aliisque passim prolixius istud testamentum pro suppositio cogar agnoscere.

Bolland., *Act. Sanct.*, t. I, oct., *de sanct. Remig.*, xv, p. 108.

de relever les bévues et les erreurs involontaires ou systématiques; pour nous, nous nous trouvons aussi très à l'aise dans l'opinion que nous défendons. Fussions-nous seul à la partager, nous n'hésiterions pas encore, parce que nous avons pour nous un argument fondamental, sur lequel vous avez glissé, sans oser le regarder en face pour le combattre.

Un fait très-curieux, c'est que les adversaires du grand testament ne cessent de se donner comme les organes de l'opinion scientifique, *plerique*, et que nous-même nous ne cessons d'avoir des savants, des savants de renom, de grands savants, à leur opposer. Cinq ans avant l'apparition de la *Vie de saint Remi* par les Bollandistes, un avocat au Parlement de Paris, Terrasson, publiait une *Histoire de la Jurisprudence romaine*, ouvrage très-goûté à l'époque et dont le chancelier d'Aguesseau accepta la dédicace. Nullement ébranlé par les négations tranchantes, mais sans fondement, que nous avons rapportées, il invoque, à la page 90 de son in-folio, l'autorité du grand testament. Ainsi les jurisconsultes ne lâchaient pas prise. Un juriste l'avait publié le premier, un juriste venait en confirmer l'autorité à l'époque même où elle était le plus violemment combattue.

A ce moment encore, au Bollandiste Suysken, qui écrivait en 1755, nous avons à opposer deux savants bénédictins de la congrégation de Saint-Maur, qui terminaient leur important travail en 1765. Nous voulons parler des auteurs du *Nouveau Traité de Diplomatique*, qui ont fait de la diplomatique une science, dont la critique ignorante peut méconnaître les données. Mais elle servira toujours de règle aux esprits droits qui recherchent avant tout la vérité historique.

Mabillon avait jeté en France les premiers fondements de cette science dans son ouvrage *De re Diplomatica*. Les deux religieux, également bénédictins de l'abbaye de Saint-Maur, continuant son œuvre, développèrent ses principes, les corroborèrent et les ramenèrent à des déductions rigoureuses [1], dont la lecture étonnerait plus d'un écrivain, qui s'imaginent qu'il suffit de critiquer pour être un critique [2].

Or ces savants, si compétents dans l'étude des titres et des vieux diplômes, ne cessent, dans le cours de leur ouvrage, de défendre le grand testament contre les attaques dont il est l'objet. Ils en relèvent les objections toutes les fois que leurs recherches leur mettent sous la main des formules anciennes analogues à celles reprochées au testament. Enfin, au tome v [3], ils s'occupent spécialement de ce document, en examinent la valeur intrinsèque, réfutent les principaux griefs de ses adversaires, et concluent à son authenticité.

[1] Ces déductions se trouvent, comme conclusion de l'ouvrage, dans le vi[e] et dernier volume, qu'elles remplissent en partie.

[2] On sait que la science de la diplomatique, ou la connaissance des saines règles de la critique, tracées d'abord par Mabillon, fait l'objet principal des études de notre école des Chartes.

[3] v[e] partie, vi[e] siècle, p. 395 et suivantes.

En même temps qu'ils publiaient leur important ouvrage, Dom Ceillier faisait paraître son *Traité des Auteurs ecclésiastiques*. Il y consacre une longue dissertation à réfuter les raisons apportées par les adversaires du testament[1]. Il est le seul avec Marlot qui ait une thèse où l'ensemble des objections soient passées en revue et discutées.

Dom Ceillier et les deux bénédictins, auteurs du *Nouveau Traité de Diplomatique*, ferment la liste des savants du XVIIIe siècle qui se soient occupés du grand testament, et ils concluent en sa faveur.

Toutefois, l'opinion était faite. M. Guizot écrit :

« Il est à peu près certain que ce testament n'est
« pas authentique et appartient à une époque posté-
« rieure à saint Remi[2]. »

Le savant M. Varin dit de son côté dans les *Archives administratives de la Ville de Reims* :

« Il existe, comme on sait, deux leçons du testa-
« ment de saint Remi : l'une nous a été transmise
« par Hincmar, à la suite de l'histoire qu'il nous a
« laissée de son saint prédécesseur; l'autre a été
« insérée par Flodoard dans le corps de son *Histor.*
« *eccl. Rem.* La première, moins étendue, est plus
« généralement acceptée par le monde savant; la
« seconde, plus prolixe, est presque universelle-
« ment suspecte[3]. »

Ces dernières paroles d'un érudit aussi sagace et

---

[1] Tome XVI, p. 153.

[2] *Collection des Mém. relat. à l'Histoire de France*, tom. V, p. 62, note.

[3] *Arch. adm.*, t. I, p. 2, not. 3.

aussi impartial que M. Varin sont vraiment incroyables. Elles prouvent combien la science elle-même vit d'erreurs et de préjugés.

Vous dites que le texte du grand testament est presque universellement suspect! Mais n'a-t-il pas pour lui toute la tradition nationale jusqu'en 1580? Est-ce une autorité dont on puisse ne tenir aucun compte qu'une tradition nationale de onze siècles!

A partir de 1580, nous avons pour nous encore tous les savants, jusqu'en 1635, Chesneau, Brisson, Hubert Meurier, Sirmond, Colvère, Pontanus, Baronius, Le Mire, de Cerisier. Le concert est unanime pendant toute cette période de calme et d'apaisement, où la France vient de défendre héroïquement sa foi, où elle est simplement et franchement catholique.

A partir de ce moment, il se fait un partage. Si on excepte Jansénius, les érudits qui entendent n'appartenir qu'à la science restent fidèles à la tradition nationale ; ce sont de beaux noms : outre Jansénius, ce sont de Priezac, Brequigny, du Saussay, Marlot, Tillemont, du Cange, Mabillon, Lacourt, Dorigny, Mafféi, les auteurs du *Nouveau Traité de Diplomatique,* Terrasson, Dom Ceillier, en tout, si on y joint les noms précédents, vingt-quatre savants dont les ouvrages connus déposent en faveur du grand testament.

A la suite de deux étrangers, animés contre la France de sentiments hostiles, Bollandus et Chifflet, quelques historiens seulement ont nié ce que les siècles précédents avaient affirmé : ce sont Lecointe, Pagi, Noël Alexandre, Longueval, les auteurs de la *Gallia Christiana* et les Bollandistes, en tout sept noms [1], qui, si on excepte les auteurs de la *Gallia* et les Bollandistes, ne sont certainement pas les grands noms que la science historique et critique se glorifie d'invoquer.

Puis le XIXᵉ siècle est venu, et sans recherches nouvelles, il a cru la question jugée. Lecointe avait été le premier, après Chifflet, à repousser l'authenticité du grand testament. N'importe; se prenant pour tout le monde, il supposa que tout le monde était de son côté, il écrivit *plerique*. Noël Alexandre et Pagi le copiant, écrivirent *plerique;* à leur tour nos historiens et nos érudits modernes, lisant Lecointe, Noël Alexandre et Pagi, lurent *plerique,* et crurent de bonne foi que l'ensemble des savants repoussaient le testament. Ainsi se répandit l'erreur, au point qu'aujourd'hui elle passe universellement pour la vérité.

Eh bien! nous ne craignons pas de le dire : quand même le testament ne s'appuierait pas sur des preuves historiques inattaquables, quand même il ne présenterait pas dans sa rédaction des caractères certains d'authenticité, nous croirions encore à sa réalité par voie d'autorité : car vingt-trois savants l'acceptent, sept seulement le rejettent. Par ce temps de suffrage universel et de droit des majorités, l'argument est irréfutable. Il l'est d'autant plus que la plupart de ces vingt-trois savants, nous

---

[1] Nous ne comptons pas ici Adrien de Valois et les auteurs de l'*Histoire littéraire de France*. Repoussant les deux textes, on ne peut les regarder comme les défenseurs du petit testament contre le grand.

l'avons dit, sont les plus grands noms de la jurisprudence, de l'histoire, de l'érudition et de la critique historique. Enfin leurs adversaires, à l'exception des Bollandistes, appartiennent à l'école gallicane, dont les opinions ne doivent jamais être accueillies qu'avec réserve.

Peut-être la franchise de notre appréciation va-t-elle blesser certaine fibre, qu'à tort quelques-uns voudraient prendre pour la fibre nationale ; nous ne sommes que juste cependant, car le système historique de cette école est notoirement faux.

Son premier principe, son point de départ, c'est que généralement tout diplôme, toute charte, tout titre ancien doivent être suspects, à cause de la multitude d'actes faux qui pullulent dans les archives privées et publiques. Cette suspicion préliminaire à toute étude est formellement contraire aux données de la diplomatique, qui prouve que peu d'actes faux et interpolés ont existé dans le cours des âges, parce que dans tous les siècles il y a eu des lois très-sévères contre les faussaires et des lumières suffisantes pour découvrir leurs falsifications [1]. La

---

[1] L'école gallicane a beaucoup parlé de la crédulité des anciens ; voici la réponse du *Nouveau Traité de Diplomatique*, t. VI, p. 234 : « Les modernes ont beaucoup plus excédé par leurs soupçons et leurs accusations injustes contre les chartes les plus vraies et les plus autentiques (sic) que n'avoient fait les anciens, en recevant quelques pièces pour véritables, qui ne l'étoient pas.... Sur l'article des faussaires et des actes suposés, ou falsifiés, nous ne savons si l'on pourroit en raporter un seul. Au contraire nous avons remarqué dans le premier chapitre de cette partie, qu'ils ne manquèrent au sujet soit des titres mêmes, soit de leurs fabricateurs, ni d'attention, ni de vigilance, ni de critique, ni de zèle, ni de sévérité. » — Voir encore et surtout *Ibid.*, p. 110 et suivantes.

conclusion est donc l'opposé du principe gallican : c'est qu'un acte ancien transmis par la tradition est digne de toute confiance, à moins de preuves certaines du contraire [1].

De ce principe d'universelle suspicion, l'école gallicane, faisant écho aux haines protestantes contre les faits surnaturels, rejetait en bloc toutes les légendes de saints. Selon Baillet, dont l'ouvrage de la *Vie des Saints* a fait pendant plus d'un siècle les délices de la piété des petits et des grands séminaires de France, elles étaient toutes l'œuvre des jeunes moines qui apprenaient à écrire, et qui les ont traitées, suivant les entraînements de leur imagination, comme des sujets d'amplification et de style. Grâce aux Montalembert, aux Darras, à beaucoup d'autres écrivains distingués et aux Bollandistes eux-mêmes, la critique moderne a fait justice de ce touchant accord de l'école gallicane avec le protestantisme, et elle nous a restitué les belles et véridiques légendes de saint Martin, de saint Amator et de saint Germain d'Auxerre, de saint Éloi, de saint Ouen, de saint Lambert, de saint Hubert, pour ne citer que quelques-uns de nos saints nationaux appartenant à l'époque de saint Remi.

Un troisième principe de la critique gallicane était de supprimer les preuves historiques d'un diplôme, pour en examiner uniquement les caractères intrinsèques. Ainsi en ont-ils agi envers le grand testament. Ni Lecointe, ni Noël Alexandre, ni Pagi,

---

[1] *Nouveau Traité de Dipl.*, t. vi, p. 304 ; — xvii, p. 305 ; — xx.

ni aucun d'entre eux n'a daigné se préoccuper des témoignages d'Ebbon, d'Hincmar, de Flodoard, de Sylvestre II et des autres que nous avons rapportés. Cet argument tout d'histoire n'existe pas pour eux : ils ne veulent prêter attention qu'aux formules mêmes du testament. Qui ne comprend pourtant qu'un témoignage historique irrécusable ne peut être détruit par des interprétations plus ou moins plausibles de doctrines mal comprises et de faits mal connus. Aussi, la preuve historique une fois écartée, la moindre obscurité, la moindre invraisemblance leur suffit pour rejeter un titre, contrairement à ces règles de la diplomatique : c'est qu'on ne peut accuser de faux un acte fourni par la tradition, parce qu'il énonce des faits uniques ou extraordinaires, parce qu'on ne peut rendre compte d'un ou de plusieurs faits qu'il contient, parce qu'il accorde de grands priviléges ou suppose une autorité peu ordinaire [1].

Enfin, dans l'examen des caractères intrinsèques d'un diplôme ou d'une charte, il est de notoriété que l'école gallicane le repoussait impitoyable-

---

[1] « Il ne paraissait nullement vraisemblable au docteur Launois que le pape Alexandre III ait prêché dans la prairie voisine de l'abbaye de Saint-Germain, devant tout le peuple de Paris, et c'était un des motifs qu'il alléguait pour rejeter l'acte où ce fait est marqué. Notre fameux critique ne savait donc pas que le pape Urbain II fit un sermon sur les bords de la Loire, le second dimanche de Carême de l'an 1095.

« Mais quand le fait d'Alexandre III aurait été unique, était-ce un motif de rejeter l'acte qui l'atteste? On ne finirait pas, si l'on voulait rapporter en détail les mauvais raisonnements employés par les critiques pour décrier les chartes *qui ne s'accordaient pas avec leurs idées*. » (*Nouv. Trait. de Dipl.*, t. VI, p. 318, XIV, p. 419, XV et XVI.

ment dès-lors que son contexte exprimait quelque doctrine ou rapportait quelque fait qui pût troubler la sérénité des joies coupables de Louis XIV et de son successeur [1], et encore lorsque le titre professait la souveraineté doctrinale ou juridictionnelle des Pontifes de Rome. Nous en avons un curieux exemple dans la question même du grand testament.

Le chanoine de Reims, de qui vient l'exemplaire de Flodoard, traduit par Chesneau et possédé par la bibliothèque de cette ville, acceptait l'authenticité de ce testament. Dans une note marginale, il ne fait qu'une restriction. A ses yeux, cet acte, très-authentique, renferme néanmoins un passage interpolé, c'est celui où saint Remi porte des malédictions contre les rois qui oseraient violer la teneur de ses dernières volontés. Le testament avait fait entendre une parole courageuse et apostolique qui blessait les idées gouvernementales du bon chanoine : dans sa candeur, il ne laisse pas de croire au testament, mais, avec une charmante naïveté, il supprime le passage qui chagrinait son esprit.

Ainsi, nous ne mettons aucune passion quand

---

[1] M. l'abbé Darras, t. xxiv, p. 548 de son *Histoire*, s'exprime ainsi : « Telle est cette admirable histoire de saint Bernard de Tiron, écrite par Gaufred le Gros, son disciple. Malgré son authenticité irrécusable, elle est restée jusqu'à ce jour si peu connue que la plupart des lecteurs s'étonneront de la trouver ici pour la première fois. Il semble qu'il y eut, à certaine époque, un parti pris de reléguer dans l'oubli, sinon de calomnier toute une génération de saints, qui avaient osé faire retentir à l'oreille des rois le *non licet* de Jean-Baptiste.

Voir un autre exemple plus curieux encore peut-être dans le même historien, tom. xvii, p. 57, n° 28.

nous récusons le jugement de l'école gallicane sur le grand testament. Nous n'aimerions ni la France, ni notre antique Église de Reims, ni le glorieux Apôtre, instrument providentiel de notre grandeur religieuse et sociale, si nous ne protestions contre la légèreté et la partialité de sa critique, qui voudrait nous ravir l'un des plus précieux monuments de notre histoire locale et de notre histoire nationale.

CHAPITRE VI

ORIGINE DU PETIT TESTAMENT

A AUCUNE ÉPOQUE, SAINT REMI N'A PU ÉCRIRE LE PETIT TESTAMENT. — IL N'EST PAS NÉCESSAIRE QUE NOUS PUISSIONS INDIQUER QUEL EN EST L'AUTEUR. — LA QUESTION DES MANUSCRITS. — IL N'EST PAS CERTAIN, MAIS SEULEMENT PROBABLE, QUE HINCMAR SOIT L'AUTEUR DU PETIT TESTAMENT. — SES MOTIFS PRÉSUMÉS POUR ABRÉGER LE GRAND TESTAMENT ET EN COMPOSER LE PETIT.

Avant de terminer la partie historique de notre travail, il nous reste un dernier point à traiter. Qu'est-ce que le petit testament? Qui en est l'auteur?

La pierre d'achoppement de Marlot a été justement de déterminer la nature du petit testament. Il le donne comme venant directement de la plume de saint Remi, qui l'aurait composé peu de temps avant le grand. Voici ses paroles :

« Pour dire brièvement et simplement ce que je
« pense, je crois qu'il ne faut pas distinguer ces
« deux testaments, comme si le petit avait précédé
« de beaucoup le grand. Saint Remi les a rédigés
« tous deux dans sa dernière maladie, le petit

« d'abord, qu'il a dicté aux notaires, et qu'ont
« signé les personnages consulaires que nomme
« Flodoard. Ensuite les évêques de la province
« sont venus visiter le saint qui, durant leur séjour,
« ajouta à son testament ce qui lui parut y man-
« quer, soit qu'il le fît de lui-même, soit qu'il le fît
« sur le conseil des évêques, qui signèrent avec
« lui [1]. »

Marlot fait ici une pure supposition que les Bollandistes réfutent avec raison, et sur laquelle nous nous contenterons de faire une simple observation, mais elle est fondamentale.

Nous ne pouvons admettre que le grand testament soit le développement du petit, que saint Remi aurait fait quelque temps auparavant dans la même maladie dont il est mort, parce qu'il existe entre les deux testaments des différences tellement notables que jamais l'un n'a pu être le développement de l'autre. Dans le grand, saint Remi déclare qu'avant ce testament définitif il en a fait deux autres, l'un sept ans auparavant, l'autre quatorze ans. Or, nous soutenons que ni dans sa dernière maladie, ni sept ans, ni quatorze ans auparavant, il n'a pu écrire le

---

[1] « Ut breviter, et ingenue dicam quod sentio, arbitror nequaquam illa duo distinguenda esse testamenta, quasi Brevius multos annos alterum præcesserit, sed hæc a Remigio ultimo morbo laborante (successivè tamen) condita, Brevius primo a Notariis excerptum est, cui viri Consulares a Frodoardo recensiti subscripsere. At cum Provinciales Episcopi Remos de more Archiepiscopum visitaturi advenissent, addita sunt quæ deesse videbantur in Breviori, vel testatoris genio, ut sæpe fit, novis rebus in mentem occurrentibus, aut ipsis eidem suggerentibus Episcopis, qui Prolixiori testamento subscripserunt. » *Metrop. Rem. hist.*, t. I, lib. II, cap. XII, p. 192.

petit testament. Pourquoi ? Pour une raison bien simple, que nous avons déjà indiquée au commencement de cet ouvrage, c'est que le petit testament ne règle en rien la transmission de son immense fortune territoriale. Comment ! Saint Remi a de vastes domaines dans toutes les provinces de France ; plusieurs viennent de son patrimoine, beaucoup viennent de la générosité des Francs envers leur apôtre, et ce grand homme, quatorze ans, sept ans, trois mois avant sa mort, n'aurait jamais songé à déterminer et la part qu'il destine à ses héritiers naturels, et celle qu'il réserve à l'Église ! Absolument parlant, on peut admettre qu'il ait négligé de faire son testament, mais le faisant, on ne peut admettre qu'il ait négligé de régler la succession de ses riches et nombreux immeubles, pour se contenter de partager ses richesses mobilières. En sorte, que n'eussions-nous pas d'autre preuve, nous pourrions dire aux partisans du petit testament : il faut en prendre votre parti, mais le petit testament ne vient pas de saint Remi, parce qu'il est impossible qu'il l'ait rédigé.

Pour échapper à la force de ce raisonnement vous êtes obligés de vous réfugier derrière une supposition. Saint Remi avait, par des donations aux diverses Églises et à ses héritiers, réglé de son vivant la question de ses immeubles, il n'avait donc pas à s'en occuper dans son testament.

Est-ce probable ? Est-il probable que de son vivant saint Remi ait voulu faire entrer, je ne dirai pas son Église, mais sa famille, ses héritiers naturels en possession de ses biens ? C'est là une détermination tellement insolite, que notre raisonnement subsiste tout entier, et ainsi nous pouvons affirmer qu'il n'est point l'auteur du petit testament, et que celui-ci n'est ni un testament provisoire, comme le veut Marlot, ni un testament définitif, ainsi que le veulent ses partisans.

Qu'est-il donc? Nous l'avons montré au chapitre III de cette étude. Ce n'est pas même une analyse du grand testament, c'est un extrait fait d'après une règle fixe. Cette règle est d'emprunter au testament tout ce qui concerne les valeurs mobilières et d'omettre scrupuleusement tout ce qui concerne les valeurs immobilières.

Mais qui a fait cet extrait? Dans quel but a-t-il été fait? D'où vient qu'il s'est transmis d'âge en âge parallèlement au vrai testament?

Cet extrait est-il l'œuvre d'Hincmar? ou bien lui est-il antérieur et se serait-il contenté de le publier?

Nous devons commencer par dire que la certitude de notre démonstration resterait pleine et entière, quand même nous ne pourrions répondre à toutes ces questions, car une fois admis qu'un testament ne contredit pas l'autre, il n'importe plus essentiellement que nous sachions par qui et pourquoi l'un a été extrait de l'autre.

Toutefois nous allons essayer de le déterminer.

Toute l'école gallicane s'accorde à reconnaître l'authenticité du petit testament, parce que Hincmar l'a publié à la suite de la *Vie de saint Remi* qu'il a composée. Et, en effet, ajoutent-ils, tous les manuscrits qui renferment cette vie, renferment aussi un exemplaire du petit testament.

Il ne nous déplairait pas qu'Hincmar eût fait cette publication, et qu'ainsi il eût tout à la fois invoqué l'autorité du grand testament et publié le texte du petit. Car, par là, il montrerait, contrairement à l'opinion adverse, que l'un n'est pas la négation de l'autre. En effet, dans tout le cours de son épiscopat, il s'est appuyé sur le grand testament pour l'administration du temporel de son Église. Si, en 855, date probable où a paru sa *Vie de saint Remi*, il y a inséré le petit testament, çà n'a pas été pour se contredire et se susciter les plus graves embarras. Vous ne pouvez admettre qu'en 845 il ait fait reconnaître par Charles-le-Chauve et sa cour l'authenticité du grand testament; qu'en 855, il ait donné le petit comme le seul vrai testament du saint, et qu'avant comme après cette époque, jusqu'en 883, année de sa mort, il n'ait cessé de défendre les propriétés de son Église toujours au nom du grand testament. Vous voyez donc la nécessité de reconnaître, ou qu'Hincmar n'a pas joint le petit testament à ses œuvres, ou que, s'il l'a fait, c'est que, comme nous, il a reconnu son identité avec le grand, dont il est un pur extrait.

Toutefois, nous n'osons affirmer que réellement nous devions à Hincmar la publication du petit testament. On nous dit : tous les manuscrits de la *Vie de saint Remi* par ce prélat le contiennent; donc ce testament vient de lui. Le fait que le petit testament se trouve dans tous les manuscrits d'Hincmar n'est peut-être pas aussi certain qu'on l'affirme. Voici ce que nous lisons dans Brisson :

« Je l'ai transcrit (le grand testament), il y a

« quelque temps, d'après les manuscrits d'Hincmar
« et de Flodoard, et les archives de l'Église de
« Reims. *Extat.... elegans testamentum a me pri-*
« *dem ex Hincmaro et Flodoardo, scriniis et ipsius*
« *Remensis ecclesiæ archiis descriptum* [1]. »

Ainsi les œuvres d'Hincmar, contrairement à ce que nous voyons affirmer partout, contiendraient, ou du moins auraient contenu le petit, mais aussi le grand testament : c'est l'affirmation de Brisson, et Lacourt entend comme nous ce passage du savant jurisconsulte.

Dans une note qu'il rédige sur une variante entre le texte de Colvère et celui de Brisson, il écrit :

« Colvère, qui avait examiné les manuscrits,
« convient qu'ils portent tous *cabutam*. Brisson (son
« texte porte *cabutam argenteam*), pouvait avoir
« trouvé cette variation dans d'autres manuscrits
« de ce testament, qui luy estoient connus et qu'il
« avait veu parmi les ouvrages d'Hincmar et de
« Flodoard longtemps avant que Chesneau eût
« donné sa traduction. Il y a quelque différence
« entre le texte qu'il donne et celui de Chesneau
« et l'on voit assez qu'il avait eu d'ailleurs cette
« pièce..... [2]. »

M. Varin nous dit [3] qu'il n'a pu le découvrir dans aucun manuscrit d'Hincmar. C'est possible. Mais

---

[2] *Bar. Briss. de form. et solem. pop. Rom. verb.,* lib. VII, p. 765.

[2] Lacourt, carton : *Archevêché de Reims, maison de Lorraine,* p. 17.

[3] *Arch. adm. de la ville de Reims,* tom. I, p. 2, N. 2° col.

d'après Brisson et de son temps on l'y trouvait encore.

Un double courant s'était donc formé pour les manuscrits d'Hincmar : les uns, plus nombreux peut-être, renfermant le petit testament, les autres relatant le grand. Ce double courant exista jusqu'à la fin du XVI° siècle; il disparut alors, mais sans supprimer la conséquence que nous en devons tirer. Puisque les manuscrits d'Hincmar renfermaient tantôt le grand et tantôt le petit testament, on ne peut plus en conclure que certainement Hincmar a publié le petit testament.

Lacourt, qui avec Brisson nous fournit cette conclusion, nous donne en même temps un autre renseignement qui semble l'infirmer.

L'abbaye de Saint-Remi possédait un manuscrit d'Hincmar qui a été brûlé en 1775, dans l'incendie qui a dévoré sa bibliothèque. A propos de ce manuscrit, nous trouvons cette note de Lacourt : « Il « faut voir si à la fin du manuscrit de saint Remy « dans la vie de ce saint il n'y a que le premier « testament. » Sans doute que le savant chanoine fit cette vérification. Car nous retrouvons dans ses papiers[1] le texte même du petit testament, qu'il a contrôlé sur un manuscrit du IX° siècle qui appartenait à l'abbaye de Saint-Remi. Jacques Lelong nous fournit la même indication : « Il y a à la « bibliothèque de l'abbaye de Saint-Remy de Reims « un manuscrit de cette vie (la *Vie de saint Remi* « par Hincmar), très-beau et très-bien conservé, au

---

[1] Lacourt, *note sur Marlot*, ol. 15, verso.

« n° 305, R. 14, in-fol. L'écriture est du IX° siècle,
« on ne peut le contester raisonnablement[1]. »

Lacourt et Lelong s'accordent donc à produire la même affirmation. Si leur appréciation est exacte, il faut reconnaître que la *Vie de saint Remi* par Hincmar renfermait le petit testament du vivant de ce prélat. D'où résulterait la conclusion certaine que lui-même est l'auteur du testament, ou que du moins il l'a introduit de sa main dans son ouvrage.

Mais quelles ont été les raisons qui ont porté Hincmar à extraire le petit testament du grand et à l'introduire dans la vie qu'il a écrite de son immortel prédécesseur?

Il nous semble que nous pouvons en indiquer plusieurs.

La principale source historique de la vie de l'apôtre des Francs sera toujours son grand testament. En dehors de là on fera d'inutiles efforts pour nous donner un récit circonstancié et véritablement sûr. Ces efforts, Hincmar a voulu les faire. Il a voulu reconstituer la grande vie du Pontife, perdue au temps de Charles Martel. Mais dès qu'il a prétendu s'écarter des données du grand testament, il lui a fallu recourir à une tradition plus ou moins certaine. Aussi les principaux faits de son récit, quoique empruntés à diverses sources historique, sont identiques, quant au fond, à ceux relatés au grand testament. Reproduire intégralement ce document à la suite de son œuvre, était donc une

[1] Jacques Lelong, *Bibliothèque historique de la France*, t. I, n° 9516.

superfétation fastidieuse pour le lecteur. De là une première raison de réduire les proportions du grand testament, et une première règle à suivre dans cette réduction.

En écrivant son *Histoire,* le but d'Hincmar, en l'absence de nombreux documents, a été bien moins de composer un travail historique, qu'une œuvre d'édification. Les trois quarts de son ouvrage sont consacrés à des exhortations pieuses, à des considérations spirituelles et mystiques, à l'occasion d'un fait ou d'un miracle de la vie du saint. S'il parle du testament lui-même, ce n'est nullement au point de vue historique, c'est pour le donner en modèle aux évêques ; il nous dit :

« ..... Après avoir fait son testament, dont nous
« jugeons utile de joindre le texte à cet opuscule,
« pour servir d'exemple aux évêques de notre temps
« et des âges futurs qui voudront le lire..... saint
« Remi fut privé pour quelque temps de la lumière
« des yeux corporels [1]. »

Ainsi, dans la publication du testament, Hincmar n'a pas d'autre but que de le donner comme modèle aux évêques. Or, la première partie du testament ne peut leur servir de modèle pour deux raisons évidentes.

La première, et celle-là suffit à elle seule pour expliquer que Hincmar ait modifié le testament,

---

[1] Condito siquidem testamento, cujus textum ad exemplum episcoporum nostri et futuri temporis, qui illud legere voluerint, huic opusculo subjungere utile duximus et dispositis omnibus... oculorum corporalium lumine aliquandiu est privatus. *Vita prolixior S. Remigii,* cap. VIII, n° 110, apud. Bolland., t. I, oct., p. 160.

c'est que ce document est autre chose encore que le testament du Pontife. Nous pourrions non moins l'appeler un règlement du temporel de l'Église de Reims. Assurément ce monument considérable est essentiellement constitué par les libéralités du saint, mais accessoirement il règle l'emploi et la destination de tous les biens du siége métropolitain. Envisagé sous ce rapport, ce n'est donc pas un testament, mais un règlement diocésain. Hincmar n'avait donc pas à le faire entrer dans la *Vie de saint Remi* pour y figurer comme un testament qui dût servir de modèle aux évêques.

La seconde raison, c'est que les libéralités qu'il contient sont non-seulement d'une grande âme, mais d'un prince riche et puissant. La plupart des évêques n'ont ni seigneurie, ni domaines à léguer, mais simplement quelques meubles et quelques valeurs mobilières. De là une seconde règle qui présidera à la réduction du testament.

Saint Remi en consacre la seconde partie à le sanctionner d'avertissements solennels. Mais ces paroles inspirées, comme les appelle Baronius, n'appartiennent qu'à Remi, au thaumaturge puissant en miracles et en œuvres, à ce père de la patrie, vieillard de quatre-vingt-seize ans et apôtre de sa nation depuis soixante-quatorze ans. Ce grand et magistral langage ne peut être celui d'un simple évêque, il ne peut être introduit dans un testament d'une valeur ordinaire : en un mot, il ne peut servir de modèle. De là une troisième règle de suppression.

Enfin le grand Pontife, sur son lit de mort, était environné de ses comprovinciaux. C'était du reste un usage assez répandu à cette époque qu'ils intervinssent dans la signature du testament d'un co-évêque [1]. Cet usage avait disparu sous la seconde race ; il pouvait dans bien des circonstances n'avoir pas sa raison d'être : ce n'était donc pas une pratique qu'il fallût recommander ; ce point final déterminera une dernière règle de suppression.

Ainsi toute la partie des donations immobilières sera supprimée, parce qu'elle renferme les faits historiques déjà reproduits dans la *Vie de saint Remi*, et parce que ces donations proviennent d'une richesse que les évêques ne possèdent pas. On supprimera toute la seconde partie, parce que saint Remi y tient là un langage qui n'appartient qu'à lui, et on supprimera en troisième lieu la signature des évêques, comme une pratique qui dans les circonstances ordinaires ne comporte en elle-même aucune utilité.

Telle est, à notre humble avis, la pensée qui a présidé à l'introduction du petit testament dans la *Vie de saint Remi* par Hincmar, et qui l'y a maintenu, en même temps que le grand testament était publié dans l'*Histoire de l'Église de Reims* par Flodoard, et se perpétuait dans toutes les reproductions de cette histoire. Car ici nous sommes en

---

[1] Le testament de saint Grégoire de Nazianze est signé d'abord de lui, puis de deux métropolitains, de quatre évêques et d'un prêtre, qui signent comme présents, avec l'attestation de Jean, lecteur et notaire de la très-sainte Église de Nazianze, lequel déclare avoir transcrit et publié ce divin testament du saint et illustre Grégoire le théologien, sur l'original gardé dans les archives de la même Église. — Voir ce testament dans Tillemont, *Hist. eccl.*, t. IX, not. 50, p. 721.

présence d'une œuvre purement historique. Ce n'est plus une vie pieuse de saint Remi que l'on écrit : c'est l'histoire de toute l'Église de Reims, des actes administratifs de ses évêques, de la gestion de leur temporel comme de leurs œuvres pour le bien religieux des âmes. Dans un pareil travail, les documents doivent être essentiellement historiques, sans abréviation, sans mutilation ; le testament de saint Remi y sera publié, mais intégralement, sous sa forme authentique : ce sera le grand testament.

L'Église de Reims s'y est si peu trompée, qu'en acceptant de transcrire le petit testament dans les manuscrits d'Hincmar, jamais on ne la surprendra à l'introduire dans l'*Histoire* de Flodoard. Quand les étrangers viendront fouiller ses archives, lui demanderont le testament de son grand Pontife, elle se gardera bien de mettre la main sur les manuscrits d'Hincmar et sur le petit testament, elle donnera invariablement le grand.

Mais en même temps elle ne cherchera pas à s'opposer à la marche parallèle des deux textes dans les deux ouvrages, où chacun est parfaitement à sa place : preuve péremptoire qu'elle n'était pas embarrassée de leur coexistence, comme affecta de l'être plus tard l'école gallicane, mais qu'elle les regardait comme identiques, l'un étant sorti de l'autre, non pour se combattre, mais pour être chacun plus approprié à sa destination.

TROISIÈME PARTIE

RÉFUTATION DES OBJECTIONS

AVANT-PROPOS

Pour la plupart des lecteurs, les deux premières parties de notre étude seraient suffisantes. Les preuves historiques que nous avons données sont trop positives, pour laisser aucun doute dans leur esprit. Cependant, plusieurs, familiarisés avec les objections des écrivains que nous avons cités, pourraient nous trouver incomplet. Ils auraient à nous reprocher de les laisser sous le coup de certaines hésitations A notre tour, nous nous le reprocherions d'autant plus, qu'il nous est bien facile de dissiper leurs doutes. Nous ne connaissons aucune de ces objections qui ait un fondement sérieux, quoique soutenues par les Bollandistes, qui seuls ont osé en faire une thèse armée de toutes pièces contre le grand testament.

C'est à cette thèse tout naturellement que nous allons nous attaquer, suivant pied à pied ces savants dans leur polémique. Si nous sommes longs, si nous entrons dans de minutieux détails, on nous le pardonnera. Le lecteur comprendra que nous devons le mener partout où nous conduit nous-même notre très-docte, mais systématique adversaire.

CHAPITRE PREMIER

PREMIÈRE OBJECTION

LES MANUSCRITS

ANCIENNETÉ DES MANUSCRITS DANS LESQUELS ON RETROUVE LE PETIT TESTAMENT. — LES MANUSCRITS DU GRAND TESTAMENT POURRAIENT ÊTRE ENCORE PLUS ANCIENS. — LA PRÉSENCE DU GRAND TESTAMENT PARMI LES MISCELLANEA PROUVE EN FAVEUR DE SON AUTHENTICITÉ.

Plus un manuscrit se rapproche de l'époque où l'auteur écrivait, plus on doit supposer qu'il renferme le vrai texte de cet auteur.

Or, dans le cas présent, le petit testament serait le vrai texte de saint Remi, car il se retrouve dans des manuscrits plus anciens que ceux où l'on rencontre le grand testament. Les Bollandistes le prouvent en s'appropriant ces paroles de Marlot :

« Nous avons cru devoir placer ici le petit testa-
« ment du bienheureux Remi, auquel plusieurs ne
« font aucune attention, bien qu'il existe parmi
« nous dans plusieurs manuscrits d'une haute anti-
« quité, *quod in pluribus Mss. magnæ antiquitatis,*

« à la fin de l'ouvrage que Hincmar a composé sur
« la vie et les miracles du bienheureux Remi. Dans
« ces manuscrits, il n'est fait aucune mention du
« grand testament, ce qui peut paraître étonnant,
« puisqu'il est le seul qui jusqu'à présent ait été
« édité. Je dois avouer cependant que j'ai trouvé le
« grand testament joint au petit dans quelques
« manuscrits, mais qui ne présentent pas la même
« autorité : car le petit suit immédiatement, comme
« il le doit, l'opuscule d'Hincmar ; le grand est au
« contraire rejeté parmi les mélanges, *inter Mis-*
« *cellanea,* comme venant d'ailleurs ; il est écrit en
« caractères relativement récents, et n'a rien de
« commun avec l'œuvre d'Hincmar [1]. »

Qu'on le remarque, l'objection de Marlot, qui n'en croit pas moins à l'authenticité du grand testament, reste dans le vague. Sans doute les manuscrits sont anciens ; mais de quelle époque sont-ils ? Pourquoi ne pas le dire ? Sans doute le grand testament, rejeté parmi les Mélanges, est d'une date plus récente ; mais il ne se trouve pas seulement dans ces Mélanges, il existe de plus

---

[1] Brevius S. Remigii Testamentum, neglectum ab aliis, hic reponendum duxi, quod in pluribus Mss, iisque magnæ antiquitatis, extet apud nos sub finem Operis, vitam ac miracula prædicti Remigii complectentis, ab Hincmaro studiose collecti, nulla in eisdem prolixioris Testamenti facta mentione ; quod mirum videri potest, cum solum hoc a multis editum sit. Fateor equidem, prolixius quoque Testamentum cum Breviori a me repertum in aliquot Mss ; at non eadem fide. Nam brevius immediate sequitur, ut debet, opusculum Hincmari ; prolixius vero inter Miscellanea rejicitur, ut aliunde excerptum, et recentiori admodum charactere, ita ut cum Hincmari Opere nihil commune habeat. *Metrop. Rem. hist.*, tom. I, lib. II, cap. XI, et Bolland, tom. I, octob., p. 106, nos 262 et 265.

dans les manuscrits très-nombreux de l'*Histoire de l'Église de Reims* par Flodoard. Or ces derniers sont-ils moins anciens que ceux d'Hincmar? Vous ne le dites pas. Votre objection est donc sans portée.

De plus elle est vaine. Car en admettant que le manuscrit conservé jusqu'en 1775 à l'abbaye de Saint-Remi fût celui d'Hincmar, il ne daterait que du IX° siècle. Mais à quelle époque faites-vous inventer le grand testament? Nous vous citons :

« Il en est qui pensent que ces additions ou ces « interpolations ont été faites du temps de Charles « Martel, etc.[1]. »

D'après vous, nous pourrions donc avoir des manuscrits qui seraient antérieurs aux vôtres de près de cent cinquante ans, puisque Charles Martel vivait environ cent cinquante ans avant Hincmar. Si donc les manuscrits du grand testament ne remontent pas à cette époque, c'est par pur hasard : c'est que trop vieux au XII° et XI° siècle, ils ont été remplacés alors par ceux que vous appelez relativement récents.

L'objection nous fournit au contraire une forte présomption en faveur du grand testament. On le retrouve joint au petit dans l'opuscule d'Hincmar *inter Miscellanea;* mais jamais on ne retrouve le petit joint au grand dans l'ouvrage de Flodoard. Qui ne voit ici que le grand testament était bien

---

[1] Bolland., *ibid.*, p. 109, n° 277, et le chap. XIII de la troisième partie de cet ouvrage.

plus répandu que le petit? Non-seulement on le reproduisait dans tous les exemplaires de l'*Histoire de l'Église de Reims* par Flodoard, mais on le transcrivait à part, et pour montrer qu'il était le vrai testament de saint Remi, certains copistes, certaines abbayes le joignaient au petit testament, qui n'avait été placé que comme extrait dans l'ouvrage d'Hincmar.

CHAPITRE II

DEUXIÈME OBJECTION

HINCMAR N'A PAS CONNU LE GRAND TESTAMENT

HINCMAR A CONNU LE GRAND TESTAMENT, BIEN QU'IL AIT PUBLIÉ LE PETIT, — QU'IL AIT OMIS CERTAINS FAITS RELATÉS AU TESTAMENT, — QU'IL NE L'AIT JAMAIS INVOQUÉ POUR DÉFENDRE LA SUPRÉMATIE DE SON SIÉGE.

En présence de l'ordonnance de Charles-le-Chauve et de la correspondance d'Hincmar, si explicites en faveur du grand testament, les Bollandistes doivent avoir de bien graves raisons pour soutenir qu'Hincmar n'a pas connu ce document. Voyons donc ces raisons :

I. — « Ce prélat n'a publié que le petit testa-
« ment; on peut donc en conclure qu'il n'a pas
« connu le grand [1]. »

---

[1] Equidem merito quis suspicari posset aliud nullum ab Hincmaro cognitum testamentum præter brevius a nobis evulgatum, quodque Operi suo subjecisse testatur.... At cum brevius tantum subjunxerit ex Mss, quæ restant, quis dicat aliud agnovisse? *Ibid., ibid.*, p. 107, n° 266.

Le chapitre vi de la deuxième partie de cet ouvrage est presque entièrement consacré à cette question de la publication du petit testament par Hincmar. Nous nous bornerons donc ici à y renvoyer le lecteur.

II. — « Dans sa préface, Hincmar se plaint « d'être obligé de recourir à des fragments de « parchemin, à des feuilles volantes et à la tra- « dition, pour composer la vie du saint. Or s'il avait « connu le grand testament, il ne se serait pas « trouvé dans cette nécessité, puisque ce testament « renferme presque tous les faits éclatants de la « vie de saint Remi. De plus, l'écrivain, dans son « opuscule, omet plus d'un détail historique que « relate cependant le testament[1]. »

Cette objection, comme toute la polémique des Bollandistes, reste dans le vague : il est difficile d'y répondre, parce qu'il est difficile de la comprendre.

D'abord elle ne nous indique pas les faits renfermés au grand testament et passés sous silence par Hincmar. Nous n'avons donc pas à réfuter des allégations qu'on ne prend même pas la peine de justifier.

---

[1] Pergit (Marlotus) deinde duplici alia ratione probare, prolixius Hincmaro aut penitus ignotum esse, aut certe tam sublestæ fidei visum, ut omnino negligendum crederet. Probat id primo, quod, cum prolixius fere omnia præclariora S. Remigii gesta contineat, non fuisset opus Hincmaro pro illius Vita scribenda ad fragmenta membranarum schedulasque et traditionem recurrere, sicut sibi opus fuisse in Præfatione conquiritur; nec prætermisisset aliqua quæ in eodem testamento præterea leguntur; quæque omnia maximam fidem ex ipsius Sancti testamento invenissent. *Ibid.*

Quant aux plaintes de ce prélat, voulez-vous dire qu'il n'avait qu'à recourir au grand testament, s'il l'avait en sa possession ? Mais il eut manqué son but. Ce but était de reconstituer la grande vie du saint, disparue sous Charles Martel. Allez donc, en vous bornant aux indications du grand testament, reconstituer cette vie dans tous ses détails. Le testament ne rapporte que quelques faits, et encore il y met un laconisme désespérant pour l'historien qui veut composer un récit un peu étendu.

Mais au moins, ajouterez-vous, aurait-il dû indiquer le grand testament comme l'une des sources qu'il avait à sa disposition. Sans doute il eut pu le faire, mais il ne l'a pas fait, à notre avis, pour deux raisons.

La première, c'est que jamais il ne recourt au grand testament. Il raconte les faits qui s'y trouvent en les amplifiant, en les accompagnant de circonstances diverses, en leur donnant des développements étrangers au récit du testament. A moins d'être un faussaire, un historien sans véracité, un écrivain menteur, Hincmar n'a pu emprunter au grand testament les faits de son histoire. Il les tient d'ailleurs. Aussi pour écarter de son œuvre tout soupçon de fraude, il se garde bien de citer ce document parmi les sources historiques auxquelles il a puisé. Il en a eu d'autres plus riches, contenant les mêmes récits, mais avec plus d'étendue : c'est à celles-là qu'il a eu recours.

La seconde raison, c'est qu'à notre avis, Hincmar a voulu donner au grand testament le moins de publicité possible. Aussi croyons-nous de plus en plus qu'il est l'auteur du petit testament, bien qu'on ne puisse l'affirmer absolument.

La vie de cet illustre prélat, doué d'une haute intelligence et d'une grande vigueur de caractère, a été tout entière dépensée à défendre la discipline de l'Église et l'autorité royale, qui commençait à sombrer sous les coups de la féodalité. Les grands défenseurs de la royauté si défaillante des Carlovingiens ont été en France les archevêques de Reims, depuis Hincmar jusqu'au puissant Adalbéron. L'Église, « école du respect », l'est aussi de la fidélité. Les circonstances avaient changé depuis la fondation de la monarchie. Quand saint Remi écrivait son testament, le vieillard presque centenaire devait parler haut et ferme à cette jeune royauté, qui venait de se révéler si cruelle dans les luttes fratricides des quatre fils de Clovis. Ce langage devenait inopportun, presque dangereux, s'adressant à la royauté du pusillanime Charles-le-Chauve, qui se trouvait en face de seigneurs plus puissants que leur roi, et si menaçants pour son pouvoir. Dans ses lettres privées, Hincmar invoquait donc le grand testament pour autoriser ses revendications. Mais il ne voulut pas lui donner une inutile publicité dans son récit de la vie de saint Remi. Il ne le fait donc pas connaître dans sa préface, et il le mutile, d'après les règles que nous avons indiquées, à la fin de son opuscule. Ses réticences entrent dans la ligne de conduite qu'il n'a cessé de suivre, pour défendre cette royauté, qui, après l'Église, a tout son dévouement.

III. — Hincmar n'a pas connu le grand testament « car il ne l'a jamais invoqué pour défendre la « suprématie du siége de Reims, son droit de ré- « primander les rois, et pour repousser les enva- « hisseurs des biens de son Église [1]. »

Hincmar était trop canoniste pour appuyer la suprématie du siége de Reims sur les recommandations de saint Remi à ses successeurs. La juridiction dans l'Église ne vient que du Pape; le plus humble des papes peut ce que ne peut pas le plus grand des évêques. Le testament, comme nous le montrerons plus loin, ne conférait aucune suprématie au siége de Reims, parce que le grand thaumaturge, qui avait le pouvoir de faire des miracles, n'avait pas celui de conférer la moindre parcelle de suprématie. Hincmar le savait; il ne pouvait donc recourir à un pareil fondement pour défendre les droits de son siége.

Quant au pouvoir de reprendre les rois, Hincmar non plus n'avait pas à recourir au testament. Ce droit il le tenait de son caractère épiscopal, et non de son glorieux prédécesseur. Au surplus, nous venons de montrer que le vigoureux archevêque était peu porté à user de ce pouvoir. La lutte alors

---

[1] Alterum ipsius argumentum petitur ex ejusdem Hincmari silentio, non solùm in Vita, ut dictum est, se etiam in aliis Opusculis suis, in quibus ad confirmanda sua de primatu ecclesiæ Remensis, de jure increpandi reges, de invasoribus bonorum ecclesiasticorum ceterisque ejusmodi asserta maxime opportunum illi fuisset, istud testamentum citare. *Unde* (ita post pauca ibidem concludit Marlotus) *si quando illud designare videatur in quibusdam epistolis, quarum fragmenta citantur a Frodoardo, id adeo obscuré et obiter, ut satis innotescat non habuisse pro authentico. Ibid.* n° 267.

n'était pas contre l'arbitraire de la royauté, mais contre les violences de la féodalité en voie de formation. Vraiment le grave Bollandiste nous donnerait à supposer qu'il ignorait l'histoire de cette époque et particulièrement celle de l'illustre archevêque. Car comment a-t-il pu formuler d'aussi vaines objections? Comment surtout a-t-il osé ajouter que l'actif prélat n'a jamais invoqué clairement l'autorité du grand testament contre les envahisseurs des biens de son Église, quand au contraire nous avons fait voir que ses lettres sont toutes remplies de menaces empruntées au testament?

CHAPITRE III

TROISIÈME OBJECTION

FLODOARD N'A PAS CONNU LE GRAND TESTAMENT

FLODOARD A CONNU LE GRAND TESTAMENT : — BIEN QU'IL EN PARLE PEU, — QU'IL NE SIGNALE PAS LES LEGS FAITS A L'ÉGLISE DE SAINT-SIXTE ET DE SAINT-AGRICOLE ; — IL NE PARLE NULLEMENT, COMME ON LE PRÉTEND, DES SIGNATAIRES DU TESTAMENT. — IL ENTEND LE CODICILE MIEUX QUE LES BOLLANDISTES.

Les Bollandistes s'arrêtent à cette objection avec une insistance qui a lieu de surprendre.

A leurs yeux, la preuve que Flodoard a ignoré le grand testament, c'est que dans le cours de son récit, il omet de rapporter certaines donations et certains faits qui s'y trouvent exprimés.

En vérité, si l'*Histoire de l'Église de Reims* ne devait être que la reproduction du testament de saint Remi, il lui était bien inutile de la composer ; il lui suffisait de publier purement et simplement le testament. L'argument n'aurait de valeur, que si l'historien avait été forcé par son sujet d'en parler, ou bien encore, s'il avait avancé des faits contraires à son texte. Mais il n'y a rien de semblable. Non seulement Flodoard n'a rien écrit qui contestât le testament, mais nous avons cité les nombreux passages de son histoire qui ne sont ou que des allusions ou des emprunts faits à son contenu. Arrivons du reste aux omissions spéciales que lui reprochent les Bollandistes.

I. — « Il ne parle qu'une seule fois du testament; « il n'en avait donc qu'une vague connaissance [1]. »

Nous répondons : Il ne parle du testament qu'une seule fois : donc il n'avait du petit testament qu'une vague connaissance; donc celui-ci n'est pas authentique, et pourtant vous en reconnaissez l'authenticité. Vous voyez donc que votre argument, s'il avait la moindre valeur, se retournerait contre votre thèse aussi bien que contre la nôtre.

Mais à votre avis, combien de fois Flodoard devait-il parler du testament? Et comment osez-vous dire qu'il n'en parle qu'une fois, au chapitre XVII? Est-ce qu'il n'en parle pas toutes les fois qu'il analyse les lettres d'Hincmar et par le fait même qu'il nous a donné le texte de l'ordonnance de Charles-le-Chauve? Est-ce qu'il n'en parle pas dans tout son chapitre XXIII, où il traite des disciples de saint Remi? Car vous ne pouvez pas réclamer pour le petit testament seulement les détails de ce chapitre, puisqu'ils se trouvent également dans le grand. Est-ce qu'il n'en parle pas dans maints endroits, en traitant des di-

---

[1] Sed et a Frodoardo non magni existimatum, ex hoc augurari licet, quod trium testamentorum a Remigio conditorum non meminerit (ut nec ipse Hincmarus) quod nullibi, si prædictum caput XVII libri I exceperis (in quo tantum dicitur « rerum suarum condidit testamentum ») de eo mentionem faciat. Bolland., *Act. sanct.*, oct., p. 107, n° 267.

verses seigneuries de l'Église de Reims? Enfin est-ce qu'il n'a pas publié le texte même du testament?

II. — « Le grand testament signale les legs faits « par saint Remi aux églises de Saint-Sixte et de « Saint-Agricole. Or Flodoard parle de ces églises « et ne parle pas de ces legs. Il n'a donc pas connu « le grand testament[1]. »

La critique se permet ici de dépasser assez les limites, pour nous croire obligés, au risque d'allonger notre sujet, de citer les passages mêmes où l'on voudrait que Flodoard citât les legs du grand testament.

Au chapitre III du livre Ier, il écrit :

« …. Il fut (saint Sinice) déposé dans le même « temple et dans le même tombeau que saint Sixte. « Depuis, grâce aux mérites de ces deux saints, « leur église fut illustrée par des miracles éclatants, « et enrichie d'un grand nombre d'offrandes, dotée « de terres, maisons et vignes, et desservie par un « clergé nombreux.

« On voit qu'il y eut une congrégation, tantôt de « douze, tantôt de dix prêtres, comme au temps de « l'évêque Sonnace; puis dans les temps posté-« rieurs, lorsque l'iniquité triompha et que la fer-« veur se refroidit, le nombre des ministres du « Seigneur vint à diminuer, et l'église ne fut plus « desservie que par un seul prêtre. Aussi les corps

---

[1] Exempla legentibus passim obvia sunt (lib I præsertim) cum de ecclesia S. Xisti loquitur (ubi et quiescit) Remigium ei aliquid legasse, tacet; quod tamen in prolixiori testamento fecisse legitur. De ecclesia quoque sancti Agricolæ disserens, cap. VI, ubi scitu digna, quæ sunt in prolixiori testamento, silet; quæ desunt in breviori. *Ibid.*

« des deux saints ont-ils été tout récemment trans-
« portés dans l'église de saint Remi, et placés
« derrière l'autel de saint Pierre, dont ils furent
« les disciples [1]. »

A la page 107, nous lisons :

« Tout le monde s'étonne, on invoque la miséri-
« corde de Dieu pour qu'il daigne indiquer en quel
« lieu il veut que l'on dépose le corps de son saint.
« On désigne l'église des Saints-Martyrs nommés
« ci-dessus : le cercueil ne peut être soulevé. On
« propose l'église de Saint-Nicaise sans plus de
« succès. On prend la résolution de le porter à
« l'église de Saint-Sixte et de Saint-Sinice; les
« efforts sont inutiles [2]. »

[1] « Ubi pro animarum salute fideliter elaborans, bonumque certamen decertans, cum decessore, ut in cœlis, ita etiam meruit in terris habere consortium, unius ejusdemque templi tumbæque sortitus cum beato Sixto sepulcrum. Quorum postmodum meritis basilicæ domus ipsorum claris illustrata miraculis, nonnullis dotata ditatur muneribus, agris quoque domibusque ac vineis locupletata, clericorum pariter enituit ministeriis decorata. Quorum nonnunquam duodecim, nonnunquam decem, ut domni Sonatii præsulis tempore, ibidem reperitur congregationem fuisse, donec moderno tempore, abundante iniquitate, et refrigescente caritate, deficere Deo inibi militantium chorus, et unius ipsum cœpit esse templum presbyteri titulus. Quocirca etiam ipsorum nuper abinde ossa translata, in ecclesia beati Remigii post altare sancti Petri, eorumdem præceptoris, servantur remendita. » Flod., *Hist. Rem. eccl.*, lib. I, cap. III.

[2] Quum vero funus ipsius sanctissimum deferretur ad sepulturam sanctorum martyrum Timothei et Appolinaris in ecclesia præparatam, ita feretrum in medio vico est aggravatum, ut nullo modo posset, hominibus quotlibet annitentibus, amoveri. Stupefactis omnibus, Deique misericordiam postulantibus, ut dignaretur ostendere quo in loco sancti sui vellet recundi corpus, designant ad Basilicam præfatorum Martyrum, nec feretrum movere possunt. Proponunt ad ecclesiam sancti Nicasii, nec capulum valet avelli. Decernunt ad ædem sanctorum Sixti et Sinicii, nec sic potest moveri. *Ibid.*, cap. XVII.

Enfin au chapitre XIX du livre II, Louis-le-Débonnaire ordonne la restitution de cette église à l'église métropolitaine [1].

Or dans ces trois passages, les seuls qui concernent cette église dans l'histoire de Flodoard, où voudrait-on qu'il ait placé cette mention du grand testament ?

« A l'église de Saint-Sixte, où cet évêque repose
« avec trois de ses successeurs, trois sous, et j'a-
« joute de mon propre domaine le village de Plivot-
« sur-Marne [2].

Mais pourquoi les Bollandistes n'ajoutent-ils pas que le même historien n'a pas connu le testament de l'archevêque Sonnace, dont cependant il nous donne tous les détails au chap. V de son premier livre ? Car il a omis également dans les passages précités cette disposition du testament de Sonnace :

« A l'église de Saint-Sixte, trois sous »

Il n'y a donc place ici pour aucune objection, et il est inconcevable que les graves Bollandistes aient osé formuler celle que nous venons de rapporter.

Quant à l'église de Saint-Agricole, le passage de Flodoard [3] est trop long pour que nous l'insérions

---

[1] Itaque.... quædam prædia, quæ eidem sanctæ sedi quondam ablata fuerant, devota mente restitui jussimus, id est, in suburbanis ipsius sanctæ ecclesiæ titulum sancti Sixti, nec non et titulum sancti Martini, cum appendiciis eorum. *Ibid.*, lib. II, cap. XIX.

[2] Voir testament, p. 37.

[3] Nous ne citerons que celui qui se rapporte directement à saint Remi.
« In præfata denique basilica beatus Remigius morandi traditur habuisse consuetudinem, quatenus sanctorum martyrum

ici. Il y est question du martyre de saint Nicaise, de de la sépulture qu'il y reçut, de la prédilection de saint Remi pour cette église, et pas plus que pour celle de Saint-Sixte, rien, absolument rien n'amenait l'historien à rapporter le legs de trois sous d'or que lui fit le Pontife.

III. — Les Bollandistes continuent :

« Il est indubitable que Flodoard n'a connu que
« le petit testament. Car dans le chapitre où il
« énumère les disciples de saint Remi, il ne parle
« que des six laïques qui ont signé à ce testament.
« Cependant le grand porte de plus la signature de
« six évêques et de trois prêtres [1]. »

Que le lecteur nous pardonne la patience que nous exigeons de lui, et qu'il se rappelle que la nôtre n'est pas mise à une moindre épreuve par la nécessité de répondre à de si frivoles difficultés.

L'objection aurait un sens, si dans le chapitre XXIII de son histoire, Flodoard avait pour but d'énumérer les signataires du testament. Ne

---

meritis, ut erat spiritu semper, ita proximus redderetur et corpore. Monstratur adhuc ædicula secus altare ubi secreto Domino vacare et inspectori summo, beatissimæ speculationis hostias, turbis remotus popularibus, devotissime consueverat immolare. Istuc enim intentus, his degebat officiis, quando comperto urbis incendio, cum divinitatis invocatione deproperans, sanctorum fultus suffragio, lapidibus ecclesiæ graduum deinceps expressa reliquit vestigia. » *Ibid.*, lib. I, cap. VI.

[1] Cap. XXV. Agens de discipulis sancti Remigii, et viris clarissimis, qui testamento subscripserunt, hos tantùm nominat qui in breviori recensentur : prætermissis sciliscet episcopis sex tribusque presbyteris, quos prolixiori testamento subscriptos legi diximus. » Bolland., *Act. Sanct.*, oct., t. I., p. 107., n° 268.

faisant connaître dans ce cas que les six laïques signataires du petit testament, ce serait une preuve, qu'à ses yeux, il était le vrai testament du Pontife. Mais son but est tout autre. Il veut faire connaître quelques uns des disciples du saint. Il cite en particulier ses deux neveux, Agricole et Aetius; il y avait les diaconesses Hilarie et Remiette, un homme remarquable, Attole, et enfin plusieurs hommes illustres, Papole, Eulode, Eusèbe, Rusticole, Eutrope et Dauvé, « qui prirent part à ses affaires privées « et signèrent son testament. » Est-ce que ces paroles disent qu'ils le signèrent seuls ? Est-ce qu'elles n'expliquent pas pourquoi leur nom est relaté ici ? Il l'est, non parce qu'ils étaient les signataires du testament, mais les disciples du Pontife. Qu'a donc de commun une pareille énonciation avec l'ignorance où Flodoard eût été du grand testament ?

IV. — « Mais s'il avait connu ce testament, il « n'aurait pas manqué de faire figurer au nombre « des disciples du Pontife, sainte Geneviève et « saint Cloud, dont saint Remi parle avec tant « d'affection dans le grand testament[1]. »

Cette objection des disciples de saint Remi fait une grande impression sur beaucoup d'esprits, nous

---

[1] Adde quòd nec illustrem illam sanctitate ac miraculis virginem Genovefam, nec sanctum Clodoaldum, Clodovei regis nepotem, inter sancti Præsulis discipulos memoraverit, quamvis illa in eodem prolixiori testamento ejusdem sancti *carissima filia* et soror vocetur, et Remensem ecclesiam sæpissime visitare solita fuisse dicatur; iste autem puer sanctissimus et unanimus mihi ab eodem ibidem appelletur; de utroque silente breviori. *Ibid.*

ne savons trop pour quel motif. Il nous semble que si on avait lu attentivement Flodoard, ni les Bollandistes n'auraient fait l'objection, ni la faisant, l'objection n'aurait été prise au sérieux par personne. Que dit l'historien ?

« Du temps de notre bienheureux père, il exis-
« tait *à Reims* plusieurs personnages tant du clergé
« que de l'ordre laïque que leurs vertus rendaient
« agréables à Dieu et qui se faisaient les serviteurs
« du vénérable et saint Pontife [1]. »

Le dessein de l'écrivain n'est donc pas d'énumérer tous les disciples de saint Remi. Faisant l'histoire de l'Église de Reims, c'est de Reims qu'il s'occupe, c'est de l'entourage du Pontife. Or saint Cloud, enfant de dix ans, quand il disparut de la scène du monde, supposé qu'il s'agisse de lui dans le grand testament, était-il de cet entourage? Geneviève habitait-elle Reims? Si Flodoard avait voulu écrire autre chose *qu'une page d'histoire locale,* est-ce qu'à Geneviève il n'eût pas eu à joindre bien d'autres noms, saint Wast, saint Gennebaud, Clovis, Clotilde, une foule d'autres illustres admirateurs du saint, dociles à sa parole et chers à son cœur d'apôtre. Ne forçons donc pas le récit des historiens, et ne leur reprochons pas de n'avoir pas dit ce qui ne rentrait pas dans leur plan de raconter.

---

[1] Fuerunt hujus denique beatissimi patris nostri temporibus, *in hac urbe,* viri clarissimi Deoque virtutibus accepti, tam ex clero quam ex ordine laïcali, utpote qui tali, tam venerando tamque sanctissimo famulabantur patri. Quorum, etc. Flod., *Hist. Rem. eccl.*, lib. I, cap. XXIII.

V. — Voici une autre raison que le savant jésuite emprunte à Pagi, qui lui-même avait fourbi ses armes dans la thèse de Marlot.

« En faisant l'histoire de l'église de Saint-Timo-
« thée [1], Flodoard cite le don de douze sous que lui
« fit saint Remi pour reconstruire sa voûte et celui
« d'un vase d'argent, parce que ces legs se trou-
« vent dans le petit testament. Quant aux quatre
« sous que lui laisse en outre le grand testament,
« il n'en parle pas. C'est là une nouvelle preuve
« qu'il ignorait ce testament. »

Nous reconnaissons que Flodoard a fait ici une omission, mais nous sommes bien plus surpris que les Bollandistes la lui reprochent, que nous ne le sommes qu'il l'ait commise. Car le grand testament renferme de très-nombreuses dispositions. La donation omise par l'historien se trouve perdue dans l'interminable série des legs faits aux hospices et aux églises de Reims. Les deux qu'il a signalées sont au contraire très-propres à frapper l'esprit : l'une termine le testament, l'autre est l'objet unique du codicile. Il a donc été facile à Flodoard de perdre de vue, dans l'innombrable multitude des legs du grand testament, la première donation et de commettre l'omission qu'on lui reproche. Mais de cette omission, à conclure que Flodoard

---

[1] Item de ecclesia sancti Timothei testamentum quidem et appendicem, quibus B. Remigius legat ei duodecim solidos ad cameram faciendam et missorium argenteum; quia sunt in breviori; at quatuor solidos eidem ecclesiæ pariter ab eo legatos et in prolixiori recensitos, non retulit. Bolland., *Act. Sanct.*, t. I, oct., p. 107, n° 268.

aurait ignoré le grand testament, il y a tout un abîme.

Que voudrait-on de cet historien ? Qu'il n'ait commis aucune inexatitude ! Mais cette infaillibilité scientifique n'est pas donnée à l'humaine nature. Qu'on le remarque. Il n'a pas traité spécialement du testament. Ce dernier a été pour lui un document historique qu'il a étudié pour écrire son récit, comme il a été forcé d'en étudier beaucoup d'autres. Cette étude, il l'a faite avec le sérieux et l'exactitude bien connus de son esprit, mais cependant il n'a pas eu à y mettre ce soin minutieux qu'y ont mis les gallicans, pour en trouver le contexte en défaut, et que nous y avons mis nous-même pour le défendre et le justifier. Et pourtant, nous ne répondons pas que, malgré notre bonne volonté, quelque détail de ce contexte ne nous ait pas échappé. Mais alors quelle ne serait pas notre mauvaise chance ! Nous n'espérons pas que le renom de notre modeste livre aille jusqu'aux oreilles des célèbres jésuites. Si par impossible cet honneur nous arrive, et que nous soyons pris en flagrant délit d'inexactitude, le lecteur ne voit-il pas d'ici notre infortune ? Nous qui avons lu, relu et relu encore le grand testament, nous aurons le sort de passer pour ne l'avoir pas connu.

Que les illustres savants nous permettent de le leur dire : les raisons invoquées par eux dans tout ce chapitre n'étaient pas dignes d'occuper un seul instant leur esprit, et si au nom de pareilles raisons, on peut prudemment et scientifiquement tirer de pareilles conclusions, nous les engageons vivement à mettre sur le bûcher leur immense et si précieuse collection, parce qu'il n'est pas une seule, non, une seule de leurs légendes qui puisse résister à de pareils procédés de critique.

VI. — Pagi ajoute que Flodoard, au même endroit, donne l'église de Saint-Timothée comme ayant été désignée par saint Remi, dans son codicile, pour le lieu de sa sépulture, ce qui est vrai d'après le petit testament, mais ce qui est faux d'après le grand, la désignation ayant été faite dans le corps du testament [1] : preuve nouvelle que l'historien n'en a pas eu connaissance.

[1] Tandem prodiit eo modo quo a sancto Remigio scriptum fuerat in fine Bibliothecæ Labbei, t. I, indeque apparuit Flodoardum testamentum illud, quod in ejus historia legitur, in eam nunquam inseruisse. Id ex ipsomet Flodoardo demonstrari potest. Is enim, lib. I, cap. IV, loquens de basilica sancti Timothei martyris, ait : *hic etiam in eadem sanctorum Basilica beatus Remigius tumulum sibi parari præcepisse reperitur, ut post conditam testamenti sui continentiam subintulit, addens* : POST CONDITUM TESTAMENTUM, IMO SIGNATUM OCCURRIT SENSIBUS MEIS UT BASILICÆ DOMNORUM MARTYRUM TIMOTHEI ET APOLLINARIS MISSORIUM ARGENTEUM VI LIBRARUM IBI DEPUTEM UT EX EO SEDES FUTURA MEORUM OSSIUM COMPONATUR. Sed et in ipso testamento duodecim solidos ad ipsius Basilicæ Cameram struendam jusserat dari. Hæc verba *post conditum testamentum*, etc., reperiuntur in omnibus exemplariis Flodoardi. Quare juxta illum Remigius sepulturam elegerat in ecclesiâ S. Timothei non quidem testamento, sed codicillo, ubi etiam in fine veri testamenti Remigii legitur. Et tamen in ipso testamento interpolato, habetur, *ecclesia S. Timothei ubi ossa mea ponere disposui*. Et præterea in eodem testamento interpolato, Remigius quatuor solidos ecclesiæ remensi legat, quod adversatur verbis relatis Flodoardi. Quæ hic annotare visum ; si enim Flodoardus testamentum interpolatum S. Remigii in locum veri exibuisset, nihil certi esset in aliis documentis ab eo productis, nec ullus eorum in historia ecclesiastica usus esse posset. Pagi, t. II, an. 541, XI.

Nous avons émis une conclusion diamétralement opposée à celle de Pagi, au chapitre III de la deuxième partie de cet ouvrage, p. 134.

En vérité, comment répondre à Pagi ? Comment oser lui dire, comment oser dire à Suysken, à M. Lejeune lui-même, qu'ils entendent mal Flodoard, qu'ils dénaturent le sens du passage qu'ils incriminent.

M. Lejeune traduit :

« Ce fut dans cette église que saint Remi voulut
« avoir sa sépulture, ainsi qu'il l'ordonna par cette
« clause ajoutée à son testament. »

Mais si on serre de près le texte même, cette traduction est fausse : le sens littéral est celui-ci :

« Ce fut aussi dans la basilique de ces saints que
« le bienheureux Remi ordonna qu'on lui élevât un
« tombeau, comme il le détermina à la suite du
« contenu de son testament, auquel il fit cette ad-
« dition : Après que mon testament a été terminé
« et même scellé, il m'est venu à l'esprit de léguer
« à la basilique des saints martyrs Timothée et
« Apollinaire un bassin d'argent du poids de six
« livres, pour que le prix en soit employé à la
« construction du monument qui doit renfermer
« mes restes [1]. »

C'est donc une pure imagination de représenter Flodoard comme entendant le codicile en ce sens que le Pontife y détermine le lieu de sa sépulture. Il ne dit rien de semblable ; il écrit expressément que le saint y ordonne qu'on lui élève un monument dans l'église de Saint-Timothée : or le codicile ne dit pas autre chose. Le texte de l'historien

---

[1] Voir le passage latin de Flodoard et du codicile à la note précédente, dans les lignes en italique.

de l'Église de Reims est donc identique à celui du codicile. C'est donc en dehors de toute raison que vous lui attribuez d'avoir ignoré la disposition du grand testament, où saint Remi décide du lieu de sa sépulture, pour en conclure qu'il a ignoré le testament lui-même. Flodoard n'a rien ignoré; il n'a commis aucune erreur : elle est tout entière de votre côté, et vous nous forcez à une polémique fastidieuse et à peine possible, tant vos attaques sont de pures querelles d'adversaires systématiques qui abritez de vains arguments sous votre grand renom de savants.

Du reste, ces objections auront pour nous leur avantage. Elle nous ont forcé à mettre le codicile sous les yeux de nos lecteurs. Nous pouvons donc en discuter les termes, et faire ressortir à leurs yeux la preuve qu'il renferme en faveur de l'authenticité du grand testament.

Le codicile, d'après les paroles de sa rédaction, n'a qu'un but, de pourvoir aux frais du tombeau de saint Remi, et non de désigner le lieu de sa sépulture. Mais où donc est la disposition d'après laquelle le saint a décidé d'être inhumé dans l'église de Saint-Timothée? Elle est dans cette disposition du grand testament : « A l'église des saints martyrs « Timothée et Apollinaire, où s'il plaît à Dieu, et si « mes frères et mes fils les évêques de notre pro- « vince y consentent, j'ai dessein d'être inhumé, « quatre sous. » Dans le petit testament, elle n'est nulle part. Puisque le codicile suppose une disposition testamentaire antécédente, puisque le petit testament ne la renferme pas, il a donc subi une suppression qui lui ôte toute valeur. Au contraire, dans le grand testament, le codicile n'est que le complément d'une disposition préalable. Là tout s'enchaîne naturellement pour en prouver une fois de plus la parfaite authenticité.

L'objection gallicane ne nous aura donc pas été inutile, et Pagi nous aura aidé lui-même à fortifier ce qu'il voulait détruire.

CHAPITRE IV

QUATRIÈME OBJECTION

LA CONDITION IMPOSÉE AUX HABITANTS DE BERNE, ETC.,
EST IMPOSSIBLE A REMPLIR

LA REDEVANCE IMPOSÉE AUX HABITANTS DE BERNE ÉTAIT ENCORE PAYÉE AU TEMPS DE FLODOARD. — NATURE, ÉQUITÉ ET POSSIBILITÉ DE CETTE REDEVANCE.

Nous rencontrons dans la *Chronique de Champagne* une objection que n'ont pas faite les Bollandistes, et à laquelle cependant nous devons répondre. Elle est extraite des annotations du chanoine Lacourt sur le grand testament.

Voici cette objection :

« Berne, Cosle, Glen, et les autres biens que
« saint Remi possédait dans les Vosges étaient
« obligés de fournir chaque année aux chanoines
« de Reims et aux maisons religieuses une certaine
« quantité de poix pour enduire les tonneaux à
« mettre le vin. Le testament ne détermine pas

« cette redevance à aucun poids : il ordonne seule-
« ment que l'on en donnera autant qu'il en sera
« nécessaire à chaque maison. Cet endroit sert à
« rendre le testament suspect : dans toutes les
« anciennes donations, la quantité est toujours
« exprimée : sans cela les bienfaiteurs eussent
« ouvert une source intarissable de contestations
« et de procès. D'ailleurs il est sans exemple qu'on
« étende un legs jusque sur des monastères qui ne
« sont pas encore fondés. »

Le savant chanoine a eu le tort de n'examiner ce passage qu'avec sa science d'érudit, et de ne prêter qu'une mince attention à l'histoire de Flodoard, où il aurait trouvé la solution de ses difficultés.

Il y aurait lu d'abord, que plus de quatre siècles après saint Remi, les choses se passaient encore dans le diocèse de Reims d'une manière conforme aux indications du testament. Qu'on se reporte à la lettre qu'Hincmar écrivait à Erluin et que nous avons citée plus haut : « Il le prie de continuer ce
« qu'il a si heureusement commencé, de prêter son
« secours aux monastères des serviteurs de Dieu,
« afin que de ces biens ils puissent tirer la poix
« dont ils ont besoin [1]. »

Évidemment au temps d'Hincmar le nombre des monastères s'était accru, et cependant il n'hésite pas à demander aux domaines de son Église dans les Vosges la quantité de poix nécessaire à ces

[1] Voir le chapitre 1er de la deuxième partie de cet ouvrage, p. 95.

monastères. Quelles protestations ferez-vous entendre devant un pareil témoignage?

Vous vous étonnez ensuite que la quantité de la redevance ne soit pas déterminée. Mais elle ne pouvait l'être, puisque cette quantité était variable, suivant l'abondance de la récolte de vin et la multiplication des maisons religieuses.

Enfin, Flodoard nous apprend qu'il ne s'agit pas là d'une redevance, mais plutôt d'une occupation à laquelle devaient se livrer, en faveur de l'Église de Reims, moyennant salaire, les habitants de ces villages.

« Le saint prélat avait acheté à deniers comptants « une grande partie de bois dans la forêt des « Vosges. On rapporte qu'il y bâtit de petits villa- « ges qu'on appelle Cosle et Glen. Il y transporta « les habitants d'un village voisin de l'évêché, « nommé Berne, qui lui avait été donné, il y a « longtemps, par les Francs, et les établit dans « ces lieux à condition de fournir de poix, chaque « année, les maisons religieuses de l'Église de « Reims. Il leur accorda aussi un salaire, qui « maintenant encore est reçu par leurs successeurs, « et avec lequel ils acquittent leur redevance [1]. »

---

[1] Partem quoque magnam silvæ in saltu Vosago beatus hic pater dato comparavit pretio. Villulas etiam quasdam inibi constituisse fertur, quæ Cosla et Gleni vocantur; incolasque de vicina episcopii villa, nomine Berna, dudum sibi a Francis data, in eas transferens, ibidem manere disposuit, et, ut picem religiosis annuatim locis Ecclesiæ Remensis administrarent, instituit. Quibus et pensam tribuit, quæ *hodieque ab ipsorum successoribus accipitur, cum qua suum quoque persolvunt debitum.* Flod., *Hist. Rem. eccl.*, lib. I, cap. xx.

Il y avait donc un arrangement que ne signale pas le testament, parce qu'il n'avait pas à le signaler, mais qui a permis à saint Remi de faire la disposition testamentaire que Lacourt aurait pu se dispenser d'incriminer, puisque, comme nous, il avait entre les mains les lettres d'Hincmar et l'histoire de Flodoard, qui expliquent et justifient si amplement cette donation.

CHAPITRE V

CINQUIÈME OBJECTION

LES EXPRESSIONS DE NEUSTRIE, D'AUSTRASIE ET D'ARCHEVÊQUE, EMPLOYÉES DANS LE TESTAMENT, QUOIQUE INUSITÉES DU TEMPS DE SAINT REMI.

LES EXPRESSIONS DE NEUSTRIE ET D'AUSTRASIE ÉTAIENT CONNUES DU TEMPS DE SAINT REMI. — QUAND MÊME CELLE D'ARCHEVÊQUE AURAIT ÉTÉ INUSITÉE, SA PRÉSENCE DANS LE GRAND TESTAMENT NE PROUVERAIT RIEN CONTRE SON AUTHENTICITÉ. — TESTAMENT DE SAINT CÉSAIRE D'ARLES. — L'EXPRESSION D'ARCHEVÊQUE ÉCRITE PAR SAINT REMI MÊME DANS SON TESTAMENT.

« Le testament est faux, car il renferme les « expressions de Neustrie, d'Austrasie et d'arche- « vêque, inusitées du temps de saint Remi[1]. »

Que pouvons-nous répondre à une pareille objection? N'est-elle pas au-dessus de notre compétence, et comment, sur un point tout d'érudition historique, oserions-nous entrer en lice avec ces géants de l'histoire, qui s'appellent les Bollandistes?

---

[1] In eo occurrunt vocabula Austria, Neustria, et archiepiscopus, quæ tunc temporis Gallis inusitata fuere. Bolland., *Act. Sanct.*, t. I, oct., p. 108, n° 271.

Nous sentons toute la force de ces réflexions; aussi nous nous hâtons de nous effacer, pour laisser parler les monuments historiques.

« Philippe de la Tour, évêque d'Andrea, écrivent
« les auteurs du *Nouveau Traité de Diplomatique,*
« prouve que Luitprand, roi des Lombards, sui-
« vant l'usage établi chez les plus anciens Francs,
« appelle plusieurs fois les parties orientales et
« occidentales de son royaume Austrie et Neustrie,
« qui sont la même chose que Austrasie et Neustrie.
« Les deux contrées d'Italie sont ainsi nommées
« dans les rescrits de Didier et d'Adelchis, rois des
« Lombards. Les actes de saint Hermagore placent
« la ville d'Aquilée dans l'Austrie, que M. de Tille-
« mont a très-mal conjecturé être l'Autriche. Enfin
« les savants d'Italie croient que les divisions de
« leur pays en Austrasie et Neustrasie eut lieu dès
« l'an 511. Mais puisque c'était un usage chez les
« peuples venus d'Allemagne qui n'était pas parti-
« culier à celui des Gaules, de distinguer leurs
« états en Austrasie et en Neustrie, il est évident
« que ces termes furent en usage chez les Francs,
« dès qu'ils en eurent fait la conquête. Le terme de
« Neustrasien établit donc la vérité de la charte de
« Childebert, loin de la rendre suspecte. Le mot de
« Neustrie, dans le testament de Saint Remi, n'est
« donc pas une marque indubitable de supposi-
« tion.... Les noms d'Austrasiens et de Neustriens
« nés en même temps sont donc nécessairement
« relatifs. Peut-on en effet concevoir un pays situé
« à l'Orient sans en supposer un autre à l'Occident.
« Ainsi, quoique Grégoire de Tours n'ait parlé que

« des Austrasiens, on ne peut pas dire qu'il n'ait
« pas connu les Neustrasiens [1]. »

Schœpelin, professeur à l'université de Strasbourg et historiographe du roi, écrivait ces lignes, de 1751 à 1762, dans son ouvrage de *Alsatia illustrata*.

« Les Francs ayant, dès l'année 428, envahi la
« Belgique, puis insensiblement la province lyon-
« naise ou celtique, l'Aquitaine, la Narbonaise et
« enfin toutes les Gaules, divisèrent celle-ci en trois
« régions. Ils appelèrent Austrie, Ostrich, royaume
« oriental, le pays compris entre le Rhin, la Meuse
« et l'Escaut; la partie située à l'occident entre la
« Meuse et la Loire s'appela Neustrie, c'est-à-dire
« Vuestrie, Westrasie, *wes-reich*, royaume occi-
« dental. La Bourgogne, formée de la Gaule lyon-
« naise et de l'Aquitaine, conserva son nom propre,
« parce qu'elle fut occupée par les Francs un peu
« plus tard [2]. »

[1] *Nouveau Traité de Diplomatique*, tom. III, p. 661 et 662.

[2] Franci, quum ad anno ccccxxviii Belgicam primùm, inde Lugdunensem vel Celticam et Aquitanicam tandem cum Narbonensi Galliasque adeo pedetentim omnes, armis suis occupasent, totam in tres partes Galliam diviserunt. Regiones quæ ad Orientem solem spectant, quæque Rheno, Mosa, Scalde continentur, Austriam Ostrich; orientale regnum ; partem vero quæ ad occasum solis vergit et a Mosa ad Ligerim pertinet, Neustriam, id est Vuestriam, Westrasiam *wes-reich*, occidentale regnum appellarunt. Burgundiæ, quæ Galliæ Lugdunensis et Aquitaniæ pars fuit, peculiare nomen suum servatum est, quod paulo serius occupata à Francis. *Alsat. illust. celtic., roman., francic.* t. I, p. 630.

Cet ouvrage, dont l'auteur avait concerté le plan avec le chancelier d'Aguesseau, qui l'honorait de son amitié, ne laisse rien à désirer sur l'Alsace pour l'abondance des matériaux. Lorsque Schœpelin présenta ce volume à Louis XV, ce monarque lui accorda une pension de 2,000 livres. Il fut, vers 1740, nommé conseiller et historiographe du roi. *Biographie de Michaud*.

Le dictionnaire général de biographie, d'histoire, de mythologie, de géographie ancienne et moderne par MM. Dezobry et Bachelet, s'exprime ainsi à l'article Neustrie :

« Après la mort de Clovis, 511, on l'appliqua
« (le nom de Neustrie) à la portion de ses États qui
« échut à Clotaire Ier, et dont les limites étaient
« approximativement la Meuse au nord, la Manche
« au nord-ouest, la Bretagne à l'ouest, la Loire au
« sud, et du côté de l'est une ligne passant près
« Reims et la forêt des Ardennes. Telles paraissent
« aussi avoir été les bornes du royaume de Neus-
« trie ou de Soissons, domaine de Chilpéric Ier
« en 561. »

La plupart des historiens modernes n'hésitent pas à donner le nom de Neustrie et d'Austrasie au premier partage de la monarchie, aussitôt la mort de Clovis.

« Thierry, dit M. l'abbé Darras, fixa sa résidence
« à Metz et son royaume commença à prendre le
« nom d'Austrie ou d'Austrasie (*oster-rike*, royaume
« de l'est).... Childebert prit l'ouest de la Gaule, la
« Neustrie (*ni-oster-rike*, royaume de l'ouest) [1]. »

M. Dareste, dans sa belle histoire de France, s'exprime ainsi :

« Ses frères (les frères de Théodoric, fils de
« Clovis), plus jeunes, se partagèrent la *Neustrie*
« ou le nouveau royaume d'Occident [2] »

---

[1] *Hist. gén. de l'Église*, t. XIV, p. 152.

[2] M. C. Dareste, *Histoire de France, depuis les origines jusqu'à nos jours*, t. I, p. 205.

Or le partage de la monarchie entre les enfants de Clovis eut lieu en 511; le testament de saint Remi fut rédigé dans les dernières années de sa vie, qui finit en 533. Il est donc bien naturel que nous y rencontrions l'expression de Neustrie, mot germanique que les peuples d'outre Rhin importèrent avec eux dans les Gaules, et qu'ils employèrent dès les premiers jours de leur installation définitive.

Arrivons maintenant à l'expression d'archevêque, qui, elle aussi, aurait été inusitée du temps de saint Remi, et dont l'emploi dans le grand testament en prouverait la fausseté.

Ici, nous sommes plus à l'aise encore que dans le cas précédent. Car nous allons aux Bollandistes opposer les Bollandistes eux-mêmes.

Il est un testament contemporain de celui de saint Remi et dont ils acceptent l'authenticité : c'est celui de saint Césaire, archevêque d'Arles. Saint Césaire mourut en 538, saint Remi en 533. Leurs testaments sont donc presque de la même année.

Dans le testament de l'évêque d'Arles, le mot d'archevêque se trouve reproduit quatre fois. Croyez-vous que le P. Stilting va contester le testament à cause de cette expression? Pas le moins du monde. Il en fait suivre la publication de cette simple réflexion :

« Lecointe, à l'année 542, n° 24, regarde
« comme suspecte cette expression d'archevêque
« employée dans le testament, et il pense qu'il
« vaut mieux lire évêque, ce qui n'est pas im-

« probable, puisque c'est le nom que Césaire se
« donne lui-même [1]. »

Ainsi, pour le fameux Lecointe et pour le P. Stilling, auteur de la vie de saint Césaire, le testament de ce dernier est inattaquable; s'il renferme l'expression inusitée d'archevêque, cela tient à une substitution faite plus tard par les copistes; mais une pareille substitution ne peut ébranler l'autorité du document. Mais pour le même Lecointe et pour le P. Suysken, auteur de la vie de saint Remi, cette expression se rencontrant deux fois dans son testament le vicie et en démontre la fausseté.

Quand de graves et pieux Bollandistes ont ainsi deux poids et deux mesures, faites de la critique historique le *criterium* de toute certitude, et éclairez en toute confiance vos croyances religieuses au flambeau de celle des Renan et des Charles Martin.

Nous pourrions nous en tenir à cette réponse; mais nous paraîtrions adhérer à l'opinion du P. Stilling, que nous tenons au contraire à réfuter.

Nous l'avons déjà dit : la critique n'est pas une science impunément livrée aux caprices de l'imagination : elle a des règles fixes posées par le bon sens et par les faits, et il n'est pas permis de les méconnaître.

Voici deux documents contemporains, qui renferment tous deux l'expression d'archevêque. Pour

---

[1] Bolland., t. VI, Aug., *Die vigesima septima*, p. 61 et seq.

rejeter cette expression, que vous faut-il? Une preuve *très-certaine* qu'elle était inconnue alors. Une présomption, une probabilité même, le silence des autres témoignages historiques ne suffisent pas. Ce sont là des règles vulgaires de bon sens et les règles mêmes de la Diplomatique. Or cette preuve certaine, vous ne la fournissez pas. Vous nous fournissez vous-même une preuve du contraire.

Vous reconnaissez qu'un siècle plus tard, la qualification d'archevêque était devenue usuelle [1]. Mais un mot nouveau n'arrive pas tout d'un bond à l'universalité, surtout dans l'Église, où rien ne s'accomplit que sous le regard vigilant et prudent de l'autorité doctrinale et disciplinaire. Il faut d'abord créer le néologisme ; puis s'il est juste, que quelques esprits y adhèrent; puis insensiblement son emploi devient plus fréquent, jusqu'à ce qu'il conquière une notoriété que personne ne lui conteste plus.

Saint Remi et saint Césaire auront été pour cette expression des initiateurs dans les Gaules, qui pourrait le trouver étrange ? Elle existait de leur temps; ils n'ont pas eu à la créer. Son usage était très-commun dans l'Église d'Orient. Saint Athanase se l'était appliquée à lui-même. Deux papes, contem-

---

[1] Lecointe soutient que cette dénomination fut ignorée non seulement au VIe mais au VIIe siècle. Mais on sait que les opinions fantasques de cet érudit ne comptent pas. M. l'abbé Darras (t. xv, p. 14) en parlant des signataires du troisième Concile d'Orléans, tenu en 538, ajoute : « aucun ne prenait encore le titre d'archevêque, qui ne fut usité dans les Gaules qu'un siècle plus tard. »

porains de saint Remi, l'avaient employée dans leurs lettres : Symmaque (498-514) dans une lettre à l'évêque de Milan; Hormisdas (514-523), dans deux à Marcien, évêque de Ravenne. On la retrouve également dans une lettre de Florien à saint Anicet, qui occupait le siége de Trèves en même temps que saint Remi celui de Reims. Direz-vous que dans toutes ces lettres, le mot d'archevêque est une substitution des copistes ? Mais où iriez-vous avec toutes ces suppositions ? à anéantir l'autorité de tous les documents.

Ce n'est pas tout, dès le IVe siècle, les papes donnaient ce titre à tous les patriarches et l'attribuaient également à l'évêque de Ravenne. C'est cette qualification que porte cet évêque ainsi que celui de Chypre dans les préambules des sessions du sixième Concile général tenu en 451 [1]. S'ils ne l'accordaient pas aux métropolitains, et ne prodiguaient pas ce titre, ils ne trouvèrent jamais mauvais que d'autres s'en servissent.

Il faut donc le parti pris de contester jusqu'à l'évidence même dans les anciens diplômes pour affirmer l'impossibilité que saint Remi et saint Césaire aient employé le mot archevêque dans leurs

---

[1] *Nouveau traité de diplom.*, t. v, p. 130. « Il ajoute : Bède a transcrit dans son histoire l'épitaphe gravée sur la tombe de saint Augustin, dans laquelle il est expressément qualifié *premier archevêque de Cantorbéry*. Or il n'est pas croyable que dans une épitaphe composée peu après sa mort, on lui eût attribué ce titre, s'il ne l'eût pas porté de son vivant, ni qu'il l'eût porté, s'il n'eût été fort commun en France, dont les premiers apôtres d'Angleterre adoptaient volontiers les usages. »

Saint Augustin mourut le 26 mai 604, 71 ans après saint Remi.

testaments. Cette prétention est d'autant plus insoutenable, que les deux documents gardent parfaitement le caractère qui convient à leur époque. La dénomination habituelle est celle d'évêque : celle d'archevêque n'était que rare et exceptionnelle. Aussi dans les deux testaments, la qualification ordinaire est celle d'évêque : la qualification d'archevêque n'est que l'exception.

Il y a de plus dans le testament de saint Césaire une particularité qui ne laisse aucun doute que le saint ait écrit lui-même le mot contesté. Toutes les fois qu'il parle de sa propre personne, dans son humilité, il se nomme simplement évêque ; toutes les fois qu'il parle de son successeur, dans son respect, il lui donne le titre d'archevêque. Si la substitution a été faite par le copiste, la règle qu'il a suivie est inexplicable. Le saint qu'il devait surtout honorer, reçoit la qualification la plus simple, tandis qu'il attribue le titre le plus pompeux à celui dont la grandeur personnelle était moindre.

Aussi Mabillon n'hésite pas à soutenir que dès le VI° siècle, on employait fréquemment en France le nom d'archevêque, qui ne s'appliquait pas seulement aux métropolitains, mais quelquefois à l'évêque le plus ancien de la province, ou à tout évêque vénérable à quelqu'autre titre. Pour preuve de son assertion, l'illustre bénédictin cite, entre divers documents, le testament de saint Césaire, auquel il adhère pleinement [1]. A notre tour nous adhérons

[1] Mabillon, *de re Diplomatica*, lib. II, cap. II, n° 13.

pleinement à l'opinion de Mabillon, et nous n'hésitons pas à regarder comme tracée par la plume du grand Pontife de Reims l'expression d'archevêque, dont on voudrait se servir pour nier l'authenticité de son testament.

CHAPITRE VI

SIXIÈME OBJECTION

SAINT CLOUD ÉTAIT TROP JEUNE POUR AVOIR FAIT DES LEGS A SAINT REMI

SAINT CLOUD NE PEUT ÊTRE LE CLODOALD DU TESTAMENT. — POURQUOI HINCMAR A-T-IL FAIT CETTE SUPPOSITION? — LE TESTAMENT N'INDIQUE NULLEMENT QU'IL S'AGISSE DE SAINT CLOUD.

Saint Remi lègue à l'Église de Reims les villages de Douzy, de Coucy et de Leuilly, qui lui venaient de Clodoald. Les Bollandistes présentent cette donation comme un des arguments qui prouve le mieux l'interpolation du grand testament. Car à la suite d'Hincmar et de Flodoard, ils prennent le donateur pour le personnage connu dans l'histoire sous le nom de saint Cloud, et ils établissent une longue dissertation pour prouver, par la chronologie, que ce petit-fils de Clovis n'a pas été en âge de faire à saint Remi une pareille libéralité[1].

Le tort des Bollandistes est de faire dire au testament ce qu'il ne dit pas. Sans doute Hincmar et Flodoard prennent le Clodoald du testament pour saint Cloud, mais il aurait fallu examiner si ces deux historiens ne se trompent pas. Nous pensons que l'erreur vient d'Hincmar. Moine de Saint-Denis de Paris, il savait par des documents authentiques, que saint Cloud avait laissé à la célèbre abbaye le village de *Riviliacum,* situé dans le pays de Bourges, et à l'église de Paris celui de *Novientum,* Nogent, situé dans le Parisien[2].

---

[1] « Addo et aliud certæ suppositionis argumentum. » Ici vient la citation des deux endroits du testament qui parlent de Clodoald; puis il continue : « Puer de quo hic fuit S. Clodoaldus, Chlodomeri regis filius, Clodovei sanctæque Chrotildis nepos... Hic ergo, si prolixiori testamento credimus, donationem villæ Duodeciaci S. *Remigio* viventi confirmavit, eidemque *unanimus* fuit, atque alteram donationem in Codiciaco et Juliaco fecit, vivente ac consentiente avo suo Clodoveo. Primum improbabile esse, ostensum est in Commentario ejusdem vitæ prævio 52, quod S. Clodoaldus tantummodo decennis circiter esse potuerit, moriente Remigio; nec tantillæ ætatis pueri hujusmodi donationes facere soleant, neque ipse tunc haberet quas faceret. Alterum etiam manifestatius falsum est : nam si Clodoaldus circiter decennis dumtaxat fuerit circa annum 532, quando S. Remigius obiit, qua ratione potuerit idem ipse, vivo avo suo Clodoveo, id est, non post annum 511, sive annis circiter viginti et uno ante ejusdem sancti præsulis obitum ista fecisse? Nimirum hœc anachronismum continent, qui S. Remigio, utique sanæ mentis viro, testamentum suum condenti, attribui nequit. » *Act. Sanct.,* tom. I, oct., p. 108, n° 273 et 274.

[2] His ita gestis, filius Chlodomeri, filii Ludovici regis, nomine Chlodoaldus, interfectis fratribus suis, quos una cum eo post patris obitum, Rothildis regina nutriebat, in clericum se totondit, et processu temporis vitæ ac religionis suæ merito partem hæreditatis a patruis regibus obtinuit, de qua Duziacum

Trouvant dans le testament le nom de Clodoald et la donation de Douzy, il l'attribua au même saint Cloud, sans se reporter à la chronologie, qui lui aurait fait connaître son erreur. Flodoard copia Hincmar, et toujours depuis ce temps on prit le Clodoald du testament pour le même que saint Cloud.

Nous sommes donc d'accord ici avec les Bollandistes. Il n'est pas possible d'admettre que saint Cloud ait pu faire des donations à saint Remi, et surtout des donations ratifiées par son aïeul Clovis. Pour cela, il faudrait lui attribuer en 511, année de la mort du fondateur de la monarchie, au moins dix ans. D'où il aurait eu au moins vingt-quatre ans à l'époque du massacre de ses frères, accompli certainement après l'année 524. Or l'histoire ne lui donne guère à ce moment que cinq ou six ans [1].

Saint Cloud ne peut donc être le Clodoald du testament. S'en suit-il que celui-ci soit interpolé, comme le veulent les Bollandistes? Pas le moins du monde, et Lacourt lui-même n'ose le soutenir. La conséquence, c'est qu'il s'agit ici d'un autre personnage que de saint Cloud. Du reste le con-

---

villam in pago Mosomagensi cum appenditiis suis sancto Remigio et Remensi ecclesiæ tradidit, et villam Riviliacum in pago Biturico sancto Dyonisio delegavit; villam vero Novientum in pago Parisiaco cum omnibus ad se pertinentibus matri ecclesiæ Parisius civitalis, ubi presbyter extitit ordinatus, donavit. Hincm., *Vit. S. Remig.*, cap. VII, apud. Bolland., *Act. Sanct.*, tom. I, oct., p. 156, n° 100.

[1] Voir l'*Histoire de l'Église*, par M. l'abbé Darras, tom. XIV, p. 375.

texte du testament semble l'indiquer. Voici ce qu'il porte :

« Que Douzy, conformément aux volontés de « Clodoald, jeune homme, *puer*, du plus noble « caractère, soit à tout jamais votre propriété, « ô mon héritière. »

Et plus loin :

« Depuis son baptême, je n'ai voulu recevoir « que Coucy et Leuilly. Les habitants de ces « lieux, surchargés de redevances, étaient ve- « nus avec Clodoald, ce pieux jeune homme, « qui n'a qu'un cœur avec moi, *puer sanctissi-* « *mus et unanimis,* me supplier d'obtenir qu'il leur « fût permis de payer à mon Église ce qu'ils de- « vaient au roi ; le pieux roi accueillit ma de- « mande avec plaisir et l'exauça sur le champ. « Conformément à la volonté du pieux donateur « et en vertu de mon autorité épiscopale, j'assi- « gne ces villages à tes besoins, ô ma très-sainte « héritière [1]. »

D'abord ne pourrait-on pas traduire le mot *puer* par celui de guerrier ? C'est en ce sens que l'emploie souvent Grégoire de Tours dans ses récits. Qu'il nous suffise d'en citer un seul exemple : « Le roi « des Allemands dit à celui des Vandales : ne « livrons pas à l'extermination les phalanges de « chacune de nos deux nations ; mais que deux

---

[1] Hincmar et après lui Flodoard, à ces détails du testament, en ajoutent d'autres sur la façon dont saint Remi devint possesseur de ces domaines. Hincmar, *Vita S. Remigii*, apud. Bolland., tom. 1, oct., p. 152, nos 80, 81, 82, et Flod., *Hist. Rem. eccl.,* liv. i, ch. xiv.

« d'entre nous s'avancent en champ clos avec les
« armes militaires et se battent entre eux. Celui
« de nous dont le guerrier sera vainqueur, occupera
« le pays sans combat : tunc ille, *cujus puer vicerit,*
« *regionem sine certamine obtinebit.....* Dans la lutte
« des deux guerriers, le champion des Vandales
« succomba ; le guerrier qui combattait ayant été
« tué, Trasimond promit de quitter l'Espagne,
« aussitôt qu'il aurait terminé les préparatifs né-
« cessaires à sa retraite. *Confligentibus vero pueris,*
« *pars Vandalorum victa succubuit; interfectoque*
« *puero placitum egrediendi Trasimundus spo-*
« *pondit.....* [1] »

En traduisant le mot *puer* par l'expression de
guerrier, il ne s'agirait donc plus ici d'un adolescent, mais d'un seigneur, d'un guerrier très-pieux
et très-aimé de saint Remi.

Puis si le testament entendait désigner saint
Cloud, comme on le prétend, sans en fournir la
preuve, comment expliquer que le petit-fils de
Clovis ait été surchargé de redevances par son
aïeul, et qu'il ait craint de l'aborder pour défendre ses droits et protéger les habitants de Coucy
et de Leuilly ? Il n'ose le faire que par l'intermédiaire de saint Remi. Cette démarche auprès
du Pontife n'est guère probable de la part de
saint Cloud, qui serait allé trouver directement le
roi, mais elle s'explique très-bien, de la part d'un
seigneur peu influent peut-être à la cour, mais

---

[1] S. Georgii Florentini Gregorii Turonensis episcopi opera omnia..... opera et studio Theodorici Ruinart, in-fol., Lutociæ Parisiorum, MDCXCIX.

ayant ses entrées faciles auprès du Pontife qui l'aime.

Il y a donc ici à l'objection des Bollandistes une solution fournie par le testament lui-même, et qu'avec un peu moins de parti-pris ils eussent pu trouver comme nous.

CHAPITRE VII

SEPTIÈME OBJECTION

JACTANCE DE SAINT REMI

ICI ON NIE UN DOCUMENT AU NOM DE QUELQUES NUANCES LITTÉRAIRES. — CE QU'EST L'HUMILITÉ. — LE TESTAMENT EST LE MAGNIFICAT DU PONTIFE. — SIMPLICITÉ CHARMANTE AVEC LAQUELLE IL PARLE DE LUI-MÊME. — DANS QUEL BUT RAPPELLE-T-IL SES MIRACLES ET SES GRANDES ACTIONS ?

Chifflet, qui écrivait ses livres pour réfuter les prétentions orgueilleuses de la nation française, déclare que le grand testament est faux, parce que saint Remi y parle de lui-même dans un langage inconciliable avec l'humilité inhérente à la sainteté. Tous les adversaires du testament ont à sa suite répété le même reproche et les Bollandistes eux-mêmes ont dit :

« Il a raconté ses actions et ses miracles de telle
« sorte que si on ne peut pas dire qu'il se soit
« vanté, du moins il faut convenir qu'il a parlé de
« lui peu modestement[1]. »

[1] Gesta quoque sua et miracula sic memorat ut, si non jactitasse, saltem minus modeste recensuisse possit videri. *Act. Sanct.*, tom. I, oct., p. 108, n° 272.

Voilà donc un document historique nié au nom de quelques nuances littéraires! Cependant on ne dispute pas des couleurs. Autrement que ne pourrait-on nier à l'aide de semblables procédés. Toutefois la critique ne sera pas plus heureuse ici que précédemment. Ses vaines attaques vont donner un nouveau relief à l'œuvre vénérable de notre immortel Pontife.

Saint Remi manque de modestie dans le récit de ses actions et de ses miracles!

Mais qu'est-ce que la modestie? Qu'est-ce que l'humilité? Saint Thomas la définit : l'estime de nous-même à cause des dons que Dieu nous a faits, le mépris de nous-même à cause de l'extrême fragilité inhérente à toute nature d'homme. L'humilité n'est donc pas ce qu'en écrivent tant d'esprits irréfléchis, qui rendent la religion absurde par leurs fausses idées. L'humilité est la vérité : si elle est le mépris du mal qui est en nous, elle est en même temps la connaissance et l'estime des dons que nous possédons. A qui ferez-vous croire que Bossuet, pour être modeste, devait n'avoir aucune conscience du génie qui lui a fait écrire le *Discours sur l'Histoire universelle,* ou Remi de la puissance des miracles qui subjugua les Francs et les convertit? Sans doute, l'homme n'a reçu le génie et la sainteté que pour en rendre gloire à Dieu. Aussi ne doit-il jamais parler de lui-même pour se dresser de ses propres mains un piédestal, mais il le peut légitimement, soit que le besoin de sa justification le lui commande, soit que le besoin de se montrer reconnaissant envers Dieu l'y sollicite.

Saint Remi n'a pas subi d'autres entraînements dans le langage qu'il a tenu de lui-même.

Son testament n'est donc pas un acte d'immodestie, c'est son *Magnificat,* et il n'est pas un chrétien éclairé qui ne regrettât que l'humble Pontife ne l'eût écrit. Aussi nous ne pouvons-nous défendre du plaisir de transcrire plusieurs des passages où il décrit lui-même sa vie en des termes dignes de son talent littéraire et de sa grande âme.

« Quant à Crugny, à Fère, et à quelques autres
« villages que le roi très-chrétien, Clovis, avait
« donnés à Geneviève, très-sainte vierge de Jésus-
« Christ, pour fournir aux frais des voyages qu'elle
« faisait très-souvent à Reims, dont elle venait vi-
« siter l'Église, et qu'elle a assignés à la nourriture
« de ceux qui y servent Dieu, je confirme ces dis-
« positions. »

« Le village d'Épernay, que j'ai acheté à Euloge
« cinq mille livres d'argent, t'appartient, ô ma très-
« sainte héritière, et non à des héritiers étrangers ;
« car c'est avec l'argent de ton trésor que j'ai
« payé, lorsque ce seigneur, accusé du crime de
« lèse-majesté, ne pouvait se justifier, et que de
« concert avec toi, j'ai obtenu pour lui grâce non-
« seulement de la mort, mais encore de la con-
« fiscation. »

Où les adversaires du grand testament trouvent-ils de l'immodestie dans ce langage ? C'est saint Remi que Geneviève venait visiter : ce sont ses vertus, son éloquence, sa doctrine céleste, ses miracles qu'elle venait admirer ; mais non, écrit l'humble évêque, elle venait visiter l'Église de Reims. C'est l'influence toute seule du Pontife qui est toute puissante auprès de Clovis; mais non, c'est celle aussi de son Église : c'est vous tous, prêtres, diacres, moines, âmes saintes, c'est vous tous que Clovis a voulu honorer en accordant la grâce d'Euloge. O âme de Remi, nous qui appartenons à votre Église de Reims, nous vous saluons émus et pleins d'admiration pour ces paroles, où vous voudriez dissimuler votre glorieuse personnalité derrière les splendeurs de votre Église ! Pourquoi au contraire votre modestie a-t-elle poussé la rigueur jusqu'à nous priver des trésors d'éloquence, de tendresse et de suavité que vous répandiez dans vos discours, et dont nous sentons comme une émanation dans ces quelques mots échappés de votre plume !

Qui n'admirerait encore les passages suivants ?

« A l'égard des villages que mon seigneur d'il-
« lustre mémoire, le roi Clovis, que j'ai tenu sur
« les saints fonts de baptême m'a donnés en propre,
« lorsque païen encore, il ne connaissait pas le vrai
« Dieu, je les ai consacrés aux lieux les plus pau-
« vres, de peur qu'il ne crût, infidèle qu'il était, que
« je fusse trop attaché aux choses de ce monde, et
« moins occupé de son salut que des biens tempo-
« rels. Il a admiré ma conduite, et a consenti avec
« bonté et générosité tant avant qu'après son bap-
« tême, que j'intercédasse en faveur de tous ceux
« qui souffraient. »

« Comme il a reconnu que de tous les évêques de
« la Gaule c'est moi qui ai travaillé le plus à la
« conversion des Francs, Dieu m'a donné tant de
« crédit auprès de lui, et la vertu divine, par la

« grâce du Saint-Esprit, a fait opérer par moi,
« pauvre pécheur, tant de miracles, pour le salut
« des Francs, que le roi a non seulement restitué
« à toutes les Églises du royaume ce qu'on leur
« avait enlevé, mais encore en a enrichi beaucoup
« d'autres de son bien propre, par un effet gratuit
« de sa libéralité. Pour moi je n'ai voulu accepter
« pour l'Église de Reims pas même un pied de
« terre, jusqu'à ce qu'il eût accompli cette restitu-
« tion à toutes les Églises. »

Dans la bouche de saint Remi, ce passage s'explique : aussi est-il pour nous un signe intrinsèque de l'authenticité du grand testament. Le Pontife entend rendre compte à la postérité de l'origine de ses biens immenses et de l'emploi qu'il en a fait. Mais combien cette déclaration était inutile sous la plume d'un faussaire, qui courait le danger de parler de détails que l'histoire pouvait contester. Puis ces circonstances toutes intimes des rapports du roi et du Pontife, cette aisance, ce naturel, cette netteté de récit ont un caractère de vérité que Remi seul a pu exprimer. Et voyez, il signale son désintéressement, l'admiration que ce désintéressement a produite, le crédit qu'il lui a mérité ; il révèle la multitude des miracles dont il a été l'instrument avec une simplicité et une candeur inimitables. La difficulté de parler de soi n'existe pas pour les saints, parce qu'ils sont profondément humbles, profondément convaincus de leur néant et que Dieu seul est grand. Ecrivant ou parlant sous l'empire de ce sentiment, chacune de leurs paroles, même quand elles révèlent les beautés intérieures de leur âme, ou qu'elles racontent les actes éclatants de leur vie, exhale un parfum de modestie qui charme, qui attache, qui peut bien n'être pas goûté de l'école janséniste, mais que respire avec délices quiconque n'a pas perdu le sens de la doctrine ni celui de la beauté morale.

Mais ajoutons encore quelques citations.

« Je veux que les biens qui t'ont été donnés dans « la Septimanie et l'Aquitaine, par le pieux roi « Clovis, et dans la Provence par Benoist, dont la « fille me fut envoyée par Alaric, et fut, par la « grâce du Saint-Esprit, non seulement délivrée « des liens du démon, mais encore rappelée à la « vie par l'imposition de ma main pécheresse, je « veux, dis-je, que ces biens et les villages d'Aus- « trasie et de Thuringe soient employés à perpé- « tuité à l'entretien de ton luminaire et de celui de « l'église où reposera mon corps. »

Simplement au point de vue littéraire, qu'elle est belle cette expression : ma main pécheresse ! Quel admirable contraste avec la destination que Dieu lui donne, d'être l'instrument de sa puissance, de sa miséricorde et de sa grâce sanctificatrice. Au surplus, dans tous les passages que nous avons cités, on voit qu'en nous parlant de ses grandes actions, le saint Pontife est obsédé d'une préoccupation.

Les biens temporels lui ont tellement afflué, qu'il craint le jugement de la postérité, et il le craint, parce que ce jugement serait un scandale pour l'histoire et le déshonneur de son apostolat. Il s'est vu forcé de signaler ses miracles et son zèle, pour expliquer le grand crédit dont il a joui, la reconnaissance dont il a été l'objet et qui lui a valu les richesses qu'il a possédées. Puis il s'est vu forcé de faire connaître son désintéressement, le peu d'usage qu'il a fait personnellement de ses richesses, la générosité avec laquelle il en a fait part à son Église, pour qu'on sache que le but de sa mission évangélique a été de convertir les âmes.

Si tous les savants mettaient à rechercher la vérité dans la science le même zèle que saint Remi a déployé pour rattacher la France à Jésus-Christ, plusieurs se seraient bien gardés d'attaquer un monument aussi vénérable que le grand testament, mais respectant la tradition si autorisée de l'Église de Reims et de l'Église de France, ils l'auraient proclamé comme le témoignage éclatant de la vertu de notre grand Pontife.

Il est si humble, notre Pontife, qu'il rédige encore la disposition suivante.

« A la matricule de Notre-Dame appelée *Xeno-*
« *dochion*, où douze pauvres demandent l'aumône,
« on donnera un sou. Je veux que cette matricule
« soit entretenue au lieu où il plaira à mes frères
« et à mes fils de faire reposer mes os ; et afin que
« jour et nuit, ils prient le Seigneur pour mes fautes
« et mes péchés, j'ajoute de mes biens patrimoniaux
« aux legs que leur ont faits mes prédécesseurs
« pour leur subsistance les villages d'Écharson et
« de Saint-Étienne-sur-Suippe, et tout ce qui m'est
« échu par succession à Hermonville. »

Dans une disposition précédente, il avait choisi l'église de Saint-Timothée pour le lieu de sa sépulture. Sa volonté était d'être inhumé dans cette église. Mais le saint évêque, qui n'a parlé plus haut de ses miracles, de son désintéressement et de son crédit, que pour protéger son honneur, pousse l'humilité jusqu'à subordonner sa volonté à celle de ses frères et de ses fils [1], les évêques de son Église; et ce thaumaturge, après n'avoir parlé que par nécessité de ses actions d'éclat, se replie sur lui-même, et fait une fondation spéciale, afin qu'on prie jour et nuit pour ses fautes et ses péchés. En vérité nous ne voulons pas nous attarder plus longtemps à la justification de tant de simplicité, de candeur et de modestie, et nous ne comprenons pas que les Bollandistes anciens et modernes osent ici se faire les échos des déclamations jansénistes et passionnées de Chifflet.

---

[1] L'expression de fils dans la bouche d'un évêque, par rapport à ses collègues, est tout à fait inusitée. Aussi la rencontrant sous la plume de saint Remi, elle nous est une preuve intrinsèque de plus de l'authenticité du grand testament. Car parmi les évêques de la province, il comptait deux de ses neveux, saint Génebaud de Laon, et saint Loup, de Soissons, qu'il appelle ses fils. Quelle minutieuse attention aux moindres détails de la vie de saint Remi n'aurait-il pas fallu à un faussaire pour saisir ces nuances et les exprimer!

CHAPITRE VIII

HUITIÈME OBJECTION

LE SACRE DE CLOVIS

LE TESTAMENT NE FAIT PAS MENTION D'UN FAIT QUI EST FAUX : LE SACRE DE CLOVIS, — CAR CE SACRE EST VRAI, PUISQUE LE TESTAMENT EN AFFIRME LA RÉALITÉ.

Nous arrivons aux quatre dernières objections qui portent tout entières sur la seconde partie du testament, où saint Remi fulmine contre les rois de France, qui se rendraient dans la suite prévaricateurs. Nous prions le lecteur de se reporter à cette partie du testament [1], pour mieux comprendre le nouvel ordre de discussion dans lequel nous entrons.

Le premier tort de saint Remi est d'affirmer qu'il a sacré Clovis, *et per ejusdem sacri Chrismatis unctionem ordinato in regem*. Car Pepin est le premier roi de France qui ait reçu l'onction du sacre [2].

[1] Voir à la page 61 de cet ouvrage.

[2] Negant autem ullum e Francorum regibus ante Pippinum sacrâ unctione inauguratum regem esse. Boll., *Act. sanct.*, t. I, Oct., p. 108, n° 271.

C'est à Chifflet, copié par les Bollandistes, que nous devons cette découverte. Il veut que les rois visigoths, parmi les rois chrétiens, aient été les premiers qui aient reçu les honneurs du sacre. Nos dynasties royales ont assez de gloire pour n'avoir pas besoin, qu'à l'encontre de la vérité, nous cherchions à leur attribuer un privilége qu'elles n'auraient pas reçu. Nous n'examinerons donc pas ici la question en elle-même, mais seulement au point de vue de la réponse à présenter à nos adversaires.

Cette réponse est bien simple.

Nous les prierons de descendre avec nous sur le terrain très-vulgaire d'un humble syllogisme. Nous leur dirons :

Le grand testament nous affirme que saint Remi a sacré Clovis.

Or le grand testament est authentique.

Donc saint Remi a sacré Clovis.

Car enfin, vous ne pouvez répondre à ce syllogisme que par un cercle vicieux. Quand nous vous prouvons, par le testament, que saint Remi a sacré Clovis, vous nous dites : votre preuve ne vaut rien, car le testament n'est pas authentique ; et quand nous voulons vous prouver son authenticité, vous nous arrêtez de nouveau en prétendant que notre démonstration est sans valeur, attendu que le testament contient l'énonciation d'un fait faux : le sacre de Clovis.

Or, vous n'avez pas le droit d'invoquer contre le testament le fait prétendu faux du sacre de Clovis. Ce fait n'est pas faux, mais absolument certain, si le testament est authentique. Vous allez contre les notions les plus élémentaires de la logique, en vous appuyant sur cette prétendue fausseté, qu'aucun document historique ne peut établir, dès lors que nous établissons la certitude du testament. Votre argumentation n'est donc ici, comme dans toute cette thèse, que le produit du parti pris : périssent la logique et l'histoire, pourvu que Wamba, le Visigoth, ait le premier présenté son front royal à l'onction du sacre.

CHAPITRE IX

NEUVIÈME OBJECTION

SUPRÉMATIE CONFÉRÉE INDUMENT PAR SAINT REMI A SES SUCCESSEURS

SAINT REMI NE CONFÈRE AUCUN POUVOIR JURIDICTIONNEL A SES SUCCESSEURS. — INITIATIVE QU'IL LEUR ENJOINT DE PRENDRE DANS LA DÉFENSE DE L'ÉGLISE. — RÔLE PRÉPONDÉRANT DES ARCHEVÊQUES DE REIMS, SOUS LES DEUX PREMIÈRES RACES.

« Saint Remi, nous disent les Bollandistes, attri-
« bue à ses successeurs le pouvoir de convoquer
« tous les métropolitains de la Gaule ; mais ce pou-
« voir n'a jamais été attribué qu'aux légats du
« Siége apostolique ; saint Remi fut bien, il est vrai,
« légat du Saint-Siége, mais il ne transmit pas ce
« privilége à ses successeurs[1]. »

Pourquoi saint Remi leur attribue-t-il ce droit?

---

[1] Successoribus item suis potestatem attribuit metropolitas Galliæ ad concilia convocandi : quam potestatem negant tunc alteri fuisse quam qui vicariatu sedis apostolicæ fungeretur : vicariatum autem aiunt S. Remigio quidem concessum fuisse, non tamen ut ad ejusdem successores transmitteretur. (*Acta sanct.*, tom. I, Oct., p. 108, n° 272.)

« Pour les forcer, sous menaces, à reprendre les
« rois et même à les excommunier, dans le cas où
« ils s'écarteraient de la religion et envahiraient
« les biens de l'Église [1]. »

Saint Remi n'ayant pu ni penser, ni écrire, ni agir de la sorte, ce passage n'est qu'une misérable interpolation, *inepti interpolatoris esse*.

Mais reportons-nous au texte même du testament, que nous avons prié nos lecteurs de relire.

« ..... J'ordonne que les évêques de la province
« de Reims soient convoqués et lui [2] fassent d'abord
« des remontrances. »

Est-ce que ce n'est pas le droit canonique du métropolitain de convoquer les évêques de sa province ? Ici saint Remi ne transmet donc à ses successeurs aucun privilége qui ne leur appartienne pas. Il leur ordonne seulement d'exercer un droit que la loi ecclésiastique leur confère.

Le testament ajoute :

« J'ordonne..... qu'ensuite l'Église de Reims,
« s'adjoignant sa sœur l'Église de Trèves, aille une
« seconde fois trouver le roi. »

Où voyez-vous ici une juridiction exercée par l'Église de Reims sur l'Église de Trèves ? D'abord, remarquez que dans ce passage, l'Église de Reims ne désigne pas seulement l'archevêque, mais tous

---

[1] Pergit ibidem S. Remigius et suis successoribus cum gravissimâ comminatione injungit munus reges, si a vera religione deflexerint, aut ecclesiastica bona occupaverint increpandi et si contumaces fuerint, publice excommunicandi, quod ab illius temporis usu in Galliis prorsus alienum reputatur. *Ibid.*, p. 109, n° 271.

[2] Au roi.

les évêques de la province, et que par l'Église de Trèves il faut également entendre tous les évêques de la province de Trèves. Ensuite, il ne s'agit pas, pour l'archevêque de Reims, du pouvoir de convoquer l'archevêque de Trèves et ses suffragants, et pour ceux-ci de l'obligation de se soumettre à la convocation. Il est tout simplement question d'un concert à établir entre les deux Églises; l'Église de Reims devra prendre l'initiative de ce concert; voilà tout. Or qu'y a-t-il d'insolite dans cette manière de procéder? N'est-ce pas tous les jours ce que nous voyons arriver entre les évêques? Ils se concertent entre eux, et quelquefois l'initiative partira du zèle d'un simple évêque, pour réunir dans une commune démarche, non seulement d'autres évêques, mais même des archevêques. Dira-t-on que l'inférieur aura exercé une juridiction sur ses supérieurs?

Mais continuons :

« La troisième fois, que trois ou quatre arche-
« vêques des Gaules seulement soient convoqués et
« fassent des remontrances au prince. »

Quand saint Remi ne parle que de la convocation de trois ou quatre archevêques, pourquoi lui faites-vous parler de la convocation de tous les métropolitains de la Gaule? Pourquoi ces inexactitudes constantes au détriment du testament? De plus, comment faut-il entendre ce mot de convocation? Évidemment, on ne peut l'entendre que dans le sens de la précédente convocation. Quand il s'est agi de la convocation du métropolitain de Trèves et de ses coévêques, le testament avait dit adjonction; ici on dit convocation, mais c'est évidemment pour exprimer la même idée, et non pour signifier l'exercice d'un acte de juridiction proprement dite. Enfin qui fera cette convocation? Est-ce l'archevêque de Reims? Mais non; ce sera l'assemblée épiscopale qui a fait la seconde remontrance : *tertio vero, archiepiscopis tantummodo Galliarum tribus aut quatuor convocatis.*

N'avions-nous pas raison d'insister, dans la seconde partie de ce travail, pour établir historiquement l'authenticité du grand testament, avant d'aborder la discussion du texte même. Les Bollandistes, en attribuant à ce passage un sens si opposé à son sens naturel, nous rappellent ces mille interprétations diverses et contradictoires données par les protestants au même texte de l'Écriture Sainte. Il est si facile de fausser l'interprétation d'un texte, et ici les Bollandistes sont tombés dans cette faute.

On ne doit pas non plus s'étonner de l'initiative que le grand Pontife essaie d'imposer à ses successeurs. Il nous a dit lui-même qu'il a plus que qui que ce soit travaillé à la conversion des Francs. Il recommande à ceux qui auront l'insigne honneur de s'asseoir sur son siége, de travailler plus que les autres à les affermir dans la foi et dans les principes de la civilisation chrétienne.

Il faut se rappeler, du reste, que la vraie capitale du pays des Francs, que le centre de l'invasion, c'était Reims. Clovis a transporté sa capitale à Paris. Mais Paris est plus la capitale de la Gaule romaine que de la monarchie franque. Le vrai pays habité par les conquérants est celui qui s'étend entre la Marne et le Rhin : c'est dans cette région que les rois mérovingiens et carlovingiens feront principalement leur résidence. A mesure que des plaines de la Champagne et de l'Artois, vous vous avancez vers Paris, vous voyez le nombre des Francs diminuer ; ils deviennent encore plus rares si vous vous dirigez vers la Loire et le centre de la France [1]. Aussi les guerres de la Neustrie et de l'Austrasie ne sont guère qu'une lutte des races gallo-romaines contre les races franques, et celles-ci ne s'imposeront définitivement à la France que par les victoires de Vinci et de Testri, sous Pepin d'Héristal et Charles Martel.

On comprend après cela, que les deux principaux siéges métropolitains des premiers siècles de la monarchie aient été Reims et Trèves. Saint Remi, vivant au cœur de l'invasion, avait eu plus que les

---

[1] Le passage de Sigebert à travers le royaume qui allait lui appartenir fut comme un triomphe anticipé. Les habitants gaulois et le clergé des villes venaient processionnellement à sa rencontre. Les Francs montaient à cheval pour se joindre à son cortége. Partout les acclamations retentissaient en langue tudesque et en langue romaine. Des bords de la Seine à ceux de la Somme, les Gallo-Romains étaient, quant au nombre, la population dominante, mais à partir de ce fleuve vers le nord, une teinte germanique de plus en plus forte commençait à se montrer. Plus on avançait, plus les hommes de race franque devenaient nombreux parmi les races indigènes ; ils ne formaient pas simplement, comme dans les provinces centrales de la Gaule, de petites bandes de guerriers oisifs, cantonnés de loin en loin : ils vivaient à l'état de tribus et en colonies agricoles, au bord des marécages et des forêts de la province Belgique.
Aug. Thierry, *Récit des Temps mérov.*, in-8°, Paris, Furne et Cie, 1866, p. 255.

autres évêques l'occasion de travailler à la conversion des conquérants. Ses successeurs, vivant comme lui, en contact journalier avec eux et leurs rois, tout naturellement durent exercer sur eux une vigilance plus grande, et prendre l'initiative des mesures nécessaires à affermir l'œuvre du christianisme parmi eux.

Au surplus, en présence des réalités de l'histoire, on serait mal venu à contester cette prépondérance morale que saint Remi semble vouloir léguer au siége de Reims. Il est incontestable que, sous les deux premières races, aucun évêque de France ne joua un rôle politico-religieux aussi considérable que ses successeurs. Gille, qui devint archevêque au plus tard en 549, moins de quinze ans après la mort de saint Remi, fut comme l'âme de tous les événements survenus en Austrasie sous les règnes de Thibaut, de Clotaire Ier, de Sigebert et de Childebert. Sonnace, cent ans après la mort du grand Pontife, assemblait à Reims un concile national sous le règne brillant de Dagobert Ier. Saint Rigobert méritait tout particulièrement les persécutions de Charles Martel par sa fidélité aux descendants de Clovis et par la résistance qu'il opposait à l'ambition du puissant guerrier. Tous connaissent le grand rôle de Tilpin, sous le règne de Charlemagne. Hincmar, Foulques-le-Grand, Hérivée furent comme les soutiens de la monarchie carlovingienne, et celle-ci ne succomba que quand l'illustre Adalbéron, fidèle jusqu'au bout à la race de Charlemagne, ne se trouva plus qu'en présence d'un indigne rejeton, Charles de Lorraine. Saint Remi avait créé la monarchie de Clovis[1], Adalbéron créa celle de Hugues Capet[2].

On peut donc dire que le grand testament fut comme une vision prophétique de l'Apôtre des Francs sur l'avenir de ses successeurs. Plus que les autres évêques de France, il avait travaillé à la fondation de la monarchie; ses successeurs, plus qu'aucun autre, devaient travailler à son affermissement et à sa grandeur.

---

[1] Nous justifierons cette opinion dans la réponse à la dixième objection.

[2] Voir la part prépondérante d'Adalbéron dans l'élection de Hugues Capet. L'abbé Darras, *Hist. de l'Egl.*, t. xx, p. 211.

CHAPITRE X

DIXIÈME OBJECTION

EXCOMMUNICATION DES ROIS

LES ROIS ONT NIÉ LE POUVOIR DE L'ÉGLISE; CE QU'ILS SONT DEVENUS. — LES DROITS DE L'ÉGLISE. — FORMULES DE MALÉDICTIONS CONTENUES DANS BEAUCOUP DE TESTAMENTS ANCIENS. — L'ÉGLISE ATTAQUE LE CRIME PARTOUT, MÊME DANS LES ROIS. — SITUATION DE SAINT REMI, QUAND IL ÉCRIVIT LES MENACES DU TESTAMENT. — CETTE SITUATION CONTINUE APRÈS SA MORT. — NOMBREUSES EXCOMMUNICATIONS PRONONCÉES CONTRE LES ROIS, AU SIÈCLE DE SAINT REMI.

Nous arrivons à l'objection capitale que les Bollandistes formulent ainsi :

« Saint Remi impose à ses successeurs, sous les
« menaces les plus graves, la charge de répri-
« mander les rois qui s'éloigneraient de la vraie foi
« et envahiraient les biens de l'Église, et s'ils
« s'obstinent, de les excommunier : mais à cette
« époque, une pareille discipline n'existait pas dans
« les Gaules [1]. »

---

[1] Voir le texte latin de l'objection à la note 1 de la page 306 de cet ouvrage.

C'est ce pouvoir de censure de l'Église contre les rois qui a tant indigné l'école gallicane contre le grand testament et le lui a fait rejeter.

Les étrangers, représentés par les Bollandistes des Pays-Bas, par Chifflet de la Franche-Comté, se sont attaqués à son texte pour enlever à nos rois l'honneur du premier sacre. Les tenants du gallicanisme n'ont pas hésité à se joindre à eux, mais dans un but différent. Peu soucieux de sauvegarder la principale preuve du sacre de Clovis, mais très-préoccupés de justifier l'omnipotence royale, ils ont nié le grand testament, pour n'avoir pas à se défendre contre l'autorité de saint Remi dans ses menaces contre les rois prévaricateurs. Aujourd'hui, ces fiers politiques, qui n'ont pas voulu de restriction à leur pouvoir, qui ont fait mentir l'histoire, pour asseoir plus sûrement leur domination, expient cruellement leur insurrection contre la divine protectrice de tous les droits. Les uns ont vu leur trône balayé par le torrent révolutionnaire, pour ne jamais plus se relever peut-être; les autres, à sa maternelle intervention protégeant les rois et les peuples contre leurs excès réciproques, ont vu se substituer une royauté constitutionnelle et fictive, d'après laquelle le roi règne, mais ne gouverne pas; juste, mais terrible châtiment de ces oints du Seigneur, qui s'étaient mis au-dessus de l'ordre établi de Dieu, au lieu d'en être le plus ferme appui parmi leurs peuples.

Nos lecteurs comprennent qu'ici nous n'avons pas pour tâche de défendre la doctrine du pouvoir de l'Église vis-à-vis des rois et des sociétés civiles.

Si elle n'a jamais réclamé le droit de les gouverner temporellement, elle s'est toujours attribué celui de faire prédominer en elles la vie religieuse, et de leur imposer les grands principes de justice et d'ordre divin d'après lesquels elles doivent se diriger. Représentant l'autorité du Christ, elle a donc le pouvoir, sous une forme ou sous une autre, de s'opposer aux corrupteurs de la vie religieuse, de dénoncer les violations essentielles à cet ordre, de porter contre les grands coupables, suivant que le comporte l'état social et les mœurs, les peines disciplinaires qui doivent préserver et sauver la société. Libre à l'incrédulité ou à l'hérésie de se rire des foudres de l'Église : la conscience catholique s'en effraie, parce qu'elle sait que toute âme atteinte légitimement de ces foudres, ne renaît à la vie que par le repentir et l'expiation.

Mais abordons plus directement la difficulté : Ce qui rend apocryphe le grand testament, c'est qu'il renferme contre les rois des menaces inusitées au temps de saint Remi.

Nous dirons d'abord pour le lecteur peu au courant des anciennes formules, qu'on rencontrerait difficilement un testament antique d'une certaine importance dépourvu de malédictions quelquefois terribles contre ceux qui en violeraient les dispositions.

Ces malédictions sont aussi anciennes que le monde ; on les retrouve au sein du judaïsme comme au milieu des ténèbres du paganisme.

« Depuis Jésus-Christ, lisons-nous dans le *Nou-*
« *veau traité de Diplomatique*, saint Jean l'Évangé-

« liste les employa contre ceux qui ajouteraient à
« l'Apocalypse ou qui en retrancheraient quelque
« chose. Les chrétiens, païens d'origine, retinrent
« une pratique qu'ils trouvèrent autorisée par les
« livres saints et en firent un grand usage. Ils
« empruntèrent toutes les malédictions contenues
« dans le Deutéronome et dans les Psaumes et
« surtout dans le Psaume 108. Ils y joignirent
« des imprécations par lesquelles ils souhaitaient
« aux usurpateurs la fin de Dathan et d'Abiron,
« les verges d'Héliodore, la mort d'Antiochus, la
« lèpre de Giezi, le sort de Juda, de Pilate, d'Anne
« et de Caïphe [1]. »

A l'appui de ces paroles nous pourrions citer des passages de très-nombreux testaments de ces âges reculés, que l'histoire a conservés [2]. Nous nous contenterons de mentionner ce fait presque contemporain de saint Remi. Le *Polyptique* ou livre des cens et rentes de l'abbé Irminon, qui vivait sous Charlemagne, parle d'une donation considérable faite à l'Église de Sainte-Croix et de Saint-Vincent, vers l'an 565, par saint Germain, évêque de Paris, qui, en présence de dix-neuf évêques,

---

[1] *Nouveau traité de Diplomatique*, t. IV, IIIe part., sect. I, ch. VII, p. 632 et suiv. Les mêmes écrivains ajoutent : « Non contents de cela, ils les dévouèrent à la damnation éternelle, aux feux de l'enfer, au ver rongeur qui ne meurt pas, à la compagnie de Satan et de ses anges. En un mot ils les chargèrent d'excommunication, d'anathème, du Maranatha, expression par laquelle (car des deux expressions ils n'en faisaient qu'une) ils prétendaient enchérir encore sur l'anathème. »

[2] Nous en avons donné une liste assez nombreuse, IIe part., ch. II, p. 112 de cet ouvrage, note 1.

ajouta l'excommunication et la damnation du traître Juda contre ceux qui oseraient s'emparer des biens de son patrimoine, qu'il avait donnés à cette Église, l'usurpateur fût-il l'évêque d'Autun, dans le diocèse duquel ils sont situés, ou le prince de Nevers, sous la souveraineté de qui ils sont placés [1].

Il faudrait donc être bien peu au courant des usages anciens pour s'étonner des malédictions renfermées au testament de saint Remi. Aussi, au point de vue des formules juridiques, l'absence de toute sanction dans le petit testament serait à elle seule une forte présomption contre son authenticité.

Soit, disent les politiques; mais ce qui les choque, ce qu'ils n'admettent pas, c'est que ces malédictions aient l'audace de s'adresser aux rois et aux gouvernants.

Nous le répétons, notre tâche ici n'est pas de justifier la doctrine de l'Eglise. On est catholique ou on ne l'est pas. Seulement, nous ne pouvons

---

[1] Est ibi in confinio quædam alia possessio, quæ dicitur Valliacus, aliaque procul, quæ vocatur Galliacus; quas pater sancti Germani ab Ermenfredo comite emit, quasque predictus sanctus præsul contulit prædictæ ecclesiæ sanctæ Crucis sanctique prothomartyris Stephani seu sancti Vincenti levitæ et martyris, cum omnibus appenditiis suis; quatenus, annis singulis, in commemoratione natalitii patris seu genitricis suæ, solvant ad sepulcra eorum cereos duos, librarum videlicet octo unumquodque et refectionem fratrum xx solidorum. Addidit etiam prædictus sanctus præsul excommunicationem coram XVIII episcopis, ut quisquis, temeraria præsumptione hoc donum quod suæ contulit ecclesiæ, ex propria videlicet possessione, auderet offerre, seu episcopus urbis Autissiodorensis, in cujus constant diœcesi, seu princeps Nivernensis, sub cujus constant ditione, cum Juda traditore dampnationem percipiant hic et in ævum. *Polypt. Irmin. Abb. XI Brev. de Vitriac*, p. 117. — *Id*. de M. Guérard.

nous défendre d'une réflexion. La Révolution, depuis cent ans, proclame le droit à l'insurrection. Mais cette doctrine subversive n'est que la réaction de la raison et de tout l'être humain contre la doctrine gallicane de l'inviolabilité du pouvoir : les rois, selon Bossuet et Fénélon lui-même, ne doivent compte de leur conduite qu'à Dieu.

L'enseignement catholique est bien différent. Il professe que l'obéissance des peuples n'est due qu'à l'autorité qui gouverne conformément à la justice et à la vérité, dont elle est l'interprète infaillible. Que voudrait-on de l'Église ? Chargée de condamner tous les crimes, elle devrait tolérer les plus grands de tous, les crimes de l'autorité publique !

Armée pour défendre la vérité et le droit, elle dirait à l'homme isolé et impuissant, qui s'est rendu coupable : tu es un criminel; mais au potentat, mais au pouvoir revêtu du glaive, elle lui dirait : je n'ai pas à te faire obstacle en ce monde, justement parce que tu es l'autorité coupable, la loi corruptrice, le pouvoir oppresseur. Non, l'Église barre le chemin à tous les attentats, et c'est parce qu'elle a mission de résister à l'autorité des pouvoirs prévaricateurs, qu'elle a aussi toute autorité auprès des peuples pour recommander à leur respect et à leur affection le pouvoir fidèle.

Aussi comment saint Remi aurait-il pu se défendre d'écrire les paroles qu'on lui reproche ! A-t-on bien réfléchi à la situation dans laquelle il se trouvait à l'époque de son testament ! Lui, qui par sa naissance appartenait à la civilisation chrétienne des Gallo-Romains, qui avait espéré le retour de cette civilisation par la conversion de Clovis, qui avait travaillé à ce retour plus que qui que ce soit par l'épiscopat le plus long que l'on connaisse, par la multitude de ses miracles, par son éloquence et ses vertus incomparables, voyait tout d'un coup se dissiper ses plus chères espérances. Pendant le règne glorieux du premier roi chrétien, il avait vu la civilisation chrétienne prendre possession du gouvernement; il lui semblait que l'avenir de cette civilisation était assuré, quand tout d'un coup le grand Pontife et la Gaule tout entière se retrouvent en face des scènes de cruauté qu'ils croyaient pour jamais disparues. Cette famille royale, qu'il avait tant affectionnée, tant protégée, tant éclairée, laisse soudainement éclater dans son sein toutes les violences natives, toutes les ruses odieuses de la barbarie germaine. C'est la même ardeur belliqueuse, la même mauvaise foi, les mêmes instincts sanguinaires. Deux fois Clodomir, pour de frivoles prétextes, conduit ses bandes en Burgondie. Mais après avoir fait périr Sigismond et les siens, il est lui-même traîtreusement assassiné. Quelque temps après, ses enfants sont mis à mort par ses propres frères; puis vient la guerre de Thuringe, où il y eut un vrai carnage des ennemis, et où les deux frères associés, Thierry et Clotaire, essayèrent mutuellement de s'entretuer. Ces derniers faits se passaient en 530, trois ans avant la mort de saint Remi. Devant cette exaltation de la force brutale et des passions les plus farouches, on comprend les terreurs, les amertumes, les indignations qui durent s'emparer du saint vieillard; on comprend la consternation de tous ces évêques, de saint Wast, de saint Médard, de Génébaud. Si l'influence de Clotilde et celle de saint Remi n'ont pu dompter ces caractères farouches, que sera-ce quand ils auront disparu, quand la Gaule sera dépossédée du prestige qu'y exerce le grand Pontife, quand les rois n'auront plus à entendre ni les prières de leur mère ni les avertissements de celui qui a été le père de leur âme et le père de la monarchie franque! Les évêques se pressent donc autour de saint Remi, et réunissant leurs efforts communs, il lui demandent d'accomplir un dernier acte d'autorité pontificale et d'autorité personnelle. Une dernière fois, par son testament, il fera entendre sa voix, il adressera aux rois ses derniers avertissements, il leur montrera suspendues sur leurs têtes les foudres de l'Église, il relèvera le courage des évêques, qui seuls ont su opposer une digue à l'invasion, il les menacera eux-mêmes de l'anathème, s'ils ne résistent pas comme un mur d'airain à tant de violences, de cruauté et de barbarie. Alors saint Remi, cédant aux sollicitations de ses frères dans l'épiscopat et à son zèle personnel, écrivit sur la famille royale ces magnifiques paroles, qui renferment, à côté des menaces contre les prévaricateurs, de si affectueuses bénédictions pour les princes vertueux, et ces paroles furent ratifiées, signées par les évêques présents, comme la protestation de ces âmes de Pontifes et de saints, dans cette lutte de la civilisation chrétienne contre les mœurs sauvages du paganisme terrassé, mais non encore vaincu.

On prétend que l'usage de censurer les rois n'existait pas encore dans les Gaules! Mais tant que le monde fut idolâtre ou que les Gaules furent sous la domination des empereurs païens, quelle possibilité et quelle occasion les évêques eussent-ils eues de rappeler les rois aux règles du bon gouvernement des peuples? Au contraire, la monarchie chrétienne est à peine établie qu'immédiatement les évêques se placent en face d'elle pour lui rappeler, à elle comme aux simples fidèles, les grandes lois qui doivent régir les âmes. Et si vous dites que c'est là une usurpation, le premier usurpateur a été saint Remi, et son exemple rencontra de suite des imitateurs. Comment eût-il pu être autrement?

Remi était à peine déposé dans son cercueil, que Thierry, roi d'Austrasie, entreprenait contre l'Arvernie une campagne qui fut la ruine même de ce malheureux pays. Les invasions les plus désastreuses des barbares ne semèrent nulle part la désolation à l'égal de cette campagne du fils de Clovis dans ses propres États. Car l'Arvernie lui appartenait; mais elle avait eu le malheur de ne pas résister assez énergiquement aux envahissements de son frère Childebert. « Dès que les sol-
« dats austrasiens, dit M. Aug. Thierry, eurent
« mis les pieds dans les fertiles plaines de la basse
« Auvergne, ils commencèrent leur œuvre de des-
« truction. Les monastères, les églises furent rasés
« jusqu'au sol. On coupait par le pied les arbres

« à fruits; les maisons étaient dépouillées de fond
« en comble. Ceux des habitants que leur âge et
« leur force rendaient propres à être vendus
« comme esclaves, attachés deux à deux par le
« cou, suivaient à pied les chariots de bagage où
« leurs meubles étaient amoncelés [1].... »

Et l'on voudrait, devant ces attentats, que les évêques ne fussent pas intervenus! Mais même du vivant de saint Remi, de graves personnages avaient su parler avec fermeté à ces rois chrétiens, qui n'avaient pu encore faire plier leurs passions farouches sous le joug de l'Évangile.

Clodomir, avons-nous dit, avant d'entrer en Bourgogne pour la seconde fois, voulut commencer par mettre à mort Sigismond, son roi détrôné. Quand le bienheureux Avit, qui n'était pas évêque, mais abbé de Micy, entendit l'ordre inique du roi, il s'écria : « Au nom du Dieu tout-puissant, revenez
« sur cet ordre cruel. Ne faites point périr des
« innocents. Si vous écoutez ma voix qui est celle
« de la justice, le Seigneur sera avec vous dans
« votre expédition et vous accordera la victoire.
« Sinon, vous tomberez entre les mains de vos en-
« nemis, et l'on vous traitera, vous et vos enfants,
« comme vous aurez traité Sigismond et ses fils. »
Qu'étaient-ce que ces paroles? Un avertissement, une menace et une prophétie. Clodomir répondit au saint abbé par des injures, comme tous les rois et empereurs ont répondu aux excommunications de l'Eglise par la persécution. Mais les menaces

---

[1] Aug. Thierry, *Lettres sur l'histoire de France*, p. 93. *Id.*, in-8°.

n'en furent pas moins accomplies. Clodomir fut tué, et ses enfants furent peu de temps après assassinés par ses propres frères, à la rage desquels un serviteur fidèle put dérober saint Cloud.

Pendant les dernières années de son épiscopat, saint Remi avait eu pour collègue sur le siége de Trèves un personnage illustre lui-même par la sainteté : il se nommait Anicet. « Lorsque les of« ficiers du roi Thierry, nous dit M. l'abbé Dar« ras, étaient allés, par ordre de leur maître, le « chercher dans son monastère pour l'élever à « l'épiscopat, l'homme de Dieu opposa une longue « résistance. Il fallut l'enlever de force. La nuit « ayant surpris l'escorte au milieu de la campagne, « les cavaliers dressèrent les tentes sur le chemin, « et abandonnèrent leurs chevaux au milieu des « plaines couvertes de moissons. A cette vue Ni« cetius leur dit : « Retirez à l'instant vos chevaux « de la moisson du pauvre ; sinon je vais vous « excommunier. — Quoi ! répondirent les Austra« siens, vous n'êtes pas encore évêque, et déjà « vous nous menacez d'excommunication ! — Il « est vrai, répartit le saint. C'est le roi qui me fait « sortir du monastère pour m'élever aux honneurs « de l'épiscopat. Mais je saurais au besoin lutter « contre le roi lui-même, pour empêcher l'injustice « et protéger les faibles. » Et il courut lui-même « chasser les chevaux de la moisson. Cette con« duite promettait à l'Église un caractère géné« reux et ferme. L'épiscopat de Nicetius ne dé« mentit pas ces belles espérances. A la mort de « Thierry Ier (534), Théodebert, son fils et son

« successeur, vaillant guerrier, mais livré à l'em-
« portement des passions les plus brutales, ne
« mettait aucun frein à ses voluptés. Marié à
« Wisigarde, fille du chef lombard Vacco, il
« s'éprit d'une patricienne d'Arverne, nommée
« Deutéria, et la mit au nombre de ses épouses.
« Deutéria avait une fille qui entrait dans l'âge
« de l'adolescence. Théodebert songeait déjà à
« en faire la victime de ses débauches. Deutéria
« fit monter sa fille dans une basterne attelée
« de deux taureaux sauvages, qui précipitèrent la
« malheureuse jeune fille du haut du pont de *Ver-*
« *dunum* (Verdun) dans la Meuse[1]. A quelque
« temps de là, Théodebert, revenu à Trèves, se
« présenta à l'église pendant que Nicetius officiait.
« L'évêque descendit de l'autel, et s'avançant vers
« le roi : « Retirez-vous, lui dit-il; ne souillez
« point par votre présence la sainteté des augus-
« tes mystères. Si vous persistez, les cierges vont
« s'éteindre et le sacrifice demeurera interrompu. »
« Théodebert, frappé de la majesté terrible qui
« brillait sur le front du Pontife, se retira. Plus
« tard, écoutant les paternelles exhortations de
« Nicetius, il mit un terme aux scandales de sa
« vie[2]. »

Mais qu'était-ce que cette exclusion du saint sacrifice de la messe, sinon une excommunication effective ? Quand celle-ci s'accomplissait un an après la mort de saint Remi, les Bollandistes oseront-ils

---

[1] Grég. Turon, *Hist. Franc.*, lib. III, cap. XX, — XXVI.

[2] M. l'abbé Darras, *Hist. gén. de l'Égl.*, t. XIV, p. 445.

soutenir encore qu'elle était inusitée contre les rois dans les Gaules au VIe siècle ?

L'année suivante, un Concile d'Auvergne décrétait l'excommunication contre les détenteurs des biens de l'Église. Celle-ci avait joui en paix de ses revenus sous le règne du puissant et religieux Clovis. Mais à sa mort, et du vivant même de saint Remi, ses fils avaient accompli de nombreuses usurpations en faveur des seigneurs francs. Pour s'y opposer, un Concile d'Auvergne, tenu en 535, porta le décret suivant : « Il en est qui deman« dent aux rois les possessions de l'Église, et qui « poussés par une avide cupidité ravissent la sub« sistance des pauvres; nous déclarons de nul effet « la faveur qu'ils obtiennent, et nous les séparons « de la communion de l'Église, dont ils désirent « enlever les ressources [1]. »

N'est-il pas curieux de voir trois ou quatre ans après que saint Remi avait inséré ses menaces dans son testament, un Concile des Gaules prononcer l'excommunication contre les détenteurs des biens de l'Église, et justifier ainsi ces menaces rédigées par le Pontife en vue de faits accomplis et non sous le coup de simples inquiétudes; et qu'on le remarque : si l'excommunication n'atteint pas directement la personne des rois, la sentence conciliaire frappe leurs actes qu'elle annulle.

[1] Qui reiculam ecclesiæ petunt a regibus, et horrendæ cupiditalis impulse ugentium substantiam rapiunt; irrita habeantur quæ obtinent, et a communione ecclesiæ, cujus facultatem auferre cupiunt, excludantur. Concil. Arvern., a. 535, c. 5.

En 557, un Concile de Paris prenait les mêmes dispositions contre les mêmes attentats[1].

Nous avons cité plus haut la conduite de saint Anicet contre Théodebert. Grégoire de Tours nous rapporte que le même Pontife, dans l'intrépidité de son âme évangélique, excommunia plusieurs fois Clotaire Ier, à cause de ses excès, et malgré les menaces d'exil dont il était sans cesse l'objet[2].

Le même Clotaire avait décrété que toutes les Églises de son royaume verseraient au fisc royal le tiers de leurs revenus. Les évêques y consentirent bien que malgré eux. Le bienheureux Injuriosus, évêque de Tours, refusa de souscrire et dit au roi : « Si vous voulez ce qui appartient à Dieu, Dieu « vous enlèvera promptement votre royaume. C'est « une iniquité que vous osiez remplir vos greniers « du bien des pauvres, quand vous devriez au « contraire remplir le leur de vos propres biens. » Indigné, il se retira sans prendre congé du roi[3]. Clotaire n'osa pas passer outre. C'était bien là, ce nous semble, l'exercice du droit de remontrance et en termes et sous une forme qui ne ressemblaient pas au langage adulateur de la cour de Louis XIV.

---

[1] Competitoribus etiam ejusmodi frenos districtionis imponens, qui facultates ecclesiæ, sub specie largitatis regiæ, improba subreptione pervaserint. Concil. Paris. a. 557. c. 1.

[2] Sed et Chlotarium regem pro injustis operibus *sæpius* excommunicavit, exiliumque eo minitante, nunquam est territus. Greg. Tur., *Vitæ patrum : de S. Nicetio*, c. 11.

[3] ..... Si volueris res Dei tollere, Dominus regnum tuum velociter auferet : quia iniquum est, ut pauperes quos tuo debes alere horreo, ab eorum stipe tua horrea repleantur. Greg. Tur., *Hist. eccl.*, lib IV, c. 11.

Nous avons vu saint Germain, évêque de Paris, lancer l'excommunication contre les princes du Nivernais, qui usurperaient les biens laissés par lui à l'Église de Sainte-Croix, acte d'autant plus grave qu'il l'accomplissait en présence de dix-huit évêques [1].

Charibert prend en mariage Marcovie, sœur de Méroflède, son épouse. Aussitôt, le même saint Germain les excommunie tous deux [2]. C'était vers 567; toujours à l'époque de saint Remi.

En 575, ce n'étaient plus les fils, mais c'étaient les petits-fils de Clovis qui s'entr'égorgeaient. Sigebert poursuivait Chilpéric, poussé par Brunehaut, qui avait à venger sa sœur assassinée par Frédégonde. Sigebert arrive à Paris. Saint Germain, malade, s'arrache à son lit de souffrances pour aller à la rencontre du roi et faire auprès de lui une dernière tentative, qui empêchât un fratricide : « Roi Sigebert, lui dit-il, si tu pars sans intention « de mettre à mort ton frère, tu reviendras vivant « et victorieux. Mais si tu as une autre pensée, tu « mourras : car le Seigneur a dit par la bouche « de Salomon : la fosse que tu prépares pour ton « frère, sera celle où tu tomberas toi-même [3]. » Le parti du roi était pris, il se croyait sûr de la victoire. Alors Germain, cette fois, écrivit à Bru-

---

[1] Voir p. 316.

[2] Post hæc Marcofevam, Merofledis scilicet sororem, conjugio copulavit. Pro quâ causâ a S. Germano episcopo excommunicatus uterque est. *Ibid.* c. xxvi.

[3] S. German. Paris. *epist. ad Brunicheld*, dans M. l'abbé Darras, *Hist. gén. de l'Église,* t. xv, p. 103.

nehaut une longue lettre toute remplie d'une vigueur apostolique, et dont nous extrayons ce passage :

« ..... Malheur à l'homme par qui vient le scan-
« dale, disait le Seigneur la veille de sa Passion.
« Cette parole, je l'ai répétée à tous ceux qui au-
« raient dû la comprendre ; j'ai fait appel à leur
« conscience, je les ai avertis de ne pas attirer sur
« leur tête la condamnation de Judas.... C'est avec
« tristesse que je vous écris ces choses ; car je sais
« comment tombent rois et nations, à force d'offen-
« ser Dieu..... »

Sigebert et Brunehaut furent insensibles aux remontrances du saint évêque. Sigebert partit, accomplit une marche triomphale jusqu'à Vitry, près Douai, s'y fit proclamer roi de Neustrie, et tomba au milieu de son triomphe, assassiné par le poignard de Frédégonde.

Deux ans plus tard, en 577, un Concile se réunissait à Braine pour juger Grégoire de Tours, accusé d'avoir tenu un propos attentatoire à l'honneur de Frédégonde. Le Concile ayant entendu la justification du saint évêque, dit au roi : « O roi,
« l'évêque de Tours a accompli toutes les choses
« qui lui avaient été prescrites : son innocence est
« prouvée. Et maintenant nous voici obligés de
« te priver de la communion chrétienne, toi et
« Berthramn, injuste accusateur d'un de ses
« collègues [1]. »

---

[1] ..... Impleta sunt omnia ab episcopo quæ imperata sunt, o rex. Quid nunc ad te, nisi ut cum Bertchramno accusatore fratris communione priveris. Greg. Tur., *Hist. Franc.*, lib. v, cap. L.

Nous renvoyons le lecteur au récit du Concile de Paris fait

Ces citations suffisent pour mettre à néant l'objection des Bollandistes. Comment ces pionniers de l'histoire ont-ils pu se mettre en contradiction avec les faits les plus notoires? Les dix livres de l'*Histoire ecclésiastique des Francs*, de Grégoire de Tours, contiennent surtout le récit des événements du VI° siècle, du siècle de Remi. Ces récits sont tout entiers à nous peindre les scènes de violence des fils et petit-fils de Clovis et les résistances de l'épiscopat contre cette barbarie germaine. Ces résistances ont commencé du vivant de l'apôtre des Francs, étaient en pleine actualité au moment de sa mort, et l'on trouve inadmissible que dans ses derniers avertissements aux rois, ses enfants, il ait menacé d'excommunication ceux que d'autres évêques ne menaçaient pas seulement, mais excommuniaient effectivement! Vous vous êtes donc associés aux objections gallicanes sans prendre la peine d'en vérifier la valeur?

Il faut pourtant qu'on le sache. La prétention de l'Église de reprendre les rois ne date pas du moyen âge. Il n'y a rien eu de plus fidèle que nos évêques à la royauté; c'est même cette fidélité que leur reproche aujourd'hui la secte révolutionnaire. Mais en même temps ils ont été les plus intrépides pro-

---

par Grégoire de Tours, au liv. v, chap. xix de son histoire. Ce Conci e avait été réuni pour juger saint Prétextat de Rouen, accusé faussement par Chilpéric et Frédégonde. L'énergique attitude de saint Grégoire lui-même dans ce Concile, prouve que l'épiscopat des Gaules à cette époque était tout pénétré de son droit et de son devoir de résister à l'iniquité des rois, pour défendre la morale évangélique. M. l'abbé Darras a traduit tout au long ce passage de Grégoire de Tours, dans son *Hist. gén. de l'Église*, t. xv, p. 141 et suiv.

tecteurs de la conscience des peuples contre les excès du pouvoir royal. Ce que firent les évêques de l'ère mérovingienne, les évêques contemporains de la race de Charlemagne le firent également. Les descendants de ce grand homme ne prolongèrent leur existence que par l'appui de l'Église de France, et particulièrement des archevêques de Reims; mais en même temps ils recevaient de ces derniers les plus vigoureuses remontrances.

« ..... Il eût mieux valu pour vous, écrivait
« Foulques à Charles-le-Simple, n'être pas né que
« de vouloir régner sous le patronage du démon,
« et de protéger ceux que vous devriez attaquer
« par tous les moyens possibles. Sachez que si
« vous agissez ainsi[1], si vous acquiescez à de sem-
« blables conseils, vous ne trouverez plus en moi
« un fidèle; je détournerai même de votre foi tous
« ceux que je pourrai[2], et de concert avec mes co-
« évêques, je vous excommunierai et je lancerai
« sur vous et les vôtres un éternel anathème. Eu
« égard à la fidélité que je vous conserve, c'est en
« gémissant que je vous écris ainsi; car je souhaite
« que vous soyez honoré selon Dieu et selon le

[1] Foulques combat ici le projet qu'avait Charles-le-Simple de s'allier avec les Normands, afin de pouvoir, avec leur secours, parvenir au trône.

[2] A ce moment la Neustrie n'avait pas encore été cédée aux Normands. Ils étaient des païens et des envahisseurs, que la France espérait toujours rejeter de son sein. Une alliance de Charles-le-Simple avec eux était donc un acte de forfaiture religieuse et nationale, un crime que l'évêque devait punir de l'excommunication, auquel le seigneur temporel devait s'opposer par tous les moyens légitimes, en sa qualité *d'électeur* du monarque.

« monde, et que l'appui, non de Satan, mais du
« Christ, vous élève au trône qui vous appartient.
« Le trône que Dieu donne a des bases solides;
« mais celui que l'on acquiert par l'injustice et les
« brigandages est fragile et périssable, et il ne
« pourra subsister longtemps [1]. »

Cette lettre du successeur de saint Remi, au XIe siècle, empruntait sa légitimité à la mission de l'Église, qui n'a pas commencé au moyen âge, mais au jour de la Pentecôte. Elle trouvait son point d'appui dans le testament même de l'Apôtre des Francs, qui n'était que l'écho de la doctrine catholique et l'attestation de la conduite que commençait à tenir l'épiscopat des Gaules vis-à-vis des successeurs de Clovis.

Cette attitude révoltait au XVIIe siècle les courtisans de Louis XIV, comme elle révolte aujourd'hui ceux de la souveraineté populaire. Louis XIV ne voulait pas des remontrances épiscopales, et bannissait de la cour Fénélon, le seul prélat indépendant dans son langage. En revanche, ses courti-

---

[1] « Melius enim fuerat vos non nasci, quam diaboli patrocinio velle regnare, et illos juvare quos deberetis per omnia impugnare. Sciatis enim, quia si hoc feceritis et talibus consiliis adquieveritis, nunquam me fidelem habebitis, sed et quoscumque potuero a vestra fidelitate revocabo, et cum omnibus coepiscopis meis vos et omnes vestros excommunicans, æterno anathemate condemnabo. Pro fidelitate quam vobis servo, hæc gemebundus scribo, quoniam cupio vos secundum Deum et sæculum semper esse honoratum, et non Sathanæ sed Christi adjutorio, ad debitum vobis conscendere regni fastigium. Regnum enim quod Deus dat, firmum habet fundamentum : quod vero per injustitiam rapinas adcquiritur, caducum est et cito deciduum nec poterit diu permanere. » Flod., *Hist. Rem. eccl.*, lib. IV, cap. V.

sans plus que lui encore, imposaient leur doctrine aux évêques par la fameuse déclaration de 1682. Toutefois il mourait, et de sa nombreuse lignée, il ne laissait qu'un rejeton de cinq ans, qui fut Louis XV ! Le successeur de Louis XV montait sur l'échafaud, et la descendance du grand roi erre à l'heure actuelle, exilée, dans toutes les régions de l'Europe.

La souveraineté populaire repousse davantage encore les remontrances pontificales. Mais que sont devenus ses principaux représentants, les républicains de 1793, les empereurs et les rois qui ont nom Napoléon Ier, Louis Philippe et Napoléon III ? Pendant ce temps l'Église continue sa marche à travers les siècles, toujours persécutée et toujours victorieuse, fait entendre ses chants funèbres sur la tombe de tous ceux qui se flattaient d'assister à ses funérailles, et ne cesse de défendre contre tous, contre les gouvernements et contre les peuples, la vérité et la justice par qui vivent les peuples et se perpétuent les gouvernements.

CHAPITRE XI

ONZIÈME OBJECTION

CLOVIS NE DOIT LE TRÔNE QU'A LUI-MÊME, ET NON A L'ÉLECTION DE REMI ET DE SES COÉVÊQUES

ASSENTIMENT DES GAULES A L'ÉTABLISSEMENT DE LA MONARCHIE DE CLOVIS. — HABILETÉ DE MÉROVÉE ET DE CLOVIS POUR SE MÉNAGER LES POPULATIONS GAULOISES. — CELLES-CI, POUR SE RALLIER, ATTENDENT LA CONVERSION DU ROI. — LES REPRÉSENTANTS DE CES POPULATIONS SONT LES ÉVÊQUES : LEUR INFLUENCE AU IVe ET Ve SIÈCLE. — L'ÉLECTION FAITE PAR REMI ET SES COÉVÊQUES PORTA SUR LA RACE DE CLOVIS PLUS QUE SUR LA PERSONNE MÊME DE CE PRINCE. — DOUBLE CARACTÈRE DU DROIT NATIONAL PAR RAPPORT A LA TRANSMISSION DU POUVOIR : L'ÉLECTION ET L'HÉRÉDITÉ.

Le testament de saint Remi contient une erreur historique qui serait un mensonge dans la bouche du Pontife. Ce passage ne sort donc pas de la plume du saint, mais dénote sûrement la main d'un faussaire. « Que signifient, s'écrient les Bollandistes, « cette élection que font de Clovis saint Remi et « ses coévêques, et par laquelle ils lui attribuent le « souverain pouvoir, quand il est certain que Clovis

« obtint par ses armes la royauté des Gaules, qui
« passa à ses fils par droit héréditaire [1] ? »

En effet, le testament s'exprime ainsi :

« Seulement par égard pour la famille royale,
« que, de concert avec mes frères et coévêques
« de la Germanie, de la Gaule et de la Neustrie,
« et pour l'honneur de la Sainte Église et la dé-
« fense des pauvres, j'ai choisie pour être élevée
« à tout jamais à la majesté royale, que j'ai
« baptisée.... etc. [2] »

Nous montrerons tout-à-l'heure que l'objection force le sens du texte : mais pour le moment nous la prenons telle qu'on nous la présente, et nous soutenons que l'assentiment des Gaules a concouru à l'établissement de la royauté de Clovis bien plus que la puissance de ses armes.

C'est bien mal connaître en effet la situation de Mérovée, de Chilpéric et du fondateur de la monarchie, que de les prendre pour des conquérants auxquels les Gaules n'ont pu se soustraire. Ce qui distingue ces princes, c'est l'habileté. Ils furent habiles plus qu'ils ne furent forts ; ils ne commandaient qu'à une poignée d'hommes [3]. De plus,

---

[1] Deinde quid sibi vult ista ad regiæ majestatis culmen per S. Remigium et coepiscopos ejus electio ? Cum Clodoveus armis, filii autem ejus ex hæreditate paterna regnum in Gallia obtinuerunt. Bolland., *Act. Sanct.*, tom. I, oct., p. 108, n° 271.

[2] Voir le testament, p. 64.

[3] « L'invasion, ou pour mieux dire les invasions, étaient des événements essentiellement partiels, locaux, momentanés. Une bande arrivait, en général très-peu nombreuse ; les plus puissantes, celles qui ont fondé des royaumes, la bande de Clovis

Clovis ne régnait que sur la tribu des Francs saliens : chaque tribu obéissait à un chef différent. Outre son faible nombre, ce fractionnement de la race franque en plusieurs familles lui ôtait de sa cohésion et par conséquent de sa puissance. Cette puissance précaire des Francs subsista même après la défaite de Siagrius. Clovis échoua devant Paris, et pendant dix ans, depuis la bataille de Soissons jusqu'à son baptême, il ne put conquérir un pouce de terrain. La domination franque à son origine ne fut donc pas ce qu'on pourrait la supposer, une domination toute puissante, qui courbait violemment le vaincu sous le vainqueur. Elle était tout simplement l'introduction, au milieu d'une société nombreuse, d'un élément hétérogène, toujours à la veille d'être emporté par le moindre coup de vent. La bataille de Tolbiac faillit être cette tempête qui devait balayer pour jamais les Francs du sol gaulois. Si elle eût été perdue, le Nord de la Gaule subissait une invasion de plus, et l'élément franc disparaissait sous le flot des Allemands et de ces tribus germaniques, que nous verrons encore, pendant plus de deux cents ans, essayer de franchir le Rhin, pour inonder nos provinces. Charles Martel et Charlemagne eux-mêmes avaient besoin, quand ils combattaient dans le Midi, d'avoir l'œil sans cesse fixé sur leur frontière de l'Est, et si le grand empereur n'a pas refoulé les Sarrazins dans les

---

par exemple, n'était guère que de cinq à six mille hommes ; la nation entière des Bourguignons ne dépassait pas soixante mille hommes. » Guizot, *Hist. de la civil. en Europe*, tom. I, VIIIe leç., p. 237, in-8°. — Didier, 1840.

flots de la Méditerranée, et délivré l'Espagne de leur joug odieux, les peuples germains, contre lesquels il soutint trente campagnes, en furent la cause.

Aussi, les Francs n'ayant pas pour eux la force et le nombre, eurent besoin de ménager les populations gauloises. Mérovée, mais surtout Childéric et Clovis usèrent de politique. Au lieu de se livrer comme les Vandales, les Ostrogoths et les Visigoths, à la dévastation et au carnage, ils se montrèrent pleins de modération, respectant les personnes et la propriété elle-même. Pour faire croire que rien n'était changé dans le gouvernement, qu'ils étaient les lieutenants de l'Empereur, Childéric ambitionna et obtint le titre de patrice, et il honorait publiquement sainte Geneviève, déjà célèbre. Clovis obtenait le même titre, et tout païen qu'il était, il acceptait de recevoir les avis de saint Remi. Cette habileté jointe à leurs mœurs naturellement moins féroces, leur réussit; ils conquirent les sympathies des populations gauloises.

Celles si profondément catholiques du centre et du midi de la France, aux maux de l'invasion, avaient vu succéder la persécution arienne des Bourguignons et des Visigoths. Au milieu de tant d'infortunes qui les accablaient, elles entendaient vanter la modération des envahisseurs du nord de leur patrie; alors surgit dans leur cœur une espérance : c'est que peut-être dans un jour rapproché elles pourraient se donner à ces barbares et trouver auprès d'eux la délivrance de leurs maux. « Gré-
« goire de Tours, lisons-nous dans M. l'abbé

« Darras, exprime à merveille ce sentiment timide
« et confus. « Bien que la terreur des Francs,
« dit-il, retentît déjà dans ces contrées, tous dé-
« siraient ardemment leur règne. » Sur les limites
« septentrionales de la Burgondie, plus particu-
« lièrement à Langres et aux environs, des mou-
« vements secrets avaient lieu pour leur livrer
« le pays. Aprunculus, évêque des Lingons, fut
« soupçonné de prendre part à ces manœuvres.
« Gondebaud en conçut de l'ombrage et de la
« colère. Sa haine croissant avec la terreur, il
« donna l'ordre d'arrêter l'évêque et de lui trancher
« la tête. Averti à temps, Aprunculus s'échappa
« pendant la nuit de la ville de Divio (Dijon), en se
« faisant glisser au bas des murailles, et vint se
« réfugier chez les Arvernes. Sidoine Apollinaire
« accueillit dans sa demeure le vénérable proscrit.
« En apprenant de sa bouche tout ce qu'on disait
« du peuple franc, il partagea les espérances que
« concevaient alors la plupart des évêques du
« nord [1]. »

Que fallait-il pour que la Gaule se déclarât?
Une seule chose : que les Francs se fissent chrétiens, mais chrétiens à l'encontre des Bourguignons
et des Visigoths ariens, c'est-à-dire qu'ils se fissent
catholiques. Du jour où ce fait s'accomplirait,
elle acclamerait la nouvelle royauté, et la nation
française serait fondée. Ce fait s'accomplit : Remi,
qui depuis longtemps ménageait la conversion de
Clovis, prépara dans son église cathédrale la cé-

---

[1] M. l'abbé Darras, *Hist. gén. de l'Église*, t. XIII, p. 541.

rémonie du baptême du Prince. Tous les évêques de la Gaule, de la Germanie et de la Neustrie y furent convoqués. Clovis sortit de l'onde sainte en présence de la Gaule représentée dans ses évêques : elle venait de l'acclamer pour son roi; à partir de ce jour les Francs furent acceptés par les Gallo-Romains : entre eux venait de se former une alliance indissoluble, non pas l'alliance du peuple vainqueur avec le peuple vaincu, mais des vieilles races avec les races nouvelles.

Et qu'on ne s'étonne pas que Remi et ses collègues dans l'épiscopat se soient attribués la mission de fonder la royauté franque. Ils l'ont fait comme évêques de l'Église catholique et comme les seuls représentants autorisés de la race gauloise.

Sans doute le monde païen vécut dans les erreurs dogmatiques et morales les plus déplorables. Mais il ne poussa jamais l'idiotisme de la vérité jusqu'à professer les insanités de la libre pensée moderne. Non, jamais le monde, ni dans ses philosophes ni dans ses peuples, n'a donné l'ignoble spectacle de la secte révolutionnaire contemporaine, niant que la religion soit le premier devoir et la base essentielle de la vie sociale. Ses penseurs de tous les siècles ont toujours professé ces deux principes absolument certains : c'est que l'homme doit être religieux principalement, c'est qu'ensuite il n'existe pas précisément à l'état individuel, mais à l'état social. De là résultait pour eux, comme pour le plus vulgaire bon sens, que tous les devoirs qui s'imposent à l'individu s'imposent au milieu social en dehors duquel on ne peut le concevoir.

Tous les peuples admettant que l'obligation fondamentale de l'individu est d'être religieux, ont admis comme conséquence indiscutable que l'assise fondamentale de la société est aussi la religion; que celle-ci doit occuper le premier rang dans le corps social; qu'elle a sa place marquée et sa part prépondérante dans la fondation des empires, dans la législation des peuples, dans le gouvernement des nations. Le paganisme, en abjurant ses erreurs et en accueillant l'Église comme le représentant de la vérité religieuse, lui fit tout naturellement dans la société la place qu'il avait faite à l'erreur elle-même; il accepta comme la chose du monde la plus logique son intervention dans l'action gouvernementale. Ce fut donc en vertu de sa mission divine que Remi, s'adjoignant ses collègues de la Gaule et de la Germanie, éleva Clovis à la royauté gallo-franque, acte parfaitement conforme à la vérité doctrinale et à la croyance de tous les âges.

Mais de plus, la Providence et les événements avaient fait à cet épiscopat la plus haute position civile qui pût se rencontrer.

A ces évêques du IV°, V° et VI° siècle, dont une génération concourut à l'élection et au sacre de Clovis, Dieu avait donné le don merveilleux des miracles. Sans doute le plus célèbre de ces thaumaturges fut saint Martin. Mais il ne fut pas le seul. Pendant trois siècles, il y eut au milieu de nous une succession incontestable de grands hommes, aussi illustres par la puissance des miracles que par la sainteté. Disons-le donc, pour en louer hautement le Christ, ami des Francs : il a fait en faveur de nos ancêtres des prodiges qu'il n'avait pas accomplis pour l'empire romain. C'est que l'empire romain était civilisé; en lui pouvait se vérifier cette parole de l'Évangile : *fides ex auditu;* la foi vient de la parole. La grâce de Dieu touchant intérieurement les âmes, elles pouvaient arriver à la foi par la démonstration. Nos pères illettrés et barbares ne pouvaient y être amenés par la lumière de la parole frappant leurs oreilles pour éclairer leur esprit, mais par le merveilleux des faits tombant sous leurs regards. Dieu donc convertit l'empire romain par des moyens en apparence plus naturels : mais il convertit nos pères en les plongeant en plein dans le surnaturel.

On doit comprendre quel immense crédit ce pouvoir des miracles, qui était toujours joint à la vie la plus admirablement sainte, donnait à la personne des évêques. Non seulement ils convertissaient les âmes, mais établis par le miracle incontestablement les hommes de Dieu, ils acquéraient ainsi une intervention prépondérante jusque dans l'ordre temporel. Les circonstances elles-mêmes contribuaient à leur conférer cette influence. Il n'y avait plus aucun pouvoir debout, plus d'empereur pour administrer, plus d'armées pour protéger les frontières, plus d'institutions assez efficaces pour défendre les municipes. Devant cet effondrement de toutes choses, toutes les grandes âmes se réfugiaient dans l'Église, toutes étaient réclamées par les populations pour l'épiscopat. L'épiscopat du IV° et du V° siècle, composé généralement de tous les caractères fortement trempés du patriciat gallo-romain, fut donc la grande puissance surnaturelle, morale et civile de cette époque. Il était la lumière par la doctrine, la puissance par la force morale et la sainteté. Il était tout pour cette société démantelée, qui ne vivait plus que par lui, espérait et se confiait en lui. Quand Remi convoqua tous ses coévêques au baptême du premier roi très-chrétien, c'était les représentants religieux et civils de la Gaule qu'il réunissait, pour acclamer avec lui au nom de tous les Gallo-Romains cette jeune monarchie, dans laquelle ils entrevoyaient le remède aux maux du passé, le raffermissement du présent et la sécurité de l'avenir.

C'est donc bien rapetisser les questions, que de nier le testament de saint Remi, sous prétexte que Clovis fut roi par droit de conquête et ses fils par droit héréditaire. Les ennemis de la puissance de l'Église aiment mieux croire au droit de la force, quand pourtant la force n'était pas tout entière du côté des vainqueurs; elle aime mieux croire au droit héréditaire, quand ce droit, comme nous allons le dire, n'existait pas seul, que d'avouer le droit d'élection, qui cependant est redevenu le droit moderne, parce qu'alors l'élection fut faite par des électeurs qui ne sont pas de leur goût, par les évêques. Mais comme l'histoire n'est pas une affaire de goût, nous sommes obligés de reconnaître que Clovis, que la famille royale furent acceptés par Remi et les évêques, au nom de l'Église et de la Gaule, dont ils étaient le seul pouvoir subsistant.

Du reste, même en reconnaissant que Clovis ne dut sa royauté qu'à sa framée sanglante, on ne peut en dire autant de ses enfants. Le droit de la force est de toutes les époques; il n'en est pas ainsi du droit héréditaire. Qu'on le remarque : le testament ne dit pas que Clovis fut élu, mais il affirme que ce fut la famille royale, les enfants de Clovis. Or ce dernier fait est en dehors de toute contestation.

La royauté chez les Francs était de date toute récente; on en connaissait l'origine, et on savait que cette origine était l'élection. A la mort de Childéric, Clovis, comme son père, comme Mérovée, son aïeul, avait été porté sur le pavois. Quand après son baptême, ce prince, désiré par les populations soumises aux Visigoths et aux Bourguignons, étendit sa domination sur toutes les Gaules, le droit national des Francs devint le droit national du nouveau peuple[1]. Nous n'en voulons citer qu'un exemple d'autant plus décisif, que l'événement arrivait sous l'un des petits-fils de Clovis, et qu'il s'agissait pour les sujets, non pas de l'avènement du roi au trône, mais de se soustraire à la domination du prince régnant, pour se donner à un autre souverain.

Les grands de Neustrie étaient menacés par les

---

[1] Nous serions plus exact si nous disions qu'ici le droit public des Gallo-Romains et des Francs était d'accord. D'abord les Gallo-Romains étaient sans pouvoir; ils avaient donc le droit de tout peuple placé dans cette situation, celui de se donner un gouvernement. Puis sans remonter à l'époque purement gauloise, depuis que les Gaules étaient devenues province romaine, elles avaient vécu sous le droit public des Romains, chez qui le Sénat élisait l'empereur. Il y avait donc chez les deux peuples harmonie complète de principes pour procéder à l'élection de la nouvelle royauté.

victoires de Sigebert de se voir spoliés au profit des hordes d'Outre-Rhin que commandait le roi vainqueur ; devant ce danger ils écrivent à Sigebert :

« Les Franks, qui autrefois regardaient du côté
« du roi Hildebert, et qui depuis sont devenus
« hommes-liges du roi Hilpéric, veulent mainte-
« nant se tourner vers toi, et se proposent, si tu
« viens les trouver, de t'établir roi sur eux. »

Or Chilpéric, qui alors s'était réfugié dans la ville fortifiée de Tournai, était encore leur roi. Voici maintenant le récit que fait M. Augustin Thierry de l'élection de Sigebert par les Neustriens :

« La cérémonie eut lieu dans une plaine bordée
« par les tentes et les baraques de ceux qui, n'ayant
« pu se loger dans les bâtiments du domaine de
« Vitry, étaient contraints de bivouaquer en plein
« champ. Les Franks en armes formèrent un vaste
« cercle au milieu duquel se plaça le roi Sigebert,
« entouré de ses officiers et des seigneurs de haut
« rang. Quatre soldats robustes s'avancèrent, te-
« nant un bouclier sur lequel ils firent asseoir le
« roi, et qu'ils soulevèrent ensuite à la hauteur de
« leurs épaules sur cette espèce de trône ambulant.
« Sigebert fit trois fois le tour du cercle, escorté
« par les seigneurs et salué par la multitude, qui
« pour rendre ses acclamations plus bruyantes
« applaudissait en frappant du plat de l'épée sur
« les boucliers garnis de fer. Après le troisième
« tour, selon les anciens rites germaniques, l'inau-
« guration royale était complète, et de ce moment

« le roi Sigebert eut le droit de s'intituler roi des
« Franks, tant de l'Oster que du Noster-Rike[1]. »

Ce droit d'élection continua d'être le droit national sous la seconde race. Il est curieux de retrouver dans les lettres de deux successeurs de saint Remi, Hincmar et Foulques, des expressions semblables à celles qu'emploie leur immortel prédécesseur dans son testament.

Hincmar écrivait à Louis et Carloman, fils et successeurs de Louis-le-Bègue, pour obtenir de ces princes une élection canonique dans l'Église de Tournai et de Noyon : « Ce n'est pas vous, leur
« dit-il, qui m'avez élu pour être à la tête de
« l'Église ; ce sont mes collègues et moi, avec
« les autres féaux de Dieu et de vos ancêtres, qui
« vous avons élus pour gouverner le royaume, à
« la condition pour vous de garder les lois aux-
« quelles vous êtes tenus d'obéir[2]. »

Foulques, successeur d'Hincmar, dans une lettre à Arnould, roi de Germanie, lui explique les motifs qui l'ont déterminé à repousser son élection au royaume de France, et à choisir et sacrer Charles-le-Simple. « Quant à ce qu'ils avaient osé le faire

---

[1] M. Aug Thierry, *Récit des temps Mérovingiens*, in-8°, p. 253.

[2] Non ergo debueratis ita inverecunde qualicumque pontifici scribere, vestræ ditioni commissum. Quia sicut dixit Dominus apostolis suis quorum minimus sum merito, successor autem officio « non vos me elegistis, sed ego elegi vos » ita et ego juxta modulum meum humili corde ac voce dicere possum, non vos me elegistis in prælatione ecclesiæ, sed ego cum collegis meis et cæteris Dei ac progenitorum vestrorum fidelibus, vos elegi ad regimen regni, sub conditione debitas leges servandi. Hincmar, *epist.* ad Ludov. III, *Opera*, t. II, p. 198.

« sans prendre l'avis d'Arnould, il affirme qu'ils
« ont été fidèles aux usages des Francs, qui, à la
« mort du roi, choisissent quelqu'un de la famille
« royale ou de ceux qui ont droit à sa succession,
« sans consulter ou interroger aucun roi plus grand
« ou plus puissant.... »

Il n'est donc rien de plus certain que le droit public de l'élection des rois sous les deux premières races. Comment les savants Bollandistes ont-ils pu l'ignorer, au point de soutenir que les fils de Clovis sont montés sur le trône par droit héréditaire!

Mais le passage incriminé du testament a une portée trop considérable au point de vue de notre histoire nationale, pour n'en pas déterminer toute l'étendue.

Il est remarquable que l'élection faite par Remi et par ses coévêques n'ait pas porté nommément sur la personne de Clovis, ni sur celle de ses fils. C'est la famille royale qu'ils ont élue. *Generi tantummodo regio.... quod statuens elegi,* pour être élevée à jamais à la majesté royale, *in regiæ majestatis culmen perpetuo regnaturum.* Leur choix a donc produit un effet plus étendu qu'une élection ordinaire : ce n'est pas un prince ici qui est choisi, c'est toute une race. On ne pouvait avec plus de précision, et par la même expression, déterminer plus clairement le double caractère du droit national

---

[1] De eo quoque quod sine ipsius Arnulphi consilio præsumpserint hoc agere, morem Francorum gentis asserit secutos se fuisse; quorum mos semper fuerit, ut, rege decedente, alium de regia stirpe vel successione, sine respectu vel interrogatione cujusquam majoris aut potentioris regis eligerent. Flod., *Hist. Rem. eccl.*, lib. IV, cap. v.

en vigueur pendant les premiers siècles de la monarchie : le droit d'élection et le droit héréditaire. Le droit d'élection est incontestable, mais il n'est pas plus contestable que l'exercice de ce droit était limité par le droit d'hérédité : les électeurs n'avaient qu'un pouvoir, celui de choisir parmi les princes de la famille royale. Par là étaient écartées les compétitions dangereuses qui rendent toujours si fatales le droit électif. Le droit français qui réglait la succession royale était donc la combinaison du principe électif avec le principe héréditaire : le testament l'indique clairement et la lettre du successeur de saint Remi au roi de Germanie en est l'exposé net et précis. En baptisant et en sacrant Clovis, c'était sa race même qu'il sacrait. Le grand homme dont nous ferons ressortir plus loin le génie politique, entendait fonder la stabilité du pouvoir en même temps qu'il fondait la monarchie[1].

Un protestant étranger à la France, Gibbon, plus juste que l'école révolutionnaire, a dit que la France a été faite par les évêques comme une ruche par les abeilles. Quel esprit impartial pourrait le nier? Entre les divers peuples barbares, ils ont

---

[1] Ne serait-ce pas la raison pour laquelle l'histoire se tait sur le sacre des rois de la première race, qui fut comme sacrée en la personne de Clovis. A sa mort, le grand Pontife de Reims, qui vivait encore, ne crut pas sans doute devoir consacrer les fils de ce prince, parce qu'ils l'avaient été tacitement dans la cérémonie du sacre qui suivit le baptême du chef de leur race. Cette destination faite par saint Remi de la famille de Clovis à la royauté était tellement connue et acceptée de la nation, qu'elle seule explique pourquoi Charles Martel n'osa placer la couronne sur sa tête, et pourquoi la nation voulut consulter le Pape, avant de l'offrir à son fils Pepin.

choisi les Francs qu'ils ont convertis : ils ont fondé non pas la royauté chrétienne, mais la royauté catholique des Mérovingiens, pour l'opposer à la royauté arienne des Bourguignons, des Visigoths et de toutes les hordes barbares de cette époque. Puis, pour la défendre contre les folles témérités de l'élection, ils ont consacré le principe de l'hérédité. Le principal artisan de ces œuvres mémorables a été Remi. Le seul témoignage vraiment authentique de tant de gloire est son testament. Aussi l'a-t-on nié au nom de ces grandes choses qu'on n'a plus voulu reconnaître. La Royauté a voulu rejeter l'Église à l'arrière-plan ; la Révolution veut l'anéantir : de là les négations contre le testament de l'Apôtre des Francs. Mais ces négations sont impuissantes contre la vérité. La Royauté, sans l'Église qui l'avait faite, n'a pu subsister ; la Révolution, qui veut l'abattre, n'a jamais amoncelé que des ruines. Qu'on le veuille ou qu'on ne le veuille pas, l'Église qui avait fait la France, aura seule un jour la puissance de la refaire.

CHAPITRE XII

DOUZIÈME OBJECTION

LE CHIFFRE EXORBITANT DE LA FORTUNE DE SAINT REMI REND LE GRAND TESTAMENT INACCEPTABLE

RICHESSE DE SAINT REMI, — PROVENANT DE SA FAMILLE, — DES SEIGNEURS ET DU ROI FRANCS. — L'ÉGLISE DE REIMS POSSÉDAIT DES DOMAINES AVANT SAINT REMI. — CHIFFRE PRÉCIS DE LA FORTUNE DU SAINT. — CE CHIFFRE EST EN RAPPORT AVEC CELUI DES GRANDES FORTUNES DE CETTE ÉPOQUE. — AVANTAGES ET INCONVÉNIENTS DE LA GRANDE FORTUNE. — ASCENDANT QUE SES RICHESSES DONNÈRENT A L'ÉGLISE. — LES SERFS DU MOYEN AGE MOINS MALHEUREUX QUE LE CITOYEN ROMAIN ET QUE LE PETIT CULTIVATEUR MODERNE.

Nous abordons une objection que nous n'avons trouvée nulle part dans les livres, mais qui nous a été formulée dans la réunion des sociétés savantes à la Sorbonne, par un honorable collègue dont nous n'avons pas l'honneur de connaître le nom.

Le testament de saint Remi est apocryphe, nous a-t-il dit, attendu qu'il est impossible que ce saint ait été assez riche pour faire des legs aussi considérables que ceux relatés au testament.

Mais quel chiffre de fortune déterminerez-vous

pour rendre recevable le document historique qui en fait foi ? Ne voyez-vous pas que vous entrez avec ce système de critique dans le champ de l'arbitraire le plus absolu ?

Toutefois montrons que la fortune de saint Remi n'a rien d'invraisemblable.

D'abord il était fils d'un riche patricien gallo-romain. « Cet enfant si célèbre, nous dit Flodoard, « naquit au diocèse de Laon [1] de parents illustres ; « *alto parentum sanguine.... resplendens*. Il est certain que cet illustre patricien possédait de riches domaines, qu'il laissa à ses enfants. Le petit testament en fait foi, au défaut du grand, que vous rejetez. « Tu possèderas les laboureurs qui sont à mon ser- « vice sur la terre du Porcien, ceux qui proviennent « de l'héritage de mon père et de ma mère, ou que « j'ai échangés avec mon frère de sainte mémoire, « Principe, évêque [2]. » Dans plusieurs autres endroits le petit testament indique certains biens qu'il laisse à ses neveux, comme provenant de son patrimoine de famille. On ne peut donc nier qu'il n'ait été riche par sa fortune personnelle.

Une autre source de la fortune de saint Remi a été la générosité de beaucoup de fidèles en sa faveur. Le trouvez-vous étrange ? Qu'y a-t-il d'étrange que sainte Geneviève lui ait donné en mourant tous les domaines qu'elle possédait dans le pays rémois ? Que le guerrier Clodoald lui ait aban-

---

[1] Le diocèse de Laon n'existait pas encore. Il appartenait au diocèse de Reims et fut érigé par saint Remi. Flod., *Hist. Rem. eccl.*, lib. II, cap. X.

[2] Voir Test., 1re part., chap. I, p. 8.

donné sa seigneurie de Douzy? Que les habitants d'Euilly aient obtenu de Clovis de ne plus relever que de l'Église, de Reims? Que sa cousine Celsa lui ait laissé Sault, le comte Huldéric Heutrégiville? Que Benoît lui ait fait don de possessions en Aquitaine, en reconnaissance du bienfait de la guérison de sa fille?

Trouverez-vous enfin étranges les libéralités de Clovis à son égard? Mais il faut que vous supprimiez les faits les plus certains, si vous n'y voulez pas croire. Flodoard a un chapitre de son histoire qu'il intitule : *Donations faites à saint Remi par Clovis et les Francs*. Puis il ajoute : « Le roi et les « seigneurs des Francs donnèrent à saint Remi un « grand nombre de possessions situées en diverses « provinces, dont il dota, tant l'Église de Reims « que plusieurs autres Églises de France[1]. » A notre tour nous demanderons aux défenseurs du petit testament de nous expliquer comment il se concilie avec ce passage de l'histoire de Flodoard. Comment a-t-il pu doter de ces richesses l'Église de Reims sans que son testament en porte la moindre trace?

Insisterez-vous, et direz-vous que le roi a été excessif dans sa générosité; admettons-le, si vous le voulez; mais est-ce une raison pour que vous

---

[1] CAPUT XIV.

DE POSSESSIONIBUS QUAS EI REX LUDOVICUS ET FRANCI CONTULERUNT.

Rex igitur Francorumque potentes plurimas beato Remigio possessiones per diversas contulere provincias, ex quibus ille, tam Remensem, quam reliquas nonnullas Franciæ ditavit ecclesias. *Hist. Rem. eccl.*, lib. I.

puissiez la nier ? « Par la conquête de la Gaule,
« nous dit M. Guérard, les chefs des Francs, en
« devenant rois du pays, devinrent en même temps
« propriétaires d'une grande partie du sol. C'est
« pourquoi nous les voyons dès l'origine en pos-
« session de nombreux domaines et disposer d'une
« immense quantité de terres en faveur des évê-
« ques, des abbés, et de toutes autres personnes,
« tant ecclésiastiques que laïques[1]. » Clovis n'a
donc pas borné sa générosité à la seule personne de
saint Remi : les richesses du grand Pontife n'ont
donc rien qui doive nous surprendre, et les invraisemblances de sa fortune ne peuvent être sérieuse-
ment objectées en présence des réalités de l'histoire.

Je sais bien que de nos jours il est difficile de
comprendre que le trésor de l'Église de Reims ait
pu fournir 5,000 livres d'argent pour l'achat du
domaine d'Épernay. Toutefois le savant M. Guérard, si au courant de la richesse mobilière et im-
mobilière durant la période mérovingienne, accepte
ce chiffre sans hésitation. Dans le tableau d'évaluation de la valeur des monnaies et des meubles
et immeubles de cette époque, il écrit ceci :
« Vers l'an 500, saint Remi, évêque de Reims,
« paya 5,000 livres d'argent, ou environ 3 millions
« 374,000 fr. la terre d'Épernay, dont un seigneur
« voulait lui faire gratuitement la donation[2]. »

Or quand un savant de cette compétence admet
que l'Église de Reims était assez riche pour faire

---

[1] Guérard, *Polypt.* de l'abbé Irminon, IIe part. p. 503.

[2] *Ibid., ibid.*, Ire part. p. 143.

une semblable acquisition, vous ne pouvez, sans autre preuve que le prétexte d'invraisemblance, contester ce passage du testament, et à cause de ce passage le rejeter tout entier.

Sans doute la somme de 3 millions est considérable. Mais à cette époque où le crédit, l'emprunt et par conséquent les placements d'argent existaient peu, on ne pouvait avoir de numéraire qu'en l'accumulant. L'Église de Reims, comme les autres Églises des Gaules, possédait des domaines bien avant saint Remi. C'est ce que nous apprennent l'histoire de Flodoard et le grand testament. « Dieu, y écrit saint Remi, m'a donné tant de « crédit auprès de lui (Clovis)...... que le roi a « non seulement restitué à toutes les Églises du « royaume ce qu'on leur avait enlevé[1], mais en-

---

[1] Saint Perpétue, évêque de Tours, rédige son testament le 1er mai 475. Entr'autres dispositions, il donne la liberté à des esclaves, et lègue à son Église la terre de Savonières qu'il avait achetée, et celle de Brétigny, avec l'étang, le moulin, les prairies et les pâturages qui en dépendaient. Environ trente-six ans auparavant, saint Germain d'Auxerre donna à l'Église tout le bien qu'il possédait, qui consistait en un grand nombre de belles terres, bien situées et de grand rapport, et ainsi il rendit son Église riche de pauvre qu'elle était auparavant (Tillem., *Hist. eccl*, t. xv, p. 14). Vers l'an 474, Avitus, un des parents de Sidoine Apollinaire, fit donation d'une terre à l'Église de Clermont. (*Ibid.*, t. xvi, p. 636). Jovin, illustre Rémois, qui faisait bâtir à Reims, à ses frais, de l'année 340 à 346, l'église de Saint-Agricole, laissa au siège de Reims des biens situés sur le territoire de Soissons. (Flod., *Hist. Rem. eccl.*, lib. i, c. vi et xviii). Bennage, prédécesseur immédiat de saint Remi, « institue l'Église de Reims héritière de ses biens, conjointement avec le fils de son frère. » (*Ibid.*, c. ix). — Tous ces exemples et beaucoup d'autres que nous pourrions citer prouvent que l'Église des Gaules avait des dotations bien avant la fondation de la monarchie.

« core en a enrichi beaucoup d'autres de son pro-
« pre bien, par un effet gratuit de sa libéralité [1]. »

Le testament parle donc comme l'histoire; il nous dit que l'Église avait déjà des possessions pendant la période gallo-romaine. L'administration de tous les revenus du diocèse appartenait alors à l'évêque, qui était tenu de pourvoir à tous les besoins matériels du clergé et des Églises; il est donc probable que pendant cette période troublée de l'invasion, bien des Églises amassèrent des sommes considérables qu'elles cachaient soigneusement, afin de faire face à toutes les nécessités et à toutes les ruines que les barbares laissaient après eux. Le trésor de l'Église de Reims dut s'accroître singulièrement entre les mains du grand Pontife, dont les possessions étaient immenses, dont les revenus par conséquent étaient considérables. Mais arrivons à l'évaluation précise du chiffre de sa fortune, de celle du moins qui figure au testament.

Nous ferons observer que ce document ne contient pas seulement l'énonciation de ses libéralités testamentaires, il renferme encore la mention des diverses possessions de l'Église de Reims. « Je
« laisse, nous dit-il, Viel-Saint-Remi, provenant de
« mon patrimoine, et Ville-en-Selve, appartenant à
« l'évêché, *ex episcopio*... — Le village de Blombay
« sera.... avec le village d'Aubigny, qui dépend de
« l'évêché, *ex episcopio,* employé à la nourriture
« des clercs de l'Église de Reims.... Berne qui dé-
« pend de l'évêché, et qui appartenait plus spéciale-
« ment à mes prédécesseurs; *Berna ex episcopio*... »

---

[1] Test., p. 23.

Ces citations montrent que saint Remi, dans son testament, confond sa fortune personnelle avec les domaines [1] de l'Eglise de Reims, et qu'il en règle l'emploi. Ceci explique pourquoi tous les archevêques de Reims ne cessèrent de s'en référer au testament pour défendre leurs possessions. Le testament était l'énonciation de toutes les propriétés domaniales de l'Église; en dehors de là il n'y avait que des biens relativement peu considérables, fermes ou maisons, et les quelques domaines acquis depuis, provenant la plupart de la libéralité des successeurs de saint Remi [2].

Nous allons donc établir quatre catégories dans nos calculs : la première contiendra l'évaluation des biens provenant de saint Remi et laissés par lui à son Église et à tous les établissements du diocèse; la deuxième contiendra l'évaluation des biens propres à l'Église de Reims; la troisième, celle des biens laissés aux Églises étrangères; et la quatrième, celle des biens laissés aux particuliers.

Nous ferons observer que nous prenons pour base première de nos calculs, la superficie des villages telle qu'elle existe aujourd'hui. Cette superficie, à travers les siècles, n'a guère varié que pour une cause; c'est que les villages étaient beaucoup plus multipliés à l'époque gallo-romaine et au moyen âge qu'ils ne le sont aujourd'hui. Les vil-

---

[1] Nous disons les domaines ou seigneuries, parce qu'évidemment en dehors de là, l'Église de Reims avait encore des fermes et des immeubles dont ne parle pas le testament. (Voir Flodoard, *Hist. Rem. eccl.*, lib. I, c. IX.)

[2] Voir Flodoard, *Hist. Rem. eccl.*, lib. II, c. II, — IV, — V, — VI, — VII, — X, — XI, — XVII.

lages actuels se sont donc accrus du territoire des villages disparus. En dehors de cette cause, nous pouvons affirmer que les superficies territoriales sont restées à peu près les mêmes. Or comme nous ne pouvons tenir compte de ces disparitions, qui nous échappent dans la plupart des cas, nous recourons à la superficie actuelle que nous empruntons aux documents officiels.

La seconde base de nos calculs est le prix actuel des terres de deuxième classe pour chaque département. Nous prenons ces prix dans la *Statistique de la France,* ou *Résultats généraux de l'enquête décennale de 1862,* publiée par le ministère de l'Agriculture.

PREMIÈRE CATÉGORIE
BIENS LAISSÉS PAR SAINT REMI A SON DIOCÈSE

Ces biens comprenaient vingt-trois domaines et étaient situés dans quatre départements : les ARDENNES, la MARNE, l'AISNE et les VOSGES.

Domaines des Ardennes. — Thugny, Balham, Ecly, Viel-Saint-Remi, Blombay, Douzy, Sault-Saint-Remi, Echarson. — Superficie totale, 7,716 hectares ; — Prix moyen de l'hectare, 2,440 fr. ; — Valeur totale des domaines . . . . 18,827,040^f » »

Domaines de la Marne. — Crugny, Heutré-giville, Courcelles, Saint-Étienne-sur-Suippes, Plivot-sur-Marne, Bééffort, Épernay. — Superficie, 5,400 hectares, non compris Épernay, dont nous connaissons par le testament même la valeur particulière ; — Prix moyen de l'hectare, 1,706 fr. ; — Valeur totale des domaines, y compris Épernay . . 12,581,582 » »

A reporter. . . . . 31,408,622^f » »

Report.	31,408,622^f » »
Domaines de l'Aisne. — Plesnoy, Fère-en-Tardenois, Coucy et Leuilly. — Superficie, 3,822 hectares ; — Prix moyen de l'hectare, 2,560 fr. ; — Valeur totale des domaines	9,784,320 » »
Domaines des Vosges. — Gosle, Glen, et les deux villages nommés Piscofesheim. Nous n'avons pu avoir aucun renseignement de M. l'Archiviste des Vosges sur ces localités, qui appartiennent au diocèse de Mayence et qui n'ont laissé aucune trace de leur existence. Comme ces territoires étaient tout couverts de bois, nous estimons leur superficie à une moyenne de 300 hectares, soit 1,200 hectares de forêts. Nous prenons le prix de l'hectare de futaie résineuse, qui est dans les Vosges de 42 fr. — Valeur totale des domaines	50,400 » »
La récapitulation de ces différents chiffres porte la valeur des donations de saint Remi à son Église à la somme totale de	41,243,342^f » »

DEUXIÈME CATÉGORIE
BIENS PROPRES A L'ÉGLISE DE REIMS

Ville-en-Selve, — 1,075 hectares à 1,706 fr. de l'hectare ; — Valeur totale du domaine.	1,833,950^f » »
Aubigny, — 1,123 hectares à 2,440 fr. de l'hectare ; — Valeur totale du domaine	2,730,120 » »
Berne, dans les Vosges, — 300 hectares de bois à 42 fr. de l'hectare ; — Valeur totale du domaine	12,600 » »
L'Église de Reims possédait donc des domaines pour une valeur de. . . .	4,576,670^f » »

TROISIÈME CATÉGORIE

BIENS LAISSÉS AUX ÉGLISES ÉTRANGÈRES

Église de Laon. — Anisy, Dhuizel, Loisy, — 1,703 hectares; — Valeur totale des domaines	4,359,880f »»
Châlons. — Jâlons-sur-Marne, — 1,038 hectares; — Valeur totale.	1,760,828 »»
Saint-Memmie. — Fagnières, — 2,356 hectares; — Valeur totale.	4,019,336 »»
Soissons. — Sablonnières-sur-More, — 1,360 hectares; — Valeur totale.	3,189,200 »»
Arras { Ourton, 528 h. / Souchez, 649 h. } 1,177 hectares à 3,340 fr. de l'hectare; — Valeur totale des deux domaines	3,941,773 »»
Les legs aux diverses Églises s'élèvent à la somme totale de	17,271,017f »»

QUATRIÈME CATÉGORIE.

LEGS AUX PARTICULIERS

Domaine du Petit-Saint-Remi, donné à la diaconesse Hilarie, — 750 hectares; — Valeur	1,066,250f »»
Lavergny, Passy-en-Valois et Sablonnières-sur-Marne, — 767 hectares; — Valeur totale	1,963,520 »»
Valeur totale des legs faits aux particuliers	3,029,770f »»

La récapitulation de ces diverses catégories nous donne pour la fortune de saint Remi un chiffre de 61 millions 544,129 francs.

Sur ce chiffre, l'Église de Reims possède pour sa part 41 millions 243,342 fr., auxquels nous devons joindre ses propres possessions montant à 4 millions 576,670 fr. C'était donc un domaine de 45 millions 820,012 fr. dont elle jouissait à la mort de son grand Pontife.

Encore n'avons-nous pas la totalité de la fortune de celui-ci. Nous n'avons pu estimer beaucoup d'autres biens qu'il laisse, parce que leur contenance nous manque : sa part des domaines de Cerny et de Sery; ses vignes de Reims, de Laon, de Vendresse, ses prés de Laon et de Jouy. Nous n'avons également aucune donnée sur les biens situés en Septimanie, en Aquitaine, en Provence, en Thuringe et en Austrasie. Or dans ces biens on compte des villages entiers. « Je veux, nous dit-il, que les « biens qui m'ont été donnés dans la Septimanie « et l'Aquitaine par le pieux roi Clovis, dans la Pro- « vence par Benoît...... et les villages d'Austrasie « et de Thuringe soient employés, etc. » De tous ces biens nous ne pouvons faire d'évaluation que par supposition. En supposant donc une demi-douzaine de villages d'une valeur de 1 million chacun, et 4 millions pour la valeur des autres biens, ce serait 10 millions qu'il faudrait ajouter aux chiffres précédents. La fortune du Pontife s'éleverait ainsi au chiffre aussi approximatif que possible de 71 millions, chiffre rond, et la part de l'Église de Reims environ à 55 millions.

Enfin, si on veut savoir quelle était, dans ce chiffre de 70 millions, la part de la fortune personnelle du saint, il nous est facile de l'estimer, puisqu'il détermine dans son testament tous les biens qui lui appartiennent en propre. Ces biens montent au chiffre rond de 32 millions, et comme nous avons prouvé que saint Remi avait eu deux frères et deux sœurs, on peut juger quelle était l'opulence d'Emilius et de sainte Cilinie. Puisque saint Principe était mort, laissant ses richesses à sa famille, ce n'est pas par cinq qu'il faut multiplier le chiffre de la fortune de saint Remi, mais par quatre. Nous voyons ainsi que la fortune paternelle s'élevait à 128 millions, si nous supposons qu'elle a été partagée en portions égales.

Ce chiffre de 128 millions, comme celui de 70 millions laissés par notre grand Pontife, paraîtra bien exorbitant pour nos lecteurs du XIX° siècle, qui savent que le successeur de saint Remi ne touche plus que 20,000 fr. au budget de l'État, menacé lui-même d'une suppression radicale. Mais cette somme n'a rien d'invraisemblable si on se reporte à l'époque mérovingienne : elle est en rapport avec d'autres fortunes de ce temps.

« Il est permis d'évaluer, nous dit M. Guérard,
« à plus d'un million le produit des terres de
« l'abbaye de Saint-Germain sous Charlemagne,
« sans compter celui des bois, que je ne saurais
« calculer [1]. »

« L'évaluation que je viens de faire, ajoute-t-il,
« des richesses territoriales de l'abbaye de Saint-
« Germain sous l'abbé Irminon ne paraîtra pas
« exagérée, si l'on considère que dans ce siècle-là

---

[1] *Polyptique* de l'abbé Irminon, II° partie, p. 903.

« certains abbés étaient comme des souverains par
« leur puissance, et que leurs monastères for-
« maient de véritables États [1]. »

Du reste, le Concile d'Aix-la-Chapelle [2], de l'an 817, divise les Églises en trois catégories : les plus riches sont dites posséder 3, 4 et 8,000 manses et plus, tandis que les moyennes en ont 1,000, 1,500 ou 2,000, et les plus pauvres de 2 à 300. Or le manse était un corps de ferme dont la contenance était très-variable, mais qu'on peut estimer en moyenne à 10 hectares un tiers. Les domaines de saint Remi, dont la contenance est connue, présentent une superficie de 28,923 hectares. Nous avons estimé à 10 millions le reste de ses possessions : ces 10 millions représentent un chiffre de 4,702 hectares, qui, joints au chiffre précédent, produit un total de 33,625 hectares. Or ces 33,625 hectares, divisés par 10 hectares un tiers, superficie moyenne du manse, donnent un total de 3,255 manses.

La richesse de l'Église de Reims, au temps de saint Remi, n'a donc rien d'incroyable. Si nous nous en tenons aux indications du Concile d'Aix-la-Chapelle, elle était même au dernier rang des Églises opulentes.

Nous n'avons pas à justifier cette opulence. Elle tenait à une organisation sociale qui a disparu sans mériter toutes les récriminations dont elle a été

---

[1] *Ibidem.*

[2] Voir *Mansi*, xiv, 232 et 233, cité dans le *Polyp.* d'Irminon, IIe partie, p. 611.

l'objet. Les sociétés antiques reposaient sur le principe de la grande propriété, les sociétés modernes sur celui de son morcellement. Le morcellement de la propriété fait arriver à la jouissance un plus grand nombre d'individus, mais il engendre le paupérisme ; le principe des grandes fortunes réduisait le nombre des privilégiés, mais il assurait le pain au peuple. C'était là la grande fonction de la richesse ecclésiastique, de subvenir aux besoins des pauvres ; elle n'y a jamais manqué, même à l'époque où les violences du pouvoir civil consacraient une partie de ses richesses à l'apanage des familles nobles [1].

De plus ses immenses possessions territoriales ont été le grand fait providentiel qui a puissamment aidé à son action civilisatrice. Elle se trouvait en face de la corruption romaine et des instincts grossiers et malfaisants des peuples barbares. Dieu, pour qu'elle triomphât de tant d'obstacles, ne lui donna pas seulement l'influence morale de sa doc-

---

[1] Le premier Concile d'Orléans, tenu en 511, et dont il est certain que les chapitres furent rédigés par saint Remi et proposés par Clovis à l'approbation du Concile, porte dans son cinquième canon : « Les dons en argent ou les domaines que le roi notre seigneur a daigné conférer jusqu'ici aux Églises, et ceux qu'il lui plairait avec l'inspiration de Dieu de leur offrir encore dans la suite, avec l'immunité cléricale qui accompagne ces sortes de donations, devront être employés à la réparation des églises, à l'entretien des prêtres, à la nourriture des pauvres, à la rédemption des captifs. L'évêque est chargé de tenir la main à l'observation de ce décret. En cas de négligence, il sera averti par le Concile de sa province, et s'il ne fait droit à cet avertissement, il pourra être exclu de la communion ecclésiastique jusqu'à ce qu'il ait réparé le tort fait par sa faute. Labbe, *Collect. Conc.*, tom. IV.

trine et de ses vertus, mais aussi une portion considérable de pouvoir social. Par la possession de vastes domaines, elle obtenait sur les peuples le double ascendant du propriétaire sur son tenancier et celui du souverain sur ses sujets. Car une partie de la souveraineté était jointe à la jouissance du sol. Elle avait ainsi plus d'autorité pour imprégner les mœurs, les coutumes, les lois, les relations des principes et de l'esprit évangéliques d'où est sortie la civilisation chrétienne.

Ses richesses étaient si peu odieuses au peuple, qu'ils saisissaient toutes les occasions pour lui appartenir. Le testament nous montre les habitants de Coucy et de Leuilly, pressurés par le fisc royal, demandant de ne plus payer désormais leurs redevances qu'à l'Église de Reims. Ce fait n'est pas un fait isolé, mais très-commun, à ces époques de l'esclavage romain et de la barbarie germanique. Le peuple vint à l'Église et la voulut riche, parce qu'il savait que ses richesses refluaient vers lui; il vint à elle parce qu'il la voyait tous les jours, par les grandes maximes évangéliques qu'elle proclamait, travailler à son émancipation. D'esclave elle le fit serf, puis elle le poussa plus tard à la liberté complète. Pour son compte, saint Remi affranchit 33 serfs de ses domaines.

L'école révolutionnaire fait aujourd'hui un grand bruit autour de la question du servage. Mais avant tout, que faut-il au peuple? Est-ce de s'agiter sur le forum? Est-ce de se livrer aux luttes de la politique? La politique lui trouble la raison, mais ne rassasie pas sa faim. Ce dont il a besoin avant tout,

c'est de pain pour lui et pour ses enfants. A notre époque de morcellement de la fortune, le chômage jette sur le pavé des milliers d'ouvriers et les livre aux tortures de toutes les nécessités matérielles. A Rome, le citoyen romain mourait de faim au pied de la tribune aux harangues. Suivant le rapport de Pline, il lui avait été assigné seulement 2 jugères (environ 1/2 hectare) sous Romulus, et 7 jugères (environ 1 hectare 4/5) après l'abolition de la royauté. Il n'en fut pas ainsi du serf sous la maternelle souveraineté de l'Église. « Quoique les
« manses[1], nous dit M. Guérard, n'aient pas été
« tous composés de la même manière, que les uns
« aient eu beaucoup plus de terres que les autres,
« et que les revenus aient dû être différents pour
« la plupart d'entre eux, ils n'en formaient pas
« moins des établissements ruraux à peu près
« complets, c'est-à-dire assez riches, après l'ac-
« quittement des redevances et des services dont
« ils étaient chargés, pour procurer une cer-

---

[1] Pour avoir une idée de l'état de la propriété à cette époque, nous devons dire que la plus grande partie du sol était partagée en fermes, qui portaient le nom de manses. Leur superficie, qui était variable, comprenait en moyenne, comme nous le disons plus haut, 10 hectares 33 ares 33 centiares, qui se décomposaient ainsi : 9 hectares 77 ares de terres labourables, 14 ares de vignes, 20 ares de prés, 11 ares de pâturages et 11 ares de bois. On comprend que cette composition du manse n'était pas la même partout. Bien des pays de Champagne, par exemple, n'avaient pas de prés ni de pâturages. Mais la vigne existait à peu près partout. Nous la trouvons au IXe siècle dans les Ardennes, même aux environs de Rocroi. Sa culture dans tous les pays venait de ce que le manse devait être un établissement rural aussi complet que possible, et sur lequel le serf, le lide ou le colon, outre ses redevances, devait trouver toute sa subsistance et celle de sa famille.

« taine aisance aux familles serves qui les oc-
« cupaient[1]. »

Il ajoute : « Chaque ménage sur les manses de
« l'abbaye de saint Germain, était composé d'une
« moyenne de 3 personnes 6/10 et chacun de ces
« ménages possédait 6 hectares 6 centiares. »

Or aujourd'hui, où le morcellement est poussé aussi loin que possible, la France compte 1 million 815,558 familles de cultivateurs qui possèdent moins de 5 hectares. La proportion est donc tout entière en faveur des familles serves de l'époque de saint Remi, qui étaient plus à l'aise que nos petits cultivateurs.

Sans doute la famille serve était tenue à des redevances; mais le cultivateur moderne est tenu à l'impôt. De plus, la culture de la famille serve ne portait pas seulement sur une superficie de 6 hectares, mais sur une plus grande étendue de terrain : c'est dire qu'elle faisait sa culture dans des conditions bien plus avantageuses que le petit cultivateur moderne. Car ce cultivateur, en Champagne, par exemple, et encore dans les plus riches sols des environs de Reims, a un revenu de 52 francs par hectare. Au contraire le laboureur, qui dans les mêmes localités, cultive 12 hectares, perçoit un revenu de 169 francs également par hectare. Ce moyen cultivateur opère donc dans des conditions trois fois plus avantageuses que le petit cultivateur, et il est trois fois plus riche que lui *pour la même superficie de terrain.*

---

[1] *Polypt.* d'Irminon, IIe part., § 340, p. 627.

Quand l'école révolutionnaire, dans sa tendresse humanitaire, voudra verser des larmes, qu'elle commence par les répandre sur le sort du fier citoyen romain, qui, à moins de recourir à la charité du noble patricien, ne pouvait que mourir de faim sur la place publique où il venait de décider des affaires de l'État. Qu'elle s'apitoie ensuite sur le sort de la petite culture moderne, dont la richesse ne dépasse pas une moyenne de 3 hectares. Loin d'y pousser, qu'elle en détourne ceux qui s'y abandonnent, dans leur ignorance des vraies conditions de la culture productive. Enfin, qu'on cesse d'attaquer l'authenticité du testament de saint Remi, au nom de son opulente fortune : un fait est un fait; puis ces immenses fortunes, avec l'organisation sociale qu'elles entraînaient, n'engendraient pas pour la vie publique, les misères que les préjugés modernes se plaisent à supposer.

CHAPITRE XIII

TREIZIÈME OBJECTION
ÉPOQUE DE L'INTERPOLATION DU GRAND TESTAMENT

LES ADVERSAIRES DU GRAND TESTAMENT FONT TROIS SUPPOSITIONS SUR L'ÉPOQUE DE SON INTERPOLATION ; — FAUSSETÉ DE CES SUPPOSITIONS. — L'EXPRESSION D'EMPEREUR EST FORT NATURELLE SOUS LA PLUME DE SAINT REMI. — IMPOSSIBILITÉ INTRINSÈQUE ET ABSOLUE DE L'INTERPOLATION DE SON TESTAMENT. — CETTE INTERPOLATION SERAIT UNE FLÉTRISSURE POUR L'ÉGLISE DE REIMS.

Ce n'était point assez d'attaquer l'authenticité du grand testament ; il fallait de plus essayer de déterminer l'époque et les circonstances dans lesquelles s'accomplit ce travail d'imagination. Aussi nos savants n'ont pas manqué à la tâche. Nous allons rapporter leurs diverses inventions, parfaitement résumées par Lacourt dans la note suivante, que nous lui empruntons.

« *Princeps ille quicumque fuerit.* Un savant
« historien conjecture de ces paroles que le testa-
« ment de saint Remi peut avoir été augmenté
« après coup, vers le temps de Charles Martel, qui
« usurpait les biens des Églises, et que toutes ces

« bénédictions que saint Remi avaient répandues
« sur le sang de Clovis ne sont décrites que pour
« détourner ce prince ambitieux de rien entre-
« prendre contre une famille dont le sang devait
« toujours régner dans les Gaules, et qu'ainsi
« ces additions sont d'un auteur contemporain de
« Charles Martel[1]. M. Marlot est d'un autre senti-
« ment[2] ; l'état pitoyable de l'Église de Reims au
« temps de Charles Martel, le terme d'archevêque
« dont l'auteur se sert par trois fois, au lieu du
« nom de primat qui fut donné à Tilpin, le portent
« à croire que ce testament a été fourré de pièces
« ajoutées sous saint Rieul[3], lorsqu'il quitta le
« parti du roi, pendant les désordres de la France,
« pour suivre celui de Pepin, qui déjà formait le
« dessein d'usurper la couronne, et de profiter de
« l'indolence des derniers rois de la première race.
« L'auteur qui faisait parler saint Remi en la per-
« sonne de ses successeurs, avait en vue le Concile
« assemblé par Sonnace et l'union qui était alors
« entre les Églises de Reims et de Trèves, recom-
« mandables dans les deux royaumes de France et
« d'Austrasie[4]. »

[1] C'est l'opinion adoptée par les Bollandistes, tom. I, oct., p. 109, n° 277.

[2] Ne dirait-on pas que, selon Lacourt, Marlot est l'adversaire du grand testament ? Nous répétons qu'il n'en est rien, et que, dans le passage cité, Marlot recherche, sans y adhérer, les objections que l'on peut faire contre le testament.

[3] Archevêque de Reims de 670 à 696.

[4] Notes de Lacourt, publiées dans la *Chronique de Champagne*, tom. III, p. 36.

Plus loin, Lacourt ajoute :

« Les bénédictions que saint Remi souhaite aux rois; ce chef plus illustre que Clovis; la dignité impériale promise aux princes pieux, montrent évidemment l'âge de ce supplément, et qu'il ne passe point Charles-le-Chauve ou Charlemagne : tout y est accommodé avec art aux événements qui ont suivi l'établissement de la seconde race, et l'on voit que l'auteur voulait flatter le prince régnant, en faisant penser que son élévation était le fruit de sa piété prédite par saint Remi [1]. »

Ainsi nous sommes en présence de trois opinions : la première veut que les additions au testament aient été faites pour intimider l'ambition de Charles Martel. La seconde se confond avec la première : elle se contente d'avancer l'époque de l'interpolation, qui aurait visé les desseins ambitieux de Pepin d'Héristal. Enfin, d'après la troisième, si les menaces se proposaient de combattre les ravisseurs des biens de l'Église, les bénédictions, en revanche, étaient une flatterie délicate à l'adresse de la race carlovingienne parvenue à l'empire. Elles dateraient ainsi du temps de Charlemagne ou au plus tard de Charles-le-Chauve.

Enfin nous avons lu quelque part, dans les notes de Lacourt, que ce savant chanoine de l'Église de Reims, de qui émane la troisième opinion, en avait une quatrième : c'est que l'interpolation du testament daterait du XIe ou XIIe siècle.

---

[1] *Ibid.*, p. 38.

Cette dernière opinion se réfute d'elle-même. Flodoard, qui publia le grand testament, vivait au IX° et X° siècle. Le testament n'a donc pu être inventé au XI°. Revenons à la première supposition.

Le petit testament aurait reçu les additions du grand à l'époque de Charles Martel, à cause de l'envahissement des biens de l'Église qui eut lieu à ce moment. Mais l'envahissement des domaines de l'Église n'est pas spécial à cette époque. Il a eu lieu de tout temps, sous l'invasion, après la mort de Clovis, sous le règne de Dagobert[1], comme nous l'avons surabondamment prouvé. Sur la fin de la vie de saint Remi, l'usurpation de ces biens s'était assez multipliée pour justifier les menaces de son testament, et quand on veut qu'elles aient été rédigées sous Charles Martel, ces prétentions sont toutes de fantaisie, parce que l'Église eut à se défendre en tout temps contre les vexations des grands et des rois.

Mais de plus cette supposition est impossible. Si les menaces datent de Charles Martel, les bénédictions viennent aussi de ce temps. Il faut alors que le faussaire, qui fait sortir de Clovis des rois et des empereurs, ait prévu que Charles Martel et ses descendants étaient sur le chemin de l'empire. Mais d'où lui serait venue cette prévision? Cette race, malgré sa puissance, ne pouvait pas même parvenir à la royauté, à cause de l'attachement de la nation pour la famille de Clovis, et le faussaire, s'élevant au-dessus de ces résistances, lui

---

[1] Voir le chap. II de la II° partie, p. 105.

aurait érigé un trône impérial! Il aurait joui d'une pénétration que n'avait pas même Charles Martel! Celui-ci n'osa pas même placer sur sa tête la couronne royale des Francs, bien loin d'aspirer à la couronne de l'empire. Pepin n'y aspira pas non plus; Charlemagne pas davantage. On sait que son couronnement à Saint-Pierre de Rome fut une surprise pour lui et que son premier mouvement fut de repousser la dignité impériale que saint Léon III lui imposait sans qu'il y eût eu concert préalable. Le faussaire qui vivait sous Charles Martel aurait donc été un voyant tout-à-fait éclairé d'une vision prophétique.

C'est sans doute cette considération qui a porté Lacourt à imaginer la troisième opinion, à faire les bénédictions contemporaines de Charlemagne ou de Charles-le-Chauve. Mais il n'évite un écueil que pour tomber dans un autre. Si les menaces n'ont pas été rédigées du temps de Charles Martel, à l'époque où l'Église se voyait partout dépossédée de ses biens, pourquoi l'eussent-elles été au temps de Charlemagne, à l'époque où des ordonnances réparatrices la faisaient rentrer dans l'ensemble de ses possessions? Puis vous violentez le testament, en prétendant que les bénédictions puissent s'adresser à la race carlovingienne : « Mais si N.-S. Jésus-
« Christ, dit son contexte, daigne entendre les
« prières que je fais spécialement en présence de
« la majesté divine pour cette race royale, afin
« que fidèle aux instructions *qu'elle a reçues de*
« *moi*, elle persévère dans la sage administration
« de l'État et la protection de la sainte Église de

« Dieu, qu'aux bénédictions que le Saint-Esprit a
« versées par ma main pécheresse sur la tête de
« son chef, le même Esprit-Saint joigne d'autres
« bénédictions plus abondantes; que de lui sortent
« des rois, des empereurs [1]...... » Le sens du
testament ne permet donc pas d'appliquer les bénédictions qu'il renferme à d'autres qu'à la race de Clovis : témoignage éclatant d'affection et d'attachement pour cette race illustre, ces paroles ne pouvaient être une flatterie à l'adresse de la dynastie carlovingienne, à laquelle plutôt elles devaient déplaire et porter ombrage, et ainsi la supposition de Lacourt ne peut tenir devant un examen impartial du texte.

Au contraire, la rédaction de ce passage est fort naturelle sous la plume de saint Remi. Vous prétendez qu'il n'a pu songer à la dignité d'empereur, puisque la forme du gouvernement était la royauté;

---

[1] Le texte latin de la plupart des éditions s'exprime ainsi : « benedictionibus quas Spiritus Sanctus per manum meam peccatricem super caput ejus infudit, plurimæ super caput *illius* per eumdem Spiritum Sanctum superaddantur... » La *Chronique de Champagne* (tom. III, p. 37) a une variante : « benedictionibus quas Spiritus Sanctus per manum meam peccatricem super caput ejus infudit, plurimæ super caput *illustrius* per eumdem Spiritum Sanctum superaddantur... » Au lieu d'*illius*, l'éditeur de la *Chronique* lit *illustrius*, et traduit ainsi : « Aux bénédictions qu'il a plu à Dieu de répandre par ma main pécheresse sur son chef, beaucoup d'autres seront ajoutées et versées par le même esprit sur un chef plus illustre encore. » On profite de ces dernières paroles pour prétendre que l'interpolateur a eu en vue Charlemagne. Mais cette variante, adoptée par Colvère, est rejetée par Chesneau, Brisson, les *Actes de la province de Reims*, M. Varin, M. Lejeune, qui déclare avoir arrêté le texte latin de son édition après avoir comparé les trois textes de Colvère, de Sirmond et du manuscrit de Notre-Dame.

mais le titre d'empereur lui était au contraire beaucoup plus familier que celui de roi. N'était-il pas un patricien romain par sa naissance? Childéric n'avait-il pas été consul? Clovis n'avait-il pas porté ce titre? Or « dans ce temps-là, consul et empereur
« étaient la même chose. Cet usage a continué
« jusqu'après le règne de Charlemagne, comme on
« le voit par les titres indiqués dans le *Glossaire*
« de M. du Cange. En sorte que Justinien, en
« donnant aux enfants de Clovis la qualité de
« consul leur donnait en même temps la qualité
« d'empereur, c'est-à-dire qu'il leur cédait tous les
« droits de souveraineté qu'il pouvait prétendre
« sur les Gaules[1]. » Enfin « si le titre d'empereur
« a porté plusieurs savants à s'en défier, c'est
« peut-être qu'ils n'ont pas considéré que les noms
« de roi et d'empereur ont été employés l'un pour
« l'autre au moyen âge. On a des monuments où
« Dioclétien, Constantin et Charlemagne étant em-
« pereurs, n'ont que le titre de roi. Souvent on a
« donné celui d'auguste ou d'empereur à Clovis, à
« Pepin, à plusieurs autres rois de la seconde race
« et même de la troisième. Dans une charte de
« Bellon, évêque de Langres, datée de la vingt-
« troisième année du règne de Charlemagne,
« c'est-à-dire de l'an 791, ce monarque est appelé
« empereur. Or on sait qu'il ne parvint à la dignité
« impériale que huit ou neuf ans après[2]. »

---

[1] *Nouv. Traité de Diplom.*, tom. IV, IIIe part., sect. II, chap. II, p. 673.

[2] *Ibid., ibid.*, IIe part., sect. V, ch. II, art. II.

Ici encore le langage de saint Remi est donc rigoureusement conforme aux idées et aux expressions reçues de son temps. Qu'était-il besoin de tant de frais d'imagination pour se mettre en si parfaite contradiction avec les renseignements que l'histoire nous fournit.

Mais ce n'est pas tout.

Le grand testament est composé de deux parties très-distinctes et inséparables, la partie des donations et celle des sanctions. Le petit testament ne renfermant que des legs mobiliers et pécuniaires, tous les legs domaniaux compris au grand y ont donc été ajoutés et sont des interpolations. Comme ce testament, fallacieusement accru des legs de nombreux domaines, était le principal titre de propriété de l'Église de Reims au IXe, X^e et XIe siècle, c'était donc sur un faux titre qu'elle s'appuyait pour défendre ses possessions. Je sais bien que vous ne le dites pas, mais vous devez le dire. Je sais bien que toutes vos objections portent sur la seconde partie du testament. Car là il ne s'agit que d'expressions, de style, de rédaction; il est toujours facile de livrer bataille sur un pareil terrain, de nier que telle chose ait pu se dire, que l'écrivain ait pu prévoir ceci, conjecturer cela : tout cela est querelle de textes et peut donner lieu à d'interminables discussions. Mais de la première partie vous ne dites mot. Je le comprends, vous n'osez pas aborder cette citadelle; elle est inexpugnable. Ses murailles très-hautes et très-solides se composaient de l'intérêt de tous, qui s'opposait à l'interpolation. Si les donations domaniales sont une interpolation, les archevêques de Reims ont tous été des faussaires ou des ignorants, et les rois et les seigneurs ou des sots ou des ignares.

En effet, la plupart font remonter l'interpolation à l'épiscopat de saint Rigobert. Or quelle ne fut pas la fourberie et l'audace de ce saint archevêque! Privé de tous ses biens, chassé de son Église, il proteste contre les violences de Charles Martel; il lui réclame ses biens injustement spoliés : ce n'est pas assez; il lui met sous les yeux le testament interpolé et le somme, au nom des plus terribles menaces, de le faire jouir de domaines qui n'ont jamais appartenu à son siége épiscopal. Voilà la fourberie et voilà l'audace.

Mais non, direz-vous, ni ce saint archevêque, ni la série des archevêques de Reims ne sont des fourbes : car vous êtes de savants oratoriens, de graves jésuites, et vous ne voudriez pas ainsi incriminer le caractère épiscopal. Mais un moine obscur, un diacre ignoré, plein d'ardeur pour la richesse de son Église et la prospérité de son évêque, aura fabriqué le faux titre, l'aura inséré dans un manuscrit, aura offert le manuscrit à l'évêque, et celui-ci, tout émerveillé de la découverte, tout étonné de sa propre ignorance et de celle de ses prédécesseurs, de suite s'adresse aux rois, aux maires du palais, aux comtes, à tous, et au nom du titre de la propriété jusqu'alors inconnu, les somme de rendre les biens qu'ils possèdent de temps immémorial, les menace, en cas de résistance, des colères de saint Remi et des foudres de l'Église. Ignorance, direz-vous. Oui, ignorance qui atteint les Réol, les Rigobert, les Tilpin, les Hincmar, les Foulques, les Gerbert, ignorance presque aussi méprisable que le crime même de faussaire.

Mais soit : tous ces grands esprits n'ont pu découvrir la supercherie. Du moins, ces rois, ces comtes, ces seigneurs, qu'en faites-vous? Des superstitieux sans doute, qui ont cédé à des menaces terrifiantes. Ils étaient vraiment bien superstitieux ces Pepin d'Héristal, ces Charles Martel, ces Charles-le-Chauve, qui aimaient mieux rester sous le coup des excommunications de l'Église que de compter avec leurs passions, qui tuaient les évêques assez hardis pour leur reprocher leurs cruautés, leurs injustices ou leur incontinence, en qui résidaient tout à la fois l'esprit de dévotion et le génie de la persécution. Mais, ajouterez-vous, vous avouerez au moins leur ignorance. Ils ne savaient lire, et il était bien facile de les induire en erreur sur les textes des manuscrits. Les évêques trompés les auront trompés à leur tour. D'abord l'ignorance de ces hommes n'était pas ce que vous la dites; les découvertes historiques qui se font tous les jours, nous les montrent plus éclairés que vous n'avez l'habitude de nous les dépeindre[1]. Mais

---

[1] La chapelle des rois mérovingiens devint, dès le temps de Clovis Ier, le centre d'une école palatine, dont le cardinal Pitra a pu suivre la trace jusqu'au règne de Clotaire II. Sous ce dernier, l'illustre Betharius (saint Bothaire), dont nous avons raconté l'histoire, avait le titre d'archichapelain, lorsqu'il fut élevé au siège épiscopal de Chartres. L'un de ses disciples Rusticus, lui succéda dans la direction de l'école royale, sous le titre d'abbé du palais. Entre tous les fils de leudes qui s'élevaient dans ce pieux asile, on comptait Arnulf de Metz, Cuni-

quelles qu'aient été leur ignorance et leur barbarie, il n'y a pas de connaissance des textes qui vaille cet argument sensible, à la portée de tous les ignorants et de toutes les civilisations : Ce que vous réclamez, je l'ai toujours possédé; avant moi, mon père, mon grand-père et mon arrière-grand-père le possédaient également : pour vous, vous ne l'avez jamais détenu : peu m'importe vos textes auxquels je demeure étranger : il est à moi, il n'est pas à vous.

Non, on ne fabrique pas un titre de propriété; le fabriquant, on ne parvient pas à le faire accepter pendant plusieurs siècles par toutes les intelligences d'élite; à l'établir comme la source et le fondement d'une immense fortune, objet de la convoitise de tous les grands d'un royaume. Quand un esprit en arrive à passer outre à de pareilles impossibilités, il n'y a plus qu'à fermer la discussion, car la vérité

---

bert de Cologne, Remacle de Tongres, etc., etc. .. L'abbé Darras, *Hist. gén. de l'Égl.*, t. xv, p. 361, n° 19.

« La direction de l'école du palais était passée des mains de Rusticus à celles d'un maître également saint et non moins illustre, Sulpitius, surnommé Pius, le Pieux ou le Débonnaire, et aujourd'hui encore honoré sous le vocable de saint Sulpice..... La ville de Bituriges élut Sulpice pour évêque. En quittant l'école palatine, celui-ci laissait des disciples qui firent revivre la sainteté de leur maître; Leodegar (saint Léger).... Vandregisile (saint Vandrille)..... Handeric, qui fut maire du palais, le chancelier Romanus, et toute une pléïade de jeunes gens qui portèrent dans leurs carrières diverses la foi pure et la sainteté de vie dont Sulpice leur avait donné les préceptes et l'exemple. » *Ibid.*, p. 362, n° 21 et p. 365.

L'ignorance des leudes et des seigneurs d'autrefois, qui ne savaient se servir que d'une épée en guise de plume, est une de ces faussetés historiques à reléguer parmi les fables, comme tant d'autres affirmations de bon nombre d'historiens.

n'est plus susceptible de démonstration. Aussi nous terminons ici. Nous aurions dû nous contenter de cet argument; il suffisait. Nous avons fait plus; non pas que nous étions en présence d'objections redoutables, non pas que les savants de l'école gallicane nous imposaient beaucoup. Mais les graves Bollandistes s'étant appropriés leurs raisons, nous leur devions l'honneur de les réfuter. Pour cette œuvre, nous n'avions ni leur grand renom ni leur science; mais nous avions mieux que tout cela, nous avions la vérité pour nous. Malgré notre insuffisance personnelle, nous osons espérer que l'autorité des Bollandistes ne suffira plus pour infirmer celle du grand testament, et nous comptons que ce monument reprendra la place qu'il aurait dû toujours occuper dans notre histoire nationale. Le grand saint et le grand génie qui a présidé à la fondation de la monarchie y a retracé en deux mots sa véritable origine. Elle est née du cœur de saint Remi et de l'épiscopat français, pour être à tout jamais la protectrice de l'Église et l'appui du peuple. *Generi tantummodo regio, quod ad honorem sanctæ ecclesiæ et ad defensionem pauperum.... statuens elegi.*

La vieille monarchie était sortie du double but de sa fondation en se faisant gallicane et en ne voyant plus le peuple qu'à travers les courtisans des salons de Versailles. Dieu l'a bannie, mais la France n'a pu encore trouver le moyen de vivre sans l'illustre exilée : aussi beaucoup de bons esprits pensent-ils qu'un jour elle reviendra, mais à la condition qu'elle repassera par le baptistère de Reims, pour s'y retremper sous la bénédiction de son grand apôtre, vivant encore dans son superbe mausolée; et la vieille race des Francs, interpellée par son Roi, lui répondra comme autrefois, malgré les clameurs de quelques-uns : O roi, de grand cœur nous abjurons les idoles de la libre pensée et d'un libéralisme menteur, pour ne plus reconnaître désormais que le Dieu de Clotilde et de Remi.

CHAPITRE XIV

CONCLUSION. — PORTRAIT DE SAINT REMI

LA FRANCE RELIGIEUSE INJUSTE ENVERS SAINT REMI. — LE CULTE DE SAINT MARTIN PLUS POPULAIRE QUE CELUI DE SAINT REMI, MALGRÉ SA MOINDRE GLOIRE NATIONALE. — LES CAUSES DE CETTE INJUSTICE. — LA FRANCE CIVILE PLUS INJUSTE ENCORE ENVERS LE SAINT. — TRIPLE CONCEPTION DE SON GÉNIE POLITIQUE : — DÉTACHER LES GAULES DE L'EMPIRE ROMAIN, POUR Y CONSTITUER UNE FORCE MILITAIRE CAPABLE DE RÉSISTER AUX INVASIONS, — FONDER UNE GAULE CATHOLIQUE, — Y ÉTABLIR LA MONARCHIE CHRÉTIENNE. — GÉNIE ADMINISTRATIF ET LITTÉRAIRE DE REMI. — SA PLACE PARMI LES GRANDS HOMMES DE LA FRANCE.

Notre tâche est terminée. Nous avions à élucider le texte du grand testament, à prouver son authenticité, à faire ressortir l'inanité des objections soulevées contre son origine. Nous l'avons fait; nous avons fourni une série de preuves historiques qui donnent à ce document la plus incontestable autorité.

Mais justement parce que nous ne craignons pas, comme l'ont affecté l'ensemble de nos historiens, de recourir à son témoignage, nous voulons, en finissant, tracer du grand Pontife de Reims un portrait, dont le testament fortifié des autres données de l'histoire, nous fournira les principaux traits.

La France ne s'est-elle pas montrée ingrate envers ce grand homme, qui a réuni sur sa tête toutes les gloires, celle de la sainteté, et celle du génie politique et littéraire?

La Pologne a son saint national, saint Casimir, l'Irlande saint Patrice, la Hongrie saint Etienne. Est-ce le trop grand nombre de nos illustrations religieuses qui a empêché saint Remi de devenir le patron par excellence de la patrie française? Ne semble-t-il pas même que l'honneur de ce glorieux patronage a été décerné à saint Martin par une préférence que l'histoire ne peut justifier. Car s'il a été l'apôtre du centre des Gaules, saint Remi l'a été du nord de notre pays; non seulement il a été l'apôtre des Gaulois de cette région, mais il a été celui des Francs, et son rôle a été prépondérant dans la fondation de la monarchie. Saint Martin a rempli le monde du renom de ses miracles; mais ceux de Remi n'ont pas été moins éclatants. Ils ont eu un tel retentissement dans le pays des Francs, que le grand homme ne croit pas blesser les règles de la modestie, en les rappelant lui-même dans son testament[1]. Ses contemporains les proclamaient à leur tour. Nous trouvons encore, dans les œuvres de saint Avit, le procès-verbal d'une conférence tenue en 499 entre les évêques catholiques et les prélats ariens de la Burgondie. Ce procès-verbal, rédigé probablement de la main du saint évêque de

[1] Voir le Test., p. 23.

Vienne, renferme ces glorieuses paroles en l'honneur de l'apôtre des Francs. « Le Seigneur, qui
« veille sans cesse sur son Église, inspirait alors
« merveilleusement le cœur du vénérable Remi et
« lui inspirait les mesures les plus salutaires pour
« le peuple entier des Gaules. La *multitude de ses*
« *miracles* et sa parole convertissaient des milliers
« de païens, qui renversaient leurs temples et fou-
« laient aux pieds les idoles. Par son influence, les
« évêques de la Burgondie se préoccupaient du
« moyen de détruire l'erreur arienne et de ra-
« mener toutes les Gaules à l'unité de la foi [1]. »

Hormisdas, dans sa lettre à Remi lui-même, écrit ces paroles non moins mémorables : « Nous
« vous confions la charge de nous représenter dans
« toute l'étendue des États conquis par notre fils
« spirituel et bien-aimé, le roi Clovis, que vous
« avez naguère régénéré avec la grâce de Dieu
« par l'eau du baptême en des circonstances qui
« ont rappelé la série des prodiges accomplis au-
« trefois par les Apôtres [2]. » Enfin la vie absolu-

---

[1] Providente Domino Ecclesiæ suæ, et inspirante pro salute totius gentis cor domni Remigii, qui ubique altaria destruebat idolorum, et veram fidem potenter cum *multitudine signorum* amplificabat, factum est ut episcopi plures, non contradicente rege congregarentur, si fieri posset, ut Arianis qui religionem christianam scindebant, ad unitatem possent reverti. S. Avit. *collat. coram Gondebaldo ad. Arianos, Patr. lat.* t. LIX, col. 387.

[2] « Vices itaque nostras per omne regnum dilecti et spiritalis filii nostri Ludovici, quem nuper adminiculante superna gratia, *plurimis et Apostolorum temporibus æquiparandis signorum miraculis prædicationem salutiferam comitantibus*, ad fidem cum gente integra convertisti, et sacri dono baptismatis consecrasti... » *Vit. S. Remigii, ab. Hinc. edit.*, cap. VII, *apud Bolland.*, t. I, oct., p. 156.

ment authentique de saint Remi par Fortunat, rédigée quarante-sept ans au plus tard après la mort du saint, n'est guère qu'un récit de miracles tous extrêmement remarquables [1].

Saint Remi a donc été un thaumaturge aussi puissant en œuvres que saint Martin de Tours, et pourtant son culte dans l'Église universelle [2] et en France n'a été ni aussi répandu, ni aussi solennel. Quelle en a été la cause ?

D'abord, au point de vue de la gloire humaine, saint Martin jouit d'un bonheur que n'eut pas saint Remi. Il posséda pour ami, pour confident, pour admirateur et pour narrateur journalier de ses miracles un écrivain de renom, même à une époque qui était celle de saint Ambroise, de saint Augustin et de saint Jérôme : c'était Sulpice Sévère. Ce pieux et fidèle disciple écrivait jour par jour pour lui-même les faits merveilleux dont il était le spectateur enthousiaste ; puis bientôt il composa la biographie du saint, qui fit conquérir à Martin une

---

[1] *La Vie de saint Remi,* par Hincmar, est généralement la reproduction de celle écrite par Fortunat, avec l'adjonction de circonstances plus ou moins authentiques. Quand donc, en raisons de ces circonstances, les Bollandistes osent intituler l'œuvre d'Hincmar : *Vita prolixior fabulis respersa*, *vie plus étendue remplie de fables*, ils dépassent les limites de la vérité, et leur style dans ce cas nous rappelle trop celui des pamphlets de Chifflet.

[2] Saint Martin a les honneurs d'un office propre dans la liturgie romaine et cet office est du rit double. Celui de saint Remi est du commun ; il appartient au dernier degré de la liturgie, car il est du rit simple ou semi-double *ad libitum*. Enfin la légende de l'apôtre de la nation très-chrétienne et du fils aîné de l'Église comprend à peine quelques lignes.

réputation universelle. « A aucune autre époque de
« l'histoire, peut-être, écrit M. de la Gournerie, il
« n'y eut de rapports plus multipliés, plus suivis,
« entre tous les hommes distingués qui étaient
« épars sur la surface du globe. Sulpice Sévère
« écrivait-il une page sur les rives de la Loire !
« Elle volait aussitôt jusqu'en Afrique, où Augustin
« la lisait avec amour, car il professait une haute
« admiration pour la sagesse et la doctrine de
« l'écrivain gaulois; elle volait jusqu'en Asie, où
« Jérôme attendait avec impatience « chaque
« nouvel écrit de son bien-aimé Sévère; » elle
« allait réjouir Paulin, « ce frère de cœur, dans sa
« solitude de Nôle. » Le célèbre écrivain se plaint
lui-même des indiscrétions qui livraient ses notes
les plus confidentielles aux quatre vents du Ciel.
Or « ce qu'on cherchait si avidement dans les
« livres de Sulpice Sévère, c'étaient le nom et les
« œuvres de Martin; c'était pour dérober quelques
« souvenirs inédits du saint, que l'on dérobait les
« papiers de son plus confident ami [1].

Il n'en fut pas de même pour saint Remi. Les
temps étaient bien changés. Les Jérôme et les
Augustin avaient disparu. Les barbares avaient
rempli le monde de destructions; les communications étaient interceptées, les esprits n'étaient plus
à la littérature, mais à l'action. Le grand évêque
n'avait autour de sa personne aucun Sulpice Sévère
pour reproduire les faits considérables de sa glo-

---

[1] M. de la Gournerie, *Correspondant*, t. VII, p. 366, cité par M. l'abbé Darras, *Hist. gén. de l'Égl.*, t. XI, p. 78.

rieuse existence. Son successeur immédiat prit bien le soin de faire écrire le récit de ses œuvres. Mais l'ouvrage fut sans valeur, insupportable à la lecture. Fortunat fut prié de l'abréger et de le refondre. L'historien de sainte Radegonde était plus poëte que penseur, plus littérateur que politique : il ne sut voir que des miracles dans la vie de l'apôtre des Francs; il en décrivit les principaux et laissa de côté la partie la plus importante, son action religieuse, politique et nationale. L'œuvre de Fortunat demeura dans l'oubli. On ne garda de Remi que le souvenir, et la France et l'Église ne purent se prendre de reconnaissance et d'amour pour une vie dont les détails leur demeurèrent inconnus.

Puis, à la mort de saint Remi, il aurait fallu que le courant national se déplaçât, et que du tombeau de saint Martin il refluât vers celui de Remi. Car bien avant la mort de ce dernier, le culte national de saint Martin avait pris possession des cœurs. La ville de Reims elle-même renfermait en son honneur trois églises dont une avait été érigée par son grand évêque. Sainte Geneviève allait souvent en pélerinage à Tours. A son retour de la campagne d'Aquitaine, Clovis repassa au tombeau de saint Martin pour y prier et y offrir de riches présents : sainte Clotilde vint y finir ses jours, Clotaire y faire pénitence, sainte Radegonde, son épouse, y bâtir un monastère, où elle s'enferma pour achever de vivre et pour mourir à l'ombre des précieuses reliques. La place était donc prise dans la piété populaire quand mourut l'apôtre des Francs, et sa gloire nationale dut s'incliner devant celle infiniment moindre du thaumaturge de Tours.

Mais Remi ne fut pas seulement un saint; il fut peut-être, comme nous allons le montrer, le plus grand génie politique qu'ait eu la France. A l'encontre des erreurs modernes, il ne séparait pas la religion de la politique : c'est qu'en effet il n'est aucune question politique et gouvernementale considérable qui ne confine à la vérité religieuse et à la loi morale, qui n'atteigne la conscience dans ce qu'elle a de plus sacré, qui n'importe au bien religieux des âmes, dont l'Église a la garde. L'effort persévérant du Pontife a été de réaliser l'union de l'Église et du pouvoir civil. Or le joug de l'Église ne laisse pas d'être insupportable à ce pouvoir, comme la vérité à l'intelligence qui veut la créer et non la recevoir, comme la loi morale aux passions qui veulent être indépendantes et non soumises. Les passions des fils de Clovis commençaient à supporter impatiemment ce joug. L'austère vieillard dut bien plus d'une fois, en face de leurs emportements, leur faire entendre des remontrances dont les menaces du testament ne sont que l'écho, qui devait se prolonger à travers les âges. Qui ne serait frappé du fait que nous allons signaler? Quand saint Médard était étendu sur son lit de mort, en 545, Clotaire se tenait pieusement près du vénérable mourant, le suppliant de permettre que son corps fût déposé dans la résidence royale de Soissons, et quand le saint fut mort, le roi voulut porter lui-même ses dépouilles mortelles sur ses épaules, jusqu'à la sortie de Noyon. Reims dépendait aussi du royaume de Soissons. Où était donc ce même Clotaire en 533, quand Remi expirait, Remi, le père spirituel qui l'avait régénéré dans les eaux du baptême, qui était le père de ses frères et le père de son père? Où étaient ses frères Childebert et Thierry? Car Clodomir n'était plus depuis l'année 524. Nous ne les voyons pas apparaître, eux que tous les sentiments du cœur devaient attacher à cette vénérable personne. C'est qu'ils étaient des politiques : ces politiques avaient fait les horribles guerres de Bourgogne, de Thuringe, accompli le massacre des enfants de Clodomir, mais aussi ils avaient vu Remi se lever contre eux comme un père irrité. Ils ne vinrent donc point à son lit de mort, ils ne portèrent point sur leurs épaules ses dépouilles sacrées, ils ne s'agenouillèrent point sur sa tombe pour l'invoquer; ils ne le firent point alors, ils ne le firent point depuis; car à défaut du saint, son testament se dressait devant leurs crimes comme une malédiction; ils allaient donc à Tours, ils ne venaient point à Reims.

Mais que peut nous faire à nous, peuple chrétien, l'attitude des politiques de l'an 533 et de leurs imitateurs dans tous les siècles? Remi ne peut cesser d'être à nos yeux le grand thaumaturge suscité de Dieu pour convertir nos pères, et je puis ajouter qu'il a été le génie providentiel également suscité pour jeter les fondements de la grandeur politique et chrétienne de la France [1].

[1] Nous serions inexacts et à notre tour injustes envers la France, si nous laissions croire qu'elle n'a jamais eu en honneur le culte de saint Remi. Aussi consacrons-nous à l'historique de ce culte un appendix (p. 405) auquel nous renvoyons le lecteur.

L'histoire nationale a été plus injuste encore envers saint Remi. Elle ne l'a contemplé qu'enveloppé de sa grande auréole religieuse et elle a passé respectueusement. Il a fait des miracles comme beaucoup de ses contemporains, il a catéchisé Clovis, il l'a baptisé ; il était dans son rôle d'évêque, elle se borne à enregistrer le fait. Car elle ne s'occupe que de la grandeur humaine. Or elle n'a pas su voir que la grandeur humaine s'est jointe dans cet homme illustre au rayonnement de la sainteté, pour en composer l'une des plus grandes figures de l'histoire. Vous citez avec enthousiasme les grands politiques qui ont présidé au développement de la France, et vous oubliez le plus grand d'entre eux, celui qui, plus qu'aucun autre, en a posé les assises. C'est une erreur de croire qu'il a simplement catéchisé et baptisé Clovis ; il a été l'âme de toutes les grandes choses qui se sont accomplies de son temps, et elles dépassent tout ce qui a été fait depuis, ou plutôt tout ce qui s'est accompli depuis, n'a été que l'affermissement et le développement de ses conceptions politiques et nationales.

Remi assistait à la décomposition de l'empire romain, à l'extermination de son pays par les barbares, aux envahissements de l'hérésie, à la réintégration dans sa patrie, de l'idolâtrie dont le catholicisme avait presque entièrement triomphé. Quelle fut donc la conception politique de ce vaste et vigoureux esprit ? Ce fut justement d'arracher la Gaule à l'invasion en la détachant de l'empire romain qui ne pouvait plus la protéger, en la constituant en une nationalité propre, puissante par la force militaire et l'unité religieuse.

Un point de vue qui a échappé aux historiens, parce qu'ils n'ont pas voulu ajouter foi au testament et qu'ils se sont obstinés à regarder Clovis comme un conquérant, c'est que le baptême de ce prince a été la rupture officielle des Gaules avec l'empire romain, pour constituer un État distinct. Malgré la présence des Visigoths, des Bourguignons et des Francs, légalement elles appartenaient toujours à cet empire. Siagrius, c'est vrai, fut son dernier soldat et son dernier représentant officiel, mais pourtant la bataille de Soissons ne soumit pas le pays à Clovis, et la meilleure partie des Gaules continuait de demeurer soustraite à la domination des barbares. C'était une étrange situation que celle de ces populations : impuissantes et non vaincues, assez fortes pour ne pas subir le joug, trop faibles pour s'en débarrasser. De part et d'autre il y avait donc intérêt à s'entendre, Clovis pour étendre sa domination, les populations gauloises pour obtenir une force de résistance qu'elles ne rencontraient pas en elle-mêmes et qu'elles avaient cessé d'espérer du côté de Constantinople. L'entente se fit par le baptême du roi : à ce moment les deux races se fusionnèrent, Clovis devint leur chef, la France était constituée et l'invasion pour jamais arrêtée. Or ce fut là la conception propre du grand évêque de Reims, sa préocupation dominante, le but constant de ses efforts persévérants.

Pour en avoir la preuve, qu'on se rappelle les bonnes nouvelles qu'il envoyait au fond de la

Bourgogne et de la Septimanie, tyrannisées par les Bourguignons et les Visigoths ariens, les espérances qu'il y faisait naître. Il voyait donc dans les Francs, s'il parvenait à les convertir, une force militaire capable de combattre l'oppression des barbares de l'intérieur. Comment supposer qu'il ne songeait pas à s'en servir pour s'opposer à ceux du dehors et arrêter leurs incursions ?

M. Guérard prétend que les Germains n'ont apporté aux Gaules que des vices. L'illusion libérale a abusé ce savant éminent, comme elle a fait de la plupart des historiens modernes. Sans vouloir entrer dans plus de détails, l'élément germain a tout au moins créé la force militaire de la France. Les légions romaines n'avaient pu rien sauver; les municipes, si chers au libéralisme, n'avaient pas fait reculer d'un pas un seul Vandale, ni un seul Ostrogoth. Clovis par son baptême n'a pas plutôt inoculé son sang barbare à la race gauloise, que la puissance militaire de celle-ci devient assez forte pour qu'aucune peuplade ne puisse désormais franchir le Rhin. Pendant quatre cents ans encore elles l'essaieront, mais elles n'y parviendront jamais, jusqu'au jour où les faibles successeurs de Charlemagne se verront forcés d'offrir un établissement à Roland et à ses Normands. Ne dites donc pas que nos pères les Francs furent inutiles à la patrie française : ils en furent les fondateurs, puisqu'ils y créèrent la puissance des armes.

Or c'est à Remi qu'on doit ce coup d'œil politique qui lui fit deviner ce que pourraient devenir les Gaules unies à l'élément Franc. Aussi cet élément, ne cesse-t-il de le ménager, de le travailler, de le préparer à ce rôle. Voyez, il est en face de Mérovée et de Clovis païens : il y est de l'année 458, où jeune homme de vingt-deux ans, il monte sur le siége de Reims, jusqu'en 596, où il baptise Clovis. Il se met en rapport avec ces princes; il écrit à ces païens, il leur recommande des mœurs et une conduite chrétiennes. Il prend sur eux un immense ascendant par ses vertus, par ses miracles, par son éloquence, par cette tendresse de cœur qui s'alliait chez lui à une admirable force de caractère. Ce n'est qu'après quarante ans bientôt de longanimité, de patience, de vertus héroïques qu'il parvient à obtenir la condition fondamentale sans laquelle la fusion des deux races ne peut s'accomplir : la conversion au catholicisme.

Car telle a été la seconde conception politique de ce grand homme, créer une Gaule indépendante, mais catholique.

Dans la conversion des Francs par Remi, on n'a voulu considérer que le zèle de l'évêque pour le salut des âmes. Ce point de vue est incomplet : il y a eu aussi l'action très-manifeste du politique pour former une nation catholique. La domination des Francs, quoique païens, eût été cependant bien préférable à celle des Bourguignons et des Visigoths, qui étaient chrétiens, mais ariens et persécuteurs. Toutefois Remi repoussa cette domination. Il ne voulut pas perdre, par une précipitation indigne de son grand caractère, la situation heureuse que son génie entrevoyait et préparait pour l'avenir. De plus, en acceptant la domination des Francs encore païens, les Gaules auraient couru le danger de les voir devenir ariens par leur rapprochement des Bourguignons et des Visigoths. Car l'arianisme est l'obstacle principal que Remi a rencontré dans la conversion de Clovis. Le roi eût facilement abandonné les idoles; mais le difficile était d'aller au catholicisme. Tous les peuples vaincus de l'empire romain étaient catholiques, mais toutes les nations barbares et victorieuses étaient ariennes, en Gaule, en Espagne, en Italie. Il fallait donc au roi se séparer de tous les peuples amis, issus de la même origine, pour adopter la religion des peuples de race étrangère et ennemie. C'était la vraie difficulté. Elle était si grande que le prince avait vu s'introduire l'arianisme jusque dans sa propre famille. Sa sœur Aboflède qu'il aimait beaucoup, et qui sans doute exerçait une grande influence sur son esprit, était arienne. Aussi sommes-nous convaincu que Remi ménagea le mariage de Clotilde et de Clovis pour combattre avec plus de succès auprès du roi l'influence de sa sœur. Car non-seulement Clotilde était catholique, mais elle était de plus l'ennemie personnelle des ariens.

Remi lutta donc tout à la fois pour empêcher l'inféodation de la Gaule à un prince païen, et pour empêcher ce prince d'être entraîné à l'arianisme et d'y entraîner avec lui toutes les Gaules. En même temps qu'il attirait à lui le prince, il ne se livrait pas à son pouvoir. Tant que Clovis ne se convertit pas, les Gaules lui restèrent fermées. Dieu et les hommes s'employèrent à ce résultat. Paris, soutenu par les encouragements et les miracles de Geneviève, ne lui ouvrit pas ses portes; les villes de la Bretagne et de la future Neustrie se liguèrent et lui résistèrent, et cette résistance fut tellement efficace, qu'après quatorze ans de règne, le belliqueux Sicambre n'avait fait aucun progrès dans sa marche vers le cœur du pays.

Mais en même temps éclate sa loyauté. Ses rapports avec saint Remi étaient trop intimes, les instances du Pontife pour sa conversion trop réitérées, pour que ces deux personnages ne se fussent pas entretenus plus d'une fois de la situation politique, pour que le prince ne se fût pas étonné auprès de l'évêque de la résistance des Gaules, pour que l'évêque ne lui eût pas parlé des conditions auxquelles elles l'accueilleraient. Si Clovis avait été astucieux et rusé comme le veulent les historiens, il aurait feint la conversion, se réservant de revenir plus tard à ses convictions, quand sa domination eût été assurée ; il ne le fit pas : lui aussi préféra rester impuissant, plutôt que de se mentir à lui-même. Dieu pour fonder la France avait préparé deux grandes âmes, nobles toutes deux, dignes de s'entendre, de s'estimer et de s'aimer.

Aussi à partir du baptême du roi, l'intimité devint plus grande, Remi prit une part active aux affaires de la nouvelle royauté ; tous deux de concert s'appliquèrent à réaliser sa troisième conception politique, l'unité religieuse et territoriale des Gaules.

Saint Avit de Vienne ne nous laisse aucun doute sur les efforts de l'évêque de Reims pour ramener les Bourguignons à la foi orthodoxe. « Par son « influence (de saint Remi) les évêques de la Bur-

« gondie se préoccupaient des moyens de détruire
« l'erreur arienne, et de ramener toutes les Gaules
« à l'unité de la foi. » A la suite de ces efforts
eurent lieu les conférences de 499, qui procurèrent
la conversion secrète du roi Gondebaud [1]. Survinrent les guerres de Bourgogne et d'Aquitaine. Il
est bien évident que la lettre de Clovis aux évêques
d'Aquitaine pour les rassurer sur les conséquences
de la lutte, émane de la plume de Remi. Dans
chacune de ces guerres, d'après les récits d'Hincmar
et de Flodoard, saint Remi donna au roi un flacon
de vin, qui devait servir à son usage journalier et
à l'usage de tout son entourage. La guerre devait
continuer tant que le vin remplirait le flacon. Quoi
qu'on pense du miracle, le récit nous atteste
évidemment, que d'après la tradition nationale,
Remi était intervenu dans toutes ces guerres, leur
avait donné son approbation et imprimé leur direction. Clovis et Remi poursuivaient donc de
concert la réalisation de l'unité religieuse et territoriale des Gaules et c'était leur droit. Depuis le
jour où le saint évêque de Reims, au nom de tous
les évêques de la Germanie, de la Gaule et de la
Neustrie, nous pouvons ajouter de la Bourgogne
et de la Septimanie, qui avaient tant invoqué la
protection des Francs, avait élu et sacré Clovis,
celui-ci n'était plus seulement le roi de ce peuple,
mais bien le roi des Gaulois-Francs. Les deux
races avaient accepté de se fusionner; il devenait

---

[1] En voir le récit : *Hist. gén. de l'Égl.* par M. l'abbé Darras t. xiv, p. 96.

le protecteur de leurs droits réciproques. Or quel était le droit de la Gaule ? Mais son droit, si elle en trouvait la force, était de rejeter les Bourguignons par delà le Rhin et les Visigoths par delà les Pyrénées. Car ils étaient des envahisseurs sans titre aucun sur le pays qu'ils occupaient, et de plus les oppresseurs de la conscience catholique des peuples qu'ils avaient vaincus. La conquête de la partie méridionale des Gaules était donc le droit strict de Clovis, et le grand évêque de Reims pouvait poursuivre avec son roi tant aimé, la réalisation de l'unité religieuse et territoriale de sa patrie sans manquer aux règles de la justice [1].

[1] Il est très-regrettable que nous n'ayons que les récits de Grégoire de Tours pour nous faire connaître ce règne si glorieux de Clovis, sous l'inspiration de l'évêque de Reims. Quand il s'agit, par exemple, de la guerre d'Aquitaine, Grégoire de Tours l'attribue tout simplement à l'ambition et à l'ardeur belliqueuse du roi ; mais la chronique d'Idace rétablit la vérité en racontant la série des faits qui ont amené cette campagne. Nous croyons que Grégoire de Tours a tout aussi ignoré la vérité dans le récit des cruautés qu'il attribue à Clovis vis-à-vis de plusieurs membres de sa famille. Les tribus franques n'avaient aucun droit à l'indépendance. Dès lors qu'elles y prétendaient, elles ne faisaient plus partie de la nation qui s'était formée autour du baptistère de Reims, elles se faisaient conquérantes, et la Gaule et son roi pouvaient légitimement tourner leurs armes contre elles. Nous pensons que, comme pour la guerre d'Aquitaine, il y a eu là une succession d'événements qu'a ignorés l'évêque de Tours, et qui ont légitimé les meurtres accomplis par Clovis. Car il nous est difficile d'admettre que l'influence de Remi, qui avait obtenu la grâce d'Euloge, coupable de lèse-majesté, n'aurait rien pu en faveur de princes et de parents innocents. Nous croyons avec peine que l'âme loyale de Clovis, si favorisé du Ciel à Tolbiac, guéri miraculeusement en 505, si religieux dans les diverses circonstances de sa vie, se soit livrée à des actes de cruauté dont il s'était préservé, n'étant même que païen. Enfin il serait inouï, qu'en présence de ces crimes, saint Remi n'ait mis aucune restriction

Enfin saint Remi couronna toutes les œuvres qu'avait conçues son génie politique par la fondation de la monarchie chrétienne. Il est très-curieux de le voir lui-même déterminer en deux mots ses deux principaux caractères : protection de l'Église et défense du peuple : *Generi regio quod ad honorem Ecclesiæ et defensionem pauperum.... statuens elegi :* c'est-à-dire que la monarchie chrétienne est le respect de la liberté du peuple s'exerçant elle-même dans le respect de la loi de Dieu. « Le « roi, disait le quatrième Concile de Tolède, est « ainsi nommé de ce qu'il gouverne bien (recte); « s'il agit selon le droit, il possède légitimement « le titre de roi, sinon, il le perd misérablement. « Nos pères disaient donc avec raison : tu seras « roi, si tu agis bien; mais si tu agis mal, tu ne « le seras plus[1] ». Et quand le roi agissait mal, l'Église se mettait entre lui et la conscience publi-

aux témoignages d'affection et d'estime qu'il lui donne dans son testament : car il l'appelle à différentes reprises le roi très-chrétien, son seigneur d'illustre mémoire, mon fils le prince sus-nommé, le pieux roi, le roi Clovis de *sainte mémoire, sanctæ recordationis præfatus rex Ludovicus.* Où serait la sainteté de la mémoire d'un prince, qui aurait signalé les derniers jours de son gouvernement par des déloyautés et des meurtres ?

[1] Sicut sacerdos a sacrificando, ita et rex a moderamine pie regendo vocatur. Non autem pie regit, qui non misericorditer corrigit; recte igitur faciendo regis nomen benigne tenetur, peccando vero miseriter amittitur; unde et apud veteres tale erat proverbium : Rex ejus eris si recta facis, si autem non facis, non eris. *Forum judic.*, tit. I, *de Elect.*, *princ.* § I, cité par M. de Montalembert dans le t. VI, p. 551 *des Moines d'Occident*, édit. in-8°.

Le Concile de Paris de 829, d'Aix-la-Chapelle de 836, de Mayence de 888 s'approprient les paroles du quatrième Concile de Tolède, qui avait été présidé par saint Isidore de Séville.

que opprimée, la déliait de son serment de fidélité, et le roi cessait d'être roi.

A la monarchie chrétienne inaugurée en France par Remi, a succédé la monarchie dite de l'ancien régime. Elle peut se définir : la soumission de la liberté et de la dignité humaines au bon plaisir du roi. On a reproché ce régime à l'Église; elle ne l'a point fondé, elle ne l'a point légitimé, elle l'a subi, et elle en a reçu des meurtrissures dont elle porte encore les marques.

L'erreur, qui est un excès, appelle toujours la réaction dans un sens opposé, et c'est toujours l'erreur. Au bon plaisir du roi a succédé le bon plaisir du peuple, de la souveraineté populaire, de la majorité, sous le nom très-juridique de légalité : c'est-à-dire qu'ici on voudrait courber la conscience et la dignité humaines sous le joug d'une force aveugle et brutale.

On comprend que le grand Pontife de Reims était bien loin de pareilles aberrations. Il inaugura donc en France la royauté chrétienne, et la réunion du premier Concile d'Orléans, en 511, est le premier acte bien connu qui en fut la solennelle consécration.

Le Concile fut réuni par ordre de Clovis. Mais qui porta Clovis à donner cet ordre? Nécessairement pour ce Concile comme pour tous les autres Conciles, les questions qui devaient y être débattues, furent préparées à l'avance. Mais qui détermina ces questions? Il nous semble que la réponse est facile. A moins que saint Remi ne fût rien dans l'esprit de ce roi, auprès duquel cependant lui-même déclare avoir eu tant de crédit, rien dans ce royaume à la fondation duquel il avait pris une si large part, rien dans cette Église de France, à laquelle il était si nécessaire, que bientôt il allait y devenir le légat du siége apostolique, on doit supposer qu'il fut le provocateur de la réunion du Concile et qu'il en prépara toutes les délibérations. Trois de ses suffragants y assistèrent, saint Loup, son neveu, évêque de Soissons, les évêques de Noyon et de Senlis, mais il en fut personnellement absent, peut-être pour laisser aux Pères plus de liberté dans la discussion des canons dont lui-même était l'auteur. Les décrets furent soumis à l'approbation du roi, qui les convertit en loi de l'État, consacrant ainsi l'alliance de l'Église et de la royauté, acceptant d'être le défenseur de cette Église pour le bien de ses peuples [1].

Au génie politique, le saint Pontife joignit le génie administratif. Il ne fut point seulement apôtre dans l'Église par la parole, le miracle et la prière, il fut aussi organisateur puissant. Le siége épiscopal de Vermand, transféré plus tard à Noyon, ceux

---

[1] Aujourd'hui encore la Révolution veut soumettre à son approbation les décrets de l'Église, avant qu'ils ne soient publiés en France. De la part de Clovis, cette révision était légitime, puisque les canons des Conciles devenaient lois de l'État; il devait se rendre compte si vraiment il pouvait se charger de leur exécution. Mais il ne peut y avoir qu'ignorance ou mauvaise foi et parti pris de tyranniser, de vouloir soumettre les décisions de l'Église à l'examen des gouvernements modernes : car ces décisions, même acceptées par ces gouvernements, ne sont plus lois de l'État; elles n'obligent plus le citoyen, elles n'obligent que la conscience chrétienne. Or si le citoyen relève de l'État, la conscience chrétienne n'en dépend pas.

d'Arras, de Tournay, de Cambrai, ou n'existaient pas ou étaient sans évêque. Il érigea les uns et releva les autres. Doué d'un cœur aussi grand que son génie, il coupait dans son propre diocèse, lui enlevait le pays qui l'avait vu naître, pour créer l'évêché de Laon, et tous ces évêchés créés ou relevés par lui, il les dotait de ses biens propres. Il y avait tant d'ampleur dans ce ferme esprit, que les préoccupations des affaires publiques ne l'empêchaient pas de donner son attention aux soins de sa fortune privée et de celle de son Église. Pour elle il achetait les domaines d'Épernay et de Blombay, des bois dans les Vosges pour en extraire la poix nécessaire aux besoins des monastères, construisait des églises à ses propres frais, plantait des vignes dans des terres qui n'en avaient jamais porté, connaissait tous ses serfs par leur nom, entrait en un mot dans les moindres détails de son administration publique et privée. Ame active, tendre et forte, il aimait d'une tendresse ineffable les âmes, son roi, la famille royale, la France, les siens, comme l'atteste chacune des pages de son mémorable testament.

Nous serions incomplets si nous terminions notre peinture de l'Apôtre des Francs sans parler de son génie littéraire et oratoire. Tous connaissent les magnifiques éloges qu'en ont fait Sidoine Appollinaire, Grégoire de Tours et Fortunat. « Aussitôt « qu'il fut élevé à l'épiscopat, écrit ce dernier, il se « rendit remarquable par la solidité de sa doctrine « et l'élégance de sa parole[1]. » Saint Grégoire

---

[1] In doctrina prœcipuus, in sermone paratus. *Vit. S. Rem. auct. Fortun. apud Bolland.*, t. I, oct., p. 128.

de Tours vante également sa science et ses connaissances littéraires : *egregiæ scientiæ et rhetoricis adprime imbutus studiis*. Sidoine Appollinaire écrit lui-même au grand Pontife :

« D'un consentement unanime, il en est peu qui
« puissent écrire comme vous le faites, ni égaler
« votre talent à diviser votre sujet, à l'exposer et à
« l'exprimer. A ce don vous joignez l'à-propos des
« exemples, la fidélité des citations, la propriété
« des termes, la beauté des figures, la force de
« l'argumentation, le mouvement des passions,
« l'abondance du style, et la vigueur foudroyante
« des conclusions. La phrase est forte et nerveuse,
« les propositions sont enchaînées entr'elles par
« d'élégantes transitions. Le style coulant, tou-
« jours arrondi, glisse sur la langue du lecteur,
« sans jamais l'embarrasser, et n'admet pas ces
« constructions rocailleuses qui forcent la langue à
« balbutier sous la voûte du palais. Enfin il est
« toujours limpide et facile : ainsi l'ongle passe
« légèrement sur le cristal ou l'agathe, sans ren-
« contrer aucune aspérité, aucune fente qui puisse
« l'arrêter. En un mot il n'existe pas de notre temps
« un orateur que votre habileté ne surpasse sans
« peine et ne laisse bien loin derrière vous. Aussi,
« seigneur pape, je suis près de soupçonner que
« vous êtes fier (pardonnez-moi l'expression) de
« cette riche et admirable élocution. Mais de ce
« que vous brillez également par le don de la vertu
« et le talent de l'éloquence, il ne faut pas nous
« dédaigner. Si nous ne savons nous-même écrire
« d'une manière agréable, nous savons du moins

« apprécier le beau style. Cessez donc à l'avenir
« de décliner notre compétence; notre critique ne
« sera ni mordante ni acrimonieuse. Si vous con-
« tinuez vos refus et ne vous décidez pas à enrichir
« notre stérilité des richesses de votre abondance,
« nous vous l'annonçons; nous guetterons vos
« livres, puisque vous nous les refusez; nous nous
« donnerons des complices, et une main spoliatrice
« pillera vos rayons; si aujourd'hui que nous vous
« en prions, nos sollicitations ne vous émeuvent
« pas, ce sera en vain qu'une fois dépouillé, vous
« vous récrierez[1]. »

Remi s'obstina. Sidoine ne reçut aucun de ses discours. Le grand homme ne travaillait pas pour la gloire littéraire. Voué à l'action, à la pensée du salut des âmes, aux préoccupations de ses entreprises nationales, l'éloquence chez lui n'était pas un but, elle n'était qu'un moyen; il était trop grand pour compter avec la gloire littéraire et pourtant elle ne lui fait pas défaut, même aujourd'hui. Nous ne pouvons, grâce à sa modestie, goûter par nous-mêmes les charmes de son style, mais nous sommes obligés de recevoir le témoignage de son illustre contemporain, qui le dit l'homme le plus éloquent de son temps.

A notre tour, nous aurions souhaité d'avoir quelque talent, pour peindre plus dignement les divers traits de la radieuse figure du Pontife de Reims. Car ce n'est pas un vain travail que celui-là.

---

[1] Cette lettre est citée dans Hincmar, dans Flodoard, dans tous les auteurs qui ont écrit sur saint Remi.

Aux siècles de foi, l'auréole de la sainteté effaçait toutes les autres gloires. Devant le saint et devant le thaumaturge, les hommes d'élite et les hommes du peuple se prosternaient, vénéraient et priaient. C'était la plus haute des gloires. Pour la libre pensée moderne, la gloire de la sainteté n'en est plus une. Plus volontiers elle s'inclinerait devant le crime triomphant. Il importe donc à l'honneur des saints, à la gloire de l'Église, au triomphe du bien, de reconstituer la figure humaine de ces grands serviteurs de la Vérité, qui ont joué parmi leurs contemporains un rôle politique et social considérable. A ce point de vue, la figure de Remi est une des plus glorieuses que l'on puisse présenter aux admirations de la postérité. Profond politique, puissant administrateur, éloquent orateur, tendre et vigoureux caractère, nous ne craignons pas de le dire : l'Apôtre des Francs est grand parmi les plus grands.

APPENDIX

LE CULTE DE SAINT REMI EN FRANCE

SA FÊTE ÉTABLIE DÈS GRÉGOIRE DE TOURS ; — CONFIRMÉE PAR LES DÉCRETS DES CONCILES ET DES CAPITULAIRES ; — CÉLÉBRÉE SOLENNELLEMENT DANS LE DIOCÈSE DE REIMS ; — ÉTENDUE COMME FÊTE PATRONALE A TOUTE LA FRANCE PAR SAINT LÉON IX ; TOMBE EN DÉSUÉTUDE ; — NE PEUT ÊTRE RESTAURÉE MALGRÉ LE ZÈLE DE L'ASSEMBLÉE DU CLERGÉ DE 1657 ; — DOIT ÊTRE RÉTABLIE PAR LA FRANCE CATHOLIQUE MODERNE.

Nous avons fait voir [1] que saint Remi n'était pas arrivé à conquérir en France cette grande situation religieuse et nationale que méritaient ses œuvres, et qu'ont obtenue d'autres saints illustres dans leur patrie. Nous tenons cependant à indiquer la part qui lui a été faite dans le culte public de notre pays.

Dès Grégoire de Tours, on célébrait sa fête, comme l'indique le passage suivant de son histoire :
« Peu de temps après, une parente de la femme
« de Boson-Guntchramn mourut sans enfants ; on

---

[1] Page 381.

« l'ensevelit dans la basilique de la ville de Metz,
« avec de pompeux ornements et beaucoup de bi-
« joux en or. Quelques jours après tombait la fête
« du bienheureux Remi, qui se célèbre au com-
« mencement du mois d'octobre. Pendant que pour
« célébrer cette fête, beaucoup quittèrent la ville
« avec l'évêque, et particulièrement les nobles avec
« le duc, les soldats de Boson-Guntchramn vinrent
« à la basilique où sa parente était enterrée [1]. » Or
Grégoire de Tours nous indique l'époque à laquelle
le fait se passa : ce fut pendant la célébration du
Concile de Mâcon, qui se tint en 585, cinquante-
deux ans après la mort de saint Remi.

Le Concile de Mayence, tenu en 813, faisant
l'énumération des fêtes obligatoires en France,
comprend parmi elles celle de saint Remi. Voici
son décret :

DES FÊTES DE L'ANNÉE

Nous déterminons les fêtes qu'il faut célébrer dans
l'année, savoir : le jour de Pâques, qu'il faut honorer par
la piété et la sobriété ; nous décrétons également qu'il
faut célébrer de la même façon la semaine tout entière.

---

[1] « Ante paucos autem dies, mortua propinqua uxoris ejus sine filiis, in basilica urbis Metensis sepulta est cum grandibus ornamentis et multo auro. Factum est autem, ut post dies paucos adesset festivitas beati Remigii, quæ in initio mensis Octobris celebratur. Discedentibus autem multis a civitate cum Episcopo, et præsertim senioribus cum Duce, venerunt pueri Bosonis-Guntchramni ad basilicam, in qua mulier erat sepulta. » S. Greg. ep. Tur., *Hist. Franc.*, lib. VIII, cap. XXI.

Dom Ruinart, à l'édition de qui nous empruntons ce passage, ajoute en note : « Et quidem fortasse descendendum erat adeundo basilicam extramuranam, in qua sancti Remigii festivitas celebrabatur. Nam et ecclesia cathedralis etiam nunc supra montem sita est. »

On célèbrera également le jour entier de l'Ascension du Seigneur. Pour la Pentecôte il en sera de même que pour Pâques. On célèbrera un jour à l'occasion de la fête des apôtres Pierre et Paul. On célèbrera la Nativité de saint Jean-Baptiste, l'Assomption de sainte Marie, la Dédicace de saint Michel, la naissance de saint Remi, de saint Martin, de saint André. A la Nativité de Notre-Seigneur, on célèbrera quatre jours, les Octaves de cette Nativité, l'Epiphanie du Seigneur, la Purification de sainte Marie. Nous décrétons encore d'observer dans chaque paroisse les fêtes des Martyrs et des Confesseurs dont elles possèdent les corps saints. Egalement on célèbrera la fête de la Dédicace de l'église [1].

En 821, ce décret du Concile de Mayence fut converti en Capitulaire par Louis-le-Débonnaire. L'empereur ne fit une exception que pour la fête de la Dédicace, qui ne figure pas dans le Capitulaire [2].

La fête de saint Remi devint une date principale, que désormais on rencontrera souvent dans les actes privés et publics. Ainsi, dans l'édit de Pistes de 862, Charles-le-Chauve accorde aux déprédateurs contre lesquels il vient de porter des peines, un sursis jus-

---

[1] DE FESTIVITATIBUS ANNI
Festos dies in anno celebrare sanximus, hoc est, diem dominicum Paschæ cum honore et sobrietate venerari, simili modo totam hebdomadam illam observare decrevimus. Diem ascensionis Domini pleniter celebrare. In Pentecoste, similiter ut in Pascha. In natali Apostolorum Petri et Pauli, diem unum. Nativitatem sancti Johannis Baptistæ, assumptionem beatæ Mariæ, dedicationem sancti Michaelis, *natalem sancti Remigii*, sancti Martini, sancti Andreæ. In natali Domini dies quatuor, octavas Domini, Epiphaniam Domini, Purificationem sanctæ Mariæ. Et illas festivitates Martyrum vel Confessorum observare decrevimus quoque in unaquaque parochia ubi sancta corpora requiescunt. Sirm., tom. II, Conci. Mogunt, can. xxxvi, an. 813.

[2] Baluse, *Capitul. reg. Franc.*, tom. I, lib. II, cap. xxxv.

qu'à la messe de saint Remi ou les Kalendes d'octobre, *ad Missam sancti Remigii, id est, Kalendas Octobris,* pour se réconcilier avec Dieu et faire la paix avec ceux qu'ils ont molestés [1].

Un autre édit de Pistes de 869 confirme tous les Capitulaires de Charlemagne et de Louis-le-Débonnaire, et maintient par conséquent la fête de saint Remi parmi les fêtes obligatoires [2].

Il est donc indubitable que cette fête faisait partie du culte public de la France dès les premiers siècles.

A plus forte raison était-elle célébrée dans le diocèse de Reims. Un manuscrit, que Ménard dit écrit sous Charlemagne, nous la montrait ayant sa vigile et son office propre. Ce manuscrit n'était rien autre chose qu'un sacramentaire de saint Grégoire, renfermant pour le diocèse de Reims l'office de son saint Pontife. Nous y lisons :

La veille des Kalendes d'Octobre : Vigile de saint Remi.

Oraison. Que cette solennité du bienheureux dont nous commençons la célébration.....

Préface. Par l'intercession du bienheureux Remi, votre confesseur, nous prions votre miséricorde..... [3]

---

[1] Bal., *Capit. reg. Franc.*, tom. ii, cap. iii, p. 159.

[2] Et Capitula quæ avus et pater noster pro statu et munimine sanctæ Dei Ecclesiæ ac ministrorum ejus, et pro pace et justitia populi et quiete regni, constituerunt.... permanere inconvulsa decrevimus. *Ibid.*, tom. ii, titul. xl, apud Pistas, cap. iii.

[3] *Priedie Kal. Octob. :* Vigilia S. Remigii.
Oratio. Hæc nobis solemnitas beatissimi Remigii confessoris tui atque pontificis meritis inchoata, etc.
Contestada (id est Præfatio). Quo igitur interveniente B. Remigio, confessore tuo, supplices pietatis tuæ misericordiam postulamus, etc.

Ces paroles appartenaient à la fête de la Vigile. Voici celles de la fête :

Kalendes d'Octobre : Naissance de saint Remi, évêque et confesseur.

Oraison. Accordez-nous, nous vous en supplions, Dieu tout-puissant, que par l'intercession du bienheureux Remi, votre confesseur....

Préface. ..... de vous rendre grâces toujours, de vous rendre hommage en célébrant avec joie et allégresse la gloire du bienheureux Remi, en ne cessant de redire ses louanges et de les proclamer, lui, dont aujourd'hui nous solennisons l'anniversaire de la mort dans une fête annuelle....

Post-Communion. Faites, nous vous en supplions, que par l'intercession de votre saint Pontife, dont aujourd'hui nous célébrons dans nos louanges la béatitude et la gloire, en présence de Votre Majesté divine....

Oraison sur le peuple. Exaucez-nous, Seigneur, Père tout-puissant, Dieu éternel, et par les mérites de votre saint Pontife et Confesseur Remi, conservez ce peuple avec votre sollicitude accoutumée [1].

---

[1] *Kal. Octob.* : Natale S. Remigii, Episcopi et Confessoris.

Oratio. Præsta, quæsumus, omnipotens Deus, ut, intercedente B. Remigio confessore tuo, etc. — Præfatio. Semper gratias agere, atque in laudibus tuis cum lætitia et exsultatione S. Remigii confessoris tui præconia dicere, laudes attollere, atque jugiter exultare; cujus hodie annua Solemnitate depositionis festa celebramus, etc. — Post-Communionem. Præsta, quæsumus, ut, intercedente sancto Antistite tuo, cujus hodierna die in conspectu Majestatis tuæ beatitudinis gloriam dignis laudibus celebramus, etc. — Super plebem. Exaudi nos, Domine sancte, Pater omnipotens, æterne Deus, meritis sancti antistitis et confessoris tui Remigii, hanc plebem tua solita miseratione custodi, etc.

Nous empruntons ces citations aux Bollandistes, *Act. Sanct.*, tom. I, oct., p. 126, n° 368.

Dans un manuscrit du X⁰ siècle, on rencontre même le nom de saint Remi inscrit au Canon de la Messe.

Et pourtant, un illustre personnage, que nous oserons appeler un enfant du pays, Bruno, évêque de Toul, devenu pape sous le nom de Léon IX, éprouva sous la tiare, dans sa vive piété pour l'Apôtre des Francs, une impression semblable à celle que nous avons exprimée plus haut. Il lui sembla que le culte de Remi n'était point assez national ; que le patriotisme réclamait une plus grande satisfaction à l'endroit de cet homme puissant, qui avait été le principal instrument de la Providence dans la fondation de la nation, fille aînée de l'Église. Poussé par ce sentiment, au souvenir des fêtes populaires et pieuses qui accompagnèrent la consécration qu'il était venu faire de la nouvelle basilique élevée à Reims en l'honneur de son grand thaumaturge, à la suite du Concile célébré par lui, dans la même ville, et qui devait être le point de départ de la rénovation religieuse et sociale de l'Europe, il publia un décret apostolique concernant la fête du glorieux Pontife.

Qu'on le remarque, il ne s'agissait pas d'instituer une fête, elle l'était. Il ne s'agissait pas de la rendre obligatoire. Le Concile de Mayence et les Capitulaires y avaient pourvu. Quel était donc le but de saint Léon IX ? Le Concile de Mayence, les Capitulaires, la France entière avaient placé la fête de saint Remi sur le même pied que celle de saint Martin, de saint André, de saint Jean-Baptiste. Le saint pape veut la faire sortir de ce rang d'égalité qu'elle occupe avec ces autres fêtes, pour l'élever à un rang à part ; elle sera la fête nationale, parce qu'elle sera la fête de l'Apôtre de toute la France. Nous reproduisons en entier sa lettre encyclique à tous les évêques de France :

Léon, évêque, serviteur des serviteurs de Dieu, à ses frères et à ses fils catholiques habitant le royaume des Francs, salut et bénédiction apostolique.

Votre charité doit savoir, qu'après notre consécration, par laquelle la bonté de Dieu a daigné élever notre humble personne au gouvernement de la Sainte Église romaine, nous avons visité la Germanie et la Gaule. Pendant ce voyage, avec la grâce de Dieu et la protection du bienheureux Remi, nous nous rendîmes à la ville de Reims, poussé que nous y étions par nos vœux les plus ardents et notre dévotion, pour y faire la dédicace de la basilique de ce grand saint, qui s'accomplit au milieu des plus pompeuses solennités. Après la consécration de l'église, nous y avons célébré un Concile, et avec le consentement de nos coévêques, avec l'assentiment et l'approbation du clergé et du peuple, dont une immense multitude était accourue par dévotion pour d'aussi grandes solennités, nous avons réglé et décrété plusieurs points qui importaient au bien de la religion chrétienne. Tous ces décrets rédigés par chapitre, nous avons ordonné qu'ils soient reçus parmi les canons, et depuis, dans tous les synodes que nous avons tenus, nous avons pris soin de les confirmer.

Parceque nous savons que le bienheureux Remi a été le prédicateur et l'apôtre de la nation des Francs, nous devons vénérer et honorer autant que nous le pouvons celui que le Seigneur a glorifié au ciel et sur la terre ; d'autant plus que l'amour que nous avons toujours eu pour lui s'est enflammé davantage encore, depuis que transférant de nos propres mains le corps du très-saint Pontife, nous l'avons déposé nous-même dans le tombeau qui lui avait été préparé, monument de l'art le plus exquis. C'est pourquoi nous voulons avertir votre dilection, que de même que vous nous voyez lui exprimer notre reconnaissance par les hommages que nous lui rendons[1], de même vous, à cause de l'amour que nous lui portons, mais surtout en vertu de l'honneur qui est dû à un Père, nous voulons que vous solennisiez en grande pompe sa fête, qui tombe aux Kalendes d'Octobre. Car s'il n'est point apôtre pour les autres, du moins il l'est pour vous. Vous êtes les prémices de son apostolat dans le Seigneur. Rendez donc honneur à votre Père et à votre Apôtre, afin que d'après la parole du Seigneur, vous méritiez de vivre longtemps sur la terre, et que par les prières de votre Père, vous obteniez les joies de l'éternelle béatitude[2].

---

[1] Les Bollandistes pensent que cette lettre fut écrite en reconnaissance d'un miracle dont saint Léon IX fut l'objet, à son retour à Rome, et qu'il attribua à l'intercession de saint Remi. Cette explication concorderait avec les expressions de gratitude employées ici par le saint Pontife.

[2] On peut voir le texte latin de cette lettre dans la *Patrol. lat.*, tom. CXLIII, col. 615, Leo IX, Epist. XVII. On la trouve encore à la suite du récit de la dédicace de la basilique de saint Remi par Anselme, moine de cette abbaye. Les Bollandistes la rapportent tom. I, oct., p. 120, n°s 337 et 338, ainsi que du Saussay, dans son ouvrage *De Gloria S. Remigii*, p. 142, où le commencement est inintelligible et tronqué. Nous nous contentons de donner la citation latine de la fin de cette lettre :

« Unde vestram admonere volumus dilectionem, ut, sicut nos in ejus obsequiis perpenditis gratulari, ita et vos causa nostri amoris, maximeque ex debita paterni honoris sollemnitatem ejus, quæ est Kalendas Octobris, celebrem habeatis; quia etsi aliis non est apostolus, tamen vobis est : nam primitiæ apostolatus ejus vos estis in Domino. Hunc itaque honorem Patri et Apostolo vestro exhibete, ut juxta promissum Domini longævi super terram vivere, et ejusdem Patris precibus æternæ beatitudinis felicitatem mereamini possidere. »

M. l'abbé Darras, parlant de cette Encyclique de Léon IX, prétend que nous n'en avons plus le texte (*Hist. gén. de l'Égl.*, tom. XXI, p. 159, not.). Cette erreur du savant historien vient

A la suite du rescrit du Pontife romain, la fête de saint Remi reçut un accroissement de pompe et de solennité. Elle fut célébrée pendant de longs siècles. Mais le temps, cet impitoyable destructeur des choses humaines, même des meilleures, refroidit la ferveur, atténua les souvenirs, et la fête tomba en désuétude.

L'assemblée du clergé de 1657 fut frappée et affligée de ce refroidissement de la piété nationale, à l'égard de l'immortel Apôtre de la France. Elle essaya de la ressusciter. Nous empruntons à Marlot un extrait du procès-verbal de cette assemblée :

Du dix-septième jour de mars 1657, à huict heures du matin, Monseigneur l'archevêque de Narbonne, président.

Monseigneur l'évesque de Chaalons, en Champagne, prenant l'occasion de ce jour, auquel tous Messeigneurs les prélats du dehors estoient convoqués, dit que la province de Reims l'avoit chargé de représenter a la Compagnie que le grand saint Remy a tousjour esté considéré comme l'apostre et le patron de la France, que les papes et les hommes les plus illustres ont consacré son nom et ses mérites par des éloges particuliers ; que nos rois, qui ont receu par son entremise la grâce de la Foy et de

de ce qu'il prend la lettre que nous venons de rapporter pour un autre décret de saint Léon IX, porté à Reims même, déclarant la fête de saint Remi obligatoire pour le diocèse de Reims. Il y eut en effet deux décrets du saint Pontife : l'un rendu à Reims, et ordonnant que le diocèse de Reims solenniserait tous les ans la fête de saint Remi ; l'autre rendu plus tard, non plus à Reims, mais à Rome, et étendant à toute l'Église de France l'obligation faite d'abord au diocèse de Reims seulement. Or M. l'abbé Darras prend la lettre que nous venons de citer pour le décret rendu à Reims (*Ibid.*, p. 138, not. I), tandis qu'elle est l'Encyclique écrite de Rome et adressée à toute l'Église de France.

l'onction céleste [1], ont eù sa mémoire en singulière vénération ; que leurs personnes sacrées et leur estat en ont ressenti, dans une infinité de rencontres, des assistances considérables et des effets d'une protection toute visible.

Que sur ces fondements, la feste de ce grand saint, ayant esté pendant plusieurs siècles solennisée avec soin et piété par tout le royaume, a esté depuis, et particulièrement dans les derniers temps, fort négligée en beaucoup de lieux ; que c'est une chose fort juste et digne du zèle de l'assemblée, de rallumer la dévotion publique des ecclésiastiques et des peuples vers ce glorieux patron de la France, d'exhorter tous Messeigneurs les évesques de la recommander dans leurs diocèses, et de faire en sorte que l'Office en soit au moins célébré partout, comme celuy des autres festes doubles.

En suite de quoy, Monsieur le Gentil, vidame de l'Église de Reims, a présenté une lettre que le Chapitre de ladite Église avait escrite à l'assemblée sur le mesme sujet, laquelle ayant esté leue, l'assemblée a approuvé universellement un dessein si pieux, et désirant contribuer à la gloire de ce grand saint, et honorer sa mémoire, elle a résolu de prier et exhorter tous Messeigneurs les prélats du royaume de vouloir ordonner que la feste de saint Remy, qui est le premier jour d'octobre, sera célébrée dans toute l'étendue de leurs diocèses par le clergé, en la même forme et manière que le sont les festes doubles et solennelles, et que pour cet effet, il leur sera escrit une lettre circulaire de la part de l'assemblée, qui leur sera envoyée par Messieurs les agents, avec copie de la présente délibération ; et Monsieur l'abbé Bertier a été nommé pour faire ladite lettre [2].

---

[1] On voit que le clergé de France n'adhérait pas à la polémique soulevée par Chifflet et Bollandus. Il croyait au sacre de Clovis par saint Remi, sacre dont le testament de ce dernier est la seule démonstration historique certaine.

[2] Marlot, *Histoire de la ville, cité et université de Reims*, tom. IV, p. 604.

La lettre fut rédigée en latin et expédiée le 22 mai 1657. Nous en donnons la traduction :

L'assemblée du clergé à tous les évêques de France, salut dans le Seigneur.

Bien que la fête de saint Remi, archevêque de Reims, ait été sanctionnée, pendant tant de siècles, de la façon la plus éclatante, tant par les décrets de l'église gallicane que par ceux des Souverains Pontifes et les Capitulaires de nos rois, cependant il est arrivé ce fait déplorable, qu'au lieu de devenir plus vénérable encore par son antiquité, la piété des peuples se refroidissant, son souvenir s'est tellement effacé, ou qu'on ne la célèbre plus, ou qu'elle ne l'est plus avec des honneurs dignes du grand apôtre et du grand docteur des Francs. Car ainsi que le sait parfaitement votre charité, il a été comme un second Sylvestre, il a soumis au Christ-Roi la pourpre mortelle, il a enseigné à notre Clovis comme à un autre Constantin, de rejeter les idoles, d'adorer ce qu'il avait brûlé et de brûler ce qu'il avait adoré. Par ses miracles et sa doctrine, il amena et le prince et le peuple à la communauté de foi, il lava dans les eaux du baptême l'antique lèpre de l'idolâtrie, dont les Francs étaient recouverts comme d'une plaie; ainsi il dédia au Christ les prémices de ce royaume chrétien, qui fut placé sous des rois très-chrétiens, et il enfanta à l'Église ses fils premiers-nés et ses défenseurs. Pendant que la Grèce se réjouissait d'avoir le privilége de posséder seule un prince de notre loi, celle-ci montra que sa clarté ne manquait pas au reste de l'Univers, puisque la lumière d'un nouveau soleil brillait à travers l'Occident dans un Prince qui n'était pas nouveau sur le trône. Si au spectacle des ruines de leur foi que nous voyons amoncelées dans des nations voisines, celles-ci se sont jetées suppliantes aux pieds de leurs célestes patrons, quel genre d'hommages dans de communes supplications ne doit pas rendre à Remi, leur apôtre, la piété des Francs, quand, ô douleur ! nous voyons, en punition de nos péchés, l'incendie de l'hérésie s'étendre vers nous des régions voisines, et la religion combattue se retirer des âmes! Que l'exemple d'un si grand prélat, qui, d'après le témoignage d'Hormisdas, se montrait le modèle d'un pontife achevé, qui commençait par faire ce qu'il devait prêcher et mettait son zèle à en pénétrer les esprits, nous rende nous-même assidus aux mêmes œuvres, et qu'observant la justice qui subjugue les empires, nous nous sauvions nous-mêmes et nous sauvions ceux qui nous entendent. Paris, 22 mai 1657[1].

Vos serviteurs et confrères les archevêques, évêques et ecclésiastiques réunis en assemblée générale du clergé de France.

† CLAUDE, archevêque de Narbonne, *président*.

Par mandement des éminentissimes et illustrissimes archevêques, évêques, et de toute l'assemblée ecclésiastique réunie au nom du clergé de France.

HENRI DE VILLARS, *secrétaire*.   JEAN DE MONTPEZAT DE CARBON, *secrétaire*.

Cet appel de l'assemblée demeura sans résultat : il ne parvint pas à réveiller le zèle et la dévotion de la nation pour son grand Apôtre. On était du reste en plein gallicanisme parlementaire. La Cour, en 1662, allait faire effort pour imposer à la Sorbonne, qui résista, la doctrine des quatre articles. L'abbé Bossuet, docteur de Sorbonne, quitta sa stalle, indigné et protestant contre la violence des Parlements. Mais l'âme mondaine de Bossuet, comme il l'avoue lui-même, allait forcer son grand génie à se courber devant les exigences royales,

---

[1] Voir le texte latin, *Patrol. lat.*, tom. CXLII, col. 1439; — Bolland., tom. I, oct., p. 127, n° 373 et suiv.; — M. l'abbé Darras, *Hist. gén. de l'Égl.*, tom. XXI, p. 138.

dans l'assemblée de 1682. La fête ne fut donc pas rétablie.

Ce rétablissement et les paroles de Léon IX s'imposent aux catholiques de France plus que jamais. Bien plutôt qu'en 1657, la religion déserte notre malheureuse patrie. La France de saint Remi s'émiette depuis trois siècles, sous les étreintes du protestantisme, du gallicanisme, fils du protestantisme, et de la libre pensée, issue de l'un et de l'autre. Pourquoi Remi, avec la glorieuse phalange des saints français, n'entreprendrait-il pas une croisade auprès de Dieu dans le Ciel, pour le relèvement de son œuvre, pour la reconstitution d'une France catholique? Mais la condition première de cette croisade de nos saints nationaux ayant Remi à leur tête, n'est-elle pas que nous restaurions son culte parmi nous; que nous reprenions ensuite le chemin de son tombeau, que nous venions le presser par de respectueuses et instantes supplications, de se dresser devant Dieu, qui l'avait fait l'Apôtre des Francs, pour en obtenir que ces Francs redeviennent les amis du Christ « qui les a « tant aimés », et ressaisissent l'épée dont il les avait armés pour faire l'œuvre de Dieu en ce monde.

TABLE DES MATIÈRES

Pages.

PRÉFACE 1

PREMIÈRE PARTIE. — TEXTE DU TESTAMENT

CHAPITRE Ier. 1

Saint Remi a fait son testament. — Le petit et le grand testament. — Reproduction intégrale des deux textes. — Notes géographiques et explicatives. — Tableau des legs et des légataires du testament.

CHAPITRE II 77

Exposé de la controverse. — Caractères des différences qui se remarquent entre les deux testaments. — Le petit n'est que l'abrégé du grand.

DEUXIÈME PARTIE. — PREUVES HISTORIQUES

CHAPITRE Ier. — HINCMAR ET LE GRAND TESTAMENT. . 87

L'ordonnance de Charles-le-Chauve. — La correspondance d'Hincmar. — Le témoignage de saint Héric.

CHAPITRE II. — LE GRAND TESTAMENT AVANT HINCMAR. 105

La grande vie de saint Remi. — Importance des titres de propriété. — Luttes des archevêques de Reims pour la défense des biens de leur Église. — Conséquences en faveur du grand testament.

Pages.

Chapitre III. — Le grand testament après Hincmar. — Flodoard. 125

Rescrit de Formose. — Autorité de Flodoard. — L'authenticité du grand testament ressort : — de toute l'histoire de Flodoard, — de la publication qu'il a faite du texte du testament et de la correspondance d'Hincmar.

Chapitre IV. — Le grand testament jusqu'en 1638. 135

Témoignage de Silvestre II ; — du Concile de Reims de 1092 ; — de Milon, évêque de Térouanne, au XIIe siècle ; — d'Eugène II, au XIIIe siècle ; — de Larisville, moine de Saint-Remi, au XIVe siècle ; — de l'Église d'Arras ; — de Brisson ; — de Chesneau ; — de Hubert Meurier ; — de Sirmond ; — de Colvère ; — de Baronius ; — de Pontanus ; — de Le Mire ; — du Père de Ceriziers ; — de Bergier ; — de Jansénius ; — de Daniel de Priezac.

Chapitre V. — Le grand testament depuis 1638 jusqu'à nos jours. 171

Fermentation politique et religieuse sous Richelieu. — Jansénius et son ouvrage : *Mars Gallicus*. — Réplique de Daniel de Priezac au *Mars Gallicus*. — Origine des négations contre le grand testament. — Adrien de Valois. — Les deux étrangers Bollandus et Chifflet. — Labbe. — Bréquigny. — Lerointe. — Marlot. — Noël Alexandre. — Ducange et Tillemont. — Pagi. — Mabillon. — Lacourt et le Père Dorigny. — Scipion Maffei. — Longueval. — *L'Histoire littéraire de France*. — *La Gallia Christiana*. — Les Bollandistes anciens et modernes. — Terrasson. — *Le nouveau Traité de Diplomatique*. — Dom Ceillier. — Les historiens et les érudits modernes. — Nombre relativement restreint des savants qui repoussent le grand testament. — La critique gallicane.

Chapitre VI. — Origine du petit testament . . . 233

A aucune époque, saint Remi n'a pu écrire le petit testament. — Il n'est pas nécessaire que nous puissions indiquer quel en est l'auteur. — La question des manuscrits. — Il n'est pas certain, mais seulement probable, qu'Hincmar soit l'auteur du petit testament. — Ses motifs présumés pour abréger le grand testament et en composer le petit.

TROISIÈME PARTIE. — RÉFUTATION DES OBJECTIONS

Pages.

Chapitre Iᵉʳ. — Première objection : Les manuscrits.   249

Ancienneté des manuscrits dans lesquels on retrouve le petit testament. — Les manuscrits du grand testament pourraient être encore plus anciens. — La présence du grand testament parmi les *Miscellanea* prouve en faveur de son authenticité.

Chapitre II. — Deuxième objection : Hincmar n'a pas connu le grand testament.   253

Hincmar a connu le grand testament, bien qu'il ait publié le petit, — qu'il ait omis certains faits relatés au testament, — qu'il ne l'ait jamais invoqué pour défendre la suprématie de son siége.

Chapitre III. — Troisième objection : Flodoard n'a pas connu le grand testament   259

Flodoard a connu le grand testament : — bien qu'il en parle peu, — qu'il ne signale pas les legs faits aux églises de Saint-Sixte et de Saint-Agricole. — Il ne parle nullement, comme on le prétend, des signataires du testament. — Il entend le codicile mieux que les Bollandistes.

Chapitre IV. — Quatrième objection : La condition imposée aux habitants de Berne et Cosle est impossible a remplir   273

Les redevances imposées aux habitants de Berne et Cosle étaient encore payées au temps de Flodoard. — Nature, équité et possibilité de cette redevance.

Chapitre V. — Cinquième objection : Les expressions de Neustrie, d'Austrasie et d'Archevêque employées dans le testament, quoique inusitées du temps de saint Remi   277

Les expressions de Neustrie et d'Austrasie étaient connues du temps de saint Remi. — Quand même celle d'Archevêque aurait été inusitée, sa présence dans le grand testament ne prouverait rien contre son authenticité. — Testament de saint Césaire, d'Arles. — L'expression d'Archevêque écrite par saint Remi même dans son testament.

	Pages.
Chapitre VI. — Sixième objection : Saint Cloud était trop jeune pour avoir fait des legs a saint Remi	287

Saint Cloud ne peut être le Clodoald du testament. — Pourquoi Hincmar a-t-il fait cette supposition ? — Le testament n'indique nullement qu'il s'agisse de saint Cloud.

Chapitre VII. — Septième objection : Jactance de saint Remi	293

Ici on nie un document au nom de quelques nuances littéraires. — Ce qu'est l'humilité. — Le testament est le *Magnificat* du Pontife. — Simplicité charmante avec laquelle il parle de lui-même. — Dans quel but rappelle-t-il ses miracles et ses grandes actions ?

Chapitre VIII. — Huitième objection : Le sacre de Clovis.	301

Le testament ne fait pas mention d'un fait qui est faux : le sacre de Clovis, — car ce sacre a eu lieu, puisque le testament en affirme la réalité.

Chapitre IX. — Neuvième objection : Suprématie conférée indûment par saint Remi a ses successeurs	305

Saint Remi ne confère aucun pouvoir juridictionnel à ses successeurs. — Initiative qu'il leur enjoint de prendre dans la défense de l'Église. — Rôle prépondérant des Archevêques de Reims sous les deux premières races.

Chapitre X. — Dixième objection : Excommunication des rois	313

Les rois ont nié le pouvoir de l'Église ; ce qu'ils sont devenus. — Les droits de l'Église. — Formules de malédictions contenues dans beaucoup de testaments anciens. — L'Église attaque le crime partout, même dans les rois. — Situation politique quand saint Remi écrivit les menaces du testament. — Cette situation continue après sa mort. — Nombreuses excommunications prononcées contre les rois, au siècle de saint Remi.

Pages.

Chapitre XI. — Onzième objection : Clovis ne doit le trône qu'a lui-même, et non a l'élection de Remi et de ses coévêques 333

Assentiment des Gaules à l'établissement de la monarchie de Clovis. — Habileté de Mérovée et de Clovis pour se ménager les populations gauloises. — Celles-ci, pour se rallier, attendent la conversion du roi. — Le représentants de ces populations sont les évêques; leur influence au IVe et Ve siècle. — L'élection faite par saint Remi et ses coévêques porta sur la race de Clovis plus que sur la personne même de ce prince. — Double caractère du droit national par rapport à la transmission du pouvoir : l'élection et l'hérédité.

Chapitre XII. — Douzième objection : Le chiffre exorbitant de la fortune de saint Remi rend le grand testament inacceptable 349

Richesse de saint Remi, — provenant de sa famille, — des seigneurs et des rois Francs. — L'Église de Reims possédait des domaines avant saint Remi. — Chiffre précis de la fortune du saint. — Ce chiffre est en rapport avec celui des grandes fortunes de cette époque. — Ascendant que ses richesses donnèrent à l'Église. — Les serfs du moyen âge moins malheureux que le citoyen romain et que le petit cultivateur moderne.

Chapitre XIII. — Treizième objection : Époque de l'interpolation du grand testament 367

Les adversaires du grand testament font trois suppositions sur l'époque de son interpolation; — fausseté de ces suppositions. — L'expression d'empereur est fort naturelle sous la plume de saint Remi. — Impossibilité intrinsèque et absolue de l'interpolation de son testament. — Cette interpolation serait une flétrissure pour l'Église de Reims.

Chapitre XIV. — Conclusion. — Portrait de saint
Remi 381

La France religieuse injuste envers saint Remi. —
Le culte de saint Martin plus populaire que celui
de saint Remi, malgré sa moindre gloire nationale.
— Les causes de cette injustice. — La France civile
plus injuste encore envers le saint. — Triple conception de son génie politique : — Détacher les
Gaules de l'Empire romain, pour y constituer une
force militaire capable de résister aux invasions,
— fonder une Gaule catholique, — y établir la monarchie chrétienne. — Génie administratif et littéraire de Remi. — Sa place parmi les grands
hommes de la France.

Appendix. — Le culte de saint Remi en France. . 405

Sa fête est établie dès Grégoire de Tours ; — confirmée par les décrets des Conciles et des Capitulaires ; — célébrée solennellement dans le diocèse
de Reims ; — étendue comme fête patronale à toute
la France par saint Léon IX ; — tombe en désuétude ; — ne peut être restaurée, malgré le zèle de
l'assemblée du clergé de 1657 ; — doit être rétablie
par la France catholique moderne.

Charleville, Imprimerie et Lithographie de A. Pouillard, rue Napoléon, 22.